国家社会科学基金重点项目"建设马克思主义学习型政党研究"

最终研究成果（批准号：09AZD009）

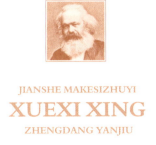

JIANSHE MAKESIZHUYI
XUEXI XING
ZHENGDANG YANJIU

建设马克思主义
学习型政党研究

何祥林 等　著

人民出版社

目　录

中　篇

下　篇

前　　言

　　"马克思主义学习型政党"是中共十六大以来特别是十七大以来中共领导人和党的文献提出和论述的一个重要概念,但这并不意味着这个概念提出和论述之前,中国共产党与马克思主义学习型政党建设无缘。事实上,中国共产党成立以来的历史,就是一部致力于马克思主义学习型政党建设的历史。中国共产党是一个在学习中产生、在学习中前进、在学习中不断发展壮大的马克思主义政党。可以说,热爱学习、注重学习、善于学习,是中国共产党与生俱来的宝贵品质和显著特征之一。因此,在我国改革开放和社会主义现代化建设事业不断推进的新的历史条件下,从学习型政党的研究视域认识中国共产党的历史,认识马克思主义中国化的历史进程和宝贵经验,认识外国政党建设的经验教训,并在此基础上拓宽中国共产党作为马克思主义学习型政党建设的路径,是一个事关党和国家发展的重大理论课题和实践课题。

　　有鉴于此,我们对马克思主义学习型政党建设问题进行了长期的思考和探索。2009 年,我们申请国家社科基金重点项目"马克思主义学习型政党建设研究"(09AZD009)获得成功。《建设马克思主义学习型政党研究》这本专著即是我主持的这个国家社科基金重点项目的最终成果。

　　应该说,我们这本专著相对于国内已出版的几本同类选题的专著而言,特点还是很鲜明的。

　　首先,本书围绕"一个中心,两条主线,三个重点"的基本思路,从理论渊源和历史发展过程、国外政党的有关经验教训、面临的挑战及对策三个方面对我国的马克思主义学习型政党建设问题进行了比较深入的探讨。

"一个中心",即紧紧围绕新形势下如何建设马克思主义执政党这个主题进行对策性研究。"两条主线",即历史梳理和中外比较的主线。历史梳理的主线主要是通过回顾马克思主义经典作家的有关理论和重要历史进程,总结马克思主义学习型政党建设的经验与教训,探索学习型政党建设理论与时代同步发展的一些带有普遍性的规律;中外比较的主线是从世界范围内政党政治运作的实际过程中选取若干有代表性的政党,横向考察其创新学习与建设的经验教训,为我国提供可资借鉴的资源。"三个重点",即:全面梳理学习型政党建设的现状,准确把握进入新世纪新阶段我国发展呈现的一系列新特征;以问题为导向,以调查为基础,认真分析学习型政党建设面临的问题,找准不足,厘清原因;针对存在的主要问题和症结,制定相应的对策和措施。我们力图以上述思路体现历史分析与逻辑分析、纵向分析与横向比较、规范分析与实证分析的有机统一。

其次,本书坚持以马克思主义为指导,从历史的、中外比较的、学习型政党建设的层面构建了一个具有中国特色的马克思主义学习型政党建设的理论框架,并将马克思主义学习型政党建设研究的重点放在现状分析、问题梳理和对策研究上。

我们在研究过程中,力图从研究的"理论框架"、"基本内容"和"重要理论观点"上实现难点和重点的突破和创新。例如,我们尝试将中国共产党的学习型政党建设历程进行阶段划分,揭示了中国共产党建设马克思主义学习型政党走过的"从自发到自觉,从迷惘到清醒,从错误到正确"的历史进程,体现了历史和逻辑的统一;我们尝试从理论学习与政权得失的角度对苏联和原东欧国家的共产党、当今社会主义国家共产党、主要民主社会主义国家政党、资本主义国家共产党等不同类型政党进行了分析比较,显示出研究视角的新颖;我们还从世情、国情、党情的宏观维度阐明了中共党建所面临的新挑战、新问题,从"中层领域"等中观维度调查分析学习型政党建设面临的问题和对策,并从微观维度出发,运用现代信息技术理论分析和构建加强学习型政党建设的具体路径,运用实证研究的方法选取若干典型案例和观测点,论证了学习型政党建设的成功经验。

此外,本书还在研究方法运用上做了一些新的尝试。我们在坚持和运用辩证唯物主义和历史唯物主义基本原则的前提下,综合运用了政治学、历史学和比较研究等方法。这些研究方法的综合运用,旨在更全面更深入地探究所研究事物的真相和实质。

我们坚信,我们的上述探索是有意义的。

众所周知,中共十八大报告提出了全面提高党的建设科学化水平的总要求。这就是:以加强党的执政能力建设、先进性和纯洁性建设为主线,坚持解放思想、改革创新,坚持党要管党、从严治党,全面加强党的思想建设、组织建设、作风建设、反腐倡廉建设、制度建设,增强自我净化、自我完善、自我革新、自我提高能力,建设学习型、服务型、创新型的马克思主义执政党,确保党始终成为中国特色社会主义事业的坚强领导核心。我们认为,中共十八大报告的这个论述充分表明了我们探索的意义。同时,它也为我们今后的进一步探索指明了方向。

我们热切期望这本专著能为当今时代的我国马克思主义学习型政党的建设提供若干鉴戒和启示! 我们也衷心希望广大读者对本书的不当之处不吝批评指正。

何祥林

2015 年 10 月于武昌·桂子山

|上　篇|

第一章 建设马克思主义学习型政党的理论渊源

崇尚学习,是中国共产党的光荣传统。自中国共产党诞生以来,就一贯重视学习。在建党初期,中国共产党就毫不松懈地重视学习,从而使马克思主义的信徒从少到多,使党的组织不断发展壮大;在血雨腥风的革命的浪潮中,中国共产党也毫不放松学习,探索了中国革命的正确道路,推动了新中国的建立;在如火如荼的建设中,中国共产党坚持不懈地重视学习,使社会主义现代化建设取得光辉成就;在与时俱进的改革中,中国共产党仍把学习当作一个重要法宝,明确把建设马克思主义学习型政党作为一个重大而紧迫的战略任务,促使中国特色社会主义伟大事业不断迈进。当前,我国正处于改革开放和社会主义现代化建设的关键时期,我们党面临着长期的、复杂的、严峻的执政考验、改革开放考验、市场经济考验、外部环境考验,只有更加重视学习,才能确保党在发展中国特色社会主义的历史进程中始终成为坚强的领导核心。而要做到这一点,必须运用马克思主义政党建设理论中的基本原理和方法,以进一步提高党的建设科学化水平。

一、马克思恩格斯关于学习型政党建设的论述

作为马克思主义政党,中国共产党建设学习型政党的理论渊源也必然需要回溯到马克思恩格斯去追寻。马克思恩格斯非常重视无产阶级政

党的建设,他们是无产阶级政党理论的创立者,尽管他们未明确提出学习型政党的概念,但他们的种种论述中蕴含着丰富的学习型政党建设的思想。这些思想,为马克思主义学习型政党建设打下了坚实的理论基础。主要包括以下几个方面:

（一）重视科学理论的学习,为无产阶级政党奠定牢固的思想基础

革命的实践,只有在科学的理论指导之下,才能取得成功。马克思恩格斯一直强调要用科学的理论武装共产党人,用科学理论指引共产党人进行政党建设,进而更好地投身到革命斗争的实践。马克思指出:"我们党有个很大的优点,就是有一个新的科学的观点作为理论的基础。"①这个新的科学观点就是马克思主义,就是科学社会主义。"社会主义自从成为科学以来,就要求人们把它当做科学来对待,就是说,要求人们去研究它。"②在学习科学理论的过程中,马克思恩格斯强调要注意三个问题:

1. 重视理论思维的培养

"每一时代的理论思维,从而我们时代的理论思维,都是一种历史的产物,在不同的时代具有非常不同的形式,并因而具有非常不同的内容。因此,关于思维的科学,和其他任何科学一样,是一种历史的科学,关于人的思维的历史发展的科学。"③"一个民族想要站在科学的高峰就一刻也不能没有理论思维。"④"只有清晰的理论分析才能在错综复杂的事实中指明正确的道路。"⑤加强理论思维的培养,可以不断地提高理论水平和政策水平,认识问题和处理问题才能高屋建瓴,深刻透彻。相反,对理论思维的轻视,必然导致不能正确认识人类社会的发展规律以及政党建设的规律。"对一切理论思维尽可以表示那么多的轻视,可是没有理论思

① 《马克思恩格斯文集》第 2 卷,人民出版社 2009 年版,第 599 页。
② 《马克思恩格斯文集》第 2 卷,人民出版社 2009 年版,第 219 页。
③ 《马克思恩格斯文集》第 9 卷,人民出版社 2009 年版,第 436 页。
④ 《马克思恩格斯文集》第 9 卷,人民出版社 2009 年版,第 437 页。
⑤ 《马克思恩格斯全集》第 37 卷,人民出版社 1971 年版,第 283 页。

维,的确无法使自然界中的两件事实联系起来,或者洞察二者之间的既有的联系。在这里,问题只在于思维得正确或不正确,而轻视理论显然是自然主义地进行思维、因而是错误地进行思维的最可靠的道路。"①

2. 重视对原著的学习

马克思恩格斯多次强调要重视对原著的学习。1884 年 8 月 13 日恩格斯在写给格奥尔格·亨利希·福尔马尔的信中就曾说:"最主要的是,认真自学从重农学派和斯密到李嘉图及其学派的古典经济学,还有空想主义者圣西门、傅立叶和欧文的著作,以及马克思的著作,同时要不断地努力得出自己的见解。我认为,您的女朋友会研究原著本身,不会让一些简述读物和别的第二手资料引入迷途。为了便于了解经济状况本身,马克思在《资本论》中指出了最重要的资料。如何利用各国的官方统计材料,如何判断其中哪些有用,哪些无用,这一点最好是通过研究和比较来掌握。其实自学越深入下去,就越能找到最好的门径,知道下一步该怎么学了,不过要有个前提,就是从真正古典的书籍学起,而不是从那些最要不得的德国经济学简述读物或这些读物的作者的讲稿学起。"②在学习原著的进程中,难免会遇到诸多困难。对此,恩格斯指出:"在科学上没有平坦的大道,只有不畏劳苦沿着陡峭山路攀登的人,才有希望到达光辉的顶点。"③马克思恩格斯还强调,在学习原著的过程中不能歪曲作者的原意,或添加、附会本不属于马克思主义的观点。"一个人如果想研究科学问题,首先要学会按照作者写作的原样去阅读自己要加以利用的著作,并且首先不要读出原著中没有的东西。"④

3. 与时俱进地对待科学理论

正如恩格斯在 1887 年给一位美国女士的信中所言:"我们的理论是

① 《马克思恩格斯文集》第 9 卷,人民出版社 2009 年版,第 452 页。
② 《马克思恩格斯〈资本论〉书信集》,人民出版社 1976 年版,第 446 页。
③ 《马克思恩格斯文集》第 5 卷,人民出版社 2009 年版,第 24 页。
④ 《马克思恩格斯文集》第 7 卷,人民出版社 2009 年版,第 26 页。

发展的理论,而不是必须背得烂熟并机械地加以重复的教条。"①他还进一步指出:"认为人们可以到马克思的著作中去找一些不变的、现成的、永远适用的定义"②是一种"误解"。因此,我们不能把马克思主义理论当作僵化、一成不变的东西,它不能为革命和建设提供现成的答案,而是随着时间、地点不断发展、变化的。无产阶级政党必须要学以致用,运用马克思主义基本原理去解决现实生活中出现的种种问题,从而进一步发展马克思主义。毕竟,"马克思的整个世界观不是教义,而是方法。它提供的不是现成的教条,而是进一步研究的出发点和供这种研究使用的方法。"③

（二）强调理论联系实践,为无产阶级政党打下坚固的实践基础

实践观是马克思主义基本的首要的观点,既是它与一切旧唯物主义区分的根本分界线,也与唯心主义划清了界限。马克思就曾指出:"从前的一切唯物主义(包括费尔巴哈的唯物主义)的主要缺点是:对对象、现实、感性,只是从客体的或者直观的形式去理解,而不是把它们当做感性的人的活动,当做实践去理解,不是从主体方面去理解。"④他还对唯心主义进行了批判,指出唯心主义夸大了人的主观能动性,"和唯物主义相反,唯心主义却把能动的方面抽象地发展了,当然,唯心主义是不知道现实的、感性的活动本身的。"⑤

马克思强调:"共产党人的理论原理,决不是以这个或那个世界改革家所发明或发现的思想、原则为根据的。这些原理不过是现存的阶级斗争,我们眼前的历史运动的真实关系的一般表现。"⑥尽管"在实践方面,

① 《马克思恩格斯选集》第4卷,人民出版社1995年版,第681页。
② 《马克思恩格斯文集》第7卷,人民出版社2009年版,第17页。
③ 《马克思恩格斯选集》第4卷,人民出版社1995年版,第742页。
④ 《马克思恩格斯文集》第1卷,人民出版社2009年版,第499页。
⑤ 《马克思恩格斯文集》第1卷,人民出版社2009年版,第499页。
⑥ 《马克思恩格斯文集》第2卷,人民出版社2009年版,第44页。

共产党人是各国工人政党中最坚决的、始终起推动作用的部分;在理论方面,他们胜过其余无产阶级群众的地方在于他们了解无产阶级运动的条件、进程和一般结果"①,但共产党人在学习的进程中,仍然要重视把理论与实践相结合,要重视实践观。"正确的理论必须结合具体情况并根据现存条件加以阐明和发挥。"②任何把理论与实践割裂的观点,都是犯了教条主义的错误。马克思在《关于费尔巴哈的提纲》中批判所谓的哲学家们时就说过:"哲学家们只是用不同的方式解释世界,而问题在于改变世界。"③理论与实践密不可分,理论来源于实践,理论又反过来指导实践。"社会生活在本质上是实践的。凡是把理论诱入神秘主义的神秘东西,都能在人的实践中以及对这种实践的理解中得到合理的解决。"④无论是现实世界的改变,还是人的自我改变都是在实践基础上完成的。马克思指出:"环境的改变和人的活动或自我改变的一致,只能被看作是并合理地理解为革命的实践。"⑤我们认识世界和改造世界都不能够脱离现实的客观条件,都离不开实践的观点,正如马克思所说:"人应该在实践中证明自己思维的真理性,即自己思维的现实性和力量;自己思维的此岸性。"⑥马克思还指出,我们判断一个政党是不是无产阶级政党,不是根据它们的言论,而主要是看他们的实际行动。"正如在日常生活中应当把一个人对自己的想法和品评同他的实际人品和实际行动区别开来一样,在历史的斗争中更应该把各个党派的言辞和幻想同它们的本来面目和实际利益区别开来,把它们对自己的看法同它们的真实本质区别开来。"⑦

（三）重视学习态度,有助于无产阶级政党形成良好的学风

马克思恩格斯一再强调,任何一个无产阶级政党,面对国际国内的种

---

① 《马克思恩格斯文集》第4卷,人民出版社2009年版,第324页。
② 《马克思恩格斯全集》第47卷,人民出版社2004年版,第35页。
③ 《马克思恩格斯文集》第1卷,人民出版社2009年版,第506页。
④ 《马克思恩格斯文集》第1卷,人民出版社2009年版,第505页。
⑤ 《马克思恩格斯文集》第1卷,人民出版社2009年版,第500页。
⑥ 《马克思恩格斯文集》第1卷,人民出版社2009年版,第504页。
⑦ 《马克思恩格斯文集》第2卷,人民出版社2009年版,第498页。

种问题,都需要有良好的学习态度。这样才能真正学到实际本领,也有助于无产阶级政党形成良好的学风。"不学无术在任何时候,对任何人都无所帮助,也不会带来利益。"①主要包括:

1. 要刻苦学习,系统钻研

恩格斯曾经在 1853 年 4 月 12 日《致约·魏德迈》的信件中在批评一些不愿刻苦学习的人的时候明确指出:"自然,我们中间也有一些人遵循这样的原则:我们干吗要刻苦学习呢,那是马克思老爹的事儿,他的职责就是什么都要懂。不过,一般说来,马克思派学习是相当刻苦的,当你看到流亡者中间还有些蠢驴到处搬用一些新词句并被弄得糊里糊涂的时候,你就会明白,无论绝对地说还是相对地说,我们党的优势都已经增大了。这也是必要的,因为艰巨的工作还在前头。"②相反,若不学无术,无所事事,任何个人与政党最终都将一事无成,酿成不可挽回的悲剧。因此,专心致志,勤奋学习,坚持不懈,才会有所收获。恩格斯在 1892 年 2 月 4 日《致康·施米特》的信中,就告诫康·施米特:"假如您在读黑格尔的著作时陷入了'沼泽地',可不要因而止步,半年后,您会在这个沼泽里发现一些支撑点,沿着这些支撑点将会顺利走上大道。"③马克思还指出,在刻苦学习的过程中,必须搜集充分的材料,深思熟虑,认真钻研,才可能得出科学的结论。"研究必须充分地占有材料,分析它的各种发展形式,探寻这些形式的内在联系。只有这项工作完成以后,现实的运动才能适当地叙述出来。"④

2. 要善于批判地继承

批判地继承既是一种学习的方法,更多的也是一种学习态度。马克思、恩格斯非常重视批判地继承前人成果的重要性。他们毫不隐瞒自己

---

① 《马克思恩格斯全集》第 20 卷,人民出版社 1983 年版,第 69 页。
② 《马克思恩格斯文集》第 10 卷,人民出版社 2009 年版,第 110 页。
③ 《马克思恩格斯全集》第 38 卷,人民出版社 1972 年版,第 270 页。
④ 《马克思恩格斯选集》第 2 卷,人民出版社 1995 年版,第 111 页。

对黑格尔哲学的批判地继承。"将近 30 年以前,当黑格尔辩证法还很流行的时候,我就批判过黑格尔辩证法的神秘方面。但是,正当我写《资本论》第一卷时,今天在德国知识界发号施令的、愤懑的、自负的、平庸的模仿者们,却已高兴地像莱辛时代大胆的莫泽斯·门德尔松对待斯宾诺莎那样对待黑格尔,即把他当做一条'死狗'了。因此,我公开承认我是这位大思想家的学生,并且在关于价值理论的一章中,有些地方我甚至卖弄起黑格尔特有的表达方式。辩证法在黑格尔手中神秘化了,但这决没有妨碍他第一个全面地有意识地叙述了辩证法的一般运动形式。在他那里,辩证法是倒立着的。必须把它倒过来,以便发现神秘外壳中的合理内核。"①马克思恩格斯还指出,批判和继承二者是紧密结合在一起,不可割裂的。只有对学习的对象批判地继承,才能汲取其中有益的成果,有所收获。恩格斯在《致卡·考茨基》(1884 年 4 月 26 日)的信中谈到摩尔根的《古代社会》一书时就曾说过:"如果只是'客观地'介绍摩尔根的著作,对它不作批判的探讨,不利用新得出的成果,不同我们的观点和已经得出的结论联系起来阐述,那就没有意义了。那对我们的工人不会有什么帮助。"②

3. 要注意汲取经验教训

任何政党都不是完美无缺的,在革命和建设的过程中都会犯这样那样的错误。关键是要学会在过去的经验教训中汲取营养,为自己的前进增加新的动力。马克思恩格斯多次强调过这个问题。恩格斯曾指出:"伟大的阶级,正如伟大的民族一样,无论从哪方面学习都不如从自己所犯错误的后果中学习来得快。"③"要获取明确的理论认识,最好的道路就是从本身的错误中学习,'吃一堑,长一智'。"④

---

① 《马克思恩格斯文集》第 5 卷,人民出版社 2009 年版,第 22 页。
② 《马克思恩格斯文集》第 10 卷,人民出版社 2009 年版,第 516 页。
③ 《马克思恩格斯文集》第 1 卷,人民出版社 2009 年版,第 379 页。
④ 《马克思恩格斯选集》第 4 卷,人民出版社 1995 年版,第 679 页。

（四）树立正确的学习目的，有利于确保无产阶级政党的先进性

学习应该有着正确的学习目的，这是学习型政党建设的一个重要方面。只有目标正确且切实可行，才不会使人产生遥不可及之感。正确的学习目的犹如海上的灯塔，指引着我们不断前进，也无疑会进一步增强我们奋斗的动力，确保无产阶级政党始终具有先进性。毕竟，先进性是马克思主义政党的本质属性，是马克思主义政党的生命所系、力量所在。马克思、恩格斯就多次强调无产阶级政党的学习目的问题。

1. 就具体的党员而言，就是进一步提高党员的素质

无产阶级政党是由具体的党员个体构成的。党员素质的提高，无疑会提升党的先进性。马克思恩格斯曾直接强调党员通过学习提高素质的重要性。"在我们党内，每个人都应该从普通一兵做起；要在党内担任负责的职务，仅仅有写作才能或理论知识，甚至二者全都具备，都是不够的，要担任领导职务还需要熟悉党的斗争条件，掌握这种斗争的方式，具备久经考验的耿耿忠心和坚强性格，最后还必须自愿地把自己列入战士的行列中——一句话，他们这些受过'学院式教育'的人，总的来说，应该向工人学习的地方，比工人应该向他们学习的地方要多得多。"[①]毕竟，"共产党人为工人阶级的最近的目的和利益而斗争，但是他们在当前的运动中同时代表运动的未来。"[②]对于共产党人的这种先进性，恩格斯曾有一段意味深长的话：共产党人"把每一个革命的或者进步的运动看成在他们自己的道路上前进了一步；他们的特殊任务是推动其他革命政党前进；如果其中的某一个政党获得胜利，他们就要去捍卫无产阶级的利益。这种永远不忽视伟大目的的策略，能够防止社会主义者产生失望情绪，而这种情绪却是目光短浅的其他政党——不论是共和党人或伤感的社会党人——无法

---

① 《马克思恩格斯文集》第4卷，人民出版社2009年版，第397页。
② 《马克思恩格斯文集》第4卷，人民出版社2009年版，第324页。

避免的,因为它们把进军途中的普通一站看成了最终目的"①。

2. 就无产阶级政党而言,就是进一步增强党的战斗力

马克思恩格斯认为,正确的学习目的能够正确地反映无产阶级的利益和要求,认清自己的使命,明确奋斗的方向,掌握正确的斗争方法,从而进一步增强党的战斗力,进而提升党的先进性。恩格斯指出:"一个知道自己的目的,也知道怎样达到这个目的的政党,一个真正想达到这个目的并且具有达到这个目的所必不可缺的顽强精神的政党,——这样的政党将是不可战胜的。"②无产阶级政党是最先进的政党,他们没有任何同整个无产阶级的利益不同的利益。"共产党人同其他无产阶级政党不同的地方只是:一方面,在无产者不同的民族的斗争中,共产党人强调和坚持整个无产阶级共同的不分民族的利益;另一方面,在无产阶级和资产阶级的斗争所经历的各个发展阶段上,共产党人始终代表整个运动的利益。"③党的战斗力的进一步增强,无疑会使党更好地发挥其先锋模范作用,使马克思主义理论绽放出更娇美的花朵,使党的先进性进一步体现。

3. 就根本目的而言,是要维护人民的利益

马克思恩格斯历来强调"历史活动是群众的活动"④,他们深刻认识到人民群众是历史的创造者,是实现使物质资料生产为社会历史的存在和基础的主体,是社会变革的决定力量,是推动历史发展的最基本力量。马克思在《黑格尔法哲学批判》中阐发市民社会决定国家、法的观点的同时,就指出:"一切人类生存的第一个前提,也就是一切历史的第一个前提,这个前提是:人们为了能够'创造历史'必须能够生活。但是为了生活,首先就需要吃喝住穿以及其他一些东西。"⑤马克思还进一步强调:

---

① 《马克思恩格斯文集》第4卷,人民出版社2009年版,第470页。
② 《马克思恩格斯全集》第39卷,人民出版社1974年版,第139页。
③ 《马克思恩格斯文集》第4卷,人民出版社2009年版,第3页。
④ 《马克思恩格斯文集》第1卷,人民出版社2009年版,第287页。
⑤ 《马克思恩格斯文集》第1卷,人民出版社2009年版,第531页。

"哲学家并不像蘑菇那样是从地里冒出来的,他们是自己的时代、自己的人民的产物,人民的最美好、最珍贵、最隐蔽的精髓都汇集在哲学思想里。正是那种用工人的双手建筑铁路的精神,在哲学家的头脑中建立哲学体系。"①马克思恩格斯还明确认识到:"人们自己创造自己的历史,但是他们并不是随心所欲地创造,并不是在他们自己选定的条件下创造,而是在直接碰到的、既定的、从过去承继下来的条件下创造。"②因此,学习的目的,根本上而言,是要增强无产阶级政党的本领,以维护人民群众的利益,最终实现全人类的解放和每个人自由而全面的发展。这也正是马克思恩格斯在《共产党宣言》中发出的震撼世界的"全世界无产者,联合起来"号召的最主要原因。

总之,马克思恩格斯关于学习型政党建设的论述为后来的无产阶级政党的建设确定了最基本的原则和方法,开启了学习型政党建设的大门,指引了学习型政党建设的根本方向。

二、列宁关于学习型政党建设的论述

列宁在继承马克思恩格斯学习型政党建设思想的基础上,从多角度进一步发展了这一思想,从而进一步为无产阶级政党建设提供了理论的支撑。列宁曾多次向全党明确发出了"第一是学习、第二是学习、第三还是学习"③的著名号召。列宁认为,布尔什维克和俄国各阶层人民有着强烈的学习愿望,"我们还有很多东西要学习,我们也懂得我们还必须学习。"④"我们应当利用不打仗、没有战争的每个时机来学习,而且要从头学起。"所以,"我们今天最重要的任务就是学习再学习。"⑤其思想主要

---

① 《马克思恩格斯全集》第 1 卷,人民出版社 1995 年版,第 219 页。
② 《马克思恩格斯文集》第 2 卷,人民出版社 2009 年版,第 470 页。
③ 《列宁专题文集 论社会主义》,人民出版社 2009 年版,第 368 页。
④ 《列宁全集》第 43 卷,人民出版社 1987 年版,第 283 页。
⑤ 《列宁全集》第 43 卷,人民出版社 1987 年版,第 287 页。

体现在以下方面：

（一）学什么

1. 马克思主义理论

列宁十分重视马克思主义理论的学习。他强调："马克思学说具有无限力量，就是因为它正确。它完备而严密，它给人们提供了决不同任何迷信、任何反动势力、任何为资产阶级压迫所作的辩护相妥协的完整的世界观。"①"只有以先进理论为指南的党，才能实现先进战士的作用。"②列宁在对马克思主义进行了比较系统的概括的基础上，认为马克思主义是一切科学的最高成就，它指引着工人阶级乃至人民大众不断前进。他指出："马克思主义是马克思的观点和学说的体系。马克思是 19 世纪人类三个最先进国家中的三种主要思潮——德国古典哲学、英国古典政治经济学以及同法国所有革命学说相联系的法国社会主义——的继承者和天才的完成者。马克思的观点极其彻底而严整，这是马克思的对手也承认的，这些观点总起来就构成作为世界各文明国家工人运动的理论和纲领的现代唯物主义和现代科学社会主义。"③"马克思的哲学是完备的哲学唯物主义，它把伟大的认识工具给了人类，特别是工人阶级。"④因此，对无产阶级政党来说，"即使在最困难的条件下，也要挖矿石，炼生铁，铸造马克思主义世界观以及与这一世界观相适应的上层建筑的纯钢。"⑤否则，若缺乏马克思主义理论的指导，革命和建设必然会招致失败。"在我们看来，没有理论，革命派别就会失去生存的权利，而且不可避免地迟早注定要在政治上遭到破产。"⑥

---

① 《列宁专题文集　论马克思主义》，人民出版社 2009 年版，第 67 页。
② 《列宁专题文集　论无产阶级政党》，人民出版社 2009 年版，第 71 页。
③ 《列宁专题文集　论马克思主义》，人民出版社 2009 年版，第 7 页。
④ 《列宁专题文集　论马克思主义》，人民出版社 2009 年版，第 68 页。
⑤ 《列宁全集》第 20 卷，人民出版社 1989 年版，第 95 页。
⑥ 《列宁全集》第 6 卷，人民出版社 1986 年版，第 367 页。

2. 全部人类知识

列宁明确指出："共产主义是从人类知识的总和中产生出来的,马克思主义就是这方面的典范。"①"只有了解人类创造的一切财富以丰富自己的头脑,才能成为共产主义者。"②他还在批评旧学校是死读书的学校时,进一步指出:"如果以为不必领会共产主义本身借以产生的全部知识,只要领会共产主义的口号,领会共产主义科学的结论就足够了,那是错误的。"③"没有知识,工人就无法自卫;有了知识,他们就有了力量!"④

3. 现代科学技术和管理知识

在马克思恩格斯时代,社会主义还没有在哪一个国家成功实践。而在列宁领导下,苏俄率先取得十月社会主义革命的胜利。革命胜利之后,如何建设苏维埃就摆在列宁的面前。他明确指出新经济政策要取得成功,关键是无产阶级及其先锋队对现代科学管理知识的掌握。"我们所缺少的主要的东西是文化,是管理的本领。"⑤正因为如此,列宁在重视学习马克思主义理论、全部人类知识的同时,结合当时苏维埃建设的实际,突出强调要加强对现代科学技术和管理知识的学习,哪怕是向苏维埃的敌人——资产阶级学习,"我们不能设想,除了建立在庞大的资本主义文化所获得的一切经验教训的基础上的社会主义,还有别的什么社会主义。"⑥"如果你们不能利用资产阶级世界留给我们的材料来建设大厦,你们就根本建不成它,你们也就不是共产党人,而是空谈家。要进行社会主义建设,必须充分利用科学、技术和资本主义俄国给我们留下来的一切东西。"⑦他多次告诫全党要建设国家,就应当拥有具备管理技术、治国经

① 《列宁专题文集 论无产阶级政党》,人民出版社 2009 年版,第 280 页。
② 《列宁专题文集 论无产阶级政党》,人民出版社 2009 年版,第 281 页。
③ 《列宁专题文集 论无产阶级政党》,人民出版社 2009 年版,第 280 页。
④ 《列宁全集》第 2 卷,人民出版社 1984 年版,第 68 页。
⑤ 《列宁专题文集 论无产阶级政党》,人民出版社 2009 年版,第 335 页。
⑥ 《列宁全集》第 34 卷,人民出版社 1985 年版,第 252 页。
⑦ 《列宁全集》第 36 卷,人民出版社 1985 年版,第 6 页。

验和经济经验的人才,就必须向经济工作这门科学进军。如果党不能在经济建设方面取得成就,那么就很难巩固政权,甚至会走向失败。他指出:"要建设共产主义,就必须掌握技术,掌握科学,并为更广大的群众运用它们。"①"现在我们应当学会管理俄国。为此就必须学会谦虚,学会尊重那些'科学和技术专家'的切实工作,为此就必须学会切实仔细地分析我们的许多实际错误,并且学会一步一步地坚持不懈地改正这些错误。少来一些知识分子的和官僚主义者的自负,多研究些我们在中央和地方的实际经验所提供的东西以及科学已经向我们提供的东西吧。"②列宁还在《青年团的任务》中强调:"你们当前的任务是建设,你们只有掌握了一切现代知识,善于把共产主义由背得烂熟的现成公式、意见、方案、指示和纲领变成能把你们的直接工作统一起来的活生生的东西,把共产主义变成你们实际工作的指针,那时才能完成这个任务。"③

　　4. 学习一切民族、一切国家的长处

　　列宁时代的俄国,是一个经济落后的贫穷国家。对此,列宁清醒地认识到,"同先进民族比较起来,俄国人是比较差的工作者。"④处于资本主义汪洋大海的包围中的俄国,要改变贫穷落后的面貌,苏维埃政权就必须向一切民族、国家学习,甚至是向一直对苏俄包围封锁的资本主义国家学习。十月革命胜利后不久,列宁就积极探索新生的苏维埃政权的建设问题,指出要学习外国的长处,他强调:"是的,要向德国人学习! 历史的发展是迂回曲折的。现在出现了这样的情况:正是德国人,除了体现残暴的帝国主义,同时又体现了纪律、组织、在现代机器工业基础上的紧密协作以及极严格的计算与监督的原则。"⑤因此,要"乐于吸取外国的好东西:

① 《列宁选集》第 4 卷,人民出版社 1995 年版,第 124 页。
② 《列宁全集》第 40 卷,人民出版社 1986 年版,第 354 页。
③ 《列宁专题文集　论无产阶级政党》,人民出版社 2009 年版,第 284 页。
④ 《列宁专题文集　论社会主义》,人民出版社 2009 年版,第 98 页。
⑤ 《列宁全集》第 34 卷,人民出版社 1985 年版,第 77 页。

苏维埃政权+普鲁士的铁路秩序+美国的技术和托拉斯组织+美国的国民教育等等++=总和=社会主义。"①"无论如何要继续前进并学会欧美科学中一切真正有价值的东西——这就是我们头等的最主要的任务。"②"社会主义能否实现,就取决于我们把苏维埃政权和苏维埃管理组织同资本主义最新的进步的东西结合得好坏。"③尽管学习资本主义国家可能会付出一定代价,但"只要能获得强大的先进资本主义的帮助,我们便不惜从我们的无限财富当中,从我们丰富的资源当中,拿出几亿以至几十亿的资财"④。而且在学习的过程中,资本主义腐朽势力肯定不会乐观其成,肯定会乘机侵蚀苏维埃政权,对此,列宁一再强调要时刻加以注意,"应该处处用自己的共产主义影响加以抵制"。⑤

(二)为什么学

无论是十月革命前,还是十月革命胜利后社会主义从理想变成现实,列宁一直没有放松无产阶级政党建设,不断探索学习型政党建设的新思路与新方法,总结政党建设的经验,以加强党的领导,改善党的领导,探寻政党建设的规律。其原因主要有:

1. 提高党员质量的需要

列宁强调,共产党员"要理智地、自觉地、有效地投身于革命,就必须学习。"⑥列宁多次强调党员质量的重要性。尤其是党成为执政党以后,那些趋炎附势、巧于钻营的人必然会千方百计地混入党内以攫取个人的权益。"那些只配枪毙的野心家、骗子手一定会想方设法钻进执政党里来。"⑦所以,无产阶级政党必须要清除动摇和投机分子,只能让真正有觉

---

① 《列宁专题文集 论社会主义》,人民出版社2009年版,第381页。
② 《列宁全集》第43卷,人民出版社1987年版,第209页。
③ 《列宁专题文集 论社会主义》,人民出版社2009年版,第98页。
④ 《列宁选集》第4卷,人民出版社1995年版,第454页。
⑤ 《列宁选集》第4卷,人民出版社1995年版,第329页。
⑥ 《列宁全集》第33卷,人民出版社1985年版,第129页。
⑦ 《列宁选集》第4卷,人民出版社1995年版,第157页。

悟的忠于共产主义的人留在党内。"徒有其名的党员,就是白给,我们也不要。"①那么怎么样来提高党员质量呢?列宁认为,共产党员要"认真地学习,学习马克思主义,学习不屈不挠的无产阶级的工作精神"②。只有这样,才能提高党员的质量,也才能更好地发挥党的先锋模范作用。苏维埃政权建立后,虽然资产阶级等腐朽阶级已经被打倒,但他们残余的思想、习惯与传统短时间内很难根除,必然会对党员产生种种影响。因此,党员在学习的过程中要加强思想政治教育,其中,列宁突出强调了共产主义星期六义务劳动对广大党员具有的巨大教育价值,"它对清除混到党内来的分子和抵制腐朽资本主义环境对党的影响是有意义的"③。而且,列宁认为,提高党员质量,保证学习效果,还要严格入党条件。"我们需要新党员不是为了做广告,而是为了进行严肃的工作。"④因此,"主张党代表会议通过一项决定,把入党条件规定得更严些。"⑤对那些混进党员队伍的一些坏分子和心术不正的人打着党的招牌做出违法乱纪、欺压人民等恶劣行为,列宁甚至非常气愤地主张:"用恐怖手段进行清洗:就地审判,立即枪决。"⑥

2. 保持和加强党的团结统一的需要

列宁针对过去俄国和其他国家工人运动中存在的派别活动,再三强调要学习过去的经验教训,以保持和加强党的团结统一。他指出,在俄国社会民主党内,先后存在着1895—1902年的"经济主义",1903—1908年的"孟什维克主义",1908—1914年的"取消主义",这些都是机会主义和修正主义的派别。这些派别名义上承认统一,实际上各自为政。因此,在俄共(布)第十次代表大会上,列宁就明确强调:"必须使一切觉悟的工人

---

① 《列宁专题文集　论无产阶级政党》,人民出版社2009年版,第222页。
② 《列宁全集》第19卷,人民出版社1989年版,第106页。
③ 《列宁全集》第38卷,人民出版社1986年版,第40页。
④ 《列宁全集》第37卷,人民出版社1986年版,第216页。
⑤ 《列宁全集》第42卷,人民出版社1986年版,第314页。
⑥ 《列宁专题文集　论社会主义》,人民出版社2009年版,第230页。

都清楚地认识到:任何派别活动都是有害的,都是不能容许的,因为即令个别集团的代表人物满心想要保持党的统一,派别活动事实上也必然会削弱齐心协力的工作,使混进执政党内来的敌人不断加紧活动来加深党的分裂,并利用这种分裂来达到反革命的目的。"①所以,他认为,无产阶级政党不管是在革命时期,还是建设时期,都需要团结统一。党的团结统一是无产阶级不断取得胜利的必备条件。"我们必须记住,内部的危险在某种意义上比邓尼金和尤登尼奇的危险还要大,因此我们不仅需要形式上的团结,而且需要非常坚固的团结。"②他进一步指出,党的团结统一既是思想上的统一,也是组织上的统一。但统一不是无原则的盲目的,当实际存在着不可妥协的分歧时,统一只会是毫无意义的事情。"没有组织就不可能有统一。"③而"没有思想上的统一,组织上的统一是没有意义的"④。"统一,这是伟大的事业和伟大的口号!但是,工人事业所需要的是马克思主义者的统一,而不是马克思主义者同反对和歪曲马克思主义的人的统一。"⑤"当实际上存在着不可调和的分歧时,要始终提防虚假的'统一'。"⑥他对党内存在的派别活动深恶痛绝,对那些高喊统一而实则破坏统一的行为毫不犹豫地进行反对,谆谆教导布尔什维克:"凡是珍视党、珍视恢复党的工作的同志,都应该最坚决地反对一切纯粹从派别组织、小集团的角度和利益出发而竭力破坏党的人。"⑦

3. 改善党的领导方式和执政方式的需要

在列宁的领导下,社会主义从理想变成现实,俄共(布)面临着革命党到执政党的角色转变以及内忧外患的双重考验。为此,列宁一再强调

---

① 《列宁专题文集 论无产阶级政党》,人民出版社 2009 年版,第 295 页。
② 《列宁专题文集 论无产阶级政党》,人民出版社 2009 年版,第 306 页。
③ 《列宁全集》第 25 卷,人民出版社 1988 年版,第 185 页。
④ 《列宁全集》第 5 卷,人民出版社 1986 年版,第 247 页。
⑤ 《列宁全集》第 25 卷,人民出版社 1988 年版,第 81 页。
⑥ 《列宁全集》第 26 卷,人民出版社 1988 年版,第 130 页。
⑦ 《列宁全集》第 20 卷,人民出版社 1989 年版,第 48 页。

要重视学习、善于学习,以不断改善党的领导方式和执政方式,不断提高执政水平和领导水平。

一方面,党必须坚持民主集中制。列宁非常重视学习、汲取俄国社会民主党之前的革命派别的经验教训,打破了以往的小组密谋的活动方式,1906年,在列宁的提议下,俄国社会民主党的第四次代表大会把民主集中制原则载入这次大会通过的党章之中。从此,党内民主集中制的原则成为"一致公认的原则"①。在十月革命胜利前夕,针对当时有人提出布尔什维克能否保持国家政权的疑问,列宁指出:"在国家成了无产阶级国家的时候,在它成了无产阶级对资产阶级使用暴力的机器的时候,我们就要完全地和无条件地主张坚强的政权和集中制。"②列宁在这里强调的集中制就是真正民主意义上的集中制,即民主集中制。他进一步指出:"我们主张党内民主集中制。……民主集中制一方面同官僚主义集中制,另一方面同无政府主义有多么大的区别。"③为巩固新生的政权,列宁还十分重视学习、借鉴和运用巴黎公社的光辉经验。"巴黎公社作出了把来自下面的首创精神、独立性、放手的行动、雄伟的魄力和自愿实行的、与死套公式不相容的集中制互相结合起来的伟大榜样。我们的苏维埃走的也是这条道路。但是苏维埃还有些'胆怯',还没有放开手脚,还没有'渗透'到建立社会主义秩序这一新的、伟大的、创造性的工作中去。"④在苏维埃政权建立之初,面临着国外帝国主义干涉和国内白匪叛乱的严重威胁,国内的经济状况也日益恶化,物质短缺等现象十分严重,列宁认为:"我们需要财政集中,需要力量集中;不实现这些原则,我们就不能完成经济改造,而只有完成经济改造,每一个公民才能有饭吃,个人的文化需要才能得到满足。"⑤"我们目前的任务就是要在经济方面实行民主集中

---

①　《列宁全集》第12卷,人民出版社1987年版,第214页。
②　《列宁全集》第32卷,人民出版社1985年版,第310页。
③　《列宁全集》第34卷,人民出版社1985年版,第139页。
④　《列宁全集》第33卷,人民出版社1985年版,第209页。
⑤　《列宁全集》第34卷,人民出版社1985年版,第328页。

制,保证铁路、邮电和其他运输部门等等经济企业在发挥其职能时绝对的协调和统一。"①列宁还强调执政党要以民主的方式实现对苏维埃国家政权机关的领导,要在所执掌的国家政权与社会大众的关系中保障人民民主权利的实现。"正是苏维埃同劳动'人民'的亲密关系,造成一些特殊的罢免形式和另一种自下而上的监督,这些现在应该大力加以发展。"②

另一方面,注重发扬党的优良作风。优良的作风是保障学习效果的重要条件。列宁多次强调无产阶级政党要发扬优良作风,尤其是十月革命胜利后,俄共(布)的地位发生翻天覆地的变化成为执政党后,特别要保持良好的作风。其一是求实的作风。列宁曾告诫全党:"马克思主义要求,任何郑重的政策必须以经得起严格的客观检验的事实作为依据。"③"马克思主义者可能犯的最大的最致命的错误就是把空谈当作事实,把虚假的表面现象当作实质或某种重要的东西。"④其二是密切联系群众的作风。列宁多次强调:革命和建设事业的胜利主要依靠无数劳动群众的奋斗,一个国家的力量在于群众的觉悟。党要相信群众、依靠群众、紧密联系群众,充分发挥群众的积极性和创造精神。"只有相信人民的人,只有投入生气勃勃的人民创造力泉源中去的人,才能获得胜利并保持政权。"⑤对执政党而言,最大的危险之一就是脱离群众。"对我们来说,重要的就是普遍吸收所有的劳动者来管理国家。这是一项艰巨的任务。但是,社会主义不是少数人,不是一个党所能实施的。只有千百万人学会亲自做这件事的时候,他们才能实施社会主义。"⑥其三是注意克服官僚主义和拖拉作风。列宁认为,党处于执政地位;掌握着一定的权力,

---

① 《列宁全集》第34卷,人民出版社1985年版,第139页。
② 《列宁专题文集 论社会主义》,人民出版社2009年版,第113页。
③ 《列宁专题文集 论马克思主义》,人民出版社2009年版,第302页。
④ 《列宁全集》第32卷,人民出版社1985年版,第45页。
⑤ 《列宁全集》第33卷,人民出版社1985年版,第57页。
⑥ 《列宁专题文集 论社会主义》,人民出版社2009年版,第71页。

容易使人滋生骄傲自大,乃至官僚主义的不好风气。列宁承认,在俄共(布)内部,"官僚主义的脓疮无疑是存在的,这是大家公认的。"①官僚主义严重地阻碍新经济政策的贯彻执行和社会主义建设事业的发展。尽管同官僚主义的斗争必将是一个长期而艰巨的任务,但我们"不要为官僚主义的极端行为辩护,而要纠正它"。②官僚主义一个很重要的体现就是拖拉作风。那么如何克服官僚主义和拖拉作风呢?列宁认为,"克服官僚主义和拖拉作风的一个极重要手段,就是检查地方执行中央的法令和指示的情况。"③而且,还要"大力吸收觉悟的工人和农民参加交通人民委员部和国家监察部的工作,以改进工作,根除官僚主义、拖拉现象和文牍主义"。④

(三)怎样学

1.独立思考与具体分析

列宁认为,无产阶级政党要敏捷而正确地解决各项复杂的政治问题,必须在学习的过程中善于动脑筋,要学会独立思考和具体分析。"为了能够弄清各个不同的情况,应该有自己的头脑。党组织的作用和名副其实的党的领袖的作用,也正在于通过本阶级一切肯动脑筋的分子所进行的长期的、顽强的、各种各样的、多方面的工作,获得必要的知识、必要的经验、必要的(除了知识和经验之外)政治嗅觉,来迅速而正确地解决各种复杂的政治问题。"⑤列宁认为,共产党人是用头脑来工作的,不是靠死记硬背的马克思主义词句来解决问题的。无论身处何种境遇,共产党人都不应当失去头脑,"因为一失去头脑,我们就会丧失一切"⑥。"只有细心研究、思索并独立解决自己党的问题和命运的人,才配称为党员和工人

---

① 《列宁全集》第41卷,人民出版社1986年版,第25页。
② 《列宁全集》第40卷,人民出版社1986年版,第242页。
③ 《列宁全集》第41卷,人民出版社1986年版,第265页。
④ 《列宁全集》第36卷,人民出版社1985年版,第253页。
⑤ 《列宁选集》第4卷,人民出版社1995年版,第178页。
⑥ 《列宁全集》第32卷,人民出版社1985年版,第367页。

党的建设者。"①他进一步指出:"我们不需要死记硬背,但是我们需要用对基本事实的了解来发展和增进每个学习者的思考力,因为不把学到的全部知识融会贯通,共产主义就会变成空中楼阁,就会成为一块空招牌,共产主义者也只会是一些吹牛家。你们不仅应该掌握知识,而且应该用批判的态度来掌握这些知识,不是用一堆无用的垃圾来充塞自己的头脑,而是用对一切事实的了解来丰富自己的头脑,没有这种了解就不可能成为一个现代有学识的人。"②列宁还一再强调,具体问题具体分析是马克思主义的精髓和活的灵魂。"马克思的辩证法要求对每一特殊的历史情况进行具体的分析。"③为此,马克思主义基本原理必须与各国实际相结合,要注意不同国家的基本特点。"在分析任何一个社会问题时,马克思主义理论的绝对要求,就是要把问题提到一定的历史范围之内;此外,如果谈到某一国家(例如,谈到这个国家的民族纲领),那就要估计到在同一历史时代这个国家不同于其他各国的具体特点。"④

2. 要敢于争论

列宁一再认为,无产阶级政党在建设进程中,共产党人要敢于争论。只有这样才能批判各种错误思想,才能把具体情况弄清楚,才能学到各种有益的知识和经验。"如果全党不在一切政治问题上发表意见,不指导各个斗争,那么政治斗争就不可能进行。不在中央机关报上讨论所有这些问题,不集体确定一定的活动方式和活动准则,不通过中央机关报来确立每个党员对全党负责的原则,要想组织革命力量,进行纪律教育,提高革命技术都是不可能的。"⑤相反,"没有斗争,就不可能把情况弄清楚,不把情况弄清楚,就不可能顺利前进,就不可能有巩固的统一。"⑥列宁严厉

---

① 《列宁全集》第23卷,人民出版社1990年版,第76页。
② 《列宁专题文集 论无产阶级政党》,人民出版社2009年版,第282页。
③ 《列宁选集》第2卷,人民出版社1995年版,第700页。
④ 《列宁专题文集 论马克思主义》,人民出版社2009年版,第302页。
⑤ 《列宁全集》第4卷,人民出版社1984年版,第168页。
⑥ 《列宁全集》第44卷,人民出版社1990年版,第60页。

批评了把意见分歧竭力隐瞒的庸俗的"调和主义",指出:"'调和主义'的注意力主要地集中于'堵住'意见分歧的来源,把它们隐瞒起来,竭力把'冲突''调节开来'使敌对的方面互相中和。"列宁针对一部分担心争论会引起党的分裂的人,指出:"用不着那样特别害怕斗争:斗争可能激怒某些人,但它却能够澄清空气,确切地直接地确定关系,——确定哪些分歧是主要的,哪些是次要的,哪些是真正走完全另外一条道路的人,哪些是在细节上有分歧的党内同志。"①但列宁也强调,自由地表达自己的意见,民主地开展党内论争是建立在共同的基础上的,"这是在一个坚如磐石的共同的基础上的意见分歧,这个基础就是承认无产阶级革命,承认要同资产阶级民主幻想和资产阶级民主议会制进行斗争,承认无产阶级专政和苏维埃政权。……在这种基础上的意见分歧并不可怕,因为这是成长过程中的毛病,而不是老年人的衰颓。"②当然,争论要依据客观事实,而不是信口开河,夸夸其谈,这样才能让人信服。"在论战中要实事求是地说明赞成和反对的理由,说明无产阶级的立场和它的阶级任务。"③"千万要少一点尖刻的言辞。要更冷静地分析论据,更详细地、更简明地反复说明事实真相。这样,也只有这样才能保证获得绝对的胜利。"④

3.要谦虚谨慎

列宁认为,在加强学习型政党建设过程中,共产党人需要戒骄戒躁、养成谦虚谨慎的作风,尤其是十月革命胜利、苏维埃政权建立后,千万不能被暂时的胜利冲昏头脑。只有踏踏实实、小心谨慎,才能取得更大的成就。"在一定条件下取得的革命胜利愈大,就愈容易产生这种危险性:我们会被这些胜利所迷惑,而不去冷静地、沉着地、仔细地想一想,这些胜利是在什么条件下才获得的。"⑤列宁在总结其他政党经验教训的基础上,

① 《列宁全集》第44卷,人民出版社1990年版,第59页。
② 《列宁全集》第37卷,人民出版社1986年版,第206—207页。
③ 《列宁全集》第12卷,人民出版社1987年版,第156页。
④ 《列宁全集》第46卷,人民出版社1990年版,第369页。
⑤ 《列宁全集》第36卷,人民出版社1985年版,第37页。

指出:"过去所有灭亡了的革命政党之所以灭亡,就是因为它们骄傲自大,看不到自己力量的所在,也怕说出自己的弱点。"①因此,他一再向全党同志敲响警钟:"我们党目前也许会陷入十分危险的境地,即变得骄傲自大起来。这是十分愚蠢、可耻和可笑的。大家知道,一些政党有了骄傲自大的可能,这往往就是失败和衰落的前奏。"②而要做到谦虚谨慎,列宁认为,最重要的是实事求是。说真话,办实事,这是无产阶级政党的力量所在。"吹牛撒谎是道义上的灭亡,也势必引向政治上的灭亡。"③所以,共产党员要"少唱些政治高调,多注意些极平凡的但是生动的、来自生活并经过生活检验的共产主义建设方面的事情,——我们大家,我们的作家、鼓动员、宣传员、组织员等等都应该不倦地重复这个口号"④。其次是有耐心和决心。"有耐心,能坚持,有决心,有决断,善于反复试验,反复改进,不达目的决不罢休……无产阶级的这些品质就是无产阶级一定胜利的保证。"⑤即使遇到暂时的挫折,也决不能灰心、放弃。他在《给马·索柯洛夫的信》中就劝告马·索柯洛夫:"我对您的这种不成功的试验的回答是,第一,不应当是两三次,而应当是二三十次地尝试,反复地干,从头做起。"⑥

4. 经常性地批评与自我批评

有无自我批评,是无产阶级政党区别于其他政党的一个重要标志。"自我批评对于任何一个富有活力、朝气蓬勃的政党来说都是绝对必要的。再庸俗不过的是沾沾自喜的乐观主义。"⑦列宁还指出,一个先进的政党犯错误并不可怕,关键是如何对待错误,如何学会从错误中汲取

① 《列宁专题文集 论无产阶级政党》,人民出版社 2009 年版,第 352 页。
② 《列宁全集》第 38 卷,人民出版社 1986 年版,第 354 页。
③ 《列宁全集》第 11 卷,人民出版社 1987 年版,第 331 页。
④ 《列宁专题文集 论社会主义》,人民出版社 2009 年版,第 143 页。
⑤ 《列宁选集》第 4 卷,人民出版社 1995 年版,第 131 页。
⑥ 《列宁全集》第 50 卷,人民出版社 1988 年版,第 333 页。
⑦ 《列宁专题文集 论无产阶级政党》,人民出版社 2009 年版,第 351 页。

经验教训。开展批评和自我批评,是无产阶级政党改正错误,完善自己的行之有效的做法。"一个政党对自己的错误所抱的态度,是衡量这个党是否郑重,是否真正履行它对本阶级和劳动群众所负义务的一个最重要最可靠的尺度。公开承认错误,揭露犯错误的原因,分析产生错误的环境,仔细讨论改正错误的方法——这才是一个郑重的党的标志,这才是党履行自己的义务,这才是教育和训练阶级,进而又教育和训练群众。"[1]"一个政党假如不敢如实地说出自己的病,不敢进行严格的诊断和找出治病的办法,那它就不配受人尊敬了。"[2]但开展批评与自我批评不是是非不分,含糊不清,而要有实际内容,且合乎分寸。"每一个党的工作人员在工作上都有缺点,但是在批评缺点或向党的各个中央机构分析这些缺点时,应当慎重,注意分寸,否则就成为了搬弄是非。"[3]"对党的缺点进行绝对必要的批评时,应当使一切实际的建议以尽量明确的形式毫不迟延地立刻提交党的地方和中央领导机关去讨论和决定。此外,每一个提出批评的人,在批评的形式上应当考虑到党处在敌人的包围之中这一情况,而在批评的内容方面则应当通过自己直接参加苏维埃和党的工作,从实践中来检验如何纠正党或个别党员的错误。"[4]

　　总的来说,列宁从学什么、为什么学、怎样学等角度对学习型政党建设的理论进行了深刻阐述,不仅对马克思恩格斯的学习型政党建设思想进行了进一步深化,而且也使苏俄的布尔什维克迅速成长壮大,取得了十月革命的胜利,开辟了人类历史的新纪元,并打退了帝国主义的干涉和白匪的进攻,稳定了苏俄国内的局势,巩固了苏维埃政权,为后来苏联的发展、腾飞奠定了基础。

---

① 《列宁专题文集　论无产阶级政党》,人民出版社 2009 年版,第 352 页。
② 《列宁全集》第 8 卷,人民出版社 1986 年版,第 317 页。
③ 《列宁专题文集　论无产阶级政党》,人民出版社 2009 年版,第 351 页。
④ 《列宁专题文集　论无产阶级政党》,人民出版社 2009 年版,第 296 页。

三、斯大林关于学习型政党建设的论述

作为国际共产主义运动的活动家、苏联的领袖,斯大林是最具争议的人物之一。但"从整个说来,斯大林始终是站在历史潮流前面指导斗争的,他是帝国主义的不可调和的敌人。甚至在他犯错误的时候,他的悲剧也在于,他相信那是捍卫劳动者的利益不受敌人侵害所必需的"①。"如果一定要说什么'斯大林主义'的话,就只能说,首先,它是共产主义,是马克思列宁主义,这是主要的一面;其次,它包含一些极为严重的、必须彻底纠正的、违反马克思列宁主义的错误。"②因此,研究马克思主义学习型政党建设,无论如何是不能不提斯大林的。他曾多次强调了执政党的学习问题,对学习的主体、客体、路径以及重要性进行了深刻的阐述。本节就拟对斯大林的学习型政党建设思想作一简要概述。

(一)学习的主体

1.党员

当斯大林刚刚成为苏联共产党最高领导人的时候,苏共是一个由劳苦大众组成的无产阶级政党,相当一部分普通党员理论素养不高。而当时有人认为只有精通党纲、具有一定理论素养的人才能成为党员。斯大林指出,若是那样,苏联共产党只会变成知识分子和学者的党,而不是无产阶级政党。因为,沙俄时代的剥削与压迫导致民众文化素质低下是十分普遍的现象。吸纳民众入党不能只苛求文化水平,重要的是考察其政治觉悟。但党员一旦被吸纳入党后,不能止步不前,必须坚持不懈地学习、了解党纲,具备一定理论素养。否则,"我们党就不会在党内设立几千个党员学习小组,几百个党校,让党员学习马克思主义,帮助他们精通

---

① 《建国以来重要文献选编》第9册,中央文献出版社1994年版,第574页。
② 《建国以来重要文献选编》第9册,中央文献出版社1994年版,第575页。

我们的纲领。十分明显,我们党所以在党员中间成立这样的学校和小组,正因为我们党知道党员还没有精通党纲,还没有成为有理论修养的马克思主义者。"①在此基础上,斯大林进一步强调,党员还必须把党纲作为自己的实践准则,真正践行马克思主义理论,才能成为一个合格的党员。"谁要想成为我们党的党员,谁就不能只以承认我们党的纲领、策略和组织观点为满足,而应该实行这些观点,实现这些观点。"②

早在 1921 年 7 月,战争的硝烟正在散去。斯大林就号召全体共产党员既要学习马克思主义理论以提高政治觉悟,又要把全部力量投入到经济建设中去,要学习工业、农业和运输业等经济工作的知识。斯大林批评了当时存在的两种错误现象:一种是部分党员重政治而轻经济工作的现象。斯大林诚恳地告诫全体党员要重视经济方面知识的学习:"有人说,共产党员,特别是做经济工作的个人共产党员,不可能掌握化学公式和一般技术知识。同志们,这是不对的。世界上没有劳动者和布尔什维克攻不下的堡垒。"③他尤其批评了当时高校里的不少大学生共产党员,宁愿研究"高深的政治",而忽视了学习科学文化知识。"据说共产党员大学生在科学方面的成就不大。据说他们在这方面大大落后于非党员。"长此以往,"共产党员大学生有成为社会主义建设的拙劣领导者的危险,因为不掌握科学是不能领导社会主义的建设的。""如果共产党员大学生依旧站在发展科学的大道旁边,那是可悲的,并且是不体面的。"④另一种是仅仅重视自己的专业知识学习,而忽略了政治要求的现象。斯大林指出:"那种局限于自己的专业,譬如说局限于数学、植物学或化学,而对自己专业以外的东西一无所知的人,尽管他们自称为列宁主义者,但是决不能认为他们就是真正的列宁主义者。列宁主义者不能仅仅是他自己所喜爱

---

① 《斯大林文集》,人民出版社 1985 年版,第 174 页。
② 《斯大林全集》第 1 卷,人民出版社 1953 年版,第 57—58 页。
③ 《斯大林选集》下卷,人民出版社 1979 年版,第 28 页。
④ 《斯大林选集》上卷,人民出版社 1979 年版,第 319—320 页。

的那门科学的专家,他同时还应当是个政治家和社会活动家,应当密切关心本国命运,懂得社会发展规律,善于运用这些规律,并力求积极参加对国家的政治领导。"①斯大林主张:共产党员既要学习马列理论,又要学习专业知识,"应当善于把政治工作和掌握科学的事业结合起来。"②斯大林还一再强调共产党员在学习中必须永远保持谦虚谨慎、艰苦奋斗的精神。共产党员不能摆党员的架子,"不仅要教导非党员,而且要向非党员学习。"③他一再强调,"胜利往往使人产生过分的自负和骄傲。"④"如果这种情绪在我们党内占了上风,我们的一切成就就会有遭到破坏的危险。"⑤

2. 干部

斯大林认为,干部问题是社会主义建设中具有决定性意义的问题,正确挑选干部是巩固政权的基本条件之一。"党的干部是党的指挥人员,而由于我们的党是执政的党,所以他们也就是国家领导机关的指挥人员。"⑥因此,斯大林屡次强调干部要加强学习,提高政治理论水平和业务能力。"现在我们需要大批大批的、成千上万的能够在各种知识部门中成为行家的新的布尔什维克干部。否则就谈不到我国社会主义建设的高速度。否则就谈不到我们能赶上并超过先进的资本主义国家。"⑦"无产阶级如果没有足够的、成熟的、能够组织国家管理的文化干部和行政干部,就不能保持政权。"⑧斯大林十分重视为干部的学习提供良好的平台。他认为通过这些平台,"如果我们能够从思想上来培养我们所有工作部门中的干部,从政治上来锻炼他们,使他们能够在国内和国际的局势中毫

① 《斯大林文集》,人民出版社1985年版,第273页。
② 《斯大林选集》上卷,人民出版社1979年版,第319页。
③ 《斯大林选集》下卷,人民出版社1979年版,第324页。
④ 《斯大林选集》下卷,人民出版社1979年版,第252页。
⑤ 《斯大林全集》第13卷,人民出版社1956年版,第331页。
⑥ 《斯大林文集》,人民出版社1985年版,第269页。
⑦ 《斯大林选集》下卷,人民出版社1979年版,第41页。
⑧ 《斯大林选集》上卷,人民出版社1979年版,第195页。

无困难地辨别方向,如果我们能够使他们成为有能力解决国家领导问题而不犯严重错误的十分成熟的马克思列宁主义者,那么我们就有一切根据认为,我们所有的问题十分之九已经解决了。"①因此,他提倡在党的各级组织成立"党的训练班"、"列宁主义训练班"、"党史和党的政策研究室"、"国内和国际政策问题研究会"等,对全党从基层到联共(布)中央的全体干部进行思想训练和政治锻炼。② 他还提出要创办各类干部学校如政治学校、苏维埃和党务干部学校、共产主义大学等以培养和训练共产主义教育方面的指挥人员。"党依靠它们来进行共产主义教育,培养教育方面的指挥人员,让他们在工人居民中散播社会主义的种子,散播共产主义的种子,从而把党和工人阶级在精神上联系起来。"③斯大林还一再强调要重视对年轻干部的培养。由于年轻干部有着强烈的学习兴趣和积极性,"他们对新事物有足够的敏感,而这是每个布尔什维克工作者的宝贵品质",因此,"他们成长得快,提高得快,上进心强,所以不久就会赶上老年人,同他们并肩前进,成为无愧他们的接班人。""正因为如此,所以必须及时而大胆地把年轻干部提拔到领导岗位上来。"④

3. 领袖

斯大林指出,历史上曾经出现过两类无产阶级领袖,一类是像德国的拉萨尔和法国的布朗基这样的理论上很弱的实践家领袖。另一类则相反,是如俄国的普列汉诺夫和德国的考茨基一样理论上很强但组织工作和实际工作都很弱的领袖。而"要始终成为无产阶级革命和无产阶级政党的领袖,就必须一身兼备理论力量和无产阶级运动的实际组织经验"⑤。因此,真正的无产阶级的领袖必须既重视马克思主义理论的学习,有着较高的理论素养,又要向实践学习,有着丰富的实践经验。"书

---

① 《斯大林文集》,人民出版社 1985 年版,第 273 页。
② 《斯大林文集》,人民出版社 1985 年版,第 158—159 页。
③ 《斯大林全集》第 5 卷,人民出版社 1953 年版,第 165—166 页。
④ 《斯大林文集》,人民出版社 1985 年版,第 271 页。
⑤ 《斯大林选集》上卷,人民出版社 1979 年版,第 136 页。

本是培养不出领导人的。书本可以帮助人们进步,但它本身培养不出领导人。领导工作人员只能在工作过程中成长起来。"①

(二)学习的客体

斯大林深切认识到社会主义建设是一项十分艰巨的事业,不论是敌人还是朋友,只要能促进社会主义事业前进,都要好好向他们学习。他明确指出:"要建设。就必须有知识,必须掌握科学。而要有知识,就必须学习。顽强地耐心地学习,向所有的人学习。"②具体说,主要有:

1. 人民群众

斯大林认为,社会主义建设是非常复杂的事业,只靠领导者的经验,还不足以实行正确的领导,因此必须以人民群众的经验来充实领导者的经验。他把布尔什维克比作希腊神话中的英雄安泰,而把群众比作大地母亲,"布尔什维克也同安泰一样,其所以强大,就是因为他们同自己的母亲,即同那生育、抚养和教导他们成人的群众保持联系。只要他们同自己的母亲,同人民保持联系,他们就完全可能始终是不可战胜的。"③因此,我们党"不仅要教育群众,而且要向群众学习"④,"同群众联系,巩固这种联系,下决心倾听群众的呼声,——这就是布尔什维克领导力量强大及其不可战胜的原因。"⑤斯大林还批评了一些政党所谓的理论家们和领袖们害怕群众、不相信群众的创造能力的行为,他指出:"怕自发势力汹涌澎湃,怕群众'破坏得太多',想充当保姆的角色,竭力照书本去教导群众,而不愿向群众学习"⑥,"这种危险会使领袖骄傲自大,认为自己十全十美。"从而导致政党日益僵化,最终逃脱不了灭亡的命运。"显然,除了

---

① 《斯大林全集》第 5 卷,人民出版社 1953 年版,第 178 页。
② 《斯大林全集》第 11 卷,人民出版社 1956 年版,第 65 页。
③ 《斯大林文集》,人民出版社 1985 年版,第 172 页。
④ 《斯大林文集》,人民出版社 1985 年版,第 170 页。
⑤ 《斯大林文集》,人民出版社 1985 年版,第 172 页。
⑥ 《斯大林全集》第 6 卷,人民出版社 1956 年版,第 54 页。

党遭到毁灭以外,什么结果也不会有。"①他强调,要杜绝这一点,无产阶级政党"必须使党在自己的工作中善于把最高原则性(不能和宗派主义混为一谈!)和与群众最广泛的联系及接触(不能和尾巴主义混为一谈!)结合起来。不然,不但不可能教导群众,而且也不可能向群众学习"②。因此,苏联共产党要善于总结、汲取经验教训,谨记列宁的教诲,"列宁总是不倦地教诲我们:要向群众学习,要理解群众的行动,要细心研究群众斗争的实际经验。"③

2. 马列主义经典作家

最主要的是要学习他们的理论以及他们的学习态度。斯大林认为,"只有我们的党才知道把事业引向何处,而且胜利地把它引向前进。我们党为什么有这种优越性呢?因为它是马克思主义的党,是列宁主义的党。因为它在自己的工作中遵循着马克思、恩格斯和列宁的学说。"④马克思列宁主义理论之所以有这样的力量,就在于它使党能判明局势,了解周围事变的内在联系,预察事变的进程,不仅洞察事变在目前怎样发展和向何处发展,而且洞察事变在将来怎样发展和向何处发展。只有掌握了马克思列宁主义理论的党,才能信心百倍地前进,并引导工人阶级前进。他尤其强调要向列宁学习,他一再强调列宁抓住了马克思主义的实质,并从这个实质出发,向前发展了马克思和恩格斯的学说。"马克思和恩格斯的继承者列宁的伟大,正在于他从来不是马克思主义字句的奴隶。他在自己的工作中,遵循着马克思再三说过的指示:马克思主义不是教条而是行动的指南。"⑤因此,"要记住,要爱戴,要学习我们的导师,我们的领袖伊里奇。"⑥

---

① 《斯大林全集》第 11 卷,人民出版社 1956 年版,第 28—29 页。
② 《斯大林选集》上卷,人民出版社 1979 年版,第 312 页。
③ 《斯大林全集》第 6 卷,人民出版社 1956 年版,第 55 页。
④ 《斯大林全集》第 13 卷,人民出版社 1956 年版,第 332 页。
⑤ 《斯大林全集》第 8 卷,人民出版社 1956 年版,第 220 页。
⑥ 《斯大林全集》第 7 卷,人民出版社 1956 年版,第 16 页。

3. 敌人

斯大林认识到苏联与西方资本主义国家在经济上有较大差距,要实现苏联社会主义建设的飞速发展,"不论向敌人或朋友都要学习,特别是向敌人学习。咬紧牙关学习,不怕敌人讥笑我们,笑我们无知,笑我们落后。"①尽管西方国家长期对苏联持有敌意,甚至苏联一度遭到西方国家的封锁,但斯大林清醒而坚定地认识到:"谁都知道,资本主义国家的技术上有经验的干部比我们苏联多得多。我们从不隐瞒而且也不打算隐瞒,在技术方面我们是德国人、英国人、法国人、意大利人的学生,而首先和主要是美国人的学生。"②

(三)学习的路径

在明确了谁要学习、向谁学习之后,斯大林对学习的路径即怎样学习也进行了深入思考。他认为要保证学习的有效性,必须做到以下几点:

1. 理论联系实践

斯大林认为,理论的学习虽然可以提高人们的水平,但若只是空谈,必然会犯主观主义的错误。"理论应当服务于实践。"③只有在实际工作中做到理论联系实践,才能不断进步。斯大林强调,任何理论要发挥其巨大力量,都离不开实践。理论如果是在和革命实践密切联系中形成的,那么它就能成为工人运动的伟大的指导力量。"理论是概括起来的各国工人运动的经验。当然,离开革命实践的理论是空洞的理论。"④正如1929年他在《论苏联土地政策的几个问题》中就谈到的那样:"新的实践产生对过渡时期经济问题的新的看法。现在,新经济政策问题、阶级问题、建设速度问题、结合问题、党的政策问题,都应该有新的提法,为了不落后于实践,必须立即根据新的情况研究这一切问题。不这样就不能战胜那些

---

① 《斯大林全集》第11卷,人民出版社1956年版,第65页。
② 《斯大林全集》第12卷,人民出版社1956年版,第279页。
③ 《斯大林选集》上卷,人民出版社1979年版,第196页。
④ 《斯大林全集》第6卷,人民出版社1956年,第79页。

引起我们实际工作者思想混乱的资产阶级理论。不这样就不能根除这些已经成为顽固偏见的理论。"①斯大林还一贯认为,布尔什维克的活动不是凭借引证和格言,而是凭借实践经验,依据经验来检查自己的每一个步骤,用自己的错误来教育自己并教导别人建设新生活的。"在实践的烈火中,不仅检查我们指示的执行情况,而且检查指示本身是否正确。"②

2. 要"以坚定不移的决心和布尔什维克坚忍不拔的精神"③投身于学习

"党在无产阶级专政时期的重大任务之一,就是开展以无产阶级专政和社会主义的精神改造老一代和教育新一代的工作。旧社会遗留下来的旧的习气、习惯、传统和偏见是社会主义最危险的敌人。……不执行这些任务,就不能取得社会主义的胜利。"④为保证这一长期的、艰巨的任务的胜利完成,斯大林向全党发出号召,号召全体布尔什维克要以坚定不移的决心和布尔什维克坚忍不拔的精神来学习、掌握知识以武装自己。也正是在一定时期内苏联共产党较好地做到了这一点,苏联在短期内就取得了社会主义建设的巨大成就。

3. 批评与自我批评

面对纷繁复杂的社会主义建设事业,执政党出现种种失误、存在种种缺点在所难免。斯大林对此毫不隐瞒。他强调我们从来没有害怕而且将来也不会害怕公开批评自己和自己的错误。他指出,问题的关键是两个方面:一方面是要向自己的错误学习,"布尔什维克主义的力量也在于它不怕批评,并通过批评自己的缺点来汲取自己继续前进的力量。"⑤另一方面,要通过自我批评促使我们更好地投入到学习当中,从而进一步提高政治水平、增强管理国家的本领。自我批评"为我们的前进,为劳动者建

---

① 《斯大林全集》第12卷,人民出版社1956年版,第127页。
② 温济泽编:《马恩列斯论思想方法和工作方法》,人民出版社1984年版,第127页。
③ 《斯大林选集》下卷,人民出版社1979年版,第28页。
④ 《斯大林全集》第6卷,人民出版社1956年版,第217页。
⑤ 《斯大林全集》第10卷,人民出版社1956年版,第287页。

设力量的发挥,为竞赛的展开,为突击队等等提供了材料(和推动力)"①。尽管并不是百分之百的批评都正确,我们需要的也不是任何自我批评。"我们需要的是能够提高工人阶级的文化水平、发扬他们的战斗精神、巩固他们的胜利信心、加强他们的力量并帮助他们成为国家的真正主人的自我批评。"②但"没有自我批评,就没有对党、对阶级、对群众的正确教育;而没有对党、对阶级、对群众的正确教育,也就没有布尔什维克主义"③。真正的布尔什维克"需要真诚地以布尔什维克的精神进行自我批评,真诚地以布尔什维克的精神对我们工作中的缺点和错误展开来自下面的批评"④,从而使广大党员干部获得巩固政权、建设社会主义的丰富知识和娴熟的管理国家的技能。

(四)学习的重要性

斯大林立足于前苏联的实际,对学习的重要性有着充分的认识。他认为:

1. 学习是巩固党的执政地位的需要

苏联共产党执政后,面临着长期的、复杂的执政考验,必然会存在着许多问题。尤其是在长期执政的过程中,不少干部养尊处优、不思进取、只对上级负责,往往漠视人民群众的意见和要求,使官僚主义现象滋长蔓延。并且在一定阶段已经发展到了相当严重的地步。斯大林清醒地认识到这一点。他多次强调:"胜利有时能冲昏人的头脑。……党的革命措施在我们辽阔广大的国家的某些角落变成党的个别代表的空洞的官僚式的命令手段的危险,在这里是很现实的。"⑤"管理机关的官僚主义和文牍主义,'一般领导'的空谈代替了实际的具体领导,各组织实行职能管理

---

① 《斯大林全集》第 12 卷,人民出版社 1956 年版,第 152 页。
② 《斯大林选集》下卷,人民出版社 1979 年版,第 58 页。
③ 《斯大林选集》下卷,人民出版社 1979 年版,第 56 页。
④ 《斯大林选集》下卷,人民出版社 1979 年版,第 13 页。
⑤ 《斯大林选集》下卷,人民出版社 1979 年版,第 252 页。

制而缺乏个人的负责制,工作中的无人负责现象和工资制度中的平均主义,对执行情况缺乏经常的检查,害怕自我批评,——这就是我们困难的根源,这就是目前我们的困难藏身的地方。"①他进一步明确指出了官僚主义的危害性,指出官僚主义束缚了群众的干劲、主动性和自主精神,埋没了蕴藏在我们制度内部、工人阶级和农民内部的巨大潜力,使领导机关的决议变成一场空忙。"官僚主义的危险,首先在于它埋没了潜藏在我国制度内部的巨大的后备力量,使我们不能利用,它力图打消群众的创造主动性,用文牍主义束缚它,结果使党的每一新的创举都变成琐碎无聊的小事。其次,官僚主义的危险在于它反对检查执行情况,企图把领导机关的重要指示变成脱离实际生活的纸上空文。"②那么怎样才能肃清官僚主义呢? 斯大林认为,"要做到这一点,唯一的办法就是组织来自下面的监督,组织工人阶级千百万群众来批评我们机关里的官僚主义,批评他们的缺点和错误。"③因此,广大工人群众必须学习、掌握一定文化知识。"如果广大的工人群众没有一定的文化水平使他们可能、愿意并善于从下面用工人群众自己的力量来监督国家机关,那么官僚主义无论如何还是会继续存在的。所以,提高工人阶级和劳动群众的文化——不仅仅在开展识字运用方面(虽然识字是一切文化的基础),而首先是在获得国家的技能和本领方面来提高他们的文化——是改善国家机关和任何其他机关的主要杠杆。"④因此,只有更加重视学习、善于学习,永不自满、永不停滞,才能克服困难,经受考验,不断加强党的执政能力建设,巩固党的执政地位。

2. 学习是巩固社会主义政权和搞好社会主义建设的需要

列宁逝世后,苏联在国际上仍然处于帝国主义的封锁和包围之中,国

---

① 《斯大林选集》下卷,人民出版社 1979 年版,第 344 页。
② 《斯大林全集》第 12 卷,人民出版社 1956 年版,第 286 页。
③ 《斯大林选集》下卷,人民出版社 1979 年版,第 38 页。
④ 《斯大林全集》第 10 卷,人民出版社 1956 年版,第 276 页。

内经济文化依然十分落后。此时,对经济文化十分落后的国家如何巩固政权和建设社会主义,没有成功的经验可供借鉴。在这样的情况下,斯大林正确认识到苏共面临的形势和任务已经发生变化,指出苏联共产党是政权的核心,担负着巩固社会主义政权和社会主义建设的重任。而要做好这一点,只有不断加强学习,掌握各种知识。他强调:"1917 年十月革命以后,党在国内的状况也发生了根本变化。……俄国共产党从在俄国内部实行变革的党变成了从事和平建设的党。"①因此,斯大林向全党发出号召:"掌握科学,培养各种知识部门的新的布尔什维克专家干部,学习,学习,最顽强地学习,——这就是现在的任务。"②他首先强调要重视学习经济知识。斯大林认为,在打退帝国主义武装干涉和平息白匪叛乱之后,布尔什维克"现在要进行领导,就必须善于经营管理,必须懂得和理解经济。……我们已经进入了经济建设时期"③。其次他认为要重视认识、学习和掌握社会主义建设规律,并在此基础上,利用规律来改造客观和主观世界,促进社会发展。斯大林屡次强调,苏联共产党要成为真正的先进队伍,党要在实践中善于发现规律、总结规律,应当用科学理论,用社会运动规律的知识,用社会主义建设规律的知识把自己武装起来。否则它就不能领导社会主义建设,就不能引导无产阶级向着正确目标迈进。"有一门科学知识却是一切科学部门中的布尔什维克都必须具备的,这就是马克思列宁主义关于社会、社会发展规律、无产阶级革命发展规律、社会主义建设发展规律以及共产主义胜利的科学。"④

总的来看,斯大林对学习型政党建设的学习主体、客体、路径、重要性等进行了详细论述。他的这一思想一度使苏共成为了诸多无产阶级政党学习的榜样,推动实现了社会主义从一国到多国的成功实践。但是在苏

---

① 《斯大林全集》第 5 卷,人民出版社 1953 年版,第 85 页。
② 《斯大林选集》下卷,人民出版社 1979 年版,第 275 页。
③ 《斯大林选集》上卷,人民出版社 1979 年版,第 349 页。
④ 《斯大林文集》,人民出版社 1985 年版,第 273 页。

联社会主义建设的进程中,这一思想与实践日渐背离,苏联共产党最终实际上停止了学习的步伐,走上僵化保守、停滞不前的道路,为其最终的解散埋下了伏笔。正如邓小平所言,"一个党,一个国家,一个民族,如果一切从本本出发,思想僵化,迷信盛行,那它就不能前进,它的生机就停止了,就要亡党亡国。"①但我们不能因此否定这一思想的积极意义。而且不管这个思想是否被人们所承认、接受、遵循,其自身的价值有理由写进人类进步史最辉煌的一页中去。毕竟,它们是无产阶级在寻找执政党建设规律进程中的一次经验教训的概括、总结,是人类在寻找最合理的社会制度和生存秩序中的一次勇敢的尝试和实践的理论升华。

四、与经典作家同时代的马克思主义者关于学习型政党建设的论述

除了马克思、恩格斯、列宁、斯大林等马克思主义经典作家有着大量关于学习型政党建设的论述之外,与他们同时代的马克思主义者如拉法格、倍倍尔、1883—1903 年之间的普列汉诺夫、一战前的考茨基、罗莎·卢森堡、卡尔·李卜克内西等也有着诸多相关论述。

其中值得一提的是罗莎·卢森堡。众所周知,罗莎·卢森堡是波兰、德国和国际共产主义运动史上杰出的女革命家,马克思主义理论家,德国社会民主党和第二国际著名左派领袖之一,德国共产党的创建人和领导人之一。列宁曾经称赞说,罗莎·卢森堡"始终是一只鹰,不仅永远值得全世界的共产党人怀念,而且她的生平和她的全部著作……对教育全世界好几代共产党人来说都将是极其有益的"。② 由于其思想激进和意志坚强而被反动分子称为"嗜血的'红色罗莎'"。格·卢卡奇也曾经说:

①　《邓小平文选》第二卷,人民出版社 1994 年版,第 14 页。
②　《列宁选集》第 4 卷,人民出版社 1995 年版,第 643—644 页。

"在马克思的学生们中间,只有卢森堡才对马克思毕生事业所从事的经济学说的内容和方法这两个方面作出了真正的发展。只有她才找到了马克思主义的经济学说具体地运用于社会发展现实状况的方法。"①虽然卢卡奇的评价未必准确,但在某种程度上的确说明了卢森堡在马克思主义发展史上有着重要的历史地位。在卢森堡的著作中,有着不少政党理论和关于学习型政党建设的光辉思想值得我们挖掘。其思想主要体现在以下方面:

(一)学习是无产阶级政党的基本要求

卢森堡一再强调学习是无产阶级政党的基本要求,不管是广大党员群众还是党的领导机关和领袖,要保持长效的先进性和强大的战斗力,都必须十分重视学习。她曾经感叹:"当我想到我还只能活多么短的时间并且还有多少东西需要学习的时候,我真是感到可怕。"②只有全党上下共同努力,积极学习,才能使无产阶级政党成为革命的坚强领导核心。

1. 党员群众

卢森堡认为,革命的成功离不开群众的积极参与。在革命的进程中,广大无产阶级群众需要不断加强学习,从而推动革命形势的发展。"为了取得社会主义的胜利,我们需要强大的、积极的、受过教育的无产阶级,以及在文化和数量上同样有力的群众。"③"群众是决定性的因素,群众是磐石,革命将依靠这块磐石取得最后胜利。"④"群众自身对于自己的任务和道路的认识在这里也是社会民主党活动的一个必不可少的历史先决条件;正象从前他们缺乏认识是统治阶级的行动的先决条件一样。"⑤"群众

---

① [匈牙利]卢卡奇:《历史与阶级意识》,华夏出版社 1989 年版,第 1—2 页。
② 程人乾:《罗莎·卢森堡:生平与思想》,人民出版社 1994 年版,第 161 页。
③ 转引自[印度]苏班拉尔·达塔·古普塔:《罗萨·卢森堡的社会主义观及其对二十一世纪马克思主义的意义》,刘仁胜译,《江西社会科学》2005 年第 2 期。
④ 程人乾:《罗莎·卢森堡:生平和思想》,人民出版社 1994 年版,第 246 页。
⑤ 《卢森堡文选》上卷,人民出版社 1990 年版,第 490 页。

正是必须在斗争本身中学会斗争,学会行动。"①因此,一方面,无产阶级政党必须用马克思主义教育广大群众。另一方面,无产阶级群众必须积极学习,提高自身的政治觉悟。"没有无产阶级多数的自觉意志和自觉行动就没有社会主义。"②在1918年发表的《社会的社会主义化》一文中,卢森堡再一次指出:"在斗争中,在革命中,无产阶级群众立即学会了必需的理想主义,并且获得了理智上的成熟。我们仍然需要勇气和忍耐,需要内心清楚的思路和自我牺牲的精神,这些品质和素质将促使革命走向胜利。"③

2. 党的领导机关和领袖

卢森堡认为,无产阶级政党的领导机关和领袖必须不断加强学习,提高自身的领导能力,增强自身的政治自觉性,才能走在革命运动的前头,正确领导革命。她指出:"社会民主党是思想最明确、阶级觉悟最高的先锋队。它不能听天由命地安然等待'革命形势'的出现,等待那种自发的人民运动从天而降,相反,它应当始终走在客观事物发展的前面,加速它的发展。"④"社会民主党及其领袖们的任务不是被事变拖着走,而是要自觉地走在事变的前面,预见发展的方向,通过自觉的行动来缩短发展,加速它的进程。"⑤通过学习,无产阶级的"领袖越是明确地和自觉地使自己成为有觉悟的进行斗争的群众的意志和意向的代言人;他们就越有力量;越有威信"。⑥为推动革命不断前进,在加强自身学习的同时,无产阶级政党的领导机关和领袖还必须高屋建瓴地对群众进行启蒙教育,促进党

---

①　[波兰]罗莎·卢森堡:《领袖们在做什么?》(1919年1月7日),中文马克思主义文库网站,http://marxists.anu.edu.au/chinese/Rosa-Luxemburg/marxist.org-chinese-rosa-19190107.htm。
②　《国际共运史研究资料》(卢森堡专辑),人民出版社1981年版,第114页。
③　转引自[印度]苏班拉尔·达塔·古普塔:《罗萨·卢森堡的社会主义观及其对二十一世纪马克思主义的意义》,刘仁胜译,《江西社会科学》2005年第2期。
④　《卢森堡文选》下卷,人民出版社1990年版,第147页。
⑤　《卢森堡文选》下卷,人民出版社1990年版,第147页。
⑥　《卢森堡文选》下卷,人民出版社1990年版,第147页。

员群众的学习,启发群众的政治觉悟。卢森堡指出:"社会民主党的所谓'领袖'的唯一作用在于启发群众认识他们的历史任务。社会民主党的'领袖'的威信和影响的增长只能是同他们在这种意义上进行的启蒙工作的量成比例"。①"工人委员会应该成为无产阶级权力的中心,工人委员会应该根植于社会下层,通过教育一步一步地实现自己'挖空资产阶级国家'的目标,最终在意识形态上打败资产阶级从而夺取资产阶级政权。"②

(二)学习内容的广泛与全面

卢森堡强调无产阶级政党不仅要重视马克思主义理论的学习,而且要重视其他文化知识的学习,还一再强调对革命实践的学习。

1. 马克思主义理论

卢森堡尤其重视马克思主义理论的学习。卢森堡指出,"正如恩格斯所说的,工人阶级在今天是唯一的保持了理论感和对理论的兴趣的阶级。工人阶级的求知欲是当代的一个最重要的文明现象。而从精神上说,工人的斗争意味着社会的文化革新。"③之所以如此,主要因为以下几点:

首先,马克思主义是一种科学的理论,只有它才能指导我们推翻资产阶级的反动统治,从而实现人类的最终解放。卢森堡指出,马克思主义不是一成不变的教条,而是随着时代不断前进的活生生的科学,"马克思主义是不断追求新认识的世界观。它不是僵化的、令人生厌的、一次性有效的形式。它利用自我批评的思想武器在历史的电闪雷鸣中最出色保持着自己的生命力。"④一个真正的马克思主义者不能只抓住其中的一些具体观点、具体措施,把其当作亘古不变的真理。马克思主义理论中"最有价

---

① 《卢森堡文选》上卷,人民出版社 1990 年版,第 490 页。
② 程人乾:《罗莎·卢森堡:生平与思想》,人民出版社 1994 年版,第 241 页。
③ 《卢森堡文选》上卷,人民出版社 1990 年版,第 474 页。
④ 《卢森堡全集》德文版,第 5 卷,第 523 页;转引自程人乾:《罗莎·卢森堡:生平与思想》,人民出版社 1994 年版,第 241 页。

值的唯物主义的辩证的历史观却只表现为一种研究方法、一些天才的指导思想,它们使人有可能展望一个崭新的世界,开辟独立活动的无限远景,激励我们的思想大胆地飞进尚未研究的领域"。① 正因为马克思主义是一种科学理论,"科学社会主义,正因为它是科学的,它就象闪电一样射入资产阶级社会中这块无产阶级的园地,动摇了资产阶级的社会基础。"②

其次,马克思主义是打退机会主义猖狂进攻的锐利思想武器。19 世纪末 20 世纪初,第二国际机会主义思潮一度喧嚣不已。在这种情况下,卢森堡认为,机会主义用资产阶级观点阉割了马克思主义真理,因此无产阶级政党及其广大党员不能被机会主义所蛊惑,而要捍卫和发展马克思主义。"马克思主义学说提供了反对各种主要类型的机会主义思想的毁灭性的武器。"③"一旦广大工人群众掌握了科学社会主义的锐利的、可靠的武器,那么所有小资产阶级倾向,所有机会主义思潮就会化为乌有。"④卢森堡还进一步强调,"马克思的学说不仅是能够在理论上推翻机会主义的学说,而且是唯一能够把机会主义放在党的成长过程中加以说明的学说。"⑤

再次,马克思主义是指导我们解决实际问题的根本指针。卢森堡指出,"如果社会进步又提出了一系列更新的有待解决的科学问题,那么,只有马克思的方法能为解答这些问题提供武器。"⑥"只有随着我们的运动逐步进入向前发展的阶段并提出新的实际问题,我们才重新到马克思的思想武库里去探索,完成和利用他的学说的一个个新的部分。"⑦针对

---

① 《卢森堡文选》上卷,人民出版社 1990 年版,第 472 页。
② 《卢森堡文选》上卷,人民出版社 1990 年版,第 376 页。
③ 《卢森堡文选》上卷,人民出版社 1990 年版,第 516 页。
④ 《卢森堡文选》上卷,人民出版社 1990 年版,第 73 页。
⑤ 《卢森堡文选》上卷,人民出版社 1990 年版,第 146 页。
⑥ 《卢森堡文选》上卷,人民出版社 1990 年版,第 485—486 页。
⑦ 《卢森堡文选》上卷,人民出版社 1990 年版,第 476 页。

当时就已存在的认为马克思主义"已经过时"的现象,卢森堡一针见血地指出,"如果我们现在因此觉察出运动中存在理论停滞状况,这并不是由于我们赖以生存的马克思理论无力向前发展或是它本身已经'过时',相反,是由于我们已经把现阶段斗争必需的思想武器从马克思的武库取来却又不充分运用;这并不是由于我们在实际斗争中'超越'了马克思,相反,是由于马克思在科学创造中事先已经超越了作为实际斗争政党的我们;这并不是由于马克思不再能满足我们的需要,而是由于我们的需要还没有达到运用马克思思想的程度。"①当时不少人还经常抱怨具备马克思主义理论的人才太少,不能满足革命运动的实际需要。卢森堡不以为然,她认为,革命的实际需要必然会催生一批掌握甚至精通马克思主义理论的人才产生。"每一时代自己塑造它的人才,当时代对理论工作提出实际需要,实际需要本身会创造出满足这一需要的人才。"②

2. 各种文化知识

除了重视马克思主义理论的学习,卢森堡还强调要注重其他知识的学习,力图在学习中拓宽视野。她认为,"广泛的兴趣,内在的和谐,这是每一个人都可以具备的,至少是应当朝这个方面努力的……"③她本人就是这方面的典范。不管是社会科学领域,还是自然科学领域,如哲学、史学、政治学、法学、社会学、经济学乃至天文学和美学等,她都有着浓厚的学习兴趣。她从小热爱诗歌。在文章、演说、书信中她不时摘引各国诗人的诗行,巧妙而恰当地引用诗人的比喻来形象地阐明她所强调的事物。1904 年 8 月,她在德国首次入狱,出狱后她在致朋友的信中曾说,在狱中,"我发愤读书和工作。除了我的专业——经济学,稍稍涉猎了文学和哲学。"④她还曾在致其男友的信中表示了要研究艺术的夙愿。而其大学

---

① 《卢森堡文选》上卷,人民出版社 1990 年版,第 476 页。
② 《卢森堡文选》上卷,人民出版社 1990 年版,第 472 页。
③ 程人乾:《罗莎·卢森堡:生平与思想》,人民出版社 1994 年版,第 3 页。
④ 程人乾:《罗莎·卢森堡:生平与思想》,人民出版社 1994 年版,第 56 页。

生涯是从攻读自然科学开始的,其博士论文《波兰工业的发展》与经济学密切相关,在繁忙的工作和斗争之余,卢森堡还爱好地质学和植物学。她认为地质学会告诉人们自然和人类本身历史发展的许多奥秘,而植物则是人类不可须臾离开的朋友。① 其兴趣之广泛,学习之勤奋可见一斑。在她多次入狱期间,她仍不放松学习。1916 年 7 月再次被捕入狱,即使狱中照明设备也没有,但她仍顽强地坚持读书。正如她从狱中所发出的书信中所说:"我的囚室晚上没有灯,因而不得不把书高高地捧在手里,为此我就不得不站着读,以便可以借助从门上部的玻璃透过来的走廊里的昏暗光线。"②甚至在 1919 年 1 月 15 日,卢森堡生命的最后一天,她被捕的时候还拿了一个小手提包,塞进了几本书,准备在监狱里阅读,如同过去坐牢时那样,但凶残的敌人已永远不给她这样的机会了。③

3. 革命实践

卢森堡认为,任何无产阶级政党除了要具备一定的马克思主义理论水平外,还必须善于向革命实践学习,从革命实践中汲取经验教训。毕竟只有实践才能提供活生生的革命素材。1905 年俄国革命发生后,卢森堡在德国社会民主党的代表大会上多次号召德国工人支持俄国革命,学习俄国革命经验,尤其是群众性政治罢工的经验。她语重心长地强调,"我们看到了俄国革命,如果我们什么也学不到,那我们便是蠢驴。"④但卢森堡并不是盲目地强调要照搬革命实践的成功经验,而是结合自身情况有选择性地学习汲取。1917 年俄国十月革命爆发后,卢森堡在对其光辉成就大加称赞的同时,就指出:"不加批判的辩解不能发掘出经验和教训的

---

① 程人乾:《罗莎·卢森堡:生平与思想》,人民出版社 1994 年版,第 139 页。
② 程人乾:《罗莎·卢森堡:生平与思想》,人民出版社 1994 年版,第 161 页。
③ 程人乾:《罗莎·卢森堡:生平与思想》,人民出版社 1994 年版,第 208 页。
④ 《卢森堡全集》德文版,第 1 卷第 2 分册,第 602 页;转引自程人乾:《罗莎·卢森堡:生平与思想》,人民出版社 1994 年版,第 69 页。

宝藏;只有详细的、深思熟虑的批判才能做到这一点"。① 她还强调,即使是某些失败的革命实践,也可以从中汲取有用的东西。1919 年 1 月 13 日,当德国十一月革命濒临失败时,卢森堡在其最后的手笔《柏林秩序井然》中就指出:"我们从历次失败中吸取历史经验、知识、力量和理想主义。"②她认为,失败并不可怕,关键是善于向失败学习,勤于自我批评,从教训中成长。"历史的经验是无产阶级唯一的教员。它的自我解放的艰难道路不仅是由无限的痛苦、而且也是无数的错误铺成的。无产阶级的解放取决于是否善于向自身的错误学习。自我批评,毫无顾忌的,无情的,深入到事物本质的自我批评,是无产阶级运动赖以维持生命的空气和阳光。当他们这样做了以后,历史的严厉规律就会恢复他们的力量,保证他们的最后胜利。"③"只有经验才能纠正和开辟新的道路。只有汹涌澎湃的生活才使人民想到成千的新的形式、主义,解放创造力,自己纠正一切失误。"④

除了以上几点之外,卢森堡还多次强调不同国家无产阶级政党之间要相互学习。卢森堡认为,一般而言,大多是落后国家的无产阶级政党要向先进国家的政党学习。"落后国家的社会民主党运动必须向先进国家的老的运动学习,这是一个历来受人尊敬的真理。"但是"老的、先进的社会民主党同样能够而且必须从它们年青的兄弟党的亲密交往中进行学习"。为什么要做到这样呢? 卢森堡认为,各种不同发展程度的社会主义运动尽管有着很多差异之处,但其中蕴含的基本原则是一致的,有时落后国家的无产阶级政党也有着好的甚至独创性的经验。在这种情况下,"我们越是了解处于不同社会环境中的千差万别的社会民主党的特征,

---

① [波兰]罗莎·卢森堡:《论俄国革命·书信集》,贵州人民出版社 2001 年版,第 3 页。
② 《卢森堡全集》德文版,第 4 卷,第 536 页;转引自程人乾:《罗莎·卢森堡:生平与思想》,人民出版社 1994 年版,第 241 页。
③ 程人乾:《罗莎·卢森堡:生平与思想》,人民出版社 1994 年版,第 241 页。
④ 《卢森堡文选》下卷,人民出版社 1990 年版,第 502 页。

就越是能认识本质的东西,基本的东西即社会民主党运动的原则,就越是能减少为任何地方主义所限制的眼界。"①不同国家无产阶级政党通过相互学习,充分发挥国际主义精神,汲取各自的优点,共同推动国际共产主义运动不断前进。

(三)学习路径的多样化

卢森堡多次对如何加强学习进行了阐述,主要有:

1. 重视学习马克思、恩格斯的经典著作

卢森堡认为,马克思主义的基本原理贯穿于马克思、恩格斯的经典著作之中。要掌握乃至精通马克思主义,必须重视对马克思、恩格斯的经典著作的学习。她高度评价了马克思、恩格斯的经典著作的历史地位,她指出,"马克思的创造作为科学成就来说本身就是一个巨大的整体,它也已经超越了无产阶级斗争的直接需要,尽管它是为这一斗争而创造的。无论就他对资产阶级经济的详尽而完整的分析来说,还是就他的历史研究方法及其无限的应用范围来说,马克思的贡献都大大超出了实际阶级斗争的直接需要。"②"所有的这些著作都带有马克思的精神产品特有的标志:他的思想的令人信服的深度。……人们在每一个问题上,每一篇文章中都会受到马克思不同凡响的思想影响而摆脱平庸的立场。"③而"马克思的思想作品之所以具有这种不寻常的作用,不仅是他本人的天才,而且也因为他始终按他所论述的一切问题之间的最重要的辩证关系,从最全面的历史观点去阐明它们"。④

2. 重视报刊、小册子等出版物的宣传教育作用

卢森堡认为,人民群众的自发斗争是不可能把无产阶级革命引向胜利的。无产阶级政党必须对他们进行马克思主义启蒙教育,吸引和争取

---

① 《卢森堡文选》上卷,人民出版社 1990 年版,第 498 页。
② 《卢森堡文选》上卷,人民出版社 1990 年版,第 476 页。
③ 《卢森堡文选》上卷,人民出版社 1990 年版,第 402 页。
④ 《卢森堡文选》上卷,人民出版社 1990 年版,第 403 页。

绝大多数群众站到自己一边,排除资产阶级对他们的思想的渗透和控制,为此必须要注意报刊、小册子等出版物的作用。"我们现在必须重视出版物。"①这既是对革命运动进行科学总结并前瞻性展望的重要举措,也是无产阶级政党加强学习的一项重要措施。对此项工作,她身体力行。早在1893年,年仅23岁的卢森堡,就参与创办宣传科学社会主义的刊物《工人事业》,同"波兰社会主义者国外联盟"的民族主义倾向展开了斗争。她几乎独自负责该刊的组织、编辑、撰稿,甚至编排、校对、出版,还要想方设法偷运回波兰。从创刊到1896年的4年中,有50多篇文章和报道出自其手笔。在其生命的最后几年,为向国际无产阶级揭露德国党和第二国际首领们的背叛行为和反对帝国主义战争,卢森堡多次参与创建报刊并在报刊上发表了数以百计的文章以及刊印了多个小册子。她指出,"为了党的无产阶级群众的利益,我们必须积极地、深入地了解目前同机会主义的理论争论。"②为此,她和李卜克内西等人冒着随时被捕的风险创办《国际》杂志并由卢森堡任主编,尽管不久之后她就身陷囹圄,但1915年4月,刊有其执笔的社论《国际的路重建》的《国际》终于问世,无情抨击和强烈谴责了伯恩斯坦和考茨基等机会主义者,斥责了其叛卖行径,要求按照阶级斗争的理论和革命的原则重建国际。入狱后,卢森堡克服劳累与病痛,从1915年4月开始,奋笔直书了闻名于世的《社会民主党的危机》(也称为《尤尼乌斯的小册子》),在社会民主党党员和工人群众中广为传播,极大提高了人们的认识水平,鼓舞了人们的革命斗志。③1916年4月出狱后的卢森堡加强了同机会主义的斗争,广为散发了她的《二者必居其一》小册子。指出,必须与机会主义划清界限,分道扬镳。1918年11月,再次被捕的卢森堡出狱后,和卡尔·李卜克内西创办《红旗报》作为斯巴达克同盟的机关报并任主笔。11月18日,正式发刊的

① 程人乾:《罗莎·卢森堡:生平与思想》,人民出版社1994年版,第68页。
② 《卢森堡文选》上卷,人民出版社1990年版,第72页。
③ 程人乾:《罗莎·卢森堡:生平与思想》,人民出版社1994年版,第150—151页。

《红旗报》发表了卢森堡撰写的纲领性的《开始》一文,给工人阶级的斗争指出了具体目标和前进方向。

3. 理论与实践相结合

卢森堡一再强调,无产阶级政党在学习的进程中必须坚持理论与实践相结合的科学方法,只有这样,才能真正学以致用。任何把理论和实践割裂的行为,都是错误的。卢森堡指出:"作为社会主义学说的马克思主义,在现代工人运动史上第一次把理论认识和无产阶级的革命行动能力结合起来,用一方检验并丰富另一方。两者同属于马克思主义最核心的本质,不管哪一方面,脱离了另一方面都会把马克思主义歪曲得面目全非。"[1]卢森堡还强调,革命导师马克思本人,就是把理论与实践有机结合的光辉榜样。"在马克思本人身上,敏锐的历史分析家同大胆的革命家、思想家同行动家是不可分割地相互联系,相互支持,相互补充的。"[2]卢森堡特别批评了照搬照抄马克思主义的行为。卢森堡指出:"那种为了在思想上'保持马克思主义的立场'而小心翼翼唯恐偏离马克思思想方法的态度,在某些情况下对于思维劳动来说,可能是和另一极端,即正是为了不顾一切地证明'自己思想的独立性'而拼命设法完全摆脱马克思思想方法的态度是同样有害的。"[3]

除了卢森堡,还有不少其他马克思主义者也有着不少关于无产阶级政党建设和学习型政党建设的论述,如保尔·拉法格。保尔·拉法格是19世纪末20世纪初法国和国际工人运动的著名活动家,杰出的马克思主义思想家和宣传家,法国工人党和第二国际的主要创建人之一。他既是马克思的女婿,也是其精神遗产的忠实卫士,被恩格斯称赞为"我们当

---

① [波兰]罗莎·卢森堡:《国际的重建》(1915 年),中文马克思主义文库网站,http://marxists.anu.edu.au/chinese/Rosa-Luxemburg/Rosa_1915-xx.htm。

② [波兰]罗莎·卢森堡:《国际的重建》(1915 年),中文马克思主义文库网站,http://marxists.anu.edu.au/chinese/Rosa-Luxemburg/Rosa_1915-xx.htm。

③ 《卢森堡文选》上卷,人民出版社 1990 年版,第 472 页。

中最好的著作家"①,被认为是"马克思主义思想的最有天才、最渊博的传播者之一"②。其思想主要有:

首先,同其他的马克思主义经典作家一样,他也非常重视无产阶级政党对马克思主义理论的学习。他认为,无产阶级政党必须大力学习科学社会主义理论,即用马克思主义这个强大的思想武器来武装自己,只有这样才能领导人民群众解放全人类。因此,无产阶级政党有必要加强马克思主义的宣传。拉法格曾写信给恩格斯说:"原理已由你和马克思创立,现在必须找到一些宣传鼓动家把它传播开来。"③对此,他常常身体力行。在 19 世纪 60 年代,拉法格和妻子劳拉就把《资本论》第一卷和《共产党宣言》先后翻译成法文。为加强对工人骨干的理论学习和培养工作,从 1884 年 5 月开始,拉法格和法国工人党另一位领导人杰维尔合作,利用每个星期天,在巴黎举办工人理论讲座,宣传马克思主义。他事先把讲稿寄给恩格斯审阅,获得了恩格斯的好评。④ 他尤其重视对历史唯物主义的学习、宣传、运用和发展。拉法格认为,历史唯物主义是"解决一切历史问题的钥匙"⑤,是一种认识历史问题的基本方法。"对于一个事实人们还很少注意,这就是马克思不是用公理、定理、系论和辅助定理的理论形式来叙述自己的解释历史的方法;他只把这种方法当作研究的工具,用简练的语言表述这一方法并在实践中加以检验。因此只有对马克思的方法所达到的结果提出异议,只有驳倒例如他的阶级斗争理论,才能批评这种方法。"⑥

① 《马克思恩格斯全集》第 36 卷,人民出版社 1972 年版,第 11 页。
② [德]梅林:《保卫马克思主义》,人民出版社 1982 年版,第 79 页。
③ 《恩格斯与保尔·拉法格、劳拉·拉法格通信集》第 1 卷,人民出版社 1979 年版,第 273 页。
④ 沈炼之、楼均信:《杰出的革命实践家和马克思主义传播者保尔·拉法格》,《当代世界与社会主义》1982 年第 2 期。
⑤ 《拉法格文选》下卷,人民出版社 1985 年版,第 296 页。
⑥ 《拉法格文选》下卷,人民出版社 1985 年版,第 296—297 页。

其次,重视文化知识的学习。拉法格多次强调无产阶级政党要重视学习文化知识。其时,"在法国工人运动中,曾经出现过一种排斥知识分子的思潮;即使在法国工人党内,有些工人党员仍对知识分子出身的党员抱有偏见。在这种情况下,阐明知识分子的地位和作用,对于法国社会主义的健康发展有着重要意义。"①针对这种情况,拉法格认为:"偌大的高等学府充塞着可怜的知识无产者,他们和任何一个从事体力劳动的工人一样,都值得我们同情。"脑力劳动者和体力劳动者一样,"他们都同样受到剥削。"无产阶级政党要抛弃对文化知识的偏见,应该把脑力劳动者"吸引到我们这边来"。否则,无产阶级政党就会受到资产阶级"极端滑稽的小丑们的何等大的愚弄"。只有加强文化知识的学习,无产阶级政党才会成熟,真正承担起领导核心的重任。"一个阶级只有在自己内部拥有各种领导才能的人,才能作为一个成熟的阶级领导人类。这种成熟程度,无产阶级已经达到了,因为在体力无产阶级一边,存在着有管理才能和掌握知识的无产阶级。"②

再次,重视报纸在学习中的作用。拉法格指出,报纸能够很好地为社会主义事业服务,无产阶级政党要注意学习、汲取报纸中的养分,但要注意报纸刊登的文章及其思想倾向,不能为机会主义者、无政府主义者、修正主义者甚至资产阶级所迷惑、利用。他认为,报纸"应紧紧为自己的事业服务","应连续不断地向所有那些大工业家和大金融家开火","报纸成功的一个重要方面或许正在这儿"。否则,"如果连一份周刊都未拥有过的参加国际的工人在那里并非要组织行动中的群众,那末这一切也就只能生出一些事端而已"。因此,1879年6月他写信给法国工人党的领袖盖得呼吁:"让我们办一份周刊吧。"他强调,"如果我们能够加倍发行这份只花一苏钱就能买到的一张纸的周报,加倍发行这份我们向读者大

---

① 李兴耕:《拉法格传》,人民出版社1987年版,第200页。
② 方光明译:《保尔·拉法格致茹尔·盖得》(巴黎,1880年1月底—2月初(草稿)),《保尔·拉法格的十八封信》(二),《教学与研究》1985年第1期。

众吹奏长号的报纸,我们的手中就将握上一条具有无穷之力的杠杆。当你们同认真而紧密团结的编辑部共同办起一份有力的周报以后,这一切是自然会到来的。"①1979 年 11 月 29 日,他再次致信盖得,强调:"如果我们的《平等报》能把共产主义思想灌输到群众中去,如果我们不管用什么方式、也无论关于什么事情,能把群众发动起来,我们也就完成了一项崇高的革命任务。"②

尽管表面上看来,拉法格和卢森堡及其他马列主义经典作家的思想有着很多相似之处,但透过表象,我们不难发现,他的思想和其他人相比,有着自身独特的侧重方面和不同的视角。

除了卢森堡和拉法格以外,还有很多马克思主义者对学习型政党建设有着深刻、生动、独到的见解,限于篇幅,虽不能一一列出,但我们能感悟到他们思想的绚烂,能体悟到他们为无产阶级政党的发展壮大殚精竭虑付出的心血,能领悟其思想中蕴含的马克思主义政党建设的基本原理和方法。直到今天乃至遥远的未来,这些思想仍闪烁着光辉,仍有助于我们探寻、把握马克思主义执政党建设的客观规律,有助于我们深刻认识无产阶级政党领导人民夺取政权、巩固政权、执掌政权的客观规律,仍值得我们不断去总结、概括、借鉴。

---

① 方光明译:《保尔·拉法格致茹尔·盖得(草稿)》(1879 年 6 月),《保尔·拉法格的十八封信》(一),《教学与研究》1984 年第 6 期。
② 方光明译:《保尔·拉法格致茹尔·盖得(草稿)》(1979 年 11 月 29 日),《保尔·拉法格的十八封信》(一),《教学与研究》1984 年第 6 期。

第二章 中国共产党学习型政党建设的历史进程和经验总结

中国共产党从诞生之日起就是一个马克思主义学习型政党已成为学界的共识。中国的优秀分子在创建无产阶级政党时期,就以崭新的典型的学习型组织①亮相于中国的政治舞台。自建党之日起,中国共产党就朝着建设马克思主义学习型政党的目标坚实地迈进。从1921年建党到2015年的今天,中国共产党整整走过了90多年的历程,如何划分中国共产党学习型政党建设的历史进程,引发了理论界极大的兴趣。综观近几年的研究成果,学者们或以四代领导集体为标志,或以革命、建设、改革为分期,代表性的观点主要有三种:

一是三阶段说:"第一个'三十年':学习马克思主义理论,着重从思想上建设党,确立了正确的思想路线和政治路线,实现马克思主义中国化第一次历史性飞跃,取得了新民主主义革命的伟大胜利;第二个'三十年':学习马克思主义理论,在'第二次结合'中对适合中国情况的社会主义建设道路进行了十分艰辛的探索;第三个'三十年':从号召学习马克思主义理论走向建设马克思主义学习型政党,其间实现马克思主义中国化第二次历史性飞跃,既开辟了中国特色社会主义道路,又创立了中国特色社会主义理论体系,中国特色社会主义事业不断取

---

① 共产主义小组的成立及活动完全符合彼得·圣吉在《第五项修炼》中关于学习型组织基本要素的描述:自我超越、改善心智模式、建立共同愿景、团队学习、系统思考。

得伟大成就。"①即大体分为革命、建设和改革三大阶段。

二是四阶段说："(一)以毛泽东为核心的第一代中央领导集体对党的学习思想的开创奠基;(二)以邓小平为核心的第二代中央领导集体对党的学习思想的发展创新;(三)以江泽民为核心的第三代中央领导集体对党的学习思想的与时俱进;(四)以胡锦涛为总书记的党中央对建设学习型政党的点题破题"。② 著作中基本上持这种观点的还有《学习型政党干部读本》(学习型政党编写组编,中央文献出版社 2011 年 2 月第 1 版)、《学习型政党研究》(于景森著,人民出版社 2009 年 12 月第 1 版)、《当代中国共产党建设学习型政党研究》(谢春红著,人民出版社 2009 年 6 月第 1 版)、《马克思主义学习型政党建设理论与实践》(中共山东省委宣传部编,山东人民出版社 2011 年 2 月第 1 版)。

三是五阶段说："(一)新民主主义革命时期的马克思主义学习,为新民主主义革命胜利奠定了坚实的思想理论基础;(二)新中国初期的马克思主义理论学习,为顺利完成从新民主主义革命向社会主义革命和建设历史性转变奠定了坚实思想基础;(三)反右倾运动及'文革'时期,党的学习教育运动出现'左'的错误使党的建设和党的事业蒙受了不可估量的损失;(四)改革开放之后的'重新学习',为完成从计划经济体制向社会主义市场经济体制、从封闭半封闭到全方位开放的历史性转变奠定了坚实的思想基础;(五)新世纪新阶段,马克思主义学习型政党建设的完善为推进全面小康社会建设、深入发展中国特色社会主义奠定了坚实的思想基础"。③

其中,以四代领导集体为分期是理论界的主流观点。划分依据不同

---

① 石仲泉:《党的历史发展与马克思主义学习型政党建设》,《毛泽东思想研究》2011 年第 1 期。

② 周太山:《中国共产党建设学习型政党思想的历史发展》,《学习月刊》2010 年第 6 期上旬刊。

③ 鞠正江:《中国共产党建设学习型政党的历史进程及基本经验》,《党政干部学刊》2010 年第 4 期。

导致划分阶段的差异,这应是学术研究百家争鸣的可喜现象,但我们认为,上述观点尚不能清晰地勾画出中国共产党建设马克思主义学习型政党的历史进程。在对学习、学习型政党、马克思主义学习型政党内涵深刻理解的基础上,结合中国共产党 90 多年的光辉历程,我们认为:学习的目的决定了学习的内容;学习的成效决定了学习型政党建设的阶段划分。由此,我们把中国共产党马克思主义学习型政党建设的历史进程划分为以下七个阶段:

1. 学习型政党建设的初始自发阶段(1921—1935 年)

2. 学习型政党建设的自觉实践阶段(1935—1949 年)

3. 学习型政党建设的独立探索阶段(1949—1956 年)

4. 学习型政党建设的日趋迷惘阶段(1956—1978 年)

5. 学习型政党建设的重新认识阶段(1978—1989 年)

6. 学习型政党建设的全面展开阶段(1989—2002 年)

7. 学习型政党建设的创新发展阶段(2002 年至今)

之所以进行这样的划分,主要基于以下几点考虑:

首先,从理论上说,这种划分符合马克思主义历史分期理论的基本理念:历史和逻辑的统一。众所周知,学界对马克思主义历史分期理论仁者见仁,智者见智,但不管哪种认识,都有着一个共通之处,都强调以逻辑的方式再现历史发展的客观规律,即都把历史和逻辑的统一作为马克思主义历史分期理论的基本理念。笔者对学习型政党建设历史阶段的划分亦是如此。学习型政党建设的历史进程虽只是历史长河中几朵浪花,但其过程之复杂、任务之艰巨,相比其他任何时段或事件绝不逊色。因此,对这一进程进行这样的划分,不是对琐碎的杂乱无章的历史碎片的简单拼接与组合,而是在历史与逻辑统一的基础上的归纳、总结、抽象和提升。既从宏观上把握了学习型政党建设的完整历史进程,又从微观上认识了其不同时段的阶段性的具体特征及其演变趋势,还有助于我们对不同时期的更替作出因果性及必然性的解释。

其次,从实践上说,这样的划分揭示了中国共产党建设马克思主义学习型政党走过了从自发到自觉,从迷惘到清醒,从错误到正确的历史进程。马克思主义告诉我们,任何事物的发展都不是一蹴而就的,都有一个从低级到高级的过程。而且这一过程中难免会出现一些曲折。正所谓:"前途是美好的,道路是曲折的。"笔者对学习型政党建设的历史阶段划分也反映了这一点。这一划分以社会实践的发展为依据,结合党面临的社会生态和内在驱动的转变,力图对学习型政党建设的本真发展过程进行理论阐释,做到历史发展的连续性和叙述的条理性的统一,从而揭示中国共产党建设马克思主义学习型政党的内在规律,使中国共产党不断走向完善和成熟。

再次,从价值上说,这样划分有助于认识中国共产党的历史、马克思主义中国化的历史。中国共产党建设马克思主义学习型政党的历史,其运行轨迹与中国共产党的历史、马克思主义中国化的历史大体重合。一般而言,什么时候党把学习型政党建设得好,党就处于一个上升期,马克思主义中国化就比较到位。相反,若学习型政党建设搞得比较差,党的事业就会遭受种种挫折,马克思主义就会偏离中国实际。因此,我们之所以对学习型政党建设的历史进程进行这样的划分,主要是在参照党史与马克思主义中国化历史的发展脉络的前提下,结合学习型政党建设自身的进程、特点、规律所作出的。其基本价值向度是认识、理解、把握中国共产党与马克思主义中国化波澜壮阔的光辉历程,从而总结中国共产党建设的规律、社会主义建设规律和人类社会发展规律,不断开辟马克思主义发展的新境界。

一、学习型政党建设的初始自发阶段(1921—1935 年)

(一)建党和大革命时期(1919—1927)

实际上,建党和大革命时期,中国共产主义分子就在竭力打造一个新型的学习型的无产阶级政党组织。他们采取的有效途径主要有：

1. 发行报刊

中国共产党人创办的报刊，既是党内学习讨论的材料，也是向知识分子、工人、农民宣传共产主义思想的重要途径。报刊对中共创建和大革命时期的学习、宣传马克思主义起到了积极作用。从 1920 年到 1927 年，中共创办的比较有名的报刊，根据读者对象可以分为知识分子报刊和工人报刊。知识分子报刊，是适合知识分子阅读和学习的，内容相对抽象，理论性比较强，如《新青年》、《向导》、《党报》、《中国工人》、《前锋》、武汉的《武汉星期评论》、济南的《励新》半月刊和广州的《广东群报》等。工人报刊是指适合工人阅读的小型通俗刊物。如上海的《劳动界》（1920 年 8 月创刊）、广州的《劳动者》（同年 10 月创刊）和北京的《劳动音》（同年 11 月创刊）等。

建党时期，上海共产党早期组织 1920 年 9 月把《新青年》改为党的公开理论刊物，宣传马克思列宁主义，从八卷一号起，开辟了《俄罗斯研究》专栏，主要是译载当时搜集的英、美、日、法、俄等报刊书籍上有关俄国革命的理论和实际情况的材料，其中有列宁小传及其若干著作的介绍，还有反映十月革命后俄国的政治、经济和文化情况的文章，也发表了一些研究文章，如李大钊的《俄罗斯革命之过去及现在》。1920 年 11 月上海党的早期组织还出版了党内刊物《共产党》月刊，对共产主义者进行马克思列宁主义和共产主义的教育。

到大革命时期，中央出版的报刊已经包括《向导》周报、《新青年》季刊、《前锋》月刊、《党报》和《中国工人》等。各报刊随着革命实践的深入，逐渐出现了明显的分工：《向导》是党的政策之指导机关，内容关于政策的解释力求详细，文字力求浅显；《新青年》"使其根据马克思列宁主义的见地运用到理论和实际方面作成有系统的多方面问题的解释"；《党报》是秘密组织用以教育党员的最重要机关；《中国工人》是中国共产党在职工运动中简单明了地解释理论策略描写各地工农状况的唯一机关。①《前锋》从 1923 年 7 月创刊到 1924 年 2 月停刊,只出了三期,对党员的学习与教育也起到了一定的作用。

工人报刊刊登的内容一般包括评论、国内劳动界、国外劳动界、读者投稿、时事、调查、通信、小说、诗歌、闲谈、趣闻等栏目。它们多是用通俗的语言,结合工人生活和斗争的生动事例,深入浅出地向工人阐明马克思主义的一些基本道理;同时刊登工人来稿,用他们的亲身经历揭露中外资本家对工人的压迫和剥削,诉说工人的要求,在工人中引起了广泛的共鸣。

2. 设立马克思主义研究团体

这一时期中共党人为建设学习型党组织,还努力探索成立各种马克思主义研究团体。1920 年 3 月以李大钊为代表的共产主义者在北京大学组织了马克思学说研究会。这是我国最早的一个比较系统的研究马克思主义的革命团体。马克思学说研究会的主要活动包括:(1)搜集马克思学说的各种外文、中文书籍。(2)编辑、刊印马克思主义论著。(3)组织讨论会。(4)主办演说会。为了研究马克思列宁的著作,研究会还建立了一个共产主义图书馆,起名为"亢慕义斋"。他们从各方面搜集有关马克思列宁主义著作,还通过共产国际代表和苏俄驻中国使馆,搜集和收藏了共产国际出版的英、德、日、法等文字书籍,其中就包括《共产党宣言》、《社会主义从空想到科学的发展》、《哲学的贫困》、《共产主义原理》、《雇佣劳动与资本》、《法兰西内战》、《伟大的创举》、《共产主义运动中的"左"派幼稚病》和共产国际的文件。北京党组织的成员得到这些著作和文件后,边看边译,如饥似渴地学习。通过这个研究会为中国革命事业培养出"几位真正能够了解马克思学说的,真正能够在中国放点光彩的"②人。天津的革命者成立了"马克思主义研究会",济南的革命者成立了"马克思学说研究会",使共产主义者对马

---

① 中央档案馆编:《中共中央文件选集(1921—1925)》第 1 册,中共中央党校出版社 1989 年版,第 376—377 页。

② 《李大钊选集》,人民出版社 1959 年版,第 371 页。

克思主义的学习和传播更加便利和广泛。

旅欧党团组织建立了"共产主义研究会",号召大家学习马克思主义。"共产主义研究会"负责组织、安排有关事项(一九二四年以后,"共产主义研究会"撤销,其所担负的"内部训练"事务,由旅欧共青团训练部承担)。在党团员比较集中的地区,成立"共产主义研究会"分会,如在蒙达尼即设立了"共产主义研究会"蒙达尼分会。分会之下,又划分成若干个学习小组。"共产主义研究会"还出版《共产主义研究会通信集》,专门刊登同志们学习共产主义理论的有关通讯,包括指定的学习书目,选载辅导文章,个人心得体会,同志间的相互质询、答疑,小组会讨论纪要,以及介绍学习方法等。

长沙的文化书社和俄罗斯研究会也是研究和传播马克思主义的团体,它们分别于1920年8月和1920年9月由毛泽东与何叔衡发起组织的。这两个团体为长沙早期共产主义者学习和传播马克思主义、建设学习型党组织也发挥了积极的作用。

3.成立和利用专门的学校

建党及大革命时期中共党人不仅通过出版报刊和设立马克思主义研究团体来建设学习型党组织,还积极地成立和利用专门的学校开展学习和教育。这一时期专门的学校可以分为外语学校、工人学校、党校、军人学校、农民学校等。

创立"外国语学社"。1920年夏上海中国共产党早期组织成立后,于同年9月28日创立了"外国语学社",它对外是公开的,大多数学生是各地革命团体选送或由中国共产党上海发起组成员推荐而来的。学员多时达五六十人,少时也有二三十人。学社由杨明斋具体负责,外国语学社的主课是俄语和马克思主义理论,同时也兼有法语、日语和英语等课程。学生们半天上课半天自修。俄语是外国语学社的主科,由杨明斋、库兹涅佐娃(魏金斯基夫人)、王元龄女士教授。中国共产党上海发起组成员李汉俊教法语,李达教日语,陈望道教马列主义课,学生们阅读和学习《共产党宣言》等理论著作。学科由学生们自选。1921年春,这个学社的学员先后有二十多人并分为三批派往莫斯科东方大学学习,其中有刘少奇、罗亦农、任弼时、肖劲光、王一飞、汪寿华、彭述之、李启汉、柯庆施等。学社在1921年冬结束,学员除了一部分赴俄国学习外,其他都分配到全国各地参加革命工作。学社从成立到结束虽然时间不长,规模也不大,却对中共党员干部学习马克思列宁主义理论起到了重要作用。

举办工人学校。1921年1月北京党的早期组织成立长辛店劳动补习学校。学校分日夜两班,日班为工人子弟上课,夜班为工人上课。上课的工人多数是青年。学校的主持人是邓中夏,李大钊和北京党组织其他成员也去该校讲课,补习学校主要学习语文和常识。补习学校的专职教员采用通俗生动的事例来说明当时社会的不合理,不断提高工人阶级的觉悟。长辛店劳动补习学校是当时中共党组织建立最早的一所工人学校。除了长辛店劳动补习学校外,上海党组织举办了沪西小纱渡劳动补习学校,武汉党组织创办了武昌第一纱厂、汉口英美烟草厂、汉阳兵工厂的"工人识字班"等。事实证明,办工人补习学校是当时知识分子与工人结合的最好的形式之一。通过这种形式,既可以把科学社会主义思想灌输到工人群众中去,提高他们的觉悟,发现和培养工人运动的骨干分子,又可以使共产主义者与本阶级的群众密切联系,在与工人的接触和参加工人的实际斗争中,得到改造和锻炼。

成立党校。党校的出现对中国共产党党员的学习与教育具有重要的作用。党校的出现主要是在大革命时期,但它经历了一个过程。1923年冬,刘少奇、李立三在安源创办了中共安源党校,这是中共第一所以党校命名的学校。1924年5月,中共中央扩大执行委员会在《党内组织及宣传教育问题决议案》中指出:"党内教育的问题非常重要,而且要急于设立党校养成指导人才。"[①]1925年1月,党的四大通过决议,强调设立党校

---

① 人民出版社编:《"二大"和"三大"》,中国社会科学出版社1985年版,第280页。

对党员进行系统教育,以增进党员"对于主义的深切认识"。1925 年 9 月,中共北京地委根据党的四大指示,在北方区委领导下,创办了北京党校,由罗亦农任校长。1925 年 10 月,中国共产党中央扩大委员会作出决议,要求各地党组织开办普通党校和高级党校两种党校,以培养党员。1926 年 2 月初,中共上海区委开办了高级党校和初级党校。1926 年 9 月 1 日,中共广东区委党校成立,11 月,武昌高级党校开学,这两个党校办的比较经常,学习没有中断过。1927 年 4 月,中共五大讨论了建立中央党校的问题,决定在武昌创办一所中央党校,但由于大革命失败,开办中央党校的计划流产。这一时期的党校学习规模较小,办校不稳定,但开始出现办校的层次性、教学内容的专题性和学与用的统一性。由于党的力量的有限,大革命时期主要开办了两种形式的党校:"(一)各地委之下的普通的党校,造成群众的鼓动员。这种党校应当是工人的,毕业期限至多不过一月或一个半月。(二)区委之下的高级党校教育一帮政治知识较高的同志和已经有工作经验的同志——造成能够办党的,能够做成负责任的工作的人才,毕业期限不要过三个月。"①

利用黄埔军校。黄埔军校成立后,中国共产党就给予了重视。1924 年 5 月,中共中央召开的中央扩大执行委员会会议,要求全党注意军队中的工作。这次会议通过的《农民兵士间的工作问题议决案》中指出,在"广东政府的领域里,应当做国民党军队里的有规划的宣传"②。为此,中国共产党曾先后派周恩来、萧楚女、恽代英、聂荣臻、熊雄、鲁易、张秋人、高语罕等到黄埔军校任职,并始终关注着黄埔军校的招生工作。随后中共中央还专门发出 62 号通告,指示各地党组织积极选派党团员和进步青年报考黄埔军校。中国共产党选派和鼓励到黄埔军校学习和工作的大批党、团员和进步青年,通过军事理论的学习,革命思想的熏陶以及参加军

---

① 中央档案馆编:《中共中央文件选集(1921—1925)》第 1 册,中共中央党校出版社 1989 年版,第 481 页。

② 人民出版社编:《"二大"和"三大"》,中国社会科学出版社 1985 年版,第 282 页。

事、政治斗争的实践,不仅成为当时创建和壮大国民革命军、进行北伐战争的骨干,而且许多人成为后来中国共产党独立领导武装斗争、创建人民军队的军事人才。如中国共产党在各地发动武装起义的组织者和人民解放军在初创时期的著名工农红军指挥员:周恩来、聂荣臻、王尔琢、卢德铭、陈赓、周逸群、段德昌、徐向前、许继慎、曾中生、刘志丹、唐澍等都曾在黄埔军校任职或毕业于黄埔军校,他们有的还成为我军军事教育的骨干,有的在革命战争的实践中锻炼成长为我军的高级将领。据有关研究资料表明,人民解放军中有5名元帅、3名大将、8名上将、9名中将、8名少将和一大批担任过军以上领导职务的将领出身于黄埔军校,他们为人民解放军的建立和发展作出了重要的贡献。

农民运动讲习所。大革命时期,国共两党统一战线的形成,有力推动了工农运动的发展。为了适应农民运动发展的需要,培养农民运动干部,从1924年7月至1926年9月,以中国国民党的名义,在广州举办了六届农民运动讲习所,以"养成农民运动之指导人材"为宗旨,共产党人担任了各届主任或所长。第一届主任彭湃,第二届主任罗绮园,第三届主任阮啸仙,第四届主任谭植棠,第五届主任彭湃,第六届所长毛泽东。1926年秋随着北伐的深入,国民政府从广州迁到武汉,农民运动讲习所也随之迁到武昌,由毛泽东实际主持。农民运动讲习所的使命是"要训练一般能领导农村革命的人材出来,对于农民问题有深切的认识,详细的研究,正确解决的方法,更锻炼着有农运的决心"。[①] 在此学习农民运动的理论和方法,并接受军事训练。彭湃讲《海丰及东江农运状况》,萧楚女讲《帝国主义》《中国民族革命史》和《社会问题和社会主义》,恽代英讲《中国史概要》,毛泽东讲授《中国农民问题》《农村教育》和《地理》,周恩来讲授《军事运动与农民运动》,李立三讲授《中国职工运动》等。农民运动讲习

---

① 人民出版社编:《第一次国内革命战争时期的农民运动资料》,人民出版社1983年版,第118页。

所虽然打着国民党旗号,实际上是由共产党控制的一所农民培训学校,培养了农运干部,并加强了学员的思想政治素养和军事训练。

除此以外,中国共产党的早期组织还积极探索其他多种专门学校进行学习和教育工作。如广州党组织举办的"宣传员养成所"和"注音字母教导团"等都是培养具有初步共产主义理论知识,能向广大工农群众和小知识分子传播马克思主义的人才的学校。

4. 发挥党支部与青年团的组织学习作用

中共三大之前,中国共产党处于秘密状态,组织发展一直比较缓慢。到中共四大前,党员发展比三大时增加了一倍多,已经近千人。但这时中国共产党还只设立执行委员会和地方委员会,尚未建立基层组织。因此,中共四大通过的党章第一次明确规定以支部作为党的基本组织。支部出现以后,中国共产党开始以支部为基地开展对党员的教育,认为"党的支部是我们党的基本教育机关,我们应在每次会议注意于政治报告和党的策略之解释,以及内外宣传遇有困难的报告和讨论。并且在有些支部,宣读并讲解《党报》《向导》都有必要"①。如 1921 年10 月,中国共产党湖南支部正式成立,毛泽东任书记。湖南支部积极主办讲演会、讨论会,创办青年图书馆和自修大学,扩大文化书社,更加广泛地学习和宣传马克思主义,培养党团干部。毛泽东、邓中夏等都亲自讲演,引导大家努力学习革命理论,积极投入到革命斗争的实践中去,并强调研究中国革命的实际问题,在指导党内教育和党员学习方面发挥了积极作用。

社会主义青年团是中国共产党的预备学校,能够对青年进行培养教育,组织浩大的革命队伍。1920 年 8 月,上海党组织派最年轻的成员俞秀松负责组织社会主义青年团,第一批发展的团员有刘少奇、罗亦农、任

---

① 中央档案馆编:《中共中央文件选集(1921—1925)》第 1 册,中共中央党校出版社1989 年版,第 377 页。

弼时、肖劲光等人。社会主义青年团在上海发起后,便向全国各地共产主义者发出社会主义青年团章程,要求各地进行建团工作。接着北京、长沙、武汉、广州、天津、济南等地先后建立了社会主义青年团的组织。如1920 年 11 月北京社会主义青年团建立,高尚德为书记,成立后,积极地联络和组织进步学生学习马克思主义,宣传社会主义,建立工读互助团,举办劳动补习学校等,并组织一部分青年赴俄国参观学习等。又如武汉社会主义青年团建立以后,在武汉党支部的领导下,先后吸收了大中学校先进知识青年二十人左右入团,"社会主义青年团的组织伸展到各个大中学校里去,积极的青年学生们,学习了《资本论入门》,后又学习《共产主义 ABC》。热情地向人民宣传刚刚学来的真理,革命情绪昂扬起来"。[①] 他们多以学校为活动中心,每星期开会一次,报告各人的学习、思想及活动情况。

值得一提的是,这一时期中国共产党还设立了教育委员会来指导各地党员的学习。教育委员会分为中央教育委员会和地方教育委员会,中央教育委员会领导各地方教育委员会,各地方教育委员会指导各地党的小组学习教育,采取政治讨论、政治讲演和原理讲演的办法,由地方教育委员选择材料,如政治讨论可以选择《前锋》或《向导》上的文章做材料,政治讲演可以是目前的政治问题,也可以是党纲草案,而原理讲演主要是以党章为材料。各地方教育委员每月将学习的材料和讲演分配情况报告中央教育委员会。[②] 同时中央教育委员会还要回答各地研究团体在研究过程中所遇到的疑问。

总的来说,这一时期,尽管学习的手段和途径多样,但其内容不外乎以下方面:

---

① 中国社会科学院现近代史研究室等编:《"一大"前后》(二),人民出版社 1980 年版,第 293 页。

② 中央档案馆编:《中共中央文件选集(1921—1925)》第 1 册,中共中央党校出版社1989 年版,第 207 页。

1. 普及马克思主义基本知识

中国共产党早期组织建立后特别是中国共产党诞生后,一直非常重视马克思主义教育工作,曾有组织、有计划地译介、研究、宣传马克思主义,为早期共产党人的学习、掌握马克思主义基本知识提供了一定条件。1920 年 8 月,上海共产党早期组织的社会主义研究社出版了陈望道翻译的《共产党宣言》。1920 年 11 月 7 日,上海共产党早期组织创办半秘密性的机关刊物《共产党》月刊。各地党的早期组织,都把它列为革命者必读的材料之一,对党的筹建工作起了很大的宣传、组织和推动作用。新青年社从 1920 年 11 月起,共出了八种《新青年丛书》,包括《社会主义史》、《俄罗斯研究》、《阶级争斗》等书。另外还出版了《共产主义 ABC》、《无产阶级之哲学唯物论》等。[1] 1921 年 11 月,中共中央局书记陈独秀签发了中共中央局第一个通告《中国共产党中央局通告》,对宣传教育工作提出了具体的要求:"中央局宣传部在明年七月以前,必须出书(关于纯粹的共产主义者)二十种以上。"[2]根据中央决定,在上海正式成立人民出版社,人民出版社的主要任务是翻译出版马克思列宁主义理论著作和其他宣传革命的书籍,准备出《马克思全书》十五种,《列宁全书》十四种,《康民尼斯特丛书》十一种和其他书籍九种。但由于各种条件的限制,这几套书未能出齐,最后出版了《马克思全书》三种:《共产党宣言》、《工钱劳动与资本》、《资本论入门》;《列宁全书》五种:《劳农会之建设》、《讨论进行计划书》、《共产党礼拜六》、《劳农政府之成功与困难》、《列宁传》;《康民尼斯特丛书》四种:《共产党底计划》、《俄国共产党党纲》、《第三国际议案及宣言》、《国际劳动运动中之重要时事问题》;以及《李卜克内西纪念》、《两个工人的谈话》、《太平洋会议与吾人之态度》、《俄国革命史纪

---

① 曹予庭:《〈新青年丛书〉与〈新青年社丛书〉》,《上海出版工作》1981 年第 6 期,转引自姚福中:《中国编辑史》,复旦大学出版社 2004 年版,第 335 页。

② 中国社会科学院近现代史研究室等编:《"一大"前后》(一),人民出版社 1980 年版,第 24 页。

念》等。除最后四种是不属于丛书范畴的临时性小册子,其他大致按照既定计划出书,但也有一些变动,如《资本论入门》和《共产党礼拜六》不在原定计划之内。① 整体来说数量已相当可观。除《共产党宣言》外,其他均是首次出版的最新译本。这些马列主义的著作在中国共产党的创建时期,成为许多共产主义者的启蒙读物和教科书,有助于对党员、团员和革命群众进行系统的共产主义教育,使马克思主义信仰者由少数个体逐渐演至群体,由最初的弱小群体不断地扩大为庞大的追随者阵营,进而成为声势更为浩大的马克思主义传播运动,从而为马克思主义最终得以扎根于中国土壤打下了坚实的基础。毛泽东曾回忆说,《共产党宣言》、《阶级争斗》、《社会主义史》等书帮助他确立马克思主义信仰。② 邓小平也曾说,"我的入门老师是《共产党宣言》和《共产主义 ABC》。"③

2. 学习政治和军事知识

正如前文所述,到黄埔军校和农民运动讲习所等学习和工作的大批党、团员和进步青年,通过军事理论的学习,革命思想的熏陶以及参加军事、政治斗争的实践,不仅成为当时创建和壮大国民革命军、进行北伐战争的骨干,而且许多人成为后来中国共产党独立领导武装斗争、创建人民军队的军事、政治人才,为党后来的斗争锻造了一支具有坚定共产主义信念的干部队伍,为革命形势的发展积蓄了力量。

通过艰苦的学习,这一阶段,中国共产党的早期组织和处于幼年时期的中国共产党坚定了共产主义信念。具体说:

1. 用马克思主义武装中国的无产阶级,将马克思主义与中国的工人运动结合起来,建立了一个以马克思主义为指导的新型无产阶级政党。

---

① 此处参照蒋曙晨:《建党初期李达的出版活动》,《出版史研究》第 1 辑 1993 年 10 月第 1 期;王炯华等:《李达评传》,人民出版社 2004 年版,第 92 页;张静庐:《第一次国内革命战争时期出版物简目》,《中国现代出版史料》(甲编),中华书局 1951 年版,转引自姚福中:《中国编辑史》,复旦大学出版社 2004 年版,第 342 页等。

② 《毛泽东自述》,人民出版社 1997 年版,第 45 页。

③ 《邓小平文选》第三卷,人民出版社 1993 年版,第 382 页。

五四运动前后,在北洋军阀的黑暗统治下,中国积贫积弱的面貌丝毫没有改变,这一状况催生、促成着新的政治力量的兴起。而此时,新文化运动逐渐向纵深延伸,马克思主义在中国开始广泛传播并日益同工人运动相结合,为中国共产党的创立奠定了阶级基础和思想基础。在这样的情境下,中国早期的具有初步共产主义思想的知识分子以挽救民族危亡和改造社会为己任,以马克思主义为武器,力图整合社会、救亡图存,希望"成立一个强固精密的组织,并注意促进其分子之团体的训练,那么中国彻底的大改革,或者有所附托!"①

2.使广大早期共产主义知识分子接受共产主义教育和共产党的教育;掌握苏俄和国际共产主义运动的经验;从而进一步坚定共产主义理想信念;坚持无产阶级政治立场;逐步提高党的马克思主义理论水平。俄国革命胜利的感召力、俄国革命胜利后平等待我之姿态及列宁"一国胜利"、民族与殖民地理论等思想,更接近东方各国的实际情况,直接回答了像中国这样落后的东方大国革命的最基本问题。因此,以俄为师,学习俄国革命与建设的先进经验就成了早期共产党人学习的主要方向和目的。且中国共产党本身也就是在苏俄和共产国际帮助下按照列宁的建党原则建立的,也正因为如此,它从一开始就没有受到第二国际修正主义思想的影响。通过学习,标志中国共产党诞生的中共一大,明确确立了自身奋斗的最高理想——共产主义。

(二)土地革命时期(1927—1935)

轰轰烈烈的国民大革命失败了,中国共产党在1927年8月7日于汉口召开的紧急会议上确定了土地革命和武装反抗国民党反动派的总方针,由此,中国革命进入了土地革命时期。

中国共产党肩负起了独立领导中国革命的历史任务。在这一时期,中共既经历了辉煌的成就,又遭遇了严重的挫折,但始终没有放松学习。

---

① 《李大钊文集》第4册,人民出版社1999年版,第79页。

1. 积极创设学习条件，营造良好的学习氛围

不管是在各革命根据地，还是在处于白色恐怖的国民党统治区域，中国共产党各级党组织都积极创设学习条件，营造良好的学习氛围。具体说，主要是采取了以下措施：

首先，创办党校、学校和各种训练班。中共不管身在何处，都非常重视党员干部的培育，都大力提倡学习，都注重创办各种培训机构，加强对党员干部的教育。仅以中央苏区为例，不仅有培养红军高、初级指挥员以及地方武装干部的工农红军学校、游击队干部学校，还有培养行政干部和各方面专门人才的苏维埃大学、中央教育干部学校、中央农业学校、中央红色医务学校等。尤其值得一提的是，在此阶段，在不同地区还创办了各级党校。其中，1933 年 3 月，中共中央指示苏区中央局在中央苏区建立了马克思共产主义学校(中央党校的前身)。该校开设了马克思列宁主义基本原理、党的建设、政治常识、苏维埃建设、共产国际、工人运动等课程，毛泽东、任弼时等中共领导人亲自讲授了部分课程。通过学习，广大学员提高了马克思主义理论水平，不仅如此，该校还比较重视在学习中把理论与革命斗争的实践相结合，使学员在校学习期间得到切实的锻炼和提高。根据中共六大的指示，各地还创办了各种训练班，对党员干部进行政治、军事等的短期培训。"建立各级训练班以造就新的干部人才。党为要造成目前急需的干部人才，必需有计划的遴选忠实有活动能力的中坚分子，建立短期训练班，使参加政治的与各种工作问题的讨论，并使之实习各种指导工作。训练班须避免注入式的教育方法，训练要力求时间短而切实有效，所以讨论与实习要看得特别重要。"①实践证明，"中央训练班及各省训练班的设立，都有很明显的成效。"②

---

① 中央档案馆编：《中共中央文件选集(1929)》第 5 册，中共中央党校出版社 1990 年版，第 271 页。

② 中央档案馆编：《中共中央文件选集(1929)》第 5 册，中共中央党校出版社 1990 年版，第 155 页。

　　其次,发行各种刊物,编译马列著作。为切实提高全党的理论水平,满足广大党员干部的学习要求,中共中央及其各级组织创办、发行了各种刊物,编译了大量马列经典著作。1928 年 7 月 10 日,中共六大通过的《宣传工作的目前任务》就把"刊物"作为其宣传工作的重要组成部分加以详细阐述。它强调指出:"在残酷恐怖阻碍口头宣传与煽动的条件之下,各种形式的刊物宣传(报纸,传单,小册子,宣言等等),便获得极重大的意义了。"①其中尤其突出了党报的作用,"党报是党的党纲,党的政策的直接的宣传者,是从党的立场来记载一切消息的。"②"在党处于秘密工作条件之下,党报有极大作用,它组织与团结党的广大群众于正确的党的路线之周围,并交换各地方党部工作的经验。"③根据 1929 年 6 月 25 日中共六届二中全会通过的宣传工作决议案,当时的中共还成立了各级党报委员会专门负责党报的编辑、发行事宜。"党报委员会在中央以政治局全体委员充当,在省委及地方党部应以全体常委充当,只有这样才能使整个组织直接注意党报,才能使党报真能代表党的正式意见。"④在各苏区,也创办发行了大量刊物。如中央苏区创办了《红色中华》、《红星》等刊物。为加强党内马克思列宁主义的理论教育,中共中央还非常重视马列经典著作的编译工作。1929 年 6 月,中共六届二中全会决定中央宣传部成立翻译科,其职责就是"翻译各种马克思列宁主义的著作,国际上之关于政治经济革命运动苏联状况及各兄弟党的材料"⑤。通过"翻译介绍

---

　　①　中央档案馆编:《中共中央文件选集(1928)》第 4 册,中共中央党校出版社 1989 年版,第 419 页。
　　②　中央档案馆编:《中共中央文件选集(1931)》第 7 册,中共中央党校出版社 1991 年版,第 212 页。
　　③　中央档案馆编:《中共中央文件选集(1928)》第 4 册,中共中央党校出版社 1989 年版,第 420 页。
　　④　中央档案馆编:《中共中央文件选集(1929)》第 5 册,中共中央党校出版社 1990 年版,第 272 页。
　　⑤　中央档案馆编:《中共中央文件选集(1929)》第 5 册,中共中央党校出版社 1990 年版,第 273 页。

马克思列宁主义的论著,用马克思列宁主义的理论解释共产国际与中国党的纲领与重要决议案,并且从各种实际政治的社会的问题引证解释马克思列宁主义的理论。党为此要编译各种理论的书籍小册子,特别要注意使党的理论机关报《布尔塞维克》的内容充实起来,使经常担负介绍马克思列宁主义的理论,并指导在实际问题中如何应用马克思列宁主义"①。

再次,派遣党员干部去苏联学习。大革命失败后,国民党大肆屠杀共产党人,国内一片血雨腥风。在白区的党员缺乏系统学习的起码安全保障,在各苏区,为打退国民党的屡次"围剿",广大党员也缺少能较长时间的系统学习的环境。为提高党员的业务素质和马克思主义理论水平,党通过各种秘密渠道派遣了大量干部去苏联学习。不少党员干部先后进入莫斯科中山大学等学校进行了较长时间的学习。其中不少人后来成长为我党我军的高级干部。

2. 明确学习内容,把握正确的学习方向

第一,学习过去的经验与教训。早在"八七"会议上,针对大革命时期的种种错误,中共就认识到:"党应当在过去指导的错误中学习。党应当明了,他的力量与他的将来,建筑在工农群众的身上,在他们的力量与他们的组织上面。党应当明白以后还是要与国民党联合,但是要与国民党的左派联合,与他的下层群众,与他的劳动群众的党员,与他的下层的组织联合,那种与武汉国民党中央领袖联合的路,已经走不通。"②此后,中共一再强调要"研究过去革命斗争的经验与教训。中国过去经过很多伟大的革命斗争,在革命失败以后,因为资产阶级不能解决中国工农群众的经济问题,群众革命的斗争仍旧是继续不断的起来。党对于这些斗争中积聚的许多宝贵的经验与教训,应当加以充分的研究,编辑专

---

① 中央档案馆编:《中共中央文件选集(1929)》第5册,中共中央党校出版社1990年版,第270页。

② 中央档案馆编:《中共中央文件选集(1927)》第3册,中共中央党校出版社1989年版,第279页。

书或小册子,使每个同志皆能利用这些经验教训,以为将来实际工作的参证资料"①。

第二,学习马克思主义理论。这一时期,中共认识到党内的理论水平还比较低,因此一直非常重视马克思主义理论的学习和掌握。中共六届二中全会就强调:"为要提高党内的政治水平,为要加紧对于干部的训练,党首先应加强党内的理论基础,故马克思列宁〈主义〉的教育工作应从支部中做起。马克思列宁主义愈能通俗化,愈能使其理论和原则在群众日常生活和斗争中得到根本的认识和了解。"②尤其是各个苏区的党和红军处于偏僻的农村,其成分必然会以农民为主。为克服党内的非无产阶级的思想,确保党的无产阶级性质,必然要求加强党的思想建设,要求广大党员加强对马克思主义理论的学习。中央苏区第一次党代表大会通过的《党的建设问题决议案》就明确规定:"注意马克思列宁主义基本理论教育工作:在这些教育工作和思想斗争中,必须要很灵活地联系到马克思列宁主义的基本理论和党的政纲及目前任务,以达到提高党员政治理论水平的效果。"该决议案还规定了几种马克思列宁主义基本理论与中国革命基本问题的教育的具体办法:"(一)要组织读报班,读党报小册子和决议案,从这里面提出问题讨论。(二)在支部大会或特别召集干部会议,作浅显的政治和理论问题报告。(三)组织各种问题研究会。(四)出版各种问题简〈明〉的小册子并收集和编订其他材料供给党员作研究的参考。(五)在各种训练班要按受训练同志政治理论水平定出这种问题的课目。(六)能识字理论水平较高同志应自己看读基本的理论书籍。党应收集并翻印这类书籍。"③为提高党员干部的马克思主义理论水平,

① 中央档案馆编:《中共中央文件选集(1929)》第5册,中共中央党校出版社1990年版,第270页。

② 中央档案馆编:《中共中央文件选集(1929)》第5册,中共中央党校出版社1990年版,第237页。

③ 中央档案馆编:《中共中央文件选集(1931)》第7册,中共中央党校出版社1991年版,第476页。

中央苏区还成立了"马克思主义研究会"及分会,领导、规划、组织各级干部的政治学习,对马克思主义理论开展系统的学习。"一个是党的中高级干部组成的省一级研究会,主要目的是'深造中央一级及省县一级工作人员的思想与理论',中央和省县主要责任人都要自动加入研究会,经常有系统地研究马克思列宁主义,讨论中国革命的基本问题。……再一个层次是一般干部的研究会,主要目的是加强一般干部的马克思列宁主义理论的准备,造成必不可少的理论基础,同时使列宁室、俱乐部等机关提高一般的政治水平。"①

第三,学习军事知识。在土地革命战争时期,中国共产党走出了一条农村包围城市、武装夺取政权的道路,进行"工农武装割据"。为扑灭中国革命,国民党先后对各个革命根据地都进行了残酷的"围剿"。在这种情况下,武装斗争实际上就成为了各根据地生死存亡的首要条件。为保卫革命的胜利果实,中国共产党必然需要大量精通军事知识的各级干部,前面提到的苏区创办的各类学校中,有很大一部分就是培训军事干部的学校,即使是其他类型的学校,军事知识的学习也是必不可少的内容。而派遣干部去苏联学习,学习军事知识是其最重要的目的之一。在当时,正如 1932 年 1 月,中共中央给湘鄂西党中央分局和省委的信《关于湘鄂西党目前组织任务》所言:"党的实际工作上,刊物上要最大的注意去研究工农革命斗争的经验,每一战争,游击,示威及行动等,应该成为党的组织和每个同志的对象,讨论出具体的教训,来教育全党。"②

第四,学习文化知识。当时的党内,大部分党员出生于贫苦的工农家庭,文化素质较低,甚至不少人是文盲。面对这种情况,在苏区,各单位成立"马列室"和"识字班"组织文化水平较低和不识字的干部学习文化,要

---

① 肖东波:《中央苏区党的理论教育》,《求实》2006 年第 3 期。
② 中央档案馆编:《中共中央文件选集(1932)》第 8 册,中共中央党校出版社 1991 年版,第 73 页。

求"指挥员要做到能写能看,战斗员要做到认得三百字"①。在白区,"党内尚有一部分不识字的同志,务使此等同志消灭此种现象,一面组织平民学校性质的小组帮助他们或施以个别的训练亦可。"②

3.创新学习方式,确保良好的学习效果

首先,理论联系实际。如何找到一条适合中国情况的正确的革命道路,成为中国共产党必须解决的一个历史课题。是把马克思主义当成教条,还是把它作为行动指南? 解决中国的问题,是从马克思主义的本本出发,还是从中国的实际出发? 面对这些问题,当时,学习马克思主义理论有两种倾向。一种是以王明、博古为首的"左"倾中央,照搬苏联经验和马列主义教条,结果是脱离了中国实际,使中国革命遭受巨大挫折。一种是以毛泽东为代表的中国共产党人根据中国反动统治力量集中在大城市、中国革命主力军是农民的特点,逐步抛弃了"城市中心论",把马克思主义理论与中国具体实际相结合,积极探索出一条以农村包围城市、武装夺取政权的正确道路。对此,1930 年 5 月,毛泽东就撰写了《反对本本主义》一文,一再强调:"马克思主义的'本本'是要学习的,但是必须同我国的实际情况相结合","中国革命斗争的胜利要靠中国同志了解中国情况"。③ 这一论断,明确地回答了如何学习和运用马克思主义的问题,实际也向我们倡导了学习马克思主义的最根本方式:理论联系实际。这一方式历经同王明教条主义作斗争的全过程,最终为全党所公认与接受,也促使毛泽东在遵义会议上确立了其在党内的领导地位。

其次,因人施教。在土地革命战争时期,中国共产党采取灵活多样的

---

① 中共中央文献研究室编:《毛泽东著作专题摘编》,中央文献出版社 2003 年版,第255 页。

② 中央档案馆编:《中共中央文件选集(1928)》第 4 册,中共中央党校出版社 1989 年版,第 418 页。

③ 《毛泽东选集》第一卷,人民出版社 1991 年版,第 115 页。

学习方式,在党组织有计划的学习的过程中,做到因人施教,切实推动全党的学习活动,真正提高全体党员的水平。为保证学习效果,针对当时广大干部文化水平较低的状况,1929 年 12 月的《中国共产党红军第四军第九次代表大会决议案》中提出了毛泽东所总结的党的干部教育的"十大教授法",包括:"(1)启发式(废止注入式);(2)由近及远;(3)由浅入深;(4)说话通俗化(新名词要释俗);(5)说话要明白;(6)说话要有趣味;(7)以姿态助说话;(8)后次复习前次概念;(9)要提纲;(10)干部班要用讨论式。"①中共六大通过的《宣传工作的目前任务》还针对党员的具体情况对学习的教材有着明确规定:

"(1)发行并〔供〕给城市与乡村用的大批通俗的政治书籍报章,注意程度浅劣的工农,最好编成歌谣韵语;

(2)发行为中等党员用的比较高深的书籍,如关于中国现时政治生活,党的目前任务,列宁主义、苏联、评孙中山主义及党内各种机会主义与左派盲动主义倾向等等问题;

(3)最后的一个任务——时间比较长些——就是发行马克思,恩格斯,斯大林,布哈林及其他马克思主义,列宁主义领袖的重要著作。"②

再次,自学。自学也是一种重要的学习方式。除了党内相对集中的教育和训练等学习活动外,中国共产党多次强调要"发展党员自修工作"。中共中央向各地发出指示,要求"各党部宣委与专此种工作的同志应以编制大纲,指定参考书籍报章,组织秘密图书馆等方法,尽量帮助自修同志。为减轻此种工作的困难起见,应当发行大批政治书籍,文字内容务求通俗,须适合我党同志的程度。党中对此问题亦应加以最大注意"③。

---

① 中共中央文献研究室编:《毛泽东著作专题摘编》,中央文献出版社 2003 年版,第1253 页。

② 中央档案馆编:《中共中央文件选集(1928)》第 4 册,中共中央党校出版社 1989 年版,第 421 页。

③ 中央档案馆编:《中共中央文件选集(1928)》第 4 册,中共中央党校出版社 1989 年版,第 418 页。

在这一时期,通过学习,开始使广大党员认清"左"倾的本质,一部分党员从"左"倾营垒当中分化出来,如"二十八个半布尔什维克"之一的王稼祥等转而支持毛泽东等,最终使中国共产党逐渐走向成熟,走上独立自主的道路,经受住了第五次反"围剿"失败和被迫长征的巨大挫折,仍然保持着强大的凝聚力和战斗力。

综上所述,从中共早期组织的成立到遵义会议前,中国共产党非常重视学习型政党建设并取得了一定成效。但总的来说,还处于初始自发阶段。这主要是由于这一阶段中国共产党建立的时间还不长,广大党员的理论修养不足;理论水平不高,对许多问题的认识还模糊不清,在学习中还有着明显的照搬照抄马列著作和苏联经验的倾向,甚至一度这种倾向在全党占据了统治地位。而且,中国共产党接受的马克思主义不是从全面系统地学习马克思主义的原著开始的;而是从学习翻译过来的苏联的马克思主义教科书或从日本转道而来的二手资料开始的。因此,学习中还存在着附会和曲解马克思主义本意的现象。另外,长期处于白色恐怖的包围之中,种种学习的活动、方式还是零散的,不系统的。

二、学习型政党建设的自觉实践阶段(1935—1949年)

1935年1月遵义会议召开,确立了毛泽东在全党的实际领导地位,解决了"左"倾错误在组织上和军事上的统治。但由于种种原因,"左"倾错误的思想根源还来不及彻底的清算。因此,如何真正做到把马克思主义普遍真理同中国革命实际相结合,统一全党的思想,就摆在全党同志的面前。而这一问题的最终解决,与这一时期中共全党掀起的学习热潮有着密切联系。

(一)高度重视学习,明确学习的目的性

中国共产党屡次论述学习的重要性。1938年六届六中全会,毛泽东

就向全党发出了"来一个全党的学习竞赛,看谁真正地学到了一点东西,看谁学的更多一点,更好一点"①的号召。这一时期,一方面,由于中共党内许多同志理论修养不足,理论水平不高,中国共产党十分重视马克思主义理论的学习,注重提高全党的马克思主义理论水平。"在担负主要领导责任的观点上说,如果我们党有一百个至二百个系统地而不是零碎地、实际地而不是空洞地学会了马克思列宁主义的同志,就会大大地提高我们党的战斗力量,并加速我们战胜日本帝国主义的工作。"②另一方面,中国共产党又强调注意理论与实践的相结合。"读书是学习,使用也是学习,而且是更重要的学习。"③之所以如此重视学习,一是由于党内"还是有问题的,而且就某种意义上讲,问题还相当严重"。④ 党内的"左"倾教条主义错误一度根深蒂固,王明等从苏联回国后,一直以中共领导人自居,仍然有很大的欺骗性。二是"我们队伍里边有一种恐慌,不是经济恐慌,也不是政治恐慌,而是本领恐慌"。"无论党、政、军、民、学的干部,都要增加知识,才能把工作做得更好。"⑤三是"学习是我们注重的工作,特别是干部同志,学习的需要更加迫切,如果不学习,就不能领导工作,不能改善工作与建设大党。这领导工作、改善工作与建设大党,便是我们学习运动的直接原因"⑥。"我们要建设的一个大党,不是一个'乌合之众'的党,而是一个独立的、有战斗力的党;这样就要有大批的有学问的干部做骨干"。"假使没有学问,是不成的,共产党人就应该懂得各种各样的事情。因此,要领导革命就必须要学习。"⑦总的来说,这一时期的学习,主要是解决全党的思想认识问题,彻底肃清王明"左"倾教条主义思想路线

---

① 《毛泽东选集》第二卷,人民出版社 1991 年版,第 533 页。
② 《毛泽东选集》第二卷,人民出版社 1991 年版,第 533 页。
③ 《毛泽东选集》第一卷,人民出版社 1991 年版,第 181 页。
④ 《毛泽东选集》第三卷,人民出版社 1991 年版,第 811 页。
⑤ 《毛泽东选集》第二卷,人民出版社 1991 年版,第 178 页。
⑥ 《毛泽东文集》第二卷,人民出版社 1993 年版,第 179 页。
⑦ 《毛泽东文集》第二卷,人民出版社 1993 年版,第 178 页。

的错误,提高党的领导水平。全党不但了解了马列主义研究广泛的真实生活和革命经验所得出的关于一般规律的结论,而且也学习了其观察和解决问题的立场方法。这一时期的学习,普遍地提高了全党的马列水平,使全党思想更加统一、意志更加集中,使全党紧密团结在以毛泽东为核心的党中央周围,大大提高了党的战斗力和凝聚力,加速了战胜日本帝国主义的步伐和为新民主主义革命的伟大胜利奠定了坚实的基础。

（二）以整风为载体,确保学习的有效性

和以往的学习相比,这一时期的学习开创了一个新的学习方式——整风。延安整风是中共历史上第一次大规模的整风运动,它既是一场伟大的马克思主义思想教育运动,也是一次全党加强理论学习,统一全党认识的伟大运动。正如毛泽东所言:"整风运动是一个'普遍的马克思主义的教育运动'。整风就是全党通过批评和自我批评来学习马克思主义。在整风中间,我们一定可以更多地学到一些马克思主义。"[1]

延安整风的主要内容是反对主观主义以整顿学风,反对宗派主义以整顿党风,反对党八股以整顿文风。其中反对主观主义以整顿学风是全党整风的中心内容。中国共产党发动这次整风,其动因是当时党内存在的问题比较严重,主观主义、宗派主义和党八股等严重制约着党的事业的顺利推进,仅靠一般的学习和教育无法解决,必须发动一场触及灵魂的马克思主义学习与教育运动,着重从思想深处解决前进的桎梏。经过整风,"我们的干部就能够得到提高,我们也才能够有本事迎接将来的光明世界,掌握这个新的光明的世界。总之,对付黑暗需要加强教育,迎接光明也需要加强教育,无论怎样讲,我们都需要加强教育。"[2]

延安整风由中共全党开展学习运动开始。运动期间,从中央到地方,从机关到部队、学校,从领导干部到普通党员,都认真贯彻整风精神,充分

---

[1]　《毛泽东文集》第七卷,人民出版社1999年版,第275页。
[2]　《毛泽东文集》第二卷,人民出版社1993年版,第412—413页。

利用集体学习平台,积极参加讨论,交流心得体会,反思自身问题,找到错误根源,勤于学,精于用,开创了一种全员学习模式。① 在整风过程中,全党形成了浓厚的学习氛围。不管是高级干部,还是普通党员,人人埋头学习,刻苦钻研。尽管当时的延安工作、生活非常繁忙,但大家都认为"工作忙就要'挤',看不懂就要'钻',用这两个法子来对付它,学习是一定可以获胜的"。②

在整风过程中,中国共产党出台了许多关于学习的方针、政策和措施,确保学习的深入开展并取得显著成效,不但全党而且整个根据地都变成了一个大学校。据初步统计,仅1939年夏至1942年年初的三年时间,中共中央及中央各部门发出的关于学习和干部教育的指示和决定就多达13个。③ 通过整风学习,不仅使全党马克思主义理论水平得到提高,特别是培养了良好的学习态度,而且树立了实事求是的思想路线,肃清了"左"倾教条主义的错误思想。正因为如此,毛泽东认为,整风运动"一般地收到了成效的"④。美国学者马克·赛尔登也认为,在整风运动中,"1942—1944年,成千上万的中共党员及游击队员在紧张的学习及自我批评环境中接受了马克思主义、特别是毛泽东著作的洗礼。在这一过程中,所强调的是将思想理论与革命和战争的具体问题结合起来。一些不协调的因素溶化到团结、高效的组织中去。最后,整风运动使中共有机会全面考察党的历史及当前危机,从而形成新的政策及群众路线这一新的领导观念。"⑤

---

① 蒋明敏、孙建华:《延安整风运动经验对马克思主义学习型政党建设的启示》,《广西社会科学》2010年第9期。

② 《毛泽东文集》第二卷,人民出版社1993年版,第180—182页。

③ 王炳林:《中国共产党开展学习的历史考察》,《北京师范大学学报》(社会科学版)2011年第3期。

④ 《毛泽东选集》第四卷,人民出版社1991年版,第1252页。

⑤ [美]马克·赛尔登:《革命中的中国:延安道路》,魏晓明、冯崇义译,社会科学文献出版社2002年版,第194页。

（三）完善学习制度，保证学习的持久性

这一时期，在中共中央全面部署下，党员干部普遍参与，形成了一套相对比较科学化、规范化和制度化的学习机制，以保证学习的持久性和实效性。具体体现在以下方面：

1.党中央统一布置

早在1938年年底六届六中全会就号召全党特别是干部加紧理论学习，并发起了全党干部学习运动。1939年2月，中共中央设立了干部教育部，由张闻天、李维汉担任正、副部长，专门负责领导全党的学习工作。1939年5月20日，毛泽东在延安在职干部学习动员大会上的讲话中明确指出，"全国各级党部，边区各级政府，各个人民团体，各类学校，都须设立这样的机关，建立这样的制度，来领导并进行学习。在军队里也是这样，要设立教育部，建立起学习制度。这样的学习制度，中央要在全国推广，只要共产党力所能及，就要把它推动起来，造成一个学习的高潮。"① 1939年6月，毛泽东在延安高级干部会议上进一步讲了9点意见，对学习活动提出了明确的具体的要求。1940年1月3日，中共中央在《关于干部学习的指示》中对干部教育的方针、课程与在职干部的学习作出具体规定。1940年3月20日，中共中央专门发出《关于在职干部教育的指示》，对干部类别、课程设置、学习方法、经费保障等问题作出明确指示，同时决定每年的五月五日马克思生日为学习节。针对学习中存在的问题，1941年5月，毛泽东在延安党的干部会议上作了《改造我们的学习》的报告，"主张将我们全党的学习方法和学习制度改造一下"。② 为提高党内高级干部的理论水平与政治水平，1941年9月，中共中央成立了中央学习研究组，毛泽东、王稼祥任正、副组长。各根据地也成立了高级学习组。同年10月，中共中央宣传部作出了《关于提高延安在职干部教育

---

① 《毛泽东文集》第二卷，人民出版社1993年版，第180页。
② 《毛泽东选集》第三卷，人民出版社1991年版，第795页。

质量的决定》,对提高干部学习教育质量的教学方法和学习方法,特别是干部自身的学习习惯等作了详细而明确的要求。当年的 12 月 17 日,中共中央又通过《关于延安干部学校的决定》,对各主要干部学校的领导体制、招生、教员、教学原则和方法,以及学风等都作了明确的规定。1942年 4 月 28 日,中共中央政治局通过了《中共中央关于在职干部教育的决定》。《决定》规定了干部教育的范围,并对各教育范围内具体内容作了要求,提出干部教育要坚持每日两小时制。1942 年 5 月下旬,中央政治局决定成立中央总学习委员会,毛泽东任主任,康生任副主任,领导全延安的学习。总学委下辖分区学习委员会。总之,在党中央的指导、规范和督促下,颁布了一些计划、指示和决定,采取了一系列措施,逐渐建立了一套比较系统、完善的学习机制,有力地推动了学习型政党建设的顺利进行。

2. 打造诸多学习平台

这一时期,延安和各敌后抗日根据地开办了数十所干部学校。仅陕北地区,1935 年 11 月中共中央在瓦窑堡就恢复了中央党校,此后还先后创建了中国人民抗日军政大学、陕北公学、鲁迅艺术学院、马列学院、中国女子大学、延安自然科学院、民族学院、延安大学、泽东青年干部学校等干部院校,为全党的学习打造了行之有效的平台。毛泽东、周恩来、刘少奇、朱德等中央领导人还亲自在一些院校讲课、作报告。这些学校尽管在创办之初还存在着一些问题。"在学校教育中,在在职干部教育中教哲学的不引导学生研究中国革命的逻辑,教经济学的不引导学生研究中国经济的特点,教政治学的不引导学生研究中国革命的策略,教军事学的不引导学生研究适合中国特点的战略和战术;诸如此类。其结果,谬种流传,误人不浅。"[1]但随着整风运动的开展,理论联系实际的优良学风最终确立,这些学校尤其是其中的在职干部学校对提高党员干部的理论水平起

---

[1] 《毛泽东选集》第三卷,人民出版社 1991 年版,第 798 页。

到了重要的作用。"要真正学些东西,仍不能不靠一面工作,一面学习。最靠得住的学校,仍是'在职干部学校'。当然在职干部是以工作为主,学习只能占小部分时间。但是,在职干部学校是一个长期的学校,而且是最能把学习与实际密切联系起来的学校。所以,只要有经常性,有恒心,真正的学问一定可以从这里磨炼出来。"[1]除了创办学校外,中共中央还非常重视发挥报刊等媒体对党员的教育作用。1942 年 3 月,中宣部还专门发出《为改造党报的通知》。这一时期,中国共产党创办、发行了《解放日报》、《人民日报》等一系列影响深远的报刊,成为理论宣传的重要平台。中共陕甘宁边区第二次代表大会通过的《关于党内干部教育问题的决议》,就明确规定:"党的干部应经常读报,或组织研究各种党报的小组,党中央负责同志的论文,尤应注意研究。"

3. 建立了一系列具体机制

中国共产党根据不同部门具体情况、不同党员的水平等诸多要素,对学习的具体机制进行设计和安排。如对一般党员干部,中共中央先后公布《关于干部学习的指示》、《关于在职干部教育的决定》等,决定"建立在职干部平均每天学习两小时的制度,并保持其持久性与经常性"[2]。中共中央还倡导建立学习小组制度,全体党员普遍都参加到一个学习小组中学习,学习小组每月开讨论会两次。陕甘宁边区还通过了《在职干部学习应明确规定定期考试制度,随时检查其成绩案》,建立了学习的考核机制;对高级干部,专门成立高级学习组,学习组以理论与实践统一为方法,第一期为半年,研究马恩列斯的思想方法论与我党二十年历史两个题目,然后再研究马恩列斯与中国革命的其他问题,以这克服错误思想(主观主义及形式主义),发展革命理论的目的;对军队干部,1942 年 2 月,中央

---

① 李维汉:《中央干部教育部与延安干部教育》,《中央党史资料》第 18 辑,中央党史资料出版社 1985 年版,第 13 页。

② 中央档案馆编:《中共中央文件选集(1939—1940)》第 12 册,中共中央党校出版社 1991 年版,第 228 页。

军委、军委总政连续发布五个《关于军队干部教育的指示》,从总的指示、军事教育、政治教育、业务教育等方面对军队干部的学习进行了原则规定和具体安排。对经历了长期斗争的八路军、新四军的老干部,1941 年 9 月 16 日,中央军委专门发出《对军队老干部工作的指示》,决定对老干部的在职教育,应简单明确,由文化与普通知识学起,然后逐步推进,目的在使老干部展开眼界,打下自学的基础。在中级干部读本未出版前,规定连、营干部在一定期间内(由各级按具体情况决定之),识两千字,读熟并了解"抗日战士读本"及"战斗条令";团、旅干部,规定在一定期间内,识五千字,读熟并了解"新民主主义论"、"战斗条令"与"野战条令"(这些条令均应择其适合中国情况者读之,不适者舍之)。并规定对上述课目,应定期测验与考试,并以学习成绩为考核的标准之一;对各革命根据地内的党员,1940 年 10 月 17 日,中央宣传部发出《关于各抗日根据地内党支部教育的指示》,决定在今后一年中,有计划地加强支部的教育,并在具体规定了支部教育的方针、计划、教材、教育干部、教育方式与方法等。《指示》强调,党的小组一般的应当兼有学习小组的作用,或者规定每月一次至二次小组会议作为学习会,或者每次小组会议有一定时间用在学习上。党小组会以外单独编立学习小组的办法,在自愿的条件下,可以采用。10 月 26 日,根据敌后抗日根据地在职干部教育的状况,及其所处的战争环境,中央宣传部又颁布《关于抗日根据地在职干部教育中几个问题的指示》,对教育计划、教材等作出进一步详细规定。《指示》估计到中、下级干部文化水平不高,并且由于紧张的战争环境,生活不安定,工作繁忙和流动,为要保证他们有效地进行学习,提倡设立专任的教员或学习辅导员,认为这是确保学习效果的一个决定性的条件;而对抗战时期国统区的党员干部,1940 年 10 月 25 日,中央宣传部通过《关于大后方党的干部教育的指示》,解决了如何克服秘密环境所给予干部教育的困难,并用何种方式与方法去进行教育,才与秘密的环境适合等问题。1941 年 5 月 29 日,中央宣传部再发出《关于国民党统治区域内党的支部教育的指示》,强调在文化低的党员中要加强识字及提高文化水平的教育,在文化水平较高的党员中,提倡研究中国历史及中国状况,在学生支部中应该努力学习科学,在企业支部中应该努力学习技术。总而言之,中共中央及各部门颁布一系列文件及指示,对党员干部的学习范围、学习内容、学习时间、学习原则、学习方法、学习途径等进行详细规定,力图构建一个完善的学习制度。

4.学习内容全面系统,体现学习的时代性

这一时期,尽管面临着残酷的战争与繁重的工作,中国共产党始终都没有放松学习,而是根据形势发展和党员干部的需求,不断加强对党员干部的教育,促使广大党员努力"学习文化,学习业务,学习政治,学习理论"①。学习内容十分丰富多彩,并且富有时代性,适应了形势的变化和时代发展的需求。

第一,始终高度重视马克思主义理论的学习,尤其强调对马列经典著作的学习。在这一时期,中国共产党一以贯之地强调和重视马克思主义理论的学习。1938年中共六届六中全会上,毛泽东就指出:"一切有相当研究能力的共产党员,都要研究马克思、恩格斯、列宁、斯大林的理论。"②1943年3月,毛泽东又提出:中央直属机关干部要进行理论、思想教育,读马、恩、列、斯著作四十本。同年12月,毛泽东主持召开中央书记处会议,主要讨论高级干部学习党的路线问题,决定学习时间为半年,学习的课本为六种,即《共产党宣言》、《社会主义从空想到科学的发展》、《共产主义运动中的"左派"幼稚病》、《社会民主党在民主革命中的两种策略》、《联共(布)党史简明教程》及《两条路线》上下册,其中除第六种为1922年7月至1943年10月党的主要文件集外,其他五种均为马列著作。1945年4月9日,在中共六届七中全会上,毛泽东再一次向全党提出了

---

① 中央档案馆编:《中共中央文件选集(1943—1944)》第14册,中共中央党校出版社1992年版,第59页。

② 《毛泽东文集》第二卷,人民出版社1993年版,第533页。

要"加强对马、恩、列、斯著作的学习"①的任务。在紧接其后召开的中共七大上,他明确提出,我们要读五本马列主义的书。这五本书,就是前面所列六本书中的前五本。他说,"这五本书如果有五千人到一万人读过了,并且有大体的了解;那就很好;很有益处。"②1948年9月,毛泽东在中央政治局会议上的讲话中说:"如果要求大家读全部马列选集,也不现实,可以挑选一些,不然书那么多,读起来也是困难。华东局印了五本,说是有人在读。如果五本不够,可以选十本,包括《联共(布)党史》、《列宁主义概论》、《帝国主义论》在内。列昂节夫的《政治经济学》也可以选一些。宣传部可以研究一下,看挑些什么书好,五本不够就十本,但是不要太多,多则不灵。"③1949年2月,为了更有效地提高全党的政治理论水平,中共中央重新编审了一套干部必读书目,毛泽东审批后由党的七届二中全会作出规定。这套"干部必读"一共12本,其中包括:《社会发展史》、《政治经济学》、《共产党宣言》、《社会主义从空想到科学的发展》、《帝国主义是资本主义的最高阶段》、《国家与革命》、《共产主义运动中的"左派"幼稚病》、《论列宁主义基础》、《联共(布)党史简明教程》、《列宁斯大林论社会主义建设》、《列宁斯大林论中国》、《马恩列斯思想方法论》。毛泽东在党的七届二中全会的讲话中说:"关于十二本干部必读的书,过去我们读书没有一定的范围,翻译了很多书,也都发了。现在积二十多年之经验,深知要读这十二本书,规定在三年之内看一遍到两遍。如果在今后三年之内,有三万人读完这十二本书,有三千人读通这十二本书,那就很好。"④这12本"干部必读",成为解放战争后期广大干部学习马列主义理论的基本教材;对培养干部,提高干部理论水平,起了十分重要的作用。

---

① 《毛泽东文集》第三卷,人民出版社1996年版,第284页。
② 《毛泽东文集》第三卷,人民出版社1996年版,第417页。
③ 《毛泽东文集》第五卷,人民出版社1996年版,第138页。
④ 《毛泽东文集》第五卷,人民出版社1996年版,第261页。

第二,不断学习党的政策和策略。"政策是革命政党一切实际行动的出发点,并且表现于行动的过程和归宿。一个革命政党的任何行动都是实行政策。不是实行正确的政策,就是实行错误的政策,不是自觉地,就是盲目地实行某种政策。"①中共中央之所以不断要求广大党员干部加强对政策和策略的学习,其目的是"引导干部精密研究各党各派各界各军的具体情况及其在每一时期每一事件中的意图政策方针与做法"②。1940年8月23日,中央宣传部明确作出《关于加强干部策略教育的指示》,决定必须在全党的在职干部教育中,党校和党的训练班中,及党领导的各种干部学校中,把党的策略教育列入正式教育计划之内,并作为成绩考查的重要标准。《指示》详细规定了当时策略教育的材料:(1)党中央的宣言、决议、决定及其他关于策略的指示;(2)中央领导同志的讲演、报告和论文;(3)党报及其"文摘"中关于党的政策的重要文章;(4)中央宣传部将要发布的政治情报;(5)当地高级党部关于策略的指示及策略经验的总结。《指示》还要求在各种干部学校中,除开充实策略教育课程外,尤须注意提高教员及其他教育干部的策略知识的水平。为此,党的领导机关必须有计划地给他们作策略经验和策略知识的报告,帮助他们研究,在可能的不妨害秘密原则的条件之下,供给他们以策略教育的材料。要纠正忽视提高教育干部策略知识的观点。③ 1948年,为更好地研究、学习、制定党在各方面的政策,中共中央成立了中央政策研究室。同年12月15日,鉴于形势发展的需要,中共中央认为党的各高级领导机关,即中央及各中央局与分局及各省委与区党委,有成立并健全政策研究机构之必要,要求各地高级领导机关设立研究室,或类似机构。关于党的政策和策略的学习,在抗战时期突出强调的是统一战线教育。由于在抗战前的

① 《毛泽东选集》第四卷,人民出版社1991年版,第1286页。
② 中央档案馆编:《中共中央文件选集(1939—1940)》第12册,中共中央党校出版社1991年版,第456页。
③ 中央档案馆编:《中共中央文件选集(1939—1940)》第12册,中共中央党校出版社1991年版,第451页。

十几年的时间内,中国共产党在统一战线方面既有好的经验,但也有着深刻的沉痛的教训。如何在坚持独立自主的前提下,团结一切可以团结的力量,共同反对日本帝国主义,一度成为中共中央十分关注的问题。甚至抗战爆发后相当长的时间内,"党内至今还有许多干部不懂得统一战线中的策略问题,他们把复杂的问题简单化,各种错误便从此发生。"为"克服干部把问题简单化的现象,党应当把这种策略教育列入干部教育的正式课程,并作为成绩考核的重要标准"①。1940 年 8 月 15 日,中共中央发出《关于开展统一战线工作的指示》,再次要求各地党组织和军队要加强对统一战线工作的研究和学习。

第三,强调业务学习。随着形势的变化,中国共产党不断强调业务的学习,以适应新的工作要求。这一点,在解放战争中后期尤为明显。随着战争的节节胜利,全国各大城市及大工业、大运输业、大商业和银行、对外贸易等,归人民政府所掌握的愈来愈多。但中共长期在农村坚持斗争,虽谙熟农村工作,但缺乏城市工作和工商业管理的经验,容易犯经验主义的错误。为此,中共中央多次发出号召,要求各地注意总结城市工作的经验,学习把城市工作搞得比较好的典型,学习工商业管理知识。"我党必须立即训练和准备大批接管全国各大城市及大工商业的干部,否则,决不能应付迅速发展的客观形势。"②1948 年 2 月 25 日,中共中央就发出《关于注意总结城市工作经验的指示》。1948 年 9 月 15 日,中共中央作出《关于党校教学材料之规定》,除了强调要学习马列主义理论外,还突出了对职工运动与城市政策、新区工作政策和对外国及外侨的政策的学习。1948 年 10 月,华北解放区临清市发生华北、华东两解放区的国营贸易机关抢购棉绒一百五十万斤,刺激物价上涨,鼓励私商投机,因而造成严重

---

① 李维汉:《中央干部教育部与延安干部教育》,《中央党史资料》第 18 辑,中央党史资料出版社 1985 年版,第 13、14 页。

② 中央档案馆编:《中共中央文件选集(1948)》第 17 册,中共中央党校出版社 1992 年版,第 609 页。

违反新民主主义经济政策的事件。临清事件发生后,中共中央告诫全党,"我们一部分同志还没有完全学会或者简直没有学会如何做经济工作,特别是如何做被人目为'市俗的'、'不体面的'的商业工作。……我们要想避免'共产主义的夸大狂',就得'从头学起',完全学会做好经济工作。事实已经证明了我们是完全能够把经济工作做得很好的,只要我们善于学习,我们就一定会得到像在军事方面一样伟大的胜利。"[①]1949 年 3 月,中国共产党第七届中央委员会二次会议再一次号召"全党同志用全力学习工业生产的技术和管理方法,学习和生产有密切联系的商业工作、银行工作和其他工作"。并且发出警告说:"如果我党在生产工作上无知,不能很快地学会生产工作,不能使生产事业尽可能迅速地恢复和发展,获得确实的成绩,首先使工人生活有所改善,并使一般人民的生活有所改善,那么,党和人民就将不能维持政权,就会站不住脚,就会要失败。"[②]

此外,中国共产党还非常重视对党的历史的研究和学习。1942 年 3 月,毛泽东在中央学习组作了《如何研究中共党史》的讲话。中共中央还组织编辑了《六大以来党内秘密文件》和《六大以前党的历史文件》等重要文献,供党员干部学习之用。中国共产党也一直重视对文化水平较低的党员的文化知识的学习。另外,中共七大毛泽东思想被确立为党的指导思想后,中共中央又多次号召全党要加强学习毛泽东思想。

总的来说,这一时期,和以前相比,中国共产党有了一个相对安定的环境,有着较充裕的时间在全党范围内有组织的、系统地开展学习活动。中国共产党的学习从自发走向了自觉,认真学习了马克思主义科学理论和各种先进知识,深入研究中国具体国情,搞清了"什么是新民主主义革命,怎样进行新民主主义革命"的问题,指明了中国社会发展的正确方

---

① 中央档案馆编:《中共中央文件选集(1949)》第 18 册,中共中央党校出版社 1992 年版,第 472—473 页。

② 中央档案馆编:《中共中央文件选集(1949)》第 18 册,中共中央党校出版社 1992 年版,第 195—196 页。

向,推动了马克思主义理论的学习,实现了第一次历史性飞跃,从而在旧中国各种政治力量较量中脱颖而出并不断发展壮大,领导人民取得了新民主主义革命的胜利,建立了社会主义新中国。正如江泽民所言:"中国革命由过去的十年内战转入了全民族的抗日战争,党内结束了错误路线占统治地位的历史,毛泽东同志代表的正确路线得到全党拥护,毛泽东思想成为全党的指导思想。在这样一个新形势新条件下,全党同志通过学习马克思列宁主义,总结历史经验,在毛泽东思想的基础上统一了认识,增强了团结,这对于夺取抗日战争和解放战争的胜利,起了非常重大的作用。"[①]但虽取得了较大的成果,理论水平不足的毛病并未彻底根除。因此,在对马克思主义的理解上,还有着庸俗化、简单化、教条化的现象;或未能真正理解马克思主义的精神实质;或误解马克思主义理论;或把一些不属于马克思主义的东西当作马克思主义来对待甚至把一些非马克思主义的东西完全强加给马克思主义,乃至为新中国成立后在学习型政党建设中的反复埋下了隐患。

三、学习型政党建设的独立探索阶段(1949—1956 年)

1949 年 10 月 1 日,新中国诞生,中国共产党从领导人民为夺取全国政权而奋斗的党,成为领导人民掌握全国政权的执政党。对这个伟大的胜利,毛泽东谦虚地喻之为万里长征才走完第一步。从革命党转变为执政党,这一变化使中国共产党面临着新的考验。如何巩固新生的人民政权,恢复国民经济?如何实现由新民主主义向社会主义的顺利过渡?就成为这一时期中国共产党所要解决的中心问题。中国共产党毫不放松学

---

① 《江泽民论加强和改进执政党建设》,中央文献出版社、研究出版社 2004 年版,第 361—362 页。

习,努力提高领导水平和执政水平,交出了一份"进京赶考"的圆满答卷:中国共产党领导全国人民完成了恢复经济、发展生产、土地改革、镇反运动、抗美援朝、"三反五反"、整党和社会主义改造等艰巨任务,并对社会主义建设进行了初步探索,最终确立了社会主义制度。

(一)学习马克思主义理论,克服经验主义

新中国成立后,中国共产党的工作重心由农村转向城市,百废待兴,百业待举,面对殊异于过去战争年代的全新的环境和任务,面对所出现的许多新情况、新问题,很多党员干部想当然地照搬过去战争中形成的经验,往往导致工作发生失误。因此,全党有系统地学习理论,比较过去任何时候都更加迫切需要。而且,随着执政地位的确立,越来越多的人涌入党内。为推动全党在新形势下加强学习,1951 年 2 月,党中央发布了《中共中央关于加强理论教育的决定(草案)》,其中指出:"全党的马克思列宁主义、毛泽东思想的教育,必须极大地加强起来。这是提高干部、改进工作的根本方法。"并告诫全党:"理论学习的不发展,经验主义倾向的存在,正是目前党内一部分干部对于党的政策知其然而不知其所以然,在工作中缺少坚定性和远见,缺少对于新鲜事物的敏感,产生官僚主义、命令主义、事务主义倾向以至功臣思想蜕化思想的根本原因。中国共产党在学习问题上的任务,就是彻底纠正任何忽视理论的经验主义的危险倾向,就是领导全体党员在统一的制度下无例外地和不间断地进行马克思列宁主义、毛泽东思想的有系统的学习,以便逐步地造成全党的理论高涨。"[①]中共中央认为理论学习应当是循序渐进的,并根据党内的情况,按照党员理解能力的发展程度,对理论的学习进行了具体布置,大体分为如下的三级:第一级,学习政治常识,即关于中华人民共和国的常识和中国共产党的常识。学习时间一年,必要时可以伸缩。每个新党员和小学文化程度

---

① 中共中央文献研究室:《建国以来重要文献选编(1951)》第 2 册,中央文献出版社1992 年版,第 122、123 页。

的党员凡未进行过这种学习者,无例外地都应当进行这种学习。第二级,学习理论常识,即关于社会发展史的常识(包含历史唯物论和政治经济学),中国共产党历史,毛泽东生平事迹,关于马克思、恩格斯、列宁、斯大林的生平的常识。学习时间三年,必要时可以伸缩。每个学过政治常识和具有中学文化程度的党员,都应当进行这种学习。第三级,学习马克思、恩格斯、列宁、斯大林的理论著作和毛泽东的理论著作。马克思、恩格斯、列宁、斯大林和毛泽东的原著的学习,应当以有领导的自习为主要的方法,而以高级党校的讲授为重要的辅助方法。为了保证理论学习之有秩序的进行,中共中央决定必须实施学年制和考试制。规定每年学习时间为八个月,即每年三月初至十月底。学习者应当参加哪一级的学习,以及每年学习的成绩是否及格,都应当由考试来决定。①

(二)"学习过去不熟悉的东西",巩固社会主义政权

面对陌生的环境,面临着建设新中国的复杂任务,中国共产党除一如既往地重视马克思主义理论的学习外,一再强调要学习过去不熟悉的东西。在新中国成立前夕,毛泽东就指出:"严重的经济建设任务摆在我们面前。我们熟悉的东西有些快要闲起来了,我们不熟悉的东西正在强迫我们去做。这就是困难。……我们必须克服困难,我们必须学会自己不懂的东西。"②为此,中国共产党要求广大党员干部特别是领导干部努力去学会管理城市和建设城市,学会生产的技术和管理生产的方法、商业工作、银行工作等经济工作。"参加经济工作的干部要用全力去学习基本建设的技术和管理基本建设的方法。每一个共产党员在执行这个伟大的任务中,更必须高度地发挥先锋的模范的作用。"③新中国成立后,毛泽东一再勉励广大党员尤其是党的领导干部"都要奋发努力,在提高马克思

---

① 中共中央文献研究室:《建国以来重要文献选编(1951)》第 2 册,中央文献出版社 1992 年版,第 124 页。

② 《毛泽东选集》第四卷,人民出版社 1991 年版,第 1480—1481 页。

③ 《建国以来毛泽东文稿》第 6 册,中央文献出版社 1992 年版,第 432—433 页。

列宁主义水平的基础上,使自己成为精通政治工作和经济工作的专家。一方面要搞好政治思想工作,一方面要搞好经济建设。对于经济建设,我们要真正学懂"①。他指出:"我们进入了这样一个新时期,就是去钻社会主义工业化,钻社会主义改造,钻现代化的国防,并且开始要钻原子能这样的新时期。这是我们面临的新任务,我们都要钻进去,成为这些方面的内行。"②他还进一步强调:"只要我们更多地懂得马克思列宁主义,更多地懂得自然科学,一句话,更多地懂得客观世界的规律,少犯主观主义错误,我们的革命工作和建设工作,是一定能够达到目的的。"③对中国共产党领导经济工作的能力,当时国内外很多人抱有怀疑的态度,甚至有人认为"中共搞军事一百分,搞政治八十分,搞经济零分"。但中国共产党经过艰苦学习,搞懂了过去不熟悉的东西,掌握了丰富经济知识,以雷霆万钧之势迅速打垮了投机活动,恢复了国民经济。对这一时期的业务学习,邓小平曾给予积极评价:"那一次,我们学得不坏,进城以后,很快恢复了经济,成功地完成了社会主义改造。"④

（三）"恭恭敬敬地学,老老实实地学"

建设一个新世界比破坏一个旧世界要困难得多。早在七届二中全会,毛泽东就指出:"中国的革命是伟大的,但革命以后的路程更长,工作更伟大,更艰苦。这一点现在就必须向党内讲明白,务必使同志们继续地保持谦虚、谨慎、不骄、不躁的作风,务必使同志们继续地保持艰苦奋斗的作风。我们有批评和自我批评这个马克思列宁主义的武器。我们能够去掉不良作风,保持优良作风。我们能够学会我们原来不懂的东西。我们不但善于破坏一个旧世界,我们还将善于建设一个新世界。"⑤

新中国成立后,一方面,有部分人陶醉于胜利之中,飘飘然不知所以,

---

① 《毛泽东文集》第六卷,人民出版社 1999 年版,第 396 页。
② 《毛泽东文集》第六卷,人民出版社 1999 年版,第 393 页。
③ 《毛泽东文集》第六卷,人民出版社 1999 年版,第 393 页。
④ 《邓小平文选》第二卷,人民出版社 1994 年版,第 153 页。
⑤ 《毛泽东选集》第四卷,人民出版社 1991 年版,第 1439 页。

往往因为工作中的若干成绩就冲昏了头脑,忘记了共产党员必须具有的谦逊态度和自我批评精神,容易滋生骄傲自满的情绪。另一方面,面对一穷二白的中国,有部分人则或无从下手,或不知所措,或照搬战争期间的经验。因此,中共中央多次向全党号召:"一切党员,必须努力学习……不努力学习的人,是不能做一个好的共产党员的"。① 其中特别强调:"我们必须向一切内行的人们(不管什么人)学经济工作。拜他们做老师,恭恭敬敬地学,老老实实地学。不懂就是不懂,不要装懂,不要摆官僚架子。钻进去,几个月,一年两年,三年五年,总是可以学会的。"②尽管很多事情还处于探索当中,尽管探索的过程中难免有些失误甚至挫折,而且"要把一个落后的农业的中国改变成为一个先进的工业化的中国,我们面前的工作是很艰苦的,我们的经验是很不够的。因此,必须善于学习"③。此外,"情况是在不断地变化,要使自己的思想适应新情况,就得学习。即使是对于马克思主义已经了解得比较多的人,无产阶级立场比较坚定的人,也还是要再学习,要接受新事物,要研究新问题。"④那么,怎样做到这一点呢? 第一是要始终谦虚谨慎。"学习的敌人是自己的满足,要认真学习一点东西,必须从不自满开始。对自己,'学而不厌',对人家,'诲人不倦',我们应取这种态度。"⑤即使"将来我们国家富强了,我们一定还要坚持革命立场,还要谦虚谨慎,还要向人家学习,不要把尾巴翘起来。不但在第一个五年计划期间要向人家学习,就是在几十个五年计划之后,还应当向人家学习。一万年都要学习嘛! 这有什么不好呢?"⑥第二是"要作好学生。许多东西单从书本上是学不成的,要向生产者学习,向

---

① 中共中央文献研究室:《建国以来重要文献选编(1951)》第 2 册,中央文献出版社 1992 年版,第 208 页。

② 《毛泽东选集》第四卷,人民出版社 1991 年版,第 1481 页。

③ 《中国共产党第八次全国代表大会文献》,人民出版社 1956 年版,第 9 页。

④ 《建国以来毛泽东文稿》第 6 册,中央文献出版社 1992 年版,第 382—383 页。

⑤ 《毛泽东选集》第二卷,人民出版社 1991 年版,第 535 页。

⑥ 中共中央文献研究室:《建国以来重要文献选编》第 8 册,中央文献出版社 1994 年版,第 265 页。

工人学习,向贫农下中农学习,在学校则要向学生学习,向自己教育的对象学"。①

（四）在学习中反思苏联模式,开始走上独立探索社会主义建设的道路

新中国成立之初,中国向苏联学习是必然的。在当时两极世界格局下,以美国为首的资本主义国家对中国孤立、包围、封锁,敌意甚浓,中国不可能向他们学习;与之相反,苏联不仅与中国在革命中结下深厚友谊,而且大力支持新中国。苏联不仅是第一个在外交上承认新中国的国家,而且给予了新中国实实在在的资金和技术援助;更为重要的是苏联在遭受二战巨大的破坏、损失的情况下能够迅速发展起来,对贫穷落后的中国有着极大的吸引力;而且中国自身缺乏进行社会主义建设的经验。"因为我们没有经验,在经济建设方面,我们只得照抄苏联","这在当时是完全必要的,同时又是一个缺点,缺乏创造性,缺乏独立自主的能力。这当然不应当是长久之计"。② 因此,向苏联学习,成为当时全党的共识。"苏联共产党就是我们的最好的先生;我们必须向他们学习。"

毛泽东曾多次论述向苏联学习的重要性。他曾指出:"我国人民应当努力工作,努力学习苏联和各兄弟国家的先进经验,老老实实,勤勤恳恳,互勉互助,力戒任何的虚夸和骄傲,准备在几个五年计划之内,将我们现在这样一个经济上文化上落后的国家,建设成为一个工业化的具有高度现代文化程度的伟大国家。"③1956 年 9 月,毛泽东在中共八大开幕词中再次强调:"要善于向我们的先进者苏联学习,要善于向各人民民主国家学习,要善于向世界各兄弟党学习,要善于向世界各国人民学习。"④在

---

①　中共中央文献研究室:《建国以来毛泽东文稿》第 6 册,中央文献出版社 1992 年版,第 385 页。

②　《毛泽东文集》第八卷,人民出版社 1999 年,第 305 页。

③　《毛泽东文集》第六卷,人民出版社 1999 年版,第 350 页。

④　《中国共产党第八次全国代表大会文献》,人民出版社 1956 年版,第 9 页。

国民经济恢复后,为更好地投身于社会主义建设,1953年,中共中央决定全党干部学习《联共(布)党史简明教程》九至十二章,向苏联学习建设社会主义的经验。另外,这一时期,中国派遣了大量人员到苏联去学习,许多中国人还直接向来华帮助中国进行各项建设的苏联专家学习。

但在学习苏联的过程中,存在迷信苏联、照搬照抄的现象。"过去我们一些人不清楚,人家的短处也去学。当着学到以为了不起的时候,人家那里已经不要了,结果栽了个斤斗,像孙悟空一样,翻过来了。比如,过去有人因为苏联是设电影部、文化局,我们是设文化部、电影局,就说我们犯了原则错误。他们没有料到,苏联不久也改设文化部,和我们一样。有些人对任何事物都不加分析,完全以'风'为准。"①而且,在学习苏联的过程中,苏联模式的弊端也不断显现。对学习苏联过程中出现的这些问题,以及1956年苏共二十大揭开了斯大林问题的盖子,以毛泽东为首的中共中央进行了深入思考,提出要"以苏为鉴",探索自己的社会主义建设道路。毛泽东指出:"我们的方针是,一切民族、一切国家的长处都要学,政治、经济、科学、技术、文学、艺术的一切真正好的东西都要学。但是,必须有分析有批判地学,不能盲目地学,不能一切照抄,机械搬用。他们的短处、缺点,当然不要学。"②"对于苏联和其他社会主义国家的经验,也应当采取这样的态度。""我们要学的是属于普遍真理的东西,并且学习一定要与中国实际相结合。"③在全党的共同努力下,对社会主义建设的探索取得了初步成果:毛泽东明确提出我们要进行马克思主义与中国实际的第二次结合,找到中国自己的社会主义建设的正确道路;毛泽东先后作了《论十大关系》和《关于正确处理人民内部矛盾的问题》的重要讲话,提出了一系列光辉思想;1956年9月召开的党的八大,鉴于我国社会主要矛盾的变化,强调要集中力

① 《建国以来重要文献选编》第8册,中央文献出版社1994年版,第262页。
② 《毛泽东文集》第七卷,人民出版社1999年版,第41页。
③ 《建国以来重要文献选编》第8册,中央文献出版社1994年版,第263页。

量发展社会生产力,把一个落后的农业的中国改变成为一个先进的工业化的中国等等。

综上所述,随着中国共产党执政地位在全国的确立,全党为迎接新的任务,努力学习马克思列宁主义、毛泽东思想,学习过去不熟悉的东西,艰苦探索,不懈奋斗,顺利地完成了社会主义改造,推动了全国规模的社会主义建设,并且在学习中逐渐认识到苏联模式的弊端。这一时期,中国共产党开始走上独立探索学习型政党建设的道路,取得了许多光辉的成就。但可惜的是,许多正确的东西未能坚持下去,许多不完善的东西未能及时完善,许多错误的东西未能及时得到纠正,以致此后的学习逐渐迷失了正确航向。

四、学习型政党建设的日趋迷惘阶段(1956—1978 年)

社会主义改造完成后,中国社会先后进入十年建设时期和"文革"时期。在这一阶段,由于对社会主要矛盾的认识逐渐产生偏差,"左"倾错误愈演愈烈,逐渐走上了阶级斗争扩大化的道路。尽管以毛泽东为核心的第一代中央领导集体仍然不断强调要加强学习型政党建设,但在实践中,学习型政党建设的方向和目标逐渐陷入迷惘困境,最终使我国的社会主义事业遭受巨大损失。这一阶段大致分为两个时期:

(一)十年建设时期

一方面,毛泽东等人对全党的学习活动始终抓得很紧,取得一定成效。尤其在纠正已经认识到的"大跃进"和人民公社化运动中"左"的错误等方面,学习活动有助于中国共产党认识社会主义建设的复杂性和长期性。早在 1957 年 1 月,毛泽东在省市自治区党委书记会议上的讲话中就指出:"全党都要注意思想理论工作,建立马克思主义的理论队伍,加强马克思主义理论的研究和宣传。"①1958 年"大跃进"和人民公社化运动，中国共产党犯了"左"的错误，在纠正当时觉察到的错误的努力中，毛泽东又向全党提出了读书的建议。1958 年 11 月，在中共中央第一次郑州会议上，他带领与会者学习斯大林的《苏联社会主义经济问题》，并作了多次重要讲话。他提出，要重读斯大林的《苏联社会主义经济问题》，斯大林的著作中有很多好的东西。为了使广大干部对商品、货币、价值规律等问题有一个马克思主义的认识，毛泽东在 1958 年 11 月 9 日给中央、省市自治区、地、县四级党委委员写了一封信，建议读两本书：斯大林的《苏联社会主义经济问题》和《马恩列斯论共产主义社会》。他要求大家"每人每本用心读三遍，随读随想，加以分析，哪些是正确的（我以为这是主要的）；哪些说得不正确，或者不大正确，或者模糊影响，作者对于所要说的问题，在某些点上，自己并不甚清楚"②。他还强调："要联系中国社会主义经济革命和经济建设去读这两本书，使自己获得一个清醒的头脑，以利指导我们伟大的经济工作。"③同年 12 月，他在党的八届六中全会上再次建议广大干部读一读《苏联社会主义经济问题》、苏联《政治经济学教科书》和《马恩列斯论共产主义社会》等几本书。他指出：为了我们的事业，联系实际研究经济理论问题，目前有很大的理论意义和实际意义。1959 年 12 月至 1960 年 2 月，毛泽东曾几次组织人一起读苏联《政治经济学教科书》(第 3 版)的社会主义部分，并留下了大量的读书谈话记录和批注。虽然毛泽东当时对商品生产、价值规律在社会主义条件下的作用等问题上的认识有局限性，但其中的宝贵思想却是中国共产党在理论上的新认识、新成果。

为提高广大干部的理论水平，1961 年 9 月，党中央作出《关于轮训干部的决定》，以县委书记和相当于这一职务以上的干部为主要对象，采取

---

① 《毛泽东文集》第七卷，人民出版社 1999 年版，第 200—201 页。
② 《毛泽东文集》第七卷，人民出版社 1999 年版，第 432 页。
③ 《毛泽东文集》第七卷，人民出版社 1999 年版，第 432 页。

短训班的方式,普遍进行一次轮训的学习活动。为了以马克思主义为指导,探索中国建设社会主义的规律,力求在工作中减少盲目性,1963年5月,党中央明确要求党内高级干部要学习马、恩、列、斯著作。中宣部根据这一指示拟定了干部选读马、恩、列、斯著作目录,一共列有30本。其中,马克思、恩格斯的著作11本、列宁的著作11本、斯大林的著作5本、普列汉诺夫的著作3本。毛泽东认为:马列的书很多,时间不够,不一定都要读完,但是读一部分基本的东西是必要的。在1963年7月11日的一次讲话中,他说:要读几本、十几本、几十本马列的书。要有计划地进行,在几年内读完几十本马列的书。要有办法引起高中级干部读书。他说:有的人没有读书兴趣,先要集中学习,中级以上干部有几万人学就行了。如果有两万个干部真正理解了马列主义就好了。① 1964年2月,毛泽东在关于组织高级干部学习马、恩、列、斯著作的一个批示中要求:为了适应客观形势迅速发展的需要,为了使他们在社会主义革命和建设事业中发挥更大的作用,高级干部必须下决心挤出一定时间,认真坐下来读书,补一补课。② 为了便于老年高级干部阅读,1964年2月,毛泽东还指示,列为选读的马、恩、列、斯著作的30本书要尽快出版16开的大字本(4号字)。毋庸讳言,在学习理论过程中存在着"左"的指导思想影响,但我们不能由此就否定毛泽东提倡学习马克思主义的意义,而且1958年以后的几次理论学习大多是在察觉了我们工作中的某些错误之后组织的,是为了纠正错误而做的一种努力。

另一方面,随着"左"倾错误的愈演愈烈,学习活动开始走上歧途。随着国际、国内形势出现重大变化,党对社会主义的认识开始发生偏差,学习活动的阶级斗争色彩越来越鲜明。1957年"反右倾"扩大化,一大批党员干部被错划为右倾机会主义分子。此后的中苏论战和社会主义教育

---

① 龚育之等:《毛泽东的读书生活》,三联书店1986年版,第33 — 34页。
② 吕澄等:《党的建设七十年记事(1919—1991)》,中共党史出版社1991年版,第417页。

运动,"左"的倾向越加明显。这一时期,在学习中对毛泽东等人的个人崇拜也日益深化。1960年9月14日,以加强政治思想工作为中心议题的中共中央军事委员会扩大会议召开。林彪在会议上强调学习马列主义主要是学习毛泽东著作,认为:"现在的马列主义就是我们毛主席的思想。它今天在世界上站在最高峰,站在时代的思想顶峰。"1964年5月,在林彪的授意下,按专题摘录汇编的毛泽东言论片段《毛主席语录》出版。此后,林彪还多次强调对毛泽东的著作要"活学活用,学用结合,急用先学,立竿见影"。1964年8月18日,党中央又公布《关于县级以上干部学习毛主席哲学著作的决定》。

(二)"文革"时期和两年徘徊时期

1966年,以"整党内走资本主义道路的当权派"为主要目的的"文化大革命"爆发。历史迈入"文革"时期。这一时期,"左"倾肆虐,学习型政党建设彻底迷失方向。尽管毛泽东多次要求全党认真学习马克思、恩格斯、列宁的著作,还始终认为自己的理论和实践是马克思主义的,是为巩固无产阶级专政所必需的。但这正是他的悲剧所在。

在"文革"期间,矛盾十分复杂,斗争千变万化。一些党员不能辨别是非真假,不能坚持马克思主义的科学态度,人云亦云,为林彪、陈伯达这些假马克思主义者所蛊惑,上当受骗。所以,毛泽东多次向全党提出读马列著作、学习马列主义的问题。针对1970年8月在庐山召开的中共九届二中全会上陈伯达搞的一个"称天才"的语录欺骗了不少同志这个情况,毛泽东提出:二百七十四个中央委员,及一千以上的高、中级在职干部都应程度不同地认真看书学习,弄通马克思主义。① 1971年,他针对林彪集团所反映出的情况,又曾讲过这样一段话:我党多年来不读马列,不突出马列,竟让一些骗子骗了多年,使很多人甚至不知道什么是唯物论,什么是唯心论,在庐山闹出大笑话。这个教训非常严重,这几年应当特别注意

---

① 《建国以来毛泽东文稿》第13册,中央文献出版社1998年版,第193页。

宣传马列。① 因此，他向全党提出要读六本马列的书。这六本马列著作是：《共产党宣言》、《哥达纲领批判》、《法兰西内战》、《反杜林论》、《国家与革命》、《唯物主义与经验批判主义》。同时，重新编选的两个4卷本《马克思恩格斯选集》和《列宁选集》开始发行。这在一定程度上澄清了党内错误思想，产生了积极影响，但从全局来看，由于"左"倾错误肆虐，成效不大。1974年12月，毛泽东又发表关于无产阶级专政理论问题的谈话，要求"多看点马列主义的书"。1975年2月22日，《人民日报》发表《马克思恩格斯列宁论无产阶级专政》的三十三条语录，在全国掀起"学习无产阶级专政理论"运动，以避免党内、国内出现修正主义。

总的来说，由于中国共产党对国际国内形势判断失误，毛泽东对马列著作的某些误解或教条化的解读以及毛泽东个人的理想主义情怀，这一时期学习型政党建设在"以阶级斗争为纲"和"无产阶级专政下继续革命"理论的指引下，无论在学习内容、学习目的上，还是在学习方式上，都严重违背了学习的基本规律，无不打上了深深的"左"的烙印。学习活动常常演变为政治斗争的一种形式，形式主义、唯心主义盛行，不仅没有取得增强党的先进性的效果，反而使党的建设和社会主义事业遭受了严重挫折。在这一时期，学习活动中对毛泽东的个人崇拜也达到了顶峰。从中央到地方，政治理论学习的主要内容就是毛泽东著作。熟读"老三篇"、背诵《毛主席语录》等把毛泽东思想庸俗化的做法盛行。1967年下半年，很多"革委会"还专门成立了"毛泽东思想学习班"。这一时期的学习，教训深刻，邓小平1978年12月在中央工作会议上有着比较精准的评价："这些年来，应当承认学得不好。主要精力放到政治运动上去了，建设的本领没有学好，建设没有上去，政治也发生了严重的曲折。"②

毛泽东去世后，继任者推行"两个凡是"的方针，党的学习活动基本

---

① 《建国以来毛泽东文稿》第13册，中央文献出版社1998年版，第216页。
② 《邓小平文选》第二卷，人民出版社1994年版，第153页。

上延续了"文革"时期的做法。因此,历史呼唤着一次全党的重新学习。

五、学习型政党建设的重新认识阶段(1978—1989年)

1978年党的十一届三中全会的召开,确立了以经济建设为中心和改革开放的基本国策,为正确开展学习型政党建设奠定了良好的前提。中国共产党学习型政党建设由此进入了一个新的历史时期。这一时期,以邓小平为核心的第二代中央领导集体,在对国际国内经验教训的深刻反思的基础上,对学习型政党建设重新有着清醒认识:"在不断出现的新问题面前,我们党总是要学,我们共产党人总是要学,我们中国人民总是要学,谁也不能安于落后,落后就不能生存。"①主要体现在以下几个方面:

(一)学习内容:马克思主义理论与专业知识相结合

改革开放伊始,邓小平就向全党发出"全党必须再重新进行一次学习"②的号召。"学习什么?根本的是要学习马列主义、毛泽东思想。"③"我们搞改革开放,把工作重心放在经济建设上,没有丢马克思,没有丢列宁,也没有丢毛泽东。老祖宗不能丢啊!"④针对当时社会上存在的全面否定毛泽东的历史地位和否定毛泽东思想的观点,1981年在起草《关于建国以来党的若干历史问题的决议》的时候,邓小平和陈云一致"建议中央提倡学习,主要是学习马克思主义哲学,重点是学习毛泽东同志的哲学著作。……《实践论》、《矛盾论》、《论持久战》、《战争和战略问题》、《论联合政府》等著作,选编一下。还要选一些马恩列斯的著作"⑤。但要搞好新时期的现代化建设,仅仅学习马克思主义理论是不够的,还必须

---

① 《邓小平文选》第二卷,人民出版社1994年版,第270页。
② 《邓小平文选》第二卷,人民出版社1994年版,第153页。
③ 《邓小平文选》第二卷,人民出版社1994年版,第153页。
④ 《邓小平文选》第三卷,人民出版社1993年版,第369页。
⑤ 《邓小平文选》第二卷,人民出版社1994年版,第303—304页。

要重视专业知识的掌握。对此,邓小平清醒地认识到:"只靠坚持社会主义道路,没有真才实学,还是不能实现四个现代化。无论在什么岗位上,都要有一定的专业知识和专业能力,没有的要学,有的要继续学,实在不能学、不愿学的要调整。"①"实现现代化是一场深刻的伟大革命。全党同志一定要善于学习。善于重新学习,除学马列主义毛泽东思想外,还要学习经济学、学科学技术、学管理。""学习好,才可能领导好高速度、高水平的社会主义现代化建设。……几百个中央委员,几千个中央和地方的高级干部,要带头钻研现代化经济建设。"②邓小平还一再强调,学习马克思主义理论和专业知识必须结合起来,"把坚定正确的政治方向放在第一位,这不仅不排斥学习科学文化,相反,政治觉悟越是高,为革命学习科学文化就应该越加自觉,越加刻苦。"③随着改革开放的推进,党内又滋生着一种重专业知识和管理知识、轻马克思主义理论的现象。针对这种现象,1985年9月,在党的全国代表会议上,邓小平向全党提出一个要求,"不仅是专对新干部,对老干部也同样适用,就是要学习马克思主义理论。……我们现在要建设有中国特色的社会主义,时代和任务不同了,要学习的新知识确实很多,这就更要求我们努力针对新的实际,掌握马克思主义基本理论。"④

(二)学习方式:理论与实际相结合

在具体工作和实践中究竟该怎么学?邓小平对此进行了深刻思考,他指出,理论联系实际、按照实际情况决定工作方针,这是一切共产党员所必须牢牢记住的最基本的思想方法、工作方法。"马克思主义的活的灵魂,就是具体地分析具体情况。马列主义、毛泽东思想如果不同实际情况相结合,就没有生命力了。我们领导干部的责任,就是要把中央的指

---

① 《邓小平文选》第二卷,人民出版社1994年版,第262页。
② 《邓小平文选》第二卷,人民出版社1994年版,第153页。
③ 《邓小平文选》第二卷,人民出版社1994年版,第104页。
④ 《邓小平文选》第三卷,人民出版社1993年版,第146页。

示、上级的指示同本单位的实际情况结合起来,分析问题,解决问题,不能当收发室,简单地照抄照转。"①中国进行改革开放,走上中国特色社会主义的道路,突破传统的社会主义模式,这是一项崭新的事业。"我们现在所干的事业是一项新事业,马克思没有讲过,我们的前人没有做过,其他社会主义国家没有干过,所以,没有现成的经验可学,我们只能在干中学,在实践中摸索。"②对这项事业,在学习过程中,难免会有各种疑虑。"既然搞的是天翻地覆的伟大事业的实验,是一场革命,怎么会没有人怀疑呢? 即使在主张和提倡改革的人当中,保留一点怀疑的态度也有好处。处理的方法也一样,就是拿事实来说话,让改革的实际进展去说服他们。"③因此,要搞好社会主义现代化建设,必须"要努力把马克思主义的普遍原则同我国实现四个现代化的具体实践结合起来。……从实践中学,从书本上学,从自己和人家的经验教训中学。要克服保守主义和本本主义"④。

(三)学习视域:国内与国际相结合

邓小平在学习中不仅强调要注意总结国内的经验教训,也积极主张要汲取国外先进的东西。"既要善于学习国际的经验,也要学习自己的经验"。⑤ 一方面,邓小平对中国的历史经验教训深入分析、总结。"总结历史不要着眼于个人功过,而是为了开辟未来。过去的成功是我们的财富,过去的错误也是我们的财富。"⑥在改革开放的进程中,新问题、新事情层出不穷,要搞好社会主义现代化建设,必须善于总结经验教训。"社会主义国家在建设问题上犯大错误,栽大跟头,并不是没有先例的,以为在建设问题上不会栽跟头的想法是不符合实际的。如果不好好学

---

① 《邓小平文选》第二卷,人民出版社 1994 年版,第 118 页。
② 《邓小平文选》第二卷,人民出版社 1994 年版,第 258—259 页。
③ 《邓小平文选》第三卷,人民出版社 1993 年版,第 156 页。
④ 《邓小平文选》第二卷,人民出版社 1994 年版,第 153 页。
⑤ 《邓小平文选》第一卷,人民出版社 1994 年版,第 264 页。
⑥ 《邓小平文选》第三卷,人民出版社 1993 年版,第 272 页。

习,不总结经验,我们也会在建设问题上栽跟头。"①经过分析,邓小平发现:"过去的革命问题解决得好不好,关键在于党的领导,现在的建设问题解决得好不好,关键也在于党的领导。也就是说,关键在于党是不是善于学习,学习得好就可以避免犯大错误,就可以少花一点钱办很多的事。"②

　　另一方面,邓小平结合中国当时落后于发达国家尤其是周边国家的事实,明确提出:"现在是我们向世界先进国家学习的时候了。"③邓小平认为:"认识落后,才能去改变落后。学习先进,才有可能赶超先进。"④党的十一届三中全会之所以做出改革开放的决策就是基于这一原因。邓小平一再强调,关起门来搞建设是不行的,必须实行对外开放,借鉴国外一切国家的先进成果。1992年年初,他在南方谈话时指出:"社会主义要赢得与资本主义相比较的优势,就必须大胆吸收和借鉴人类社会创造的一切文明成果,吸收和借鉴当今世界各国包括资本主义发达国家的一切反映现代化生产规律的先进经营方式、管理方法。"⑤任何国家若闭关锁国,只会故步自封,被时代所淘汰。"现在任何国家要发达起来,闭关自守都不可能。我们吃过这个苦头,我们的老祖宗吃过这个苦头。"⑥中华民族要屹立于世界民族之林,必须应借鉴学习西方先进的成果。"要实现四个现代化,就要善于学习,大量取得国际上的帮助。要引进国际上的先进技术、先进装备,作为我们发展的起点。"⑦但向外国学习,不是照搬外国经验。正如1982年7月邓小平在中国共产党第十二次全国代表大会开幕词中所说:"我们的现代化建设,必须从中国的实际出发。无论是革命

---

① 《邓小平文选》第一卷,人民出版社1994年版,第268页。
② 《邓小平文选》第一卷,人民出版社1994年版,第264页。
③ 《邓小平文选》第二卷,人民出版社1994年版,第132页。
④ 《邓小平文选》第二卷,人民出版社1994年版,第91页。
⑤ 《邓小平文选》第三卷,人民出版社1993年版,第373页。
⑥ 《邓小平文选》第三卷,人民出版社1993年版,第90页。
⑦ 《邓小平文选》第二卷,人民出版社1994年版,第133页。

还是建设,都要注意学习和借鉴外国经验。但是,照抄照搬别国经验、别国模式,从来不能得到成功。"这一时期,根据党中央的指示,中央和地方各级政府派出了众多考察团出国参观考察、招商引资,学习其他国家的先进技术与管理经验,对促进经济建设发挥着巨大作用。

(四)学习要求:实事求是与解放思想相结合

由于中共党内长期受"左"倾错误思想的干扰,一度严重桎梏了党的事业的发展。1978年,以真理标准问题大讨论为契机,将学习活动与思想解放大讨论相结合,重新恢复和确立了解放思想、实事求是的思想路线,对中国共产党的学习观进行拨乱反正,逐渐重新开启新时期学习型政党建设的大门。

这一时期,中国共产党一再强调,实事求是是马克思主义的精髓。要提倡这个,不要提倡本本。我们改革开放的成功,不是靠本本,而是靠实践,靠实事求是。"一个党,一个国家,一个民族,如果一切从本本出发,思想僵化,迷信盛行,那它就不能前进,它的生机就停止了,就要亡党亡国。"①邓小平认为,实事求是与解放思想是辩证统一的。解放思想就是在马克思主义指导下打破习惯势力和主观偏见的束缚,研究新情况,解决新问题。坚持解放思想、实事求是,有助于我们党不断加深对中国国情和国际局势的认识,有助于我们党以科学的态度对待马列主义。"世界形势日新月异,特别是现代科学技术发展很快。现在的一年抵得上过去古老社会几十年、上百年甚至更长的时间。不以新的思想、观点去继承、发展马克思主义,不是真正的马克思主义者。"②"在党内和人民群众中,肯动脑筋、肯想问题的人愈多,对我们的事业就愈有利。干革命、搞建设,都要有一批勇于思考、勇于探索、勇于创新的闯将。"③"不打破思想僵化,不

① 《邓小平文选》第三卷,人民出版社1993年版,第382页。
② 胡锦涛:《在邓小平诞辰一百周年大会上的讲话》,《人民日报》2004年8月23日。
③ 《邓小平文选》第二卷,人民出版社1994年版,第143页。

大大解放干部和群众的思想,四个现代化就没有希望。"①

这一时期,中国共产党一直把解放思想、实事求是不仅仅当作是一种学习方法和学习的科学态度,更重要的是作为学习的根本要求。正是坚持这一要求,中国共产党的执政能力不断加强,从而"解决新出现的一系列问题,正确地改革同生产力迅速发展不相适应的生产关系和上层建筑,根据我国的实际情况,确定实现四个现代化的具体道路、方针、方法和措施"。② 中国共产党也正是根据这一要求,在学习中把理论和实践相结合,走出一条建设中国特色社会主义的道路,取得改革开放和现代化建设的巨大成就。

（五）学习保障：平台与制度相结合

历经"文革"十年浩劫和长期"左"倾思想的影响,当时的党员干部队伍中存在着很多问题,有的党员党性弱、派性强,有的党员马克思主义理论水平低下,有的党员文化素养不高,难以胜任新时期改革开放的工作。在这样的情况下,一方面中国共产党非常重视恢复与重建各类教育培训机构,为党员学习提供良好的平台。早在 1977 年 10 月,中共中央就作出《关于办好各级党校的决定》,要求各级党委要切实办好党校。1983 年 5 月,中共中央又颁发《关于实现党校教育正规化的决定》。在重视党校培养的同时,各地方、各级的专业干部学校、各级管理干部学院、行政学院等也不断恢复与发展,逐渐形成了以各级党校为中心,干部教育主管机构、各级党校、各类干部管理院校和行政学院相结合的干部培训教育体系,为广大党员干部提供了多样的、系统的、广阔的学习平台。

另一方面,中国共产党的学习制度的建设不断完善。邓小平屡次强调"要把学习搞好,认真建立学习制度"③。1980 年 2 月,中共中央宣传部、中共中央组织部颁发了《关于加强干部教育工作的意见》,明确要求

---

① 《邓小平文选》第二卷,人民出版社 1994 年版,第 143 页。
② 《邓小平文选》第二卷,人民出版社 1994 年版,第 141 页。
③ 《邓小平文选》第一卷,人民出版社 1994 年版,第 160 页。

干部教育培训要以解决我国"四化"建设的问题为中心,强调重新教育干部是一项关系全局的战略任务。1982 年中共十二大审议通过的新《党章》明确规定:"党的干部必须接受党的培训"。1982 年 10 月,中共中央、国务院发布了《关于中央党政机关干部教育工作的决定》。《决定》强调中央党政机关要不失时机地抓紧培训干部,把干部教育工作经常化、正规化、制度化。1983 年 10 月,中央组织部印发《干部培训规划要点》,指出有计划、大规模地培训干部,提高干部队伍的素质,是现代化建设的需要,是继往开来、保证党的路线连续性的迫切要求,具有重大的战略意义。这些文件初步构建了学习制度的架构,有力地推动了党员干部的学习。

总的来说,这一阶段,中国共产党在总结以往经验教训的基础上,从战略的高度把学习与党的生死存亡,与社会主义建设事业的兴衰成败联系起来,对学习的重要性、紧迫性和长期性有了清醒认识,并落在实处。通过改革开放初期的学习,中国共产党围绕"什么是社会主义,怎样建设社会主义",系统回答了中国这样的经济文化比较落后的国家如何建设社会主义、如何巩固和发展社会主义等一系列基本问题,走上了一条崭新的建设有中国特色的社会主义道路,形成了邓小平理论这一马克思主义中国化的重要理论成果。

六、学习型政党建设的全面展开阶段(1989 — 2002 年)

党的十三届四中全会以后,以江泽民为核心的第三代中央领导集体继承了中国共产党一贯重视学习的传统,再三向全党发出"学习学习再学习"的号召,努力"创建学习型社会",学习型政党建设由此全面展开。

早在 1989 年 12 月,江泽民就指出:"当前和今后一个时期,加强党的思想建设,要在全党系统地深入地进行马列主义、毛泽东思想基本理论的教育,特别是马克思主义哲学的教育,党的基本路线的教育,党的基本知识的教育。"①1990 年 10 月,中央宣传部、中央组织部下发《关于组织各级干部深入学习社会主义理论的意见》。1992 年 10 月,中共十四大提出:"学习马克思列宁主义、毛泽东思想,中心内容是学习建设有中国特色社会主义的理论。党员领导干部首先是高级干部要带头学好用好。"②1997 年中共十五大把邓小平理论确立为全党的指导思想,并强调:"全党要重视学习,善于学习,兴起一个学习马列主义、毛泽东思想特别是邓小平理论的新高潮。"③2001 年亚太经合组织人力资源能力高峰会召开,江泽民明确提出:要构筑终身学习教育体系,创建学习型社会。2002 年 11 月,党的十六大则把建设学习型社会明确纳入建设小康社会的目标之一。这个时期学习活动主要体现在:

（一）为什么学

1992 年 10 月,党的十四大正式把建立社会主义市场经济体制确定为我国经济体制改革的目标模式。建立社会主义市场经济体制是一项前无古人的伟大事业,没有现成的经验可循。而且随着世情、国情、党情的变化,不断发展变化的形势和层出不穷的新情况新问题对中国共产党不断提出新挑战。"形势、任务和干部队伍的状况,都要求全党同志必须进一步加强学习。"④这些都凸显学习的重要性。

经过几十年的发展,中国共产党的历史方位发生了重大变化。我们党已经从一个领导人民为夺取全国政权而奋斗的党,成为一个领导人民掌握着全国政权并长期执政的党;已经从一个在受到外部封锁的状态下领导国家建设的党,成为在全面改革开放条件下领导国家建设的党。党的内部构成也发生了巨大变化。新党员的数量大幅度增加,干部队伍新老交替不断进行,一大批年轻干部走上领导岗位。一方面这给党的发展

---

① 《江泽民文选》第一卷,人民出版社 2006 年版,第 95 页。
② 《十四大以来重要文献选编》上,人民出版社 1996 年版,第 39 页。
③ 《江泽民文选》第二卷,人民出版社 2006 年版,第 43 页。
④ 《江泽民文选》第二卷,人民出版社 2006 年版,第 281—282 页。

带来了新活力,但另一方面,面对着新形势新任务,"有些干部不很适应,有的干部甚至很不适应。主要表现为,理论素养和知识水平不适应,工作作风和工作方法不适应,思想境界和精神状态不适应。"①在这样的情况下,"我们不熟悉、不懂得的东西很多。怎么办呢? 出路就在于承认自己的不足,老老实实地学习,努力掌握新知识,不断增长新本领。如果停留在原来的水平上,就如'逆水行舟,不进则退',很难适应形势发展的需要。形势越向前发展,这个问题会越突出。……所以,学习问题,关系到广大干部自身的进步,关系到国家、民族的兴衰和社会主义现代化事业的成败。我们全党全民族都必须有这个共识。"②

(二)学什么

江泽民多次对党员干部学习的内容进行了系统概括和阐述。江泽民明确地告诫全党:"一个党、一个国家、一个民族,特别是像我们这样一个大党、大国和人口众多的民族,如果没有科学理论的武装和对各种知识的掌握,就不可能有真正的腾飞,不可能有现代化的前途。"③他指出,要把经济建设搞上去,要使社会主义中国在世界上永远立于不败之地,全党同志任重道远。而我们不懂得、不熟悉、不精通的东西还很多,或者过去懂得的、熟悉的东西,随着科学技术的迅猛发展和知识的迅速更新,又变成不懂得、不熟悉了。所以唯一的办法,就是加强学习。学什么呢? 由于我们从事的事业是宏伟的、波澜壮阔的,我们的学习也应该是全面的、系统的。所以,不但要坚持用马克思列宁主义、毛泽东思想特别是邓小平理论武装全党,同时要努力用人类社会创造的一切知识来丰富和提高自己。其中,"最重要的:一个是学习马克思主义理论;一个是学习社会、学习人民群众的实践;一个是学习市场经济基本知识,现代科学技术知识;还要

---

① 《江泽民文选》第二卷,人民出版社 2006 年版,第 281 页。
② 中共中央文献研究室:《江泽民论党的建设》,中央文献出版社 2001 年版,第 145 页。
③ 《毛泽东邓小平江泽民论党的建设》,中央文献出版社、中共中央党校出版社 1998 年版,第 627 页。

学习中国历史和世界历史,特别是近代史和现代史。"①"只有加强学习,方能做到日新日日新,跟上时代前进的步伐。"②他还针对当时干部队伍的状况和存在的问题,质问那些不注重学习的党员干部:"你不学习马克思列宁主义、毛泽东思想、邓小平建设有中国特色社会主义理论,不学习历史知识、经济知识和其他科学文化知识,你的思想理论水平和精神境界怎么提高,怎么能防止发生错误和失误?"③他尤其强调领导干部要学习,"做一名合格的政治领导者,哲学、政治学、经济学、法学、历史学、文学和科学技术等方面的知识都要学,特别要注重学习反映当代世界政治、经济、文化新发展的各种新知识,努力使自己的思想水平和知识水平适应时代前进的需要。"④

（三）怎样学

"学风问题也是党风问题,是关系党的兴衰和事业成败的一个重大政治问题。……历史证明,学风端正,事业兴旺;学风不正,事业受损。"⑤这一时期,中国共产党的学习发扬理论联系实际的学风,方法灵活多样,讲求实效。概括地说,就是学习"以我国改革开放和现代化建设的实际问题、以我们正在做的事情为中心,着眼于马克思主义理论的运用,着眼于对实际问题的理论思考,着眼于新的实践和新的发展"⑥。正如江泽民所言:"深入研究中国的特点,切实解决中国的问题,这是我们学习的基本立足点。离开了这一点,我们的学习就没有意义。"⑦"学习要紧密联系国际局势的新变化、我国改革开放和现代化建设的新进展以及党的建设面临的新情况,特别要注重研究那些带有全局性、战略性、前瞻性的重大

① 中共中央文献研究室:《江泽民论党的建设》,中央文献出版社 2001 年版,第 145 页。
② 《十三大以来重要文献选编》下,人民出版社 1993 年版,第 2085 页。
③ 《江泽民文选》第一卷,人民出版社 2006 年版,第 484 页。
④ 《江泽民文选》第二卷,人民出版社 2006 年版,第 284—285 页。
⑤ 《十五大以来重要文献选编》上,人民出版社 2000 年版,第 495 页。
⑥ 《十五大以来重要文献选编》中,人民出版社 2001 年版,第 1311 页。
⑦ 《江泽民文选》第二卷,人民出版社 2006 年版,第 308 页。

问题,不断提高解决实际问题、做好本职工作的能力。"①在这一时期,各级党委考虑各自组织中党员的现有理论水平和文化水平,结合自己的工作特点和需要,做出学习的具体安排,并加强指导和督促,且在学习中注意总结经验,紧密联系本地区、本部门、本单位的实际,紧密联系自己的工作实际和思想实际。对于领导干部,则提出更高的、更严格的要求。并且把是否认真学习,是否通过学习和通过工作实践真正提高了自己的马克思主义理论素养,作为有没有党性的重要表现,作为考察、任用领导干部的一个基本标准。"历史给我们揭示了一条千真万确的真理:我们党要领导全国人民实现中华民族的伟大复兴,必须始终坚持学习,并把学到的科学理论和先进知识用于中国实际,不断推动经济持续发展和社会全面进步。"②因此,"全党同志必须自觉地坚持学习,加强学习,改善学习,做到学习、学习、再学习,实践、实践、再实践。"③

这一时期,中国共产党一方面进一步健全、完善学习的制度化建设。1994年、1995年、2000年中共中央先后发布了《关于新形势下加强党校工作的意见》、《中国共产党党校工作暂行条例》和《关于面向二十一世纪加强和改进党校工作的决定》,推进了党校工作的制度化;1991年、1996年、2001年中央组织部先后制定并印发了《1991—1995年全国干部培训规划要点》、《1996—2000年全国干部教育培训规划》、《2001—2005年全国干部教育培训规划》,逐步建立、健全了干部教育的宏观管理制度;中共中央还先后制定并下发了《关于建立健全省部级在职领导干部学习制度的通知》、《关于县以上党和国家机关党员领导干部民主生活会的若干规定》、《关于建立县级以上党政领导干部理论学习考核制度的意见》、

① 江泽民:《全国干部培训教材〈序言〉》(2001年7月15日),《人民日报》2002年4月22日。

② 《江泽民文选》第二卷,人民出版社2006年版,第283页。

③ 江泽民:《全国干部培训教材〈序言〉》(2001年7月15日),《人民日报》2002年4月22日。

《关于加强和改进党委（党组）中心组学习的意见》等文件，进一步为领导干部加强学习提供了制度保障。另一方面开展专门的学习教育活动。1998年6月，中共中央通过《关于在全党深入学习邓小平理论的通知》，把全党邓小平理论的学习提高到新水平。1998年11月，中共中央发出《关于在县级以上党政领导班子、领导干部中深入开展以"讲学习、讲政治、讲正气"为主要内容的党性党风教育的意见》，决定在全党开展"三讲"教育，把"讲学习"作为"三讲"教育活动的首要任务。到1999年年底，"三讲"教育基本结束。2000年2月，江泽民明确提出"三个代表"要求。在党内外、国内外引起强烈反响，全党全国以极大的热情开展学习研究，对这一重要思想的认识不断深化，有力地推动了改革开放和现代化建设。2000年11月30日，中共中央办公厅发布《关于在农村开展"三个代表"重要思想学习教育活动的意见》，决定用两年左右的时间，在全国县（市）部门、乡镇、村领导班子和基层干部中，有计划、有步骤地开展"三个代表"重要思想学习教育活动。

总之，面对世情、国情、党情的变化，全党全国大兴学习之风，学习活动全面铺开。通过学习，全党对"建设什么样的党、怎样建设党"有了深刻认识，对"什么是社会主义、怎样建设社会主义"有了更深刻的认识，为推进党的建设新的伟大工程、推动我国全面建设小康社会、加快推进社会主义现代化建设提供精神动力和智力支持。

七、学习型政党建设的创新发展阶段（2002年至今）

新世纪新阶段，综观国际国内形势，中国既处于重要战略机遇期，又处于矛盾凸显期。挑战与机遇并存，困难与希望同在。面对错综复杂的国际国内形势，许多前所未有的新情况新问题新挑战不断涌现，党面临着诸多执政考验、改革开放考验、市场经济考验、外部环境考验。精神懈怠的危险,能力不足的危险,脱离群众的危险,消极腐败的危险,更加尖锐地摆在全党面前,因此,胡锦涛、习近平等先后明确强调要不断加强学习型政党建设。

早在2002年,胡锦涛在中共中央政治局集体学习时的讲话中就曾指出:"领导干部加强学习,首先要学习马克思列宁主义、毛泽东思想和邓小平理论,学习'三个代表'重要思想。学习马克思主义理论,关键是要掌握马克思主义的基本原理,领会马克思主义的精髓和本质,学会运用马克思主义的立场、观点、方法来分析和解决改革开放和现代化建设中的实际问题。同时,要学习经济、政治、文化、法律、科技、管理、历史、军事等方面的知识,并把这方面的学习同加深领会和灵活运用马克思主义理论紧密结合起来。"①2004年9月,党的十六届四中全会在《中共中央关于加强党的执政能力建设的决定》中第一次以党的中央全会决定的方式提出"努力建设学习型政党"的要求。2007年1月,胡锦涛在中央纪委第七次全会上提出新形势下加强党的学风建设的问题,提出要在领导干部中大力倡导八个方面的良好风气,"勤奋好学、学以致用"位居其首。2007年10月党的十七大正式把"建设学习型政党"写入党的代表大会报告,进一步明确了建设学习型政党的目标。2009年9月,党的十七届四中全会进一步提出"建设马克思主义学习型政党"的重大战略任务。2010年2月,中共中央办公厅又印发了《关于推进学习型党组织建设的意见》,对落实这一基础工程做了全面部署,强调要深入学习马克思主义理论,学习党的路线方针政策和国家法律法规,学习党的历史,学习现代化建设所需要的各方面知识。2010年10月,中共十七届五中全会通过的《中共中央关于制定国民经济和社会发展第十二个五年规划的建议》再次强调要推进学习型党组织建设。2011年7月1

---

① 《胡锦涛在中共中央政治局集体学习时强调加强领导干部学习　提高执政兴国本领》,《人民日报》2002年12月27日。

日,胡锦涛在庆祝中国共产党成立 90 周年大会上的讲话中又一次强调:"我们必须按照建设马克思主义学习型政党的要求,抓紧学习人类社会创造的一切科学的新思想新知识。全体党员、干部都要把学习作为一种精神追求,深入学习和掌握马克思列宁主义、毛泽东思想,深入学习和掌握中国特色社会主义理论体系,牢固树立辩证唯物主义和历史唯物主义世界观和方法论,真正做到学以立德、学以增智、学以创业。"①胡锦涛在党的十八大报告中首次提出建设学习型、服务型、创新型马克思主义执政党,为学习型政党建设提出了更高要求。

以习近平为总书记的新一届中央领导集体,在继承前人的基础上,继续高举加强学习型政党建设的大旗。2013 年 3 月 1 日,习近平在庆祝中央党校建校 80 周年庆祝大会上发表重要讲话,全面系统地阐述了学习的意义、方法、重点等一系列问题。他明确指出:"我们的干部要上进,我们的党要上进,我们的国家要上进,我们的民族要上进,就必须大兴学习之风,坚持学习、学习、再学习,坚持实践、实践、再实践。"②

与以往相比,这一时期的学习型政党建设有诸多创新发展。主要表现在:

(一)学习认识创新:把学习型政党建设上升到执政党建设规律新的战略高度来认识

中共十六大以后,党的建设新的伟大工程扎实推进。但在看到成绩的同时,也要清醒认识到,党的执政能力同新形势新任务不完全适应,对改革发展稳定一些重大实际问题的调查研究不够深入;一些基层党组织软弱涣散;少数党员干部作风不正,形式主义、官僚主义问题比较突出,奢侈浪费、消极腐败现象仍然比较严重。这些问题的出现,严重削弱了党的

---

① 胡锦涛:《在庆祝中国共产党成立 90 周年大会上的讲话》(2011 年 7 月 1 日),《人民日报》2011 年 7 月 2 日。
② 《习近平在中央党校建校 80 周年庆祝大会暨 2013 年春季学期开学典礼上的讲话》,《人民日报》2013 年 3 月 4 日。

创造力、凝聚力、战斗力,严重损害了党同人民群众的血肉联系,严重影响了党的执政地位巩固和执政使命实现。对此,以胡锦涛为总书记的中央领导集体多次指出:"面对这样的新形势新任务,如果我们的领导干部不抓紧学习、不抓好学习,不在学习和工作中不断提高自己,就难以完成肩负的历史责任,甚至难以在这个时代立足。"①党的十六届四中全会也明确强调,提高党的执政能力,重点要抓好领导干部的理论和业务学习,从而带动全党的学习,努力建设学习型政党。只有"不断学习、善于学习,努力掌握和运用一切科学的新思想、新知识、新经验",深入研究推动科学发展、促进社会和谐对党的建设提出的新要求,认真总结加强党的执政能力建设和先进性建设的新鲜经验,才能提高党员干部的素质,提高党的执政能力和执政水平,着力解决党的建设面临的新情况新问题,完成中国共产党肩负的历史责任。这"是党始终走在时代前列引领中国发展进步的决定性因素,直接关系巩固党的执政地位、实现党的执政使命"②。因此,"各级领导干部必须牢固树立终身学习的思想,坚持理论联系实际的马克思主义学风,以谦逊的态度、顽强的毅力抓好学习,既从书本知识中学习,又从人民群众的生动实践中学习,努力在建设学习型政党和学习型社会中走在前列。"③"全党同志一定要有学习的紧迫感,抓紧学习、刻苦学习,善于学习、善于重新学习。"④

也正是从这样的战略高度出发,党的十八大提出了建设学习型、服务型、创新型马克思主义执政党的重大任务。此后,以习近平为总书记的新一届中央领导集体清醒地认识到"同过去相比,我们今天学习的任务不是轻了,而是更重了"⑤。因此,新一届中央领导集体进

① 《十六大以来重要文献选编》下,中央文献出版社 2008 年版,第 872 页。
② 胡锦涛:《努力开创新形势下党的建设新局面》,《求是》2010 年第 1 期。
③ 《十六大以来重要文献选编》下,中央文献出版社 2008 年版,第 872—873 页。
④ 《十六大以来重要文献选编》中,中央文献出版社 2006 年版,第 622 页。
⑤ 《习近平在中央党校建校 80 周年庆祝大会暨 2013 年春季学期开学典礼上的讲话》,《人民日报》2013 年 3 月 4 日。

一步强调要加强学习,增强本领,以早日实现中华民族伟大复兴的中国梦。

(二)学习内容创新:积极学习中国化马克思主义的最新成果,确保学习内容的与时俱进

这一时期,中国共产党紧密结合改革开放和现代化建设的生动实践,深入学习马克思列宁主义、毛泽东思想和中国特色社会主义理论体系,坚持用发展着的马克思主义指导客观世界和主观世界的改造,先后在全党组织实施学习"三个代表"重要思想、学习科学发展观的教育活动,着力用马克思主义中国化最新成果武装全党,以提高党的领导水平和执政水平、提高拒腐防变和抵御风险能力,加强党的执政能力建设和先进性建设。2002 年,中共十六大把"三个代表"重要思想同马克思列宁主义、毛泽东思想、邓小平理论一道确立为党必须长期坚持的指导思想,提出了学习贯彻的根本要求和工作部署。根据党的十六大精神,2003 年 6 月 8 日,中共中央印发了《"三个代表"重要思想学习纲要》,作为全党县处级以上领导干部学习"三个代表"重要思想的重要辅助材料。6 月 15 日,中共中央又发出了《关于在全党兴起学习贯彻"三个代表"重要思想新高潮的通知》,对兴起学习贯彻新高潮作出具体部署。2003 年 7 月 1 日,胡锦涛在"三个代表"重要思想理论研讨会上发表重要讲话,对在全党兴起学习贯彻"三个代表"重要思想新高潮作了进一步动员和部署。胡锦涛在会上指出:"学习的目的全在于运用。……大力弘扬理论联系实际的马克思主义学风,努力做到学以致用、用以促学、学用相长。"①2006 年,中共中央编辑出版了集中体现"三个代表"重要思想的《江泽民文选》。同年 8 月 13 日,中共中央发布《关于学习〈江泽民文选〉的决定》,紧密联系国内外形势的发展变化,着眼于推进党和国家的工作,进一步增强贯彻邓

---

① 胡锦涛:《在"三个代表"重要思想理论研讨会上的讲话》,《人民日报》2003 年 7 月 2 日。

小平理论和"三个代表"重要思想的自觉性和坚定性,继续在武装头脑、指导实践、推动工作上下功夫。

2007年10月,党的十七大把科学发展观确立为党的指导思想。按照党的十七大部署,2008年9月,中共中央发出《关于在全党开展深入学习实践科学发展观活动的意见》,决定从2008年9月开始,用一年半左右的时间,在全党分批开展深入学习实践科学发展观活动,到2010年2月底基本结束。在党中央正确领导下,在各级党组织精心组织、广大党员积极参与、人民群众大力支持下,这次学习实践活动紧扣党和国家中心工作,着力服务改革发展稳定大局,紧紧围绕党员干部受教育、科学发展上水平、人民群众得实惠的总要求,取得了丰富的认识成果、实践成果、制度成果,广大党员干部受到深刻教育,科学发展水平得到有效提高,人民群众得到更多实惠,基层组织得到明显加强,基本实现了提高思想认识、解决突出问题、创新体制机制、促进科学发展、加强基层组织的目标。

(三)学习载体创新:广泛开展先进性教育活动、创先争优活动和党的群众路线教育实践活动,为学习型政党建设创设新的载体

2004年11月7日,中共中央发布了《关于在全党开展以实践"三个代表"重要思想为主要内容的保持共产党员先进性教育活动的意见》,中央决定,从2005年1月开始,在全党开展以学习、实践"三个代表"重要思想为主要内容的保持共产党员先进性教育活动,以进一步加强党的执政能力建设,全面推进党的建设新的伟大工程,确保党始终走在时代前列,更好地肩负起历史使命。历时一年半,到2006年6月基本结束。在保持共产党员先进性教育活动中,党中央制定了《关于加强党员经常性教育的意见》、《关于做好党员联系和服务群众工作的意见》、《关于加强和改进流动党员管理工作的意见》、《关于建立健全地方党委、部门党组(党委)抓基层党建工作责任制的意见》等制度性文件,为巩固和发展先进性教育活动成果、进一步加强党的先进性建设提供了重要的制度保障。

各级党委按照中共中央通知要求,切实加强领导,结合本地区、本部门和本单位的工作实际,做到精心组织、周密安排、及时指导、加强督促,不断将学习贯彻活动引向深入,取得了学习贯彻"三个代表"重要思想新的明显成效。各级领导机关和领导干部做好表率,带头学习,带头运用,努力推动全社会形成自觉学习贯彻"三个代表"重要思想、万众一心为全面建设小康社会而团结奋斗的生动局面。

根据党的十七大和十七届四中全会的战略部署,2010 年 5 月,中共中央下发《中央组织部、中央宣传部关于在党的基层组织和党员中深入开展创先争优活动的意见》。由此在全党掀起了创先争优活动的热潮。从 2010 年突出推动科学发展,到 2011 年突出服务人民群众,再到 2012 年突出加强基层组织建设,创先争优活动正按照中央确定的任务目标有步骤、分阶段地扎实推进。以此为契机,中国共产党积极营造学习氛围,完善党组织原有的学习制度、理念,努力实现自我超越,把学习型政党建设与创先争优活动结合起来,把组织学习同党性锻炼结合起来,其主题是积极引导基层党组织和党员深入学习和掌握马列主义、毛泽东思想和中国特色社会主义理论体系,尤其是学习实践科学发展观,提高党组织的工作水平和执政能力,提高党员的思想政治水平和实际工作能力。通过这一载体,提高了各级党组织和党员干部的执政能力,推动了科学发展,促进了社会和谐,进一步密切了党和人民群众的关系,从而为学习型政党建设提供了持续学习的动力。

为全面贯彻落实党的十八大提出的各项任务要求,以作风建设的新成效凝聚起推动事业发展的强大力量,2013 年 4 月 19 日,中国共产党中央政治局召开会议,决定从 2013 年下半年开始,用一年左右时间,在全党自上而下分批开展党的群众路线教育实践活动。根据中共中央部署,党的群众路线教育实践活动于 2013 年 6 月 18 日启动。一年左右的时间里,活动紧紧围绕保持和发扬党的先进性和纯洁性,以为民务实清廉为主要内容,按照"照镜子、正衣冠、洗洗澡、治治病"的总要求,自上而下在全党深入开展。此次教育实践活动集中解决形式主义、官僚主义、享乐主义和奢靡之风这"四风"问题,力图端正学风、改进文风,加强调查研究,教育引导党员干部树立群众观点,弘扬优良作风,解决突出问题,保持清廉本色,使干部作风进一步转变,干群关系进一步密切,为民务实清廉形象进一步树立。

(四)学习制度创新:进一步提高学习的制度化、正规化水平,为学习型政党建设提供制度保障

这一时期,中国共产党进一步建立健全干部培训制度。早在 2002 年 12 月召开的全国组织工作会议就决定从 2003 年起,利用 5 年时间将全国县处级以上领导干部普遍培训一遍。每年有组织、有计划地培训省部级干部 500 人左右、地厅级干部 8800 人左右、县处级干部 10 万人左右。2005 年 3 月,直属中央的中国浦东干部学院、中国井冈山干部学院、中国延安干部学院相继开学。2006 年党中央先后制定《干部教育培训工作条例(试行)》、《2006—2010 年全国干部教育培训规划》,推动了干部教育体制、机制、内容、方式的改革创新。2008 年,党中央制定了《公务员培训规定》、《中国共产党党校工作条例》、《关于 2008—2012 年大规模培训干部工作的实施意见》、《关于在干部教育培训中进一步加强学风建设的若干意见》和《关于进一步加强和改进党委(党组)中心组学习的意见》等一系列文件,以提高干部教育培训科学化水平,培养造就高素质干部队伍。2009 年 7 月,党中央又印发了《2009—2013 年全国党员教育培训工作规划》。2010 年 8 月,中共中央又制定了《2010—2020 年干部教育培训改革纲要》,对干部教育培训工作作出规划和部署,进一步建立健全管用有效的学习制度。

这一时期,胡锦涛、习近平等以身作则,又不断完善、推进中央政治局集体学习的制度化建设,大力营造和形成重视学习、崇尚学习、坚持学习的浓厚氛围。2002 年 12 月 26 日,以胡锦涛为总书记的中央政治局进行了首次集体学习。胡锦涛在主持学习时明确指出:"这要作为一项制度长期坚持。"①2007年中共十七大再次强调："各级领导干部必须明白,现在社会各个方面的发展日新月异,人民群众的实践创造丰富多彩,不学习、不坚持学习、不刻苦学习,势必会落伍,势必难以胜任我们所肩负的重大职责,要做合格的领导者和管理者,必须大力加强学习,努力用人类社会创造的丰富知识来充实自己。"②据统计,十六届、十七届中共中央政治局共进行了77次集体学习,共有100多位专家学者相继走进中南海讲课。而截至2014年5月底,十八届中共中央政治局也已进行了15次集体学习。学习课程涵盖经济、政治、法律、文化、社会、国际问题、军事、党建等方面的重大问题。这不仅对全党的学习起到了重要的示范引导作用,而且极大地推动了学习型政党建设,也推进了学习型社会的建立。

概括地说,这一阶段中国共产党紧紧围绕服务中心任务,丰富学习内容,创新学习载体,完善学习制度,积极引导广大党员树立重视学习、坚持学习、终身学习的观念,力图使各级党组织成为学习型党组织、各级领导班子成为学习型领导班子,从而不断加强党的执政能力、提高党的执政水平、巩固党的执政地位。

八、中国共产党加强学习型政党建设的历史经验和启示

回顾中国共产党建设学习型政党的历程,中国共产党九十多年的历史,就是一部重视学习、善于学习、不断创新的历史。考察这一历程,系统总结其历史经验并从中汲取有益借鉴和感受积极启示,有助于推进今后的学习型政党建设、中国特色社会主义伟大事业和党的建设新的伟大工

---

① 《胡锦涛在中共中央政治局集体学习时强调加强领导干部学习　提高执政兴国本领》,《人民日报》2002年12月27日。

② 人民出版社编辑:《中国共产党第十七次全国代表大会文件汇编》,人民出版社2007年版,第19—20页。

程。正如习近平所言:"中国共产党人依靠学习走到今天,也必然要依靠学习走向未来。"①

(一)建设马克思主义学习型政党必须科学地理解马克思主义

马克思主义理论是一个科学的思想体系,学习型政党建设的首要任务就是要提高全党的马克思主义思想政治水平。因此,科学地理解马克思主义是学习型政党建设的前提条件和内在要求,也是历史证明了的一个重要的经验和教训。建设马克思主义的学习型政党,要以科学的态度完整准确地理解马克思主义,而不能孤立地、静止地研究马克思主义,断章取义,随意附会和曲解,要抛弃那些打着马克思主义招牌的非马克思主义或反马克思主义的观点,对它们进行深刻地揭露和坚决地斗争,切实做到"四个分清"。即分清哪些是必须长期坚持的马克思主义基本原理,哪些是需要结合新的实际加以丰富发展的理论判断,哪些是必须破除的对马克思主义的教条式的理解,哪些是必须澄清的附加在马克思主义名下的错误观点。这既是马克思主义科学性特征的基本体现,也是学习型政党建设的基本前提和内在要求。只有真正理解、坚持马克思主义,才能以宽广的视野观察世界,敏锐把握形势的变化,才能达到学习型政党建设的预期目的并不断推动我们的事业顺利前进。

从历史的长河中我们可以发现,错误地教条式地理解马克思主义给我们党和国家的建设事业造成了极大的危害,也给学习型政党建设设置了重大阻碍。尤其新时期以后,正当我国的经济以惊人的速度向前发展时,我国社会发展出现一系列新的阶段性特征,呈现出片面的、畸形的发展,不计代价的发展,竭泽而渔式的发展,把发展看作是 GDP 的增长,物本论的教条主义发展观已危及了发展的可持续性,中国进入了发展的关键期和矛盾的凸显期。能否科学地理解马克思主义事关国家的发展和稳

---

① 《习近平在中央党校建校 80 周年庆祝大会暨 2013 年春季学期开学典礼上的讲话》,《人民日报》2013 年 3 月 4 日。

定,关系到学习型政党建设的成功与否。在学习型政党建设中,只有以科学的态度对待马克思主义,努力掌握好、运用好中国特色社会主义理论的新知识和新经验,才能推进学习型政党的建设,中国共产党才能始终走在时代的前列,引领当代中国的发展和进步。

(二)建设马克思主义学习型政党必须坚持理论联系实际

理论联系实际,亦称为"理论同实际相结合",是对马克思主义普遍真理同革命和建设的具体实践相结合原则的概括表述,是马克思主义最基本的原则之一,也是中国共产党一贯坚持的正确思想路线,是中国共产党的三大作风之一。其基本精神是达到主观和客观、理论和实践、知和行的具体的历史的统一。

要坚持理论联系实际,首先要认真学习马克思主义理论,要认真学习完整准确地掌握马克思主义科学理论,把握科学内涵和精神实质,这是理论联系实际的前提条件。其次在认真学习马克思主义理论的时候,学风问题至关重要。毛泽东曾在《整顿党的作风》中指出,学风问题是领导机关、全体干部、全体党员的思想方法问题,是我们对待马克思列宁主义的态度问题,是全党同志的工作态度问题。再次,坚持理论联系实际,要反对教条主义和思想僵化。教条主义者打着马克思主义的旗号,把马克思主义书本上的若干词句和外国的经验,当作教条到处套用,实际上他们并不懂得马克思主义的精神实质。当前,要推动中国特色社会主义事业继续顺利前进,必须进一步解放思想,肃清教条主义的影响,把马克思主义的普遍真理同现代化建设的实际情况结合起来,实事求是地认识和解决改革中出现的新问题,把各项工作做好。

总而言之,建设马克思主义学习型政党的理论联系实际,不仅要求我们学习马克思主义理论,把马克思主义理论的学习与总结实践经验结合起来,与学习中国共产党的历史、中国历史和世界历史结合起来,与学习当代经济、科技、文化、信息技术等知识结合起来,与学习和掌握与本职工作相关的方针政策和法律法规结合起来,更重要的是应用。"把学习成效转化为坚持共产主义远大理想和中国特色社会主义共同理想的坚定信念,转化为与人民群众同呼吸、共命运、心连心的真挚情感,增强贯彻党的理论路线方针政策的自觉性和坚定性,增强走中国特色社会主义道路、为党和人民事业不懈奋斗的自觉性和坚定性。"①

(三)建设马克思主义学习型政党必须与推进党领导的伟大事业相结合

在中国共产党 90 多年的历史中,有一条贯穿三大历史时期的重要经验,那就是坚持把推进党的建设伟大工程同推进党领导的伟大事业紧密结合起来,保证党始终成为革命和建设事业的坚强领导核心。学习型政党建设作为当前党的建设的一个重大工程,也必须符合马克思主义政党建设的客观规律,必须与推进党领导的伟大事业结合起来,围绕着党的奋斗目标和纲领路线而不断努力和奋斗。

学习型政党建设与推进党领导的伟大事业相结合,是理论与实践的相结合。在学习型政党建设中,学习活动不仅仅是要学习马克思主义理论知识,更重要的是要在学习理论知识的同时进行理论创新,并把理论创新的成果与党领导的伟大事业结合起来。而学习型政党建设要走向深入,就需要适应党领导的伟大事业的需要,确立学习型政党建设的总目标,并不断完善学习型政党建设的总体布局。从这个意义上来讲,学习型政党建设与党领导的伟大事业二者之间是紧密相连不可分割的关系。

党所领导的伟大事业是学习型政党建设的实践舞台,也是检验学习型政党建设成果的最终标准。学习型政党建设要取得胜利、产生效果,就必须能够在实践中推动党领导的伟大事业的进程。只有中国共产党进一步提高执政能力和领导水平,提高拒腐防变和抵御风险的能力,发扬改革创新的精神,才能全面推进党领导的伟大事业,才能取得这场大考的胜

---

① 《中办发出通知要求推进学习型党组织建设》,《人民日报》2010 年 2 月 9 日。

利。如果离开了改革创新的伟大事业,学习型政党建设的意义和价值就无法鉴别,就不能发现不足、肯定成效、总结经验、提出问题、完善思路、持续提高。学习型政党建设必须要在党领导的伟大事业建设中来进行,各项学习活动要在党领导的伟大事业建设的实践中来加强,学习型政党建设的机制要在党领导的伟大事业建设中来改革创新,学习型政党建设的成果要在党领导的伟大事业建设中来衡量评价,学习型政党建设的思路要在党领导的伟大事业建设中来完善提高。一个地方、一个部门、一个单位学习型党组织建设工作做得如何,归根到底要看那里的党组织促进中心任务的完成,促进改革、发展、稳定的成效如何。

　　总之,学习型政党建设必须紧紧围绕和服务党领导的伟大事业,按照党的政治路线来进行,围绕党的中心任务来展开,朝着党的建设总目标来加强,着力提高党的创造力、凝聚力、战斗力,确保党在世界形势深刻变化的历史进程中始终走在时代前列,在应对国内外各种风险和考验的历史进程中始终成为全国人民的主心骨,在中国革命、建设和改革的历史进程中始终成为坚强的领导核心。这既是一条重要的历史经验,也是现实的选择。只有在党领导的伟大事业中开展和总结学习型政党建设的经验,改进和完善学习型政党建设的考核评价机制,才能真正推进学习型政党建设的深入开展,进而来推进党领导的伟大事业又好又快地发展。

　　(四)建设马克思主义学习型政党必须与推进马克思主义理论创新相结合

　　理论创新是理论发展的基本形式,是使理论保持旺盛生命力的根本途径,是党在思想上拥有内在活力的本质要求。中国共产党的历史证明,党在理论上的提高和创新,是实现党的领导的正确性、科学性和先进性的重要保证;党每进行一次理论创新,都带来一次思想解放和事业的进步。事实上,"马克思主义强大的生命力在于永无止境的理论创新。建设马克思主义学习型政党,必须大力推进马克思主义理论创新,用不断创新的理论武装全党,指导不断发展的实践。"①

　　理论创新,要以解放思想、实事求是为基础,要善于学习,善于掌握新情况、发现新问题,把掌握马克思主义基本原理同具体国情充分结合起来,勇于冲破教条主义、个人崇拜、思想僵化等错误倾向的束缚,大胆研究和回答党的建设和社会发展中面对的新情况新问题,要善于学习、善于总结、善于创新,真实地反映事物的本来面貌和揭示事物的内在规律。党的建设史就是一部马克思主义学习型政党的建设史,一部学习马克思主义基本原理与推进马克思主义理论创新相结合的历史。

　　中国共产党从诞生起,就非常重视在学习中坚持理论创新,所以就有了毛泽东把马克思列宁主义同中国革命实践相结合,找到中国革命的正确道路,创立了毛泽东思想。以邓小平为核心的党的第二代中央领导集体把马克思列宁主义、毛泽东思想同当代中国社会主义现代化建设和改革实践相结合,找到了实现中国特色社会主义现代化的正确道路,创立了邓小平理论。以江泽民为核心的党的第三代中央领导集体不断推进党的建设新的伟大工程,创立了"三个代表"重要思想;以胡锦涛为总书记的党中央努力探索新形势下新的发展思路,提出了科学发展观等重大战略思想,同样是实践的发展不断推动着马克思主义理论的发展。正是中国共产党在学习马克思主义基本理论的同时,把马克思主义基本理论同中国的具体实际相结合,使马克思主义在中国大地上产生了一次次的理论飞跃。从毛泽东思想、邓小平理论、"三个代表"重要思想到科学发展观,都是党在推进马克思主义学习型政党过程中,把马克思主义基本原理与中国具体国情相结合,进行理论创新的积极成果。

　　（五）建设马克思主义学习型政党必须坚持学习马克思主义理论与其他科学文化知识相结合

　　中国革命、建设和改革事业是宏伟的、波澜壮阔的,党的学习也应该

　　① 王伟光:《坚持以理论创新推进马克思主义学习型政党建设》,《求是》2010年第14期。

是全面的、系统的,不仅要下功夫学习马克思主义理论,以此作为统领全局、贯穿各项工作的灵魂,同时还要努力用人类社会所创造的一切科学文化知识来丰富和提高自己,使自己的思想水平和知识水平适应时代前进和现代化建设的需要。因此,在领导全党学习马克思主义理论的同时,中国共产党十分重视科学文化知识的学习,并且充分体现在党的各个时期的学习型政党建设之中,这一切无不体现了中国共产党在学习内容选择上两点论与重点论的统一。

　　构建学习型政党,将马克思主义理论和其他科学文化知识相结合,是"学习"活动的一般规律。科学文化知识体系的扩展可以促进广大党员干部对马克思主义理论的理解和领悟能力,而对马克思主义理论的学习则可以帮助广大党员干部正确把握和运用科学文化知识。列宁曾经指出,只有用人类创造的全部知识来丰富自己的头脑,才能成为共产主义者。社会是丰富多彩的,知识是不断发展更新的,特别是在科技进步对国家经济越来越具决定作用的今天,我们的学习也越应该是全面的、系统的。一个合格的领导者不但思想要过硬,知识也要丰富全面。知识就是智慧,知识就是力量。建设社会主义市场经济没有先例可学,实施科教兴国战略和可持续发展战略没有规章可循,正确处理改革、发展和稳定的关系需要我们自己去探索,实现祖国和平统一大业更无师请教,解决的办法就是努力学习。政治的、经济的、军事的、科学技术的、历史的、现代的等等一切知识,我们都应该尽量多学一点,学深一点。江泽民指出,我们的各级领导干部如果"不努力提高自己的科技知识素养,充分了解当今世界科技进步的趋势,要做好这方面的领导工作是很困难的。如果不努力提高我国的科学技术水平,加快现代化,就会落后。一旦发生什么事情,我们就可能陷入被动挨打的境地"①。

　　因此,坚持用马克思主义理论体系武装头脑,和学习掌握现代化建设

---

① 《江泽民文选》第二卷,人民出版社 2006 年版,第 297 页。

所必需的科学文化知识，二者并行不悖、同等重要。广大党员干部应该自觉地将马克思主义理论的学习与其他科学文化知识结合起来，并使二者相互印证，相互促进，从而不断丰富、更新知识内容，改善知识结构，扩大知识面，使得我们学有所长，知识广博，成为全面建设小康社会所需要的栋梁之材，从而真正推动学习型政党建设的深入开展。在当前形势下，我国的经济建设在一个充满矛盾和激烈竞争的国际大环境中进行，要想在这种严峻的挑战面前更好地抓住机遇，迅速发展经济，增强我们的综合国力，更需要在学习马克思主义理论的同时提高广大党员干部的科学文化素质。这样，中国共产党才能站在时代的前列，担负起领导现代化建设的重任。

（六）建设马克思主义学习型政党必须坚持重点学习与全党普及相结合

建设马克思主义学习型政党过程坚持重点学习与全党普及相结合是中国共产党一贯坚持的原则，也是党建设马克思主义学习型政党的重要历史经验。党的领导人讲话多次强调了建设马克思主义学习型政党，必须坚持全党重点学习和普及学习相结合的重要性。江泽民多次向全党发出号召，要造成一种普遍的、浓厚的学习空气，来一个脚踏实地、讲求实效的学习竞赛，看谁学得更多一点、更好一点，收获更大一点。他指出："不仅党的高级干部要加强学习，各级干部和全党同志都要加强学习。还要通过我们以身作则的实际行动，努力把勤奋好学的风气推广到全社会去。我们未来的领导干部和建设人才，要从现在的青少年一代中产生。因此，通过全党的学习，带动广大青少年刻苦学习，是关系到我们党和国家的事业兴旺发达和后继有人的一件大事。全党都要做这项工作，高级干部更要带头做。全社会的学习风气大大加强了，中华民族就大有希望。"①胡锦涛也指出："全体党员、干部都要把学习作为一种精神追求，深入学习

----

① 《江泽民文选》第二卷，人民出版社2006年版，第309页。

和掌握马克思列宁主义、毛泽东思想，深入学习和掌握中国特色社会主义理论体系，牢固树立辩证唯物主义和历史唯物主义世界观和方法论，真正做到学以立德、学以增智、学以创业。全党同志特别是党的各级领导干部都要不断提高思想政治水平，坚定理想信念，增强为党和人民事业不懈奋斗的自觉性和坚定性，咬定青山不放松，真正做到坚定不移、矢志不渝"，①等等。

在中国共产党的历史上，党在各个阶段的学习型政党建设都十分注重将领导干部的重点学习与全党普遍学习相结合，首先是组织领导干部学习、研究马克思主义理论和党的历史经验，统一认识后才转入广大党员干部的普遍学习。这种学习方法取得了很好的学习成效。党的十七届四中全会后，党中央下发的《关于推进学习型党组织建设的意见》就指出，"我们党历来重视学习，通过学习提高全党的思想理论素养，不断为党的执政能力建设和先进性建设注入强大动力。特别是进入新世纪新阶段以来，党中央坚持把学习放在更加突出的位置，中央政治局带头坚持集体学习制度，各级党组织和广大党员干部自觉加强学习，有力推动了党的思想理论建设和党的事业的蓬勃发展，也推动了党的执政能力的提高和党的先进性的发展。"同时，通知还要求要把推进学习型党组织建设列入各级党委（党组）重要议事日程。"中央和国家机关各部门党委（党组）要立足部门实际和职能特点，按照中央要求制订具体实施方案，明确学习重点，突出自身特色，确保建设学习型党组织的任务落到实处。地方各级党委要结合本地具体实际和改革发展稳定任务，按照分层分类推进要求，制定切实可行的具体实施意见，提出操作性强的措施要求，推动学习型党组织建设深入开展。各级党委组织、宣传部门和其他有关部门，要在党委统一领导下，密切配合，抓好学习型党组织建设工作。宣传部门要切实发挥牵

---

① 胡锦涛：《在庆祝中国共产党成立 90 周年大会上的讲话》，人民出版社 2011 年版，第 12 页。

头负责作用,加强协调,扎实推进,同时牢牢把握正确导向,努力形成浓厚学习氛围。组织部门要把建设学习型党组织与干部教育培训、加强领导班子和干部队伍建设、基层党组织和党员队伍建设结合起来。工会、共青团、妇联等人民团体要充分发挥自身优势,开展各具特色的学习教育活动。"①这些要求就是建设马克思主义学习型政党建设必须坚持重点学习与全党普及相结合的具体表现。通知还对党的主要领导干部的重点学习提出了具体要求,比如,要求县处级以上党政领导干部参加脱产培训每年一般不少于 110 学时。建立健全调查研究制度,省部级领导干部到基层调研每年不少于 30 天,市、县级领导干部不少于 60 天,领导干部要每年撰写 1 至 2 篇调研报告,等等。

总而言之,中国共产党建设马克思主义学习型政党的历史表明,要把马克思主义学习型政党的建设真正落到实处,取得实效,必须坚持全党的重点学习特别是党的高级干部的学习与全党普及学习结合起来,共同推动马克思主义学习型政党建设的深入发展。

---

① 《中办发出通知要求推进学习型党组织建设》,《人民日报》2010 年 2 月 9 日。

｜中　篇｜

第三章 苏联和原东欧各国执政党在学习和建设方面的经验教训

苏联共产党和原东欧各国共产党曾经在世界社会主义运动中扮演了重要角色,苏东剧变后,这些国家的社会主义事业遭遇了重大挫折。这些国家在建设社会主义的过程中,对如何加强执政党的学习和建设做过一些探索。众所周知,中国共产党的建立与苏联共产党有着深厚的历史渊源和直接关联性,并且,中国共产党和苏联、原东欧各国执政党一样,都曾长期在计划经济的条件下执政。因此,我们在探讨加强马克思主义学习型政党建设中,很有必要研究原苏东社会主义各国的历史经验教训。

一、苏联共产党在学习和建设方面的经验教训

苏联共产党的前身是 1898 年成立的俄国社会民主工党,第一次世界大战期间,第二国际及其所属的各国社会民主党大多走上了社会沙文主义和修正主义的道路。为了与之划清界限,列宁将社会民主工党改名为俄国共产党,并创立了与第二国际有着根本区别的第三国际。随后,苏联共产党在列宁、斯大林的领导下,逐步发展壮大起来,成为在世界范围内有重大影响的工人阶级政党。

（一）列宁在加强党的学习和建设中的艰辛探索

1. 同修正主义做斗争,捍卫马克思主义

1895 年恩格斯逝世后,第二国际中最有影响的德国社会民主党内右倾机会主义不断增长,逐步发展成为以考茨基、伯恩施坦为代表的修正主义,他们全面修正马克思主义的路线、方针、政策。列宁领导俄国的马克思主义者积极开展了反对第二国际修正主义的斗争,捍卫马克思主义的基本思想。列宁揭穿了修正主义者所谓"反对教条主义"和"批评自由"口号的反动实质,"反对教条主义"和"批评自由"是以伯恩施坦为代表的国际修正主义惯用的反对马克思主义的手法和口号。列宁指出,修正主义者们虽然表面高呼要发展马克思恩格斯的学说,但他们并没有也不可能把马克思主义真正地向前推进。修正主义者只是断章取义抓住一些零零碎碎的理论来愚弄无产阶级,修正主义者所散布的"批评自由",无非是企图用资产阶级观点来篡改马克思主义。"批评自由"是以"反对教条主义"为借口,其真实目的是要抛弃无产阶级革命理论,放弃无产阶级专政。修正主义者对马克思主义的恶意"批评",是与他们由社会主义运动转向资产阶级改良主义运动相辅相成的,并且归根结蒂是为其改良主义路线服务的。列宁认为,马克思主义者反对修正主义的"批评",坚持马克思主义的基本原理绝不等于是"教条主义"。恰恰相反,一切真正的马克思主义者从来都把理论与实际的结合奉为信守不渝的原则。"所谓反对思想僵化等等的响亮词句,只不过是用来掩饰人们对理论思想发展的冷淡和无能。俄国社会民主党人的例子非常明显地说明了全欧洲的普遍现象(这是德国马克思主义者也早已指出的现象):臭名远扬的批评自由,并不是用一种理论来代替另一种理论,而是自由地抛弃任何完整的和周密的理论,是折中主义和无原则性。"①

十月革命胜利以后,在如何认识和建设无产阶级国家的问题上,针对

---

① 《列宁选集》第 1 卷,人民出版社 1995 年版,第 310—311 页。

修正主义者的各种形形色色的错误观点,列宁进行了坚决的批判和揭露,恢复马克思主义国家学说的本来面目,维护和捍卫马克思主义的理论。针对考茨基歪曲和攻击无产阶级专政理论,把民主和专政对立起来,避而不谈民主和专政的阶级属性,抛弃马克思主义的阶级观点和阶级分析,抽象地谈论民主专政等谬论,列宁于1918年11月撰写了《无产阶级革命和叛徒考茨基》一文,捍卫了马克思主义关于无产阶级暴力革命和无产阶级专政理论,指出民主是阶级和历史的范畴,只要阶级存在,就不可能有纯粹的民主。1918年12月,列宁又撰写了《论民主和专政》一文,对修正主义者再次进行了驳斥和批判,重申了无产阶级专政理论。1922年1月,苏俄创办了传播马克思主义的理论刊物《在马克思主义的旗帜下》月刊,这个刊物成为宣传战斗的唯物主义的阵地。列宁为之专门写了一篇题为《论战斗唯物主义的意义》的文章,列宁在文章中从哲学方面分析了当时思想领域的状况,明确提出了党在思想战线上的重要任务,即反对哲学上的唯心主义和资产阶级的种种哲学偏见;不倦地进行无神论的宣传和斗争;深入研究和运用唯物辩证法,反对形而上学。

苏联在十月革命和社会主义建设的过程中,由于历史和现实的种种原因,在阶级斗争、无产阶级专政、无产阶级革命等重大问题上,都发生过马克思主义与非马克思主义的思想理论斗争。以列宁为代表的共产党人,坚持以马克思主义理论为指导,同各种非马克思主义派别进行了坚决的斗争,捍卫了马克思主义,揭露了错误思潮,纯洁了思想,为社会主义建设扫清了思想上的障碍。

2. 结合俄国革命实际发展马克思主义

列宁领导俄国共产党人坚持马克思主义的指导地位,较好地实现了马克思主义基本原理与俄国实际和时代特征的结合,取得了十月革命的伟大胜利,取得了建设社会主义的初步成功。列宁多次强调,马克思主义的精髓,马克思主义的活的灵魂,在于具体问题具体分析;不应当把马克思和恩格斯的学说当作死记硬背的教条,而应当当作行动的指南。列宁倡导,共产党人想问题、办事情的出发点应该是从具体的现实生活中的各种现象出发,而不应当从抽象的原理出发。正因为这样,列宁在领导俄共(布)探索并推进史无前例的社会主义建设事业过程中,非常注重扫除种种思想障碍,坚持以马克思主义的立场和方法指导实践,使实践不偏离马克思主义指引的方向。列宁从来不将马克思主义理论当作金科玉律,他指出:"我们决不把马克思的理论看做某种一成不变的和神圣不可侵犯的东西;恰恰相反,我们深信:它只是给一种科学奠定了基础……对于俄国社会党人来说,尤其需要独立地探讨马克思的理论,因为它所提供的只是总的指导原则,而这些原理的运用具体地说,在英国不同于法国,在德国又不同于俄国。"①

列宁认真研究俄国实际问题,一方面,同反马克思主义的民粹派、"合法马克思主义者"、经济派、孟什维主义做了坚决斗争;另一方面,又在深入研究帝国主义问题特别是俄国问题的基础上,发现了资本主义经济政治发展不平衡的规律,深入分析这一规律和社会主义革命之间的联系,提出了社会主义革命将首先在一国或几个国家中获得胜利的重要论断,突破了马克思、恩格斯关于社会主义革命将首先在发达资本主义国家发生的理论。列宁承认社会主义革命需要达到一定发展水平的经济条件,但是认为从俄国的实际出发,可以变更通常的历史发展顺序:先夺取政权,后建设物质文明。

在落后国家社会主义建设问题上,列宁总结"战时共产主义"的经验教训,提出了著名的新经济政策。新经济政策的实质是处理社会主义与资本主义的关系。新经济政策是列宁对小农占优势的俄国如何建设社会主义这一问题进一步探索的结果,是对马克思主义理论的重大发展。

列宁强调理论必须与实践相统一,一个真正的马克思主义者,当然不能够也不应该要求马克思主义经典作家预先为后人准备好一整套包罗万

① 《列宁选集》第1卷,人民出版社1995年版,第274—275页。

象的现成的答案,而应当总结实践经验,对实践中的新问题做出理论上的正确回答,指导革命实践朝着正确的方向发展。

正是由于列宁坚持了马克思主义与时俱进的理论品质,把马克思主义基本原理同俄国的具体实践和时代特征相结合,科学地回答了一系列新课题,在无产阶级政党、无产阶级革命、无产阶级专政、过渡时期和社会主义建设等问题上提出了许多新观点、新论断,极大地丰富了马克思主义,把马克思主义发展到一个新阶段。

3.审时度势,重视并加强理论学习和教育工作

第一,强调学习马克思主义理论的重要性。十月革命前,列宁就积极传播马克思主义理论,并和各种非马克思主义思潮做斗争。列宁领导成立的布尔什维克党是经历多次思想和组织斗争的结果。十月革命后,为了提高党的理论水平,使全党在马克思主义理论的基础上达到团结,列宁开展了规模巨大的、涉及每一个党员的理论建设工作,列宁以修改党纲为契机,发动广大党员集中地、系统地学习马克思主义理论。为了修改党纲,党内还多次召开会议进行讨论和争论,列宁要求将每一次会议讨论的材料都印成小册子,分发给每一个党员,使他们熟悉这些材料,并参与到学习理论和修改党纲的工作中来。通过修改党纲,列宁在全党范围内组织了一次普遍的、系统的马克思主义理论学习,肃清了各种非马克思主义思想的影响,提高了党员的理论水平,增强了党的团结,从而为在实践中领导苏维埃俄国进行社会主义建设奠定了基础。

第二,明确党员干部学习的目标任务。十月革命胜利后,针对党员领导干部处在领导岗位又不善于管理的情况,列宁提出“第一是学习,第二是学习,第三还是学习”的著名口号。列宁要求全党不仅要学习马克思主义基本理论,而且还要向人民群众学习,甚至向资本家学习,要尽快提高执政能力和管理水平,巩固苏维埃国家政权和推动经济建设迅速健康地向前发展。

俄共(布)从在野党转变为执政党,成千上万的共产党员走上了党和

133

国家的领导岗位,担负着领导全国人民从事政治建设、经济建设和文化建设的重任。然而,许多党员干部缺乏领导能力和管理水平,不能适应新形势的发展。在思想方面,他们产生了"左"倾错误思想,尤其是新经济政策确立后,一些共产党员对这一政策产生了怀疑和抵触情绪。在组织方面,随着俄共(布)成为执掌政权的党,一些孟什维克、社会革命党人、崩得分子、鲍罗齐巴分子声明转变立场后也加入了党组织,导致党内组织上的复杂和思想上的混乱。在管理方面,面对如何振兴农业、振兴工业、发展农业和工业间的流转等经济建设中出现的新情况新问题,不能采取有效的管理。这些都是俄共(布)亟待解决的重大现实问题。列宁认为,要解决这些问题,党员干部就必须认真学习,努力提高自身领导能力和管理水平,坚持党对经济建设的正确领导,使经济建设迅速而健康地向前发展。根据当时的历史情况,列宁要求党员干部学习马克思主义理论,学习必要的文化知识,提高领导党和国家机关的领导能力和做好经济工作的本领,要求每个党员干部由"门外汉"变成"内行"。

新经济政策时期,列宁不但要求俄共(布)党员学会管理,做好经济工作,而且提出了学习马克思主义哲学的任务。列宁指出,俄共(布)此时学习哲学的目的不仅仅是树立马克思主义的世界观,因为这个问题已经在多年的理论和实践工作中解决了,此时学习哲学的重点在于,在新的实践中掌握理论探索和理论发展的方法论。这对俄共(布)党员来说,提出了更高的学习要求。列宁认为,普列汉诺夫是用俄语最好地诠释了马克思主义哲学的理论家。他从 1920 年起,结合自己的切身体会,郑重地向年轻党员推荐普列汉诺夫的著作。他说:"不研究——正是研究——普列汉诺夫所写的全部哲学著作,就不能成为一个自觉的、真正的共产主义者,因为这些著作是整个国际马克思主义文献中的优秀作品。"①

新经济政策实施后,全世界资本主义报刊向布尔什维克发起了思想

---

① 《列宁全集》第 40 卷,人民出版社 1986 年版,第 292 页。

上的进攻,俄国党内出现了"谁战胜谁"的疑惑。为了使全党抵制来自国内外的错误观点,必须用马克思主义的世界观和方法论探索和解决新的问题,释疑解惑,列宁创办的《在马克思主义的旗帜下》担负了这一重大历史责任。列宁指出,《在马克思主义的旗帜下》应该通过列举科学社会主义创始人运用先进的方法论分析问题的实例,教育全党在新的形势下,像马克思那样去思考问题和解决问题,抵御教条主义和修正主义,在活生生的实践中发展马克思主义,这样才能真正成为马克思主义者。列宁还要求党员与自然科学家结成联盟,学习和了解自然科学的新发展,从而更好地掌握在实践中发展马克思主义的方法论。

第三,强调学习途径的多样化。在列宁看来,人民群众是社会变革的决定力量,人民群众是历史的主人,因此,党员干部不仅要向书本学习,而且还要向人民群众学习。列宁强调,党员干部应该虚心地向人民群众学习。根据列宁的建议,俄共(布)第八次代表大会通过了一项决议,要求把党员干部派到机床和耕犁旁去工作。随后,在俄共(布)第十次代表大会关于党的建设的决议中又重申了这一要求,并规定对派下去的党员干部尽可能多地直接从事生产工作。列宁不仅要求一般的党员干部下基层向人民群众学习,而且还要求"身任要职"的党员干部也要下基层向人民群众学习。他指出:"为什么现在不可以把全俄中央执行委员会某些委员,或者某些部务委员,或者其他身任要职的同志们,调到下面去工作,甚至是担任县的、乡的工作呢? 我们确实还没有'官僚化'到这样的程度,还不至于因为下调就'感到难堪'。而且我们这里可以找到几十个乐意担负这种工作的中央工作人员。我们这样做了,全共和国的经济建设事业就会得到非常大的好处,模范乡或模范县将起到不仅是巨大的、而且简直是有决定意义的历史作用。"①

为了尽快地提高管理水平,列宁还明确提出了向资本家学习。1921

---

① 《列宁全集》第 41 卷,人民出版社 1986 年版,第 192—233 页。

年4月,列宁在《论粮食税》一文中,提出了"向资本家学习"的口号。1922年3月,列宁在《论苏维埃共和国所处的国际和国内形势》的报告中又指出:国际经济与财经问题的热那亚会议即将要召开,苏俄决定派代表团去参加这次会议,要求党员干部要利用这个机会学习经商,要向外国资本家学习。在列宁看来,没有建筑在现代科学最新成就基础上的大资本主义技术,没有一个使千百万人在产品的生产和分配中严格遵守统一标准的有计划的国家组织,社会主义就无从设想。所以,"不要害怕让共产党员去向资产阶级专家'学习',其中也包括向商人,向办合作社的小资本家,向资本家'学习'。"①

第四,拓展学习主体的覆盖面。为增强无产阶级政党的素养以及全面执政的能力,列宁不仅高度重视党员干部的思想理论教育学习活动,而且同样重视工人和农民的学习,呼吁普及工农教育,使无产阶级的理论成为全体劳动者的共识。

同欧美一些资本主义国家相比,俄国是一个后起的资本主义国家,在十月革命之前整体经济仍非常落后,资本主义发展很不充分,产业工人人数偏少,占全国人口90%以上的是农民。工人阶级、农民阶级还没有彻底觉醒,处于自发的阶段,这种落后的状况与革命目标相差甚远。党如何把工人和农民的力量调动起来,争取他们的支持,对革命的胜利至关重要。列宁指出:"只要在我国还存在文盲现象,那就很难谈得上政治教育"②,因此他积极呼吁要普及工农教育。对于如何普及工农教育,列宁提出教育必须与生产劳动相结合,大力发展综合技术教育,必须坚持正确的方向,保证教育活动在党的领导下有序进行。他说:"我们要运用全部国家机构,使学校、社会教育、实际训练,都在共产党员的领导之下,为无产者、为工人、为劳动农民服务"③。正是由于列宁的高度重视,苏维埃政

---

① 《列宁选集》第4卷,人民出版社1995年版,第525页。
② 《列宁全集》第42卷,人民出版社1987年版,第200页。
③ 《列宁全集》第38卷,人民出版社1986年版,第283页。

府即使在非常困难的条件下也要保障教育经费的拨款,在增加教育经费投入的同时,还十分关注教师在教育过程中的作用,提高教师的地位。列宁重视工农教育,主要目的是希望通过有效的教育,以达到提高贯彻党的政治路线、实现社会主义电气化和发展民主、克服官僚主义和腐败的能力。列宁认为,俄国当时技术落后,要实现工农业的电气化,必须提高人口的素质,"应当知道和记住,当我们有文盲的时候是不可能实现电气化的"①。只有大力提高工农群众的文化水平,才能够进一步发展社会主义的民主。

(二)斯大林在加强党的学习和建设方面的探索及失误

列宁病逝后,斯大林肩负着领导苏联党和国家的重任,在加强党的学习和建设方面做了积极的探索。

1.大力宣传马列主义理论,提高党员干部理论水平

斯大林特别注重对党员干部进行马列主义理论教育,根据他的意见,苏联在 1924 年成立了列宁研究院。1931 年,为了加强马克思列宁主义的综合研究,联共(布)中央决定把马克思恩格斯研究院和列宁研究院合并为马克思恩格斯列宁研究院,并将马克思恩格斯列宁研究院划归联共(布)宣传局领导,负责《马克思恩格斯全集》、《列宁全集》的编辑和出版工作。在斯大林的关注下,《马克思恩格斯全集》、《列宁全集》重印、再版多次,为思想理论教育提供了有力的理论支持。同时,斯大林非常重视马克思列宁主义理论教材问题,在他亲自领导并具体指导下编写的《联共(布)党史简明教程》、《苏联社会主义经济问题》曾经产生过重大影响。至于这两本书中存在的一些问题和错误,那是另当别论的又一回事。斯大林除了指导编纂教材外,还亲自撰写了《论列宁主义基础》、《论列宁主义的几个问题》等著作,全面系统地阐述了他所理解的列宁主义。

---

① 《列宁选集》第 4 卷,人民出版社 1995 年版,第 366 页。

斯大林特别强调马克思列宁主义的宣传在共产主义教育方面具有决定性意义。他在 1939 年 3 月联共(布)第十八次代表大会总结报告中,特别阐明了党的宣传工作和马列主义教育工作的重要地位,论述了马列主义思想理论教育在工作中的极端重要性。他强调指出,党的宣传工作和马列主义教育工作,是党的一项十分重要的工作,根本任务就是帮助所有工作部门的干部掌握马克思列宁主义关于社会发展规律的科学。他认为工作人员的政治水平和马克思列宁主义觉悟程度越高,工作本身的效率也越高,工作也就越有成效,反过来说,工作人员的政治水平和马克思列宁主义觉悟程度越低,就越可能在工作中遭受挫折和失败,有了马克思列宁主义的指导,就可以自觉地运用科学世界观和方法论去指导业务工作,就可以避免不必要的失误,更可以在社会生活和科学研究中树立正确的观点,防止和抵制各种错误思潮的侵蚀和影响。

2. 号召全党大力学习科学文化知识

在领导苏联建设社会主义的过程中,斯大林深刻地认识到全体党员干部认真学习科学文化知识的重要性。1928 年 5 月,斯大林在《在苏联列宁共产主义青年团第八次代表大会上的演说》中坦陈,基层领导干部在建设工业、农业方面的积极性很高,但是缺乏相应的专业知识,甚至有人以不识字或者常写错字,并以自己的落后自夸。基于此,斯大林认为,不消除这种野蛮和不文明的现象,不消除这种对待科学和有文化人的野蛮态度,社会主义事业就不可能前进。他说:"要建设,就必须有知识,必须掌握科学。而要有知识,就必须学习。顽强地、耐心地学习。向所有的人学习,无论向敌人或朋友都要学习,特别是向敌人学习。咬紧牙关学习,不怕敌人讥笑我们,笑我们无知,笑我们落后。""在我们面前有一座堡垒。这座堡垒就叫作科学,它包括许多部门的知识。我们无论如何都必须占领这座堡垒。"①

3. 在社会主义建设中继承发展马列主义理论

斯大林在同托洛茨基、季诺维也夫、加米涅夫等人的论战过程中,充分肯定并大力发展了列宁提出的"一国可能建成社会主义"的理论观点,认为苏联可以在资本主义的包围中,在没有任何外援的情况下,依靠自力更生,从内部积累资金,用自身的力量解决内部的矛盾即无产阶级和农民之间的矛盾,同时争取国际革命力量的支持建成社会主义。

从总体上看,斯大林继承和发展了马克思列宁主义理论。他在坚持社会主义的前提下,在社会主义建设道路上进行了理论和实践的探索。他提出了扩大再生产中生产资料优先增长的理论,强调社会主义建设不能延缓速度,否则,就是落后,而落后就要挨打。在斯大林的领导下,苏联在短短的时间内创造了工业化奇迹,根本改变了苏联经济在世界经济中的地位,缩小了与发达资本主义国家在经济上的差距。同时,在政治制度建设上,确定了苏联共产党的领导地位,确定了苏维埃制度这个国家的根本政治制度和无产阶级专政的具体组织形式。尤其可贵的是,斯大林根据列宁的思想,把理论和实践相统一这个马克思主义最根本的原则,确认为马克思主义的活的革命的精髓,并阐明:革命理论只有同群众性的革命运动密切联系起来,才能取得成功;科学的理论必须源于实践、服务于实践并由实践来检验。这些重要的科学理论观点对于世界各国马克思主义政党的建设发挥了并将继续发挥巨大的指导作用。

当然,由于各种主客观原因,斯大林的探索不可避免地产生了很多失误甚至严重的错误。

第一,在强化马克思主义理论教育中犯下教条主义错误。斯大林特别注重党员干部的马克思主义理论教育,强调在全党范围内组织普遍的、系统的马克思主义理论学习,这对于肃清各种非马克思主义思想的影响,

---

① 《斯大林选集》下卷,人民出版社1979年版,第41页。

提高党员的理论水平,增强党的团结,有着重大意义。然而,从 20 世纪 20 年代末 30 年代初开始,思想理论工作却走向了教条主义和僵化的境地。理论上的僵化和教条,千篇一律的宣传,掩盖了苏联社会中客观存在的大量尖锐矛盾,使得矛盾和问题得不到妥善的解决,把与官方的主张和观点不一致的东西统统当成异己的力量加以压制、打击。大批文化团体被取缔,学术争论被限制甚至禁止,人们的思想开始被禁锢,由此带来理论学习教条化和僵化。实际上,全党和全体人民的思想都被要求与领袖的思想保持绝对的一致,连学术问题都要与领袖的观点一致,领袖的结论就是终极真理,不能进行探讨和争论。有人说,斯大林后期,斯大林垄断了发明权和做出结论的权利,理论工作者只能做推广普及和注释工作,由此而来的是教条主义的统治、死啃书本、停滞僵化和惰性。这绝对不是什么夸张。本意是用来强化马克思主义理论教育的书籍,如《苏联社会主义经济问题》、《论辩证唯物主义和历史唯物主义》、《联共(布)党史简明教程》等教材,却因为充斥着对马克思主义的教条式理解,排斥、拒绝资本主义任何有益的东西,成为禁锢人们思想的条条框框。

第二,在强化党的核心领导地位的同时造成思想理论教育主客体的错位。斯大林强调无产阶级政党的核心领导作用无疑是正确的,但他过分强调和夸大无产阶级政党在国家政治、经济、文化、社会等一切领域和活动中的领导作用,在实践中就必然会产生严重的党政不分、以党代政和党凌驾于社会之上的政治体制。在这种高度集权的政治体制下,党的最高领导机关的最高领导人掌握着最高权力,此时党的权力就紧紧掌握在个别领导人手上,而整个社会对党的无限夸大和崇拜,就变成对党的领袖的崇拜。按照历史唯物主义的观点,只有人民群众才是推动社会前进的动力,人民群众才是国家的主体。从思想理论教育主客体关系角度来看,斯大林偏重于领袖—政党—阶级—群众这一层关系,而忽视了群众—阶级—政党—领袖这一层关系。在高度集权的政治体制下,斯大林成了裁判一切的理论权威、至高无上的思想理论教育主体,他一个人的头脑代替了全体党员和亿万人民群众的思考,从而严重削弱了人民群众在思想理论教育中的主动性,扼制了思想理论教育的活力,在思想理论教育上造成了主客体的错位。

第三,强调意识形态整齐划一,导致自身的孤立封闭。十月革命后,无产阶级政权身处被包围、被封锁的境地,列宁明确提出在建设社会主义的过程中,必须吸收人类一切优秀文明成果,列宁及其领导的布尔什维克党特别重视对民众的意识形态教育,尤其重视对年青一代进行以共产主义理想为中心环节的思想政治教育,取得了显著效果,确立了马克思主义在意识形态领域的指导地位,这为社会主义政权的巩固、社会主义的发展建设提供了强大的思想保障。列宁的思想是开放的。斯大林在其领袖地位得到巩固之后,便逐步将苏共的意识形态工作简单地视为政治斗争的工具,整个苏联社会越来越处于一种封闭、僵化、理论脱离实际的状态中。思想僵化,大搞形式主义,教条主义严重,理论和实践严重脱节,方法简单、粗暴,强迫命令,成为斯大林后期苏联意识形态工作的显著特征。1931年,斯大林发表《论布尔什维克历史中的几个问题》,声色俱厉地痛斥《无产阶级革命》杂志发表讨论党史问题的文章是犯了腐朽的自由主义的政治错误,随后,便发生了一系列苏共中央粗暴干涉自然科学、文学艺术、社会学、政治经济学、历史学、法学等领域学术研究的事件。由此带来的后果是,全国只能听到一种声音,报刊出版物千篇一律,千人一面,然而这种舆论整齐划一、绝对一致完全是形式上的,也完全是虚假的。苏共试图在与世隔绝的情况下在一国建成社会主义,力图在绝对真空化的环境中维护和保持自己意识形态的纯洁性,因而长期采取禁止人们接触本国和国外的非马克思主义思想的封闭政策,造成了人们的视野狭窄,认识浅薄,精神世界孤立,丧失对马克思主义和非马克思主义的比较和鉴别的能力,不能通过与非马克思主义的直接接触、争论、斗争来增强自己的鉴别力和战斗力,从而削弱了自己的生命力。

（三）苏共二十大后在加强党的学习和建设方面的探索及其严重失误

1953年3月，斯大林逝世。此后，苏联进入了赫鲁晓夫、勃列日涅夫、安德罗波夫、契尔年科和戈尔巴乔夫等领导人先后执政的时期。从1956年苏共二十大的召开到1991年苏联解体的35年，是苏联历史上一个最能引人思考和反省的阶段。

斯大林逝世后不久，赫鲁晓夫担任苏共最高领导职务，随着其地位的巩固，赫鲁晓夫开始对斯大林时期的一些做法进行调整，对思想理论方面的错误进行揭露和批判，在一定程度上解放了人民的思想，冲击了教条主义的束缚，为社会主义改革开辟了道路。在1956年召开的苏共二十大上，赫鲁晓夫的报告《个人崇拜及其后果》揭露了斯大林时期的种种弊端和错误，尤其是斯大林在理论上的许多错误。在批判斯大林错误的同时，赫鲁晓夫尝试进行了一系列的改革，如改革农业、工业体制，改革干部制度，扩大社会主义民主等。与此同时，在思想领域，赫鲁晓夫弱化阶级斗争尖锐化理论，提出了"全民党"、"全民国家"等概念，同时对社会主义发展阶段理论做出了修改，宣布苏联已经进入全面开展共产主义建设的时期，宣布无产阶级专政已经消亡，国家变成了"全民国家"，共产党已经变成"全民党"，社会主义在苏联已经取得了完全彻底的胜利。在具体工作方法上，赫鲁晓夫批判了斯大林时期粗暴的行政手段，对一些因意识形态罪名而被错判的人和事开始平反，宣传、教育和理论工作中的教条主义受到批评，呼吁理论工作要敢作敢为、创造性地发展马列主义。这些对改进理论和意识形态的工作起到了一定的作用。

不仅如此，赫鲁晓夫还在苏共党的学习教育方面进行了一些调整，如对党组织结构进行了大规模的调整。1962年12月20日，苏共中央主席团改组党组织，设立专门机构主管意识形态，指导学习教育活动正常开展，对历史上苏共在意识形态领域方面的一些错误进行修正。学习教育活动的普遍开展和一些理论是非的澄清，对解决人们的思想认识问题产生了重大作用,但赫鲁晓夫提出的"全面开展共产主义建设"等理论,不顾社会发展的实际,急于向共产主义社会过渡,又极大地冲击了学习教育效果,造成了新的思想混乱。

1964 年至 1982 年为勃列日涅夫执政时期。1964 年,勃列日涅夫取代赫鲁晓夫出任苏共新的领导后,停止了赫鲁晓夫时期在党内进行的改革,并在思想理论教育方面做了一些新探索,如加大了党内学习教育的频率与强度。勃列日涅夫认为:"在反对社会主义国家的斗争中,资产阶级宣传家们把主要的赌注下在意志不坚定、政治上不成熟的人身上,为此目的不惜利用形形色色的叛徒和蜕化变质分子。经常关心每一个苏联人的思想锻炼,关心加强对资产阶级思想的不调和的进攻性斗争,应该是一切党组织、一切意识形态部门、一切共产党员的义务。"①他强调要通过教育活动,加强党的意识形态教育,强调"干部培训和干部深造工作"的重要性,要求全体干部不断学习,提高自身理论思想水平。

1967 年,勃列日涅夫在庆祝十月革命 50 周年之时提出了"发达社会主义"理论。在意识形态方面将工作重点和矛头指向了国际舞台,意识形态的斗争问题越来越被提到首位,强调苏联文化、科学、精神生活的发展是在世界舞台上意识形态斗争的复杂条件下实现的,要求苏联人民响应苏共的号召,与教条主义、修正主义、宗派主义进行坚决的斗争。在国内,"发达社会主义"的观点实际上是对斯大林"基本建成社会主义"和赫鲁晓夫"全面开展共产主义建设"的不切实际的超越社会发展阶段理论的继承和发展,只不过勃列日涅夫把其限定为社会主义的最后阶段而已。在实际生活中,苏共力图通过改变生产关系尽快实现单一阶级的努力违反了社会发展规律,造成了严重的后果。理论宣传、教育与现实的脱节,缺乏说服力,加之对理论宣传、教育的过度控制和党内外各种腐败现象的丛生、蔓延,学习教育活动日益僵化,收效只会每况愈下。正如继勃列日

---

① 《勃列日涅夫言论集》第 4 集,上海人民出版社 1974 年版,第 12 页。

涅夫之后担任苏共总书记的安德罗波夫所说:党光靠领导人讲话是不可能将苏联人民吸引到自己这边来的,思想工作必须要有社会保障。社会的停滞和各种消极腐败现象使得千万名鼓动员和宣传员的工作变得毫无价值。勃列日涅夫后期,苏联社会陷入全面停滞时期。

继勃列日涅夫之后,苏联经历了安德罗波夫、契尔年科的短暂执政时期。安德罗波夫满怀雄心壮志,虽重启改革,终因年老体衰而力不从心;契尔年科则因大病缠身又因循守旧,而无所作为。从勃列日涅夫病逝到安德罗波夫和契尔年科相继上台、病逝,只有短短的 28 个月时间。苏联社会病入膏肓。1985 年,戈尔巴乔夫成为苏共新的总书记。

从 1985 年至 1991 年的 6 年时间里,戈尔巴乔夫发起猛烈的改革,推行"民主化"、"公开化"、"多元化"的政策。戈尔巴乔夫的"新思维"和"民主的人道的社会主义"观点,使苏联理论界从一个极端走向了另一个极端。从此,马克思主义的意识形态主导地位开始在苏联逐步丧失,反马克思主义的思潮不断泛滥,苏共的思想理论建设发生了根本性的变化。

从总体上看,苏共二十大后的探索虽有一定的成绩,但其错误是巨大的,其产生的后果是极其严重的。概而言之,主要有以下几个方面:

1. 理论武装缺失和动摇,放弃马克思主义指导地位

科学理论武装是马克思主义学习型政党的本质特征。一个郑重的马克思主义政党,要善于把党的基本理论作为坚持和改善党的领导、加强和改进党的建设的根本指导思想。十月革命胜利后,俄国无产阶级及其政党面临极其艰巨而复杂的任务,一方面就是在最短的时间里,发展生产,恢复受创的经济,为新生政权提供赖以生存的物质基础;另一方面就是尽快改变俄国文化普遍落后的状况,在意识形态方面确立马克思主义的指导地位,也就是列宁所强调的社会主义所必需的"文明前提"。斯大林执政期间,依靠行政力量和法律上的规定,在全党和全社会范围内进行马克思主义理论的教育、宣传和普及工作,斯大林虽然在马克思主义思想理论的教育普及认识上有一定的偏差,把确立马克思主义意识形态的指导地

位和战胜根深蒂固、影响深远的旧意识，想得过于简单，但是对于全党马克思主义理论的武装问题是丝毫不含糊的。

赫鲁晓夫虽然对斯大林时期的一些弊端和错误进行揭露和批判，然而由于赫鲁晓夫本人的理论素养、领导水平、个人品质等方面的局限，他并没有从整体上对苏联模式进行批判和反思，因此也就不可能找到一条符合本国国情的发展道路。对斯大林的个人崇拜进行批评是必要的，但赫鲁晓夫对个人崇拜及其产生的根源未做历史唯物主义的分析，对斯大林的功过更缺乏全面、公正的评价，而把斯大林的错误全部归结为个人品质使然。赫鲁晓夫丑化斯大林，全盘否定斯大林，造成了苏共在理论上的迷茫和彷徨，引发了国际上一股反共反社会主义的逆流。不仅如此，赫鲁晓夫主导下的苏共二十大，在一代人的心里注入了与斯大林时期完全不同的看问题和思考问题的角度和方式，未来的共产主义前景在他们的脑海里荡然无存，从而为后来20世纪80年代后期意识形态的剧烈演变埋下了伏笔。

戈尔巴乔夫执政后，继承、发展赫鲁晓夫的观点，对苏联几十年里形成的政治体制进行了全盘否定。苏共二十八大通过的新党章和各项决议，完全放弃了马克思主义的理论武装任务和指导思想地位。戈尔巴乔夫大力推行"民主化"、"公开化"和"多元化"政策，他发起的对苏共历史的反思、对苏联模式的检讨、对教条主义的批判，实际上变成了对苏共历史、对马列主义和社会主义本身的否定和批判。苏共丧失了安身立命的基础，剧烈的社会动荡不可避免，最终导致了苏共执政地位的丧失，亡党亡国。

2. 鼓吹"全民国家"、"全民党"，弱化乃至放弃无产阶级专政理论

无产阶级专政理论是马克思主义国家学说的核心和本质之所在，是捍卫社会主义政权最有力的保障。苏共二十大上，赫鲁晓夫等人认为，斯大林对苏联国家性质、社会主义所处发展阶段等重大问题缺乏正确认识，

提出了苏联社会主义愈胜利、阶级斗争愈尖锐的错误理论,从而严重地损害了民主和法制,损害了广大人民群众的利益和社会主义事业。据此,苏共在理论上进行拨乱反正,纠正偏差,无疑是必要的,但是,赫鲁晓夫主导下的苏共,却反斯大林之道而行之,苏共二十大开始淡化党的阶级性、斗争性色彩,弱化无产阶级专政理论,苏共二十二大继而提出了"全民国家"和"全民党"的理论。这个理论认为,无产阶级专政保证社会主义取得完全的最终的胜利,保证社会过渡到全面展开的共产主义建设之后,即完成了自己的历史使命。从国内发展任务来看,无产阶级专政在苏联已经不再是必要的了。作为无产阶级专政的国家而产生的国家,在新的阶段即现阶段上已变为全民的国家,变为表达全体人民利益和意志的机构。在赫鲁晓夫等人看来,苏联国内已不存在阶级和阶级斗争了,无产阶级专政在苏联已不再是必要的了,国家不再是阶级统治的工具,无产阶级专政的国家变成了全民的国家,无产阶级民主变成了全民的民主。

赫鲁晓夫提出的"全民国家"和"全民党"理论,得到了后来当政的戈尔巴乔夫的完全赞同和认可。戈尔巴乔夫在 1988 年 6 月召开的苏共第十九次全国代表会议上的报告中说:"众所周知,我们的国家是作为工人阶级专政工具诞生的,而在 60 年代则得出了我国逐步转变为全民国家的结论。但是,我们越是深入地研究政治过程的内容,就越显而易见地有必要使我们的国家制度达到完全的全民性这个概念。"①1990 年召开的苏共二十八大的文件中不再提及苏共是工人阶级政党,而代之以苏共是按自愿原则联合苏联公民实施以全人类价值和共产主义理想为基础的纲领性目标的政治组织的提法。戈尔巴乔夫宣称:苏共已是一个全民的政治组织;全人类的价值高于一切;马克思主义的阶级斗争、阶级分析方法已经过时;无产阶级专政理论不合时宜。这就完全否定了阶级斗争观点和无产阶级专政学说,否定了无产阶级政党的阶级属性。

---

① 《苏共第十九次全国代表会议(文件和评论)》,新华出版社 1988 年版,第 47 页。

从国家和政党属性来分析,"全民国家"、"全民党"理论不符合国家、政党的本质属性,政党和国家一样都是阶级统治的工具。阶级性是政党的本质属性,一旦阶级消灭,政党也就不存在了,因此,有阶级,就谈不上是全民党;如果是全民的,政党就会消亡,所谓超阶级的"全民党"是根本不存在的。赫鲁晓夫、戈尔巴乔夫的"全民国家"和"全民党"理论从根本上否定了阶级斗争和无产阶级专政学说。

3. 鼓吹"民主化"、"公开化",放弃苏共的核心领导地位

坚持无产阶级政党的核心领导地位是马克思主义基本原则之一。苏共二十大以后,赫鲁晓夫发动了对斯大林的批判和揭露,在苏联国内引发了一场旷日持久的"解冻"思潮,人们开始敢讲真话了,思想解放了,整个社会生活呈现活跃气象,但是,这股思潮一开始就带有全盘否定斯大林,进而全盘否定苏联几十年历史的倾向,它的核心内容仍然是赫鲁晓夫的"全民国家"和"全民党"理论。在它的影响下,思想理论界出现了形形色色的非马克思主义和反马克思主义的思想主张,严重影响到苏共在国家政治生活中的核心领导地位。尽管随后采取了收紧政策,但却难以奏效。因为,这些思潮一旦在人们的脑海中留下烙印,就很难彻底清除,只要外部环境发生变化,它马上就会生根发芽。勃列日涅夫时期,表面上看,对"解冻"思潮控制很严,实际上"解冻"思潮并没有因此而"封冻",相反只是以改变了的形式继续存在和滋生蔓延着。

戈尔巴乔夫是以"改革家"的面目走上苏联党和国家政治权力中心的,他上任后,掀起了一浪高过一浪的改革。他主张的所谓最大限度的"民主化"、"公开化",在实际生活中演变成了不要任何权威和核心领导的反共反社会主义的思潮。在一些人的眼中,早已确立的苏共在国家政治生活中的核心领导地位成了推行"民主化"、"公开化"的最大障碍。于是,改革由最初的对国家经济体制的变动变成了对苏共的"更新"。戈尔巴乔夫认为苏共是行政命令体制的核心,几十年来只为专横的官僚体制服务,因此党要不断更新。在苏共第十九次全国代表会议上,戈尔巴乔夫

提出要对政治体制进行根本改革,政权机关的全部权力归苏维埃,党的机关不具有指挥职能,而只具有政治职能。在 1990 年苏共中央全会上,戈尔巴乔夫建议修改宪法,取消苏共的法定领导地位。不久,苏联人民代表大会对 1977 年宪法第六条进行了修改,放弃了苏共是社会和政治体制的核心领导力量,规定:"苏联共产党、其他政党以及工会、共青团、其他社会团体和群众组织通过自己选举人民代表苏维埃的代表并以其他形式参加制订苏维埃国家的政策,管理国家和社会事务。""苏联公民有权结成政党、社会团体"。① 随后,在苏共二十八大上戈尔巴乔夫所作的政治报告和闭幕时通过的《走向人道的、民主的社会主义》行动纲领中,实际上都取消了苏共的核心领导地位的提法。苏共由领导苏联国家政治生活中的核心力量变成了同其他政党、组织的平等竞争关系。

苏共是苏维埃政权和政治体系的根本和核心,可是,作为苏共总书记的戈尔巴乔夫却主动选择了削弱、放弃苏共的领导地位,致使苏共在 5 年左右的时间里遭受了被改革——被削弱——被边缘化——被分化——被抛弃的悲惨命运。

4. 偷换社会主义概念,改变了社会主义方向

苏共二十大上赫鲁晓夫揭露和批判了斯大林时期的黑暗面,在社会主义发展阶段上提出了不切实际的提法,勃列日涅夫在社会主义发展阶段理论上也没有根据实际情况做出准确的描述,但是他们在社会主义前进方向、发展目标上是一致的。戈尔巴乔夫则不然,他认为苏共二十大批判和揭露了斯大林时期的黑暗面,却没有任何变化地保留了原来的体制。因此必须打碎斯大林时期的专制官僚体制,从过去的专制集中的社会模式向所谓人道的、民主的、以服务于人为社会特征的社会过渡。戈尔巴乔夫认为苏联 70 多年的社会主义其实是扭曲的社会主义、兵营社会主义,并以此来

---

① 《关于设立苏联总统职位和苏联宪法(根本法)修改补充法》,《消息报》1990 年 3 月 16 日。

论证他倡导的"人道的、民主的社会主义"的历史正当性和合理性。

1986 年苏共二十七大上戈尔巴乔夫虽然总体上坚持了科学社会主义的概念,但是把科学社会主义和人道主义的提法联系到了一起。在之后不久的 1987 年的苏共中央全会上,他在《关于改革和党的干部政策的报告》中提出必须改变苏共在社会主义理论建设上的落后状况,必须对社会主义进行真正的和全面的改造。在《改革与新思维》一书中,戈尔巴乔夫认为"在改革的过程中,我们正在加深和修正关于社会主义的昨天、今天和明天的概念"。① 1988 年苏共第十九次全国代表会议上,戈尔巴乔夫第一次提出"人道的、民主的社会主义"。1990 年在苏共中央二月全会上,戈尔巴乔夫借口反对教条主义,反对"预先设想的模式",否定科学社会主义,他说:"应当摒弃数十年来根深蒂固的意识形态教条主义,摒弃对内政策中过时的公式,以及对世界革命进程、对世界发展的陈旧的观点。……我们放弃可以按预先设想的模式建设社会主义的观点。"②戈尔巴乔夫所谓的"社会主义新概念",其实就是他一直大力宣扬的"人道的、民主的社会主义",他认为它既不是资本主义的复本,也不是原来社会的翻版,是一条既不同于资本主义,又不同于原来社会主义的第三条道路。然而,东欧剧变和"8.19"事件后的残酷现实表明,这种第三条道路是根本走不通的。

二、原东欧社会主义国家执政党在加强学习和建设方面的经验教训

原东欧各社会主义国家(民主德国、波兰、捷克斯洛伐克、匈牙利、罗马尼亚、保加利亚、南斯拉夫、阿尔巴尼亚)的共产党(工人党)大多是在

---

① ［俄］戈尔巴乔夫:《改革与新思维》,新华出版社 1987 年版,第 333 页。
② 《苏共中央二月全会文件选编(1990 年 2 月 5—7 日)》,世界知识出版社 1990 年版,第 3 页。

19世纪末兴起的工人运动中建立起来的,受第二国际民主社会主义思潮影响较深,情况也较为复杂。但他们有一个共同点,即都是在苏联共产党的帮助和指导下逐步成长壮大并夺取政权。东欧各国共产党(工人党)从获得执政地位到垮台,历时不到50年。

原东欧国家执政党在长期探索各自的社会主义道路包括执政党在学习和自身的建设方面,既积累了一些宝贵经验,又留下了沉痛的教训。无论是经验还是教训,对于中国共产党推进马克思主义学习型政党的建设,都是不无裨益的。总体上讲,原东欧各社会主义国家的执政党在学习和自身建设方面的经验教训主要表现在以下几个方面:

（一）思想理论建设的探索

原东欧国家因地缘政治关系,受共产主义的影响较大,各国工人组织开展活动也较早,各国共产党领导人也都十分重视思想理论的建设工作,这是不容否认的历史事实。但是其思想理论的建设基本没有大的建树和创造,归根于两个方面:一是受第二国际的影响较大,部分国家工人党演变和发展情况较复杂,思想理论建设存在先天不足。二是二战后的苏联加紧对东欧国家的控制,绝大多数东欧国家执政党在思想理论建设中始终未能摆脱苏联社会主义理论的束缚。

以上情况造成的结果就是在思想理论战线充斥着苏联理论界的教条主义、形而上学和学霸作风,整个党内的理论战线因迎合政治需要而缺乏独立思考问题的能力,萎靡不振,执政党思想极度僵化,内外政策的制定缺乏科学依据。从20世纪50年代开始,这种状况未得到有效改变,特别是进入80年代中期之后,这些国家的改革进程险象环生,党的高层领导集体长期围绕苏联转而形成的思维定式,无法应对迅速变化的局势,以致在纷乱迷离的危机中迷失方向,许多党员干部对他们为之奋斗的事业丧失信心。思想理论建设中的失误主要体现在以下几方面:

1.理论准备不足,忽视思想斗争的长期性和激烈性

东欧各国虽受共产主义的影响较早,但是普遍存在思想理论建设方

面的先天不足。东欧各国共产党(工人党)大多是在 19 世纪末兴起的工人运动中建立起来的,受第二国际民主社会主义思潮影响较深。第二国际破产以后,社会民主党内的革命派与改良派也随之分裂。由于指导思想及一系列策略路线的深刻分歧,长期以来双方互相攻击和指责,对推动工人运动造成了不良影响。只是到 20 世纪 30 年代希特勒上台执政后发动法西斯侵略战争,他们才在以反法西斯为共同目标下结成统一战线,共同反对以德国为首的法西斯侵略,他们中的绝大多数都是在反法西斯战争中在苏共及共产国际的干预、支持下合并为共产党或工人党的。尽管有着反法西斯共同斗争的思想凝聚基础,但对于许多原社会党人来说,他们并不真正接受科学社会主义,而是固守着原有的民主社会主义思想。而对于许多共产党人来说,也没有把科学社会主义与民主社会主义严格区别开来,以致不同程度地接受了民主社会主义思想的影响。这样,在反法西斯斗争中,在苏联帮助和支持下组建的共产党,实际上存在形聚而神不聚的问题,合并组建的共产党非但没有实现思想上的马克思主义化,反而把在马克思主义的思想路线上的原则分歧带到了统一的党内,埋下了分裂的因子。

民主社会主义思潮与科学社会主义是根本对立的,它虽然打着社会主义的旗号,但本质上是否认和抛弃科学社会主义本质特征和基本原则的,如主张实行多党制,鼓吹"全民国家",主张私有制,否定马克思主义的指导地位,主张意识形态多元化,等等。这些观点与科学社会主义的基本主张是背道而驰的。民主社会主义思潮在东欧共产党内部得到了长期潜伏,一旦条件适宜,就迅速滋长并蔓延,且突出表现在 20 世纪 50 年代的几次政治事件中。但是执政的共产党不仅没有从思想理论本身的角度出发,用有效的手段来解决思想领域内的问题,而且不敢逾越雷池半步,甚至用简单粗暴的方式予以打压。例如,捷克斯洛伐克在 1968 年"布拉格之春"事件以后,对于具有民主社会主义思想的党员,本应耐心说服教育,通过批评与自我批评的方式来提高认识,团结同志,划清界限,但是捷共却简单地采取组织处理办法,粗暴地把50万党员(占党员总数的三分之一)开除出党,包括绝大部分州委和县委第一书记。许多人离开了原来的工作岗位,大批干部去从事生产劳动,有的甚至受到法办。被处理的人不仅在各方面受到歧视,而且株连到亲属。这种做法把一大批本可以作为社会主义依靠力量的人拱手推到对立面,这些人中,有不少人后来成为颠覆政权的骨干分子。

2. 照搬照抄苏联经验,党的威信降低

第二次世界大战结束特别是冷战开始后,苏联和美国开始争夺世界霸权地位,尤其是对欧洲的争夺异常激烈。苏联为了争得有利地位,进一步加强对东欧国家控制,甚至不惜代价向各国推广苏联的党的建设理论,这就导致东欧各国在苏联"老大哥"的指引下,将苏共理论视作典范而全盘接纳。不可否认,东欧各国的共产党在实践中也注意到苏联党建中出现的问题,部分国家如捷克斯洛伐克、波兰共产党也尝试着进行改革创新,但是结果却是遭到苏联的武装干涉和更加严厉的控制。这样,就导致了各国共产党进一步丧失了坚持和发展马克思主义的能力和勇气,他们保守苏联教条化、僵化的思想,无论思想理论建设还是经济建设,都紧随苏联的步伐行动,最后产生了一系列难以弥补的重大损失。

例如,在苏联的强大压力下,部分国家领导人盲目奉行苏共政策。将"斯大林模式"等同科学社会主义,将苏联的高度集权的政治体制和高度集中的单一计划经济体制全盘移植本国。如保共领导人季米特洛夫在1948年12月召开的第五次代表大会上称苏联经验是我们和其他人民民主国家建设社会主义的最好模式。当时,拒绝照搬"斯大林模式"便被认为是"右倾民族主义"而受到严厉谴责和批判。思想理论上的盲目照搬照抄,在20世纪50年代中后期愈演愈烈。1956年后,苏联新领导人赫鲁晓夫提出了不同社会制度国家之间和平共处,资本主义和社会主义两个世界体系之间和平竞赛,资本主义向社会主义和平过渡,苏联已失去工农国家特点而成为"全民国家",苏共不再是工人阶级政党而成为"全民党"。在这一背景下,除南斯拉夫和阿尔巴尼亚外,东欧各国紧跟苏联,沸沸扬扬地批判"个人迷信及其后果",研究"社会主义人道主义"、"全民国家理论的历史意义和国际影响"。结果,在有关工人阶级政党的性质和历史使命、社会主义社会的性质及其发展阶段、社会主义国家的性质及其职能作用等许多问题上,这些国家的执政党得出了非常荒谬的结论。马列主义思想大厦被说成是"人道主义发展的最高顶峰","真正的、正真的人性"被说成是无产阶级世界观的本质内容,马克思主义政党则被解释为"人性、人道主义思想的旗帜"。

勃列日涅夫当政期间,苏共对内阐述了"建设发达社会主义"、"建立社会主义生活方式"等一系列新理论,对外提出了"社会主义大家庭论"、"国际专政论"、"有限主权论"等一整套新概念。波兰、保加利亚、捷克斯洛伐克、匈牙利、东德五国执政党将这些理论和概念当作本国理论研究的主要任务和政治宣传的核心内容。这些国家由于在指导思想上与苏联保持高度一致,也必然会在其他领域高度效仿苏联。在政治上,它们将党的领导作用绝对化,同时,奉行阶级斗争尖锐化理论,在党内寻找"阶级敌人",制造了不少冤假错案,使大批党的干部和群众遭到迫害。理论宣传严重脱离群众和实践,执政党所大力宣传的东西往往与现实情况形成巨大落差,导致人民群众失望感油然而生,从而大大降低了共产党在人民群众中的威信。

3.思想理论僵化,事业逐步陷入困境

世界变化不断加快,社会主义的实践不断深入,这就需要用马克思主义的理论观点洞察世界,进行理论创新。原东欧部分国家也曾试图探索独立自主地建设社会主义的道路,但大多以夭折告终。

苏联领导人把东欧各国视为苏联的卫星国,对东欧各国党的理论和实践活动严密控制,东欧各国领导人也把学习马克思主义理论等同于宣传苏联共产党的内外政策,把探索国际共产主义运动历史经验等同于普及苏联经验。这在东欧各国刚刚独立时,是难以完全避免的。东欧各国因为不同的文化和民族特质,本应在掌握思想理论建设普遍规律上,逐步展现出自己应有的适应本国国情的特色做法,然而,东欧各国共产党的思想理论却日趋保守和僵化。

思想理论的僵化,在经济上主要体现为:坚持计划经济是社会主义的本质特性,实行高度集中的单一公有制,片面以发展重工业作为国家工业化指导方针,以超越现实阶段的"左"倾冒进理论指导国内建设。早在 20世纪 50 年代,东欧各国在苏联"全面开展共产主义建设"的"左"倾理论影响下纷纷宣布社会主义基础已经建立,开始为过渡到共产主义创造条件。从 20 世纪 70 年代初开始,各国在超越现实阶段、唯意志论的思想指导下,出现了急于求成、主观冒进的倾向,实行高速度、高投资、高积累的"三高政策"。片面追求经济建设高速度,导致宏观经济失衡。在 20 世纪 70 年代下半期和 80 年代,东欧国家经济基本处于停滞状态,通货膨胀日益严重,与发达资本主义国家的经济差距日益拉大。在经济滑坡和人民生活水平下降情况下,部分国家领导人思想极度保守僵化,拒绝改革和开放。例如,阿尔巴尼亚片面强调独立自主、自力更生的原则,甚至在1976 年通过的宪法中规定禁止建立外国公司以及其他经济和金融机构,禁止与垄断资本主义国家和修正主义国家建立合营公司以及其他经济、金融机构,同时禁止接受它们的贷款。正是这种僵化思想,束缚了地方和企业的生产积极性和生产潜力的发挥,造成劳动生产率低、经济效益差和浪费严重,加剧了经济矛盾和困难,最终使经济改革陷入困境,严重影响了人民的生活水平,为反对派的滋生提供了土壤。

思想理论的僵化,在政治上主要体现为:干部的委任制和领导职务的终身制。个人权力膨胀和个人崇拜泛滥,个别领导专断独行,缺乏民主,对外关系中唯苏联马首是瞻。在原东欧国家中,如匈牙利的卡达尔任职达 32 年,捷克斯洛伐克诺沃提尼任职 15 年,罗马尼亚的齐奥塞斯库任职24 年;阿尔巴尼亚的恩维尔·霍查身兼党政军三大权达 40 年之久。这些领导人在长期任职中,权力高度集中,个人权力极度膨胀,在处理问题的方式上逐渐脱离群众，大搞“一言堂”和个人崇拜，广大党员缺乏表达呼声的民主渠道，苦不堪言。在对外关系中，一切以苏联的意志为转移。如 1968 年苏联入侵捷克斯洛伐克后，捷共领导人非但不谴责其大国霸权主义，反而为其歌功颂德，公开宣称社会主义国家主权的阶级性同它对社会主义大家庭、国际共产主义和革命运动所负的国际主义责任是不可分割的。其他国家的领导人也不遗余力，大力论证捍卫某一个国家的工人政权和社会主义成果是每一个社会主义国家和国际工人阶级的共同事业和共同利益，等等。无情的现实与巨大的政治宣传的反差，在东欧国家的人民群众内形成了一种教育上的“精神分裂”，逐渐使广大人民群众感到执政党理论和宣传的虚假性。执政党内部的这种情形以及群众的感情，极易被反对派争取并利用。

东欧各国共产党僵化的思想是无法适应多变的形势的，一旦受到外界环境变化的刺激，必然由一个极端走向另外一个极端。20 世纪 80 年代，当戈尔巴乔夫在苏联推行所谓的人道的民主的社会主义理论时，东欧国家便不加分析地全盘接受并贯彻了苏联的这一理论。因长期的思维定式，缺乏独立思考理论问题的能力，在党内的具有民主社会主义思想的党员及反对派的进攻下，东欧各国共产党“虽然手中掌握政权，却不敢针锋相对地开展斗争，在群众中揭露敌对势力的反共反社会主义活动的实质，打退进攻，相反，却企图通过妥协和退让求得事态的平息，因而步步退让，满足反对派一个又一个政治要求。一个进攻，一个退让，这是这场斗争的基本态势”①。波兰统一工人党第一书记拉科夫斯基用一句话概括了东欧国家这场政治斗争的实质，他说：“在波兰，与其说是团结工会夺权，不如说是共产党主动交权”②。思想僵化，加上理论本身准备不足，最后各

① 周新城、关雪凌等：《苏联东欧国家的演变及其历史教训》，安徽人民出版社 2000 年版，第 175 页。

② 周新城、关雪凌等：《苏联东欧国家的演变及其历史教训》，安徽人民出版社 2000 年版，第 175 页。

国如同雪崩一样,共产党迅速垮台,这种突然的变化,就连西方和反对派也出乎意料。

(二)学习教育的经验教训

如上所述,东欧国家共产党在长期的执政中,忽视了理论建设而未能形成相对完整的思想理论体系,加上照搬照抄苏联模式而积累诸多矛盾,是诱发东欧各国剧变的内在原因。但应看到,东欧各国共产党无论是在执政前还是在执政后,在党的学习和教育方面也曾进行过积极探索,一定时期也曾发挥了重要作用。

1.加强学习,增强党的凝聚力和战斗力

东欧各国在革命战争年代,加强组织建设,不断学习马列基本理论,统一思想。例如,成立于1919年的南斯拉夫共产党,在成立初期成为共产国际的一个支部,在接受共产国际领导的同时,其领导人号召全体党员认真学习马克思主义的基本理论,汲取国际主义精神和世界各国工人运动的宝贵经验,从思想上进一步澄清一系列诸如民族、农民及斗争等问题,逐步摆脱社会民主党改良主义思想的影响,团结广大党员和人民群众。正是由于思想理论建设的卓有成效,南共在成立后,在很短时间内就迅速发展成为对广大群众有巨大影响的组织。1945年,在苏联红军的帮助下,南斯拉夫获得解放,南斯拉夫共产党成为执政党。1948年,南斯拉夫与苏联发生严重冲突,1950年又遭到严重自然灾害。种种困境下,南斯拉夫共产党人认真探求解决问题的办法,开始走上了与苏联模式相区别的独立自主地建设社会主义的道路。1952年召开的党的六大上,南斯拉夫共产党改名为南斯拉夫共产主义者联盟,简称南共或南共联盟。南共善于理论创造,党的领导人卡德尔就是党的一位著名理论家,他关于南斯拉夫社会主义自治政治制度的论著《社会主义自治政治制度的发展方向》和《战后社会主义建设问题》等在国际上享有盛誉。南共在理论建设和理论学习、教育、宣传方面做了大量卓有成效的工作。又例如,波兰共产党作为波兰工人阶级的政党,建立初期经历了不少波折,特别是与社会

党和社会民主党因理论观点不一致而发生分裂,党的建设充满艰辛和曲折。波兰独立后,成立了波兰共产主义工人党,1925 年改为波兰共产党后,统一全党思想,致力于党的理论学习和经验总结,组织工人代表苏维埃和领导大规模的斗争。此外,德国的统一社会党刚一诞生就宣布,为使党能够完成经济、政治、文化方面的任务,对党员和干部进行基本的社会主义教育是必要的。这些卓有成效的措施,保证了革命斗争取得胜利。如捷克斯洛伐克的克·哥特瓦尔德于 1945 年 7 月在布拉格捷共州、县负责人学习班上,面对斗争形势,在阐明捷共的政策时就指出:"我们是很有希望成功的。党的威信是高的。一批又一批新党员数以十万计的入党申请书证明了这一点。我们的出版物,我们的宣传鼓动材料数以十万计的发行量证明了这一点。"①

第二次世界大战的胜利使共产主义在全世界范围内的影响力迅速扩大。伴随着东欧国家的相继独立,各国的共产主义政党相继取得了政权,他们审时度势,组织马克思主义基本理论的学习,并将此类的运动推向高潮。例如,保加利亚共产党 1948 年夏季作出决定,要求把党员的马克思列宁主义教育提高到更高水平,并且拟定了克服这一弱点的措施,诸如"扩大马克思主义教育网","系统学习马克思列宁主义基础",用马克思列宁主义观点对保加利亚的实践进行研究,同时,统一思想,认真研究制定保加利亚社会主义建设的总路线,等等。这些学习活动的开展,使广大党员对党的基本理论有了更加深刻的认识,增强了党的凝聚力和战斗力。

2. 重视思想教育,为社会主义建设保驾护航

东欧各国共产党执政后,重视思想理论教育工作,通过各种渠道向广大群众灌输马克思主义的思想理论。如 1950—1952 年间,斯大林发表了理论著作《马克思主义和语言学问题》、《苏联社会主义经济问题》。东欧

① 《捷克斯洛伐克关于政治与经济体制的重要文献选编》,中国社会科学院苏联东欧研究所编印,1986 年,第 44 页。

各国高度肯定这两部著作,还决定在各国范围内组织讨论和学习。据当时的罗马尼亚领导人乔治乌德治透露,到 1952 年苏共第十九次代表大会召开时,罗共已把这两部著作译成罗文和罗境内各民族语言,出版数十万册,并已决定在全党教育系统和高、中等教育机关组织学习。

保加利亚共产党高度重视思想教育工作,在其党纲中明确规定:马克思列宁主义理论无论在过去反对资本主义的斗争中,还是在社会主义建设中,都是保加利亚共产党的行动指南,并认为思想工作对社会主义制度的进一步发展具有头等重要的意义。保加利亚共产党提出思想工作的基本任务是:"要热情而有说服力地传播马克思、恩格斯和列宁的伟大思想"、"要热情而有根据地向劳动人民进行宣传,使他们确信党的政策是非常正确和富有成效的"、"要回答科学发展和实践产生的各种新问题;要丰富和创造性地发展马克思列宁主义思想并使之具体化,并指明前进的方向"、"要向资产阶级思想、右的和'左'的机会主义发动进攻,维护马克思列宁主义学说的纯洁性",还明确提出了判断思想工作效果的主要标准,即:"看群众在社会政治、经济和文化生活中的积极性的程度如何,看马克思列宁主义思想和党的政策变为物质力量的程度如何"。①

南斯拉夫注重开展积极的思想斗争,认为这是进行思想教育的题中应有之义。20 世纪 50 年代初,南斯拉夫在实践中开创了以工人自治为中心的社会主义建设的道路。这条独特的道路突破了苏联的经济模式。与此同时,政治思想领域出现了要求绝对民主自由、反对南共领导的倾向,正如铁托所说:"由于我们这里出乎意料地迅速朝整个社会生活民主化的方向改变,各种不喜欢社会主义的分子看来开始歪曲我们的民主化并开始抬头,出现了关于这种那种自由的种种谬论。"②在鼓吹"这种那种自由的种种谬论"中,时任南共中央政治局委员、书记处书记、国民议会

---

① 《保加利亚政治经济体制改革文献选编》,中国社会科学院苏联东欧研究所编印,1985 年,第 96、97 页。

② 《铁托选集》(1952—1960 年),人民出版社 1983 年版,第 35 页。

议长、副总统德热拉斯是一个重要的代表性人物。德热拉斯发表多篇演讲和文章,宣称列宁主义式的党和国家已经过时了,主张把南共联盟融合于社会主义联盟(群众性组织)之中,使其丧失党的性质,还鼓吹实行资产阶级多党制。1954 年 1 月 16 日,南共联盟召开六届三中全会,针对德热拉斯的错误观点,党的主要领导人铁托发表重要讲话,卡德尔等发言,会议也允许德热拉斯发言。铁托在全会的闭幕词中指出:"我可以在这里声明,让全世界都听到,诸如此类的事件决不会改变我们已经选定的国内发展方向,即发扬民主方法和实现真正社会主义民主的方向,也就是我国通向社会主义和发扬社会主义民主的独特道路。"①会议通过分析德热拉斯犯错误的性质、原因、危害,批判了错误观点,积极地开展了思想斗争。会议公开举行,外国记者可以参加,新闻媒体做了公开报道,这就使会场内外的所有人都有可能身临其境地受到深刻的思想教育。

综上所述,原东欧社会主义国家在理论教育方面大都积极开展了工作,但是,除南斯拉夫等极少数国家外,较长时间里,大多数国家都在苏联的指挥棒下跳舞,将其主要精力放在一系列经济和政治运动中,未正本清源地厘清各种非马克思主义思想,使马克思主义思想的普及工作偏离了正常的轨道。从根本上讲,东欧各国共产党在马克思主义学习和教育方面的教训有以下几个方面:

首先,对党员的理想信念的教育引导脱离实际,引发信仰危机。尽管东欧各国开展了大规模的社会主义教育和再教育运动,但是由于大多数国家的这种宣传空泛无力,官方主导的意识形态既不能应付复杂的现代生活,也不能改变现行社会状况,社会潜伏着信仰危机。东欧各国国内外的多种势力在理想信念阵地上的争夺本来就异常激烈,加上这些国家宗教势力十分强大,宗教传统根深蒂固,加入共产党的诸多党员也普遍信仰宗教,在这种情况下,党员很难统一到马克思主义中来,其思想容易被教

---

① 《铁托选集》(1952—1960 年),人民出版社 1983 年版,第 85 页。

会的理念所占领。由于脱离群众和实践,执政党反复宣传的美好的共产主义社会与现实的世界发生了重大矛盾而又无法做出合理的解释,导致越来越多的人抛弃了共产主义信仰,甚至有不少党员走向党的对立面。如在1980—1981年的波兰政治危机中,许多党员因丧失了信心而退党。到1982年9月,有50万人退出波兰统一工人党,占到党员总数260万的近五分之一。

其次,执政党陷入教条主义泥潭而不能自拔,缺乏创新。在较长时间里,东欧国家的一些执政党领导人盲目崇拜苏联模式和苏联经验,只要是来自苏联的声音,他们总要认真听取、完全赞同和高度评价,总是十分满意和坚决支持。他们把苏联方面的各种新理论和新提法,一概誉为新的宝贵贡献,这种不假思索的全盘吸收成为东欧国家普遍的习惯做法。东欧除个别国家外,所搞的社会主义始终不过是苏联模式的移植和翻版,创新和发展无从谈起,它们对苏联模式和经验的崇拜与迷信由来已久。1986年苏共召开第二十七次代表大会时,前来道贺的东欧国家领导人照例不假思索地颂扬苏共新领导人戈尔巴乔夫展示了为全世界和平与进步而斗争的前景,并确信苏共经验将是整个国际共产主义运动和工人运动的共同财富。

再次,对党员干部的教育缺乏说服力,党的先进性和战斗力不断削弱。东欧国家在获得独立以后,随着党的地位巩固,主要领导人再不像革命期间那样深入群众,与群众打成一片,而是自我封闭和隔离起来,有的自以为是,唯我独尊,独断专权;有的好大喜功,急功近利,热衷歌功颂德,迷恋个人崇拜;有的恣意妄为,以权谋私,漠视和严重侵害人民利益。大多数领导人是兼而有之,几种货色俱备。还有一些执政党的高级领导机关和政府甚至发生结构性的集体腐败……凡此种种,都与马克思主义政党的宗旨、性质、作风、传统格格不入。久而久之,必然从根本上恶化党内风气,因而会为普通党员干部群众所不齿。在这样的状况下,对党员干部进行教育,谈何说服力和实效性! 导致对党员干部的教育缺乏说服力的另一个重要原因,是对党的民主集中制贯彻不力。东欧各国共产党虽把民主集中制原则载入党章,但缺乏贯彻落实的制度保障。东欧国家执政党的领导人一般身兼数职,大权独揽,党的方针政策往往由少数几个中央政治局委员甚至由最高领导人一个人说了算,党和国家政策不在广大党员中进行讨论,而领导职务终身制又助长了党内的专权。党内如有不同的声音,遭到的都是无情打压的厄运。各国党的代表大会普遍只能用一种声音说话,发言稿往往是事先审定好了的,中央全会也只是为了从形式上确认一下政治局的决定,党内生活极不正常。保共领导人日夫科夫、阿共领导人霍查等均在国内形成了绝对的权力,并独断专行,全党全国唯命是从。罗共领导人齐奥塞斯库在1965年7月的罗马尼亚共产党第九次代表大会上提出一个党员只能担任一个经常性的政治职务,以防止个人滥用职权,独断专行,但是他后来却身兼数职,集党政军大权于一身,他还违反中央关于不准把近亲纳入同一领导机构的规定,将其亲属安排在国家重要岗位上,尤其是将其妻子扶植成事实上的党和国家的二号人物。他的这种做法,给人以罗共似"夫妻店"的感觉,令干部群众极其反感。党的领导人对民主集中制的践踏,不仅使党的各级领导机关和组织对党员干部的教育缺乏说服力,而且从根本上严重地削弱了党的先进性和战斗力。这是东欧各国共产党(工人党)丧失执政地位的一个十分重要的原因。

第四章　古巴、越南、朝鲜、老挝 执政党在加强党的学习 和建设方面的探索

苏东剧变前,古巴、越南、朝鲜、老挝等社会主义国家的执政党结合自身国情,在不同程度上进行了革新,以适应新形势新变化。苏东剧变后,古巴、越南、朝鲜、老挝等社会主义国家的执政党,在社会主义事业遭受挫折的形势下,仍坚定地走社会主义道路,他们通过对中国改革开放经验的学习、对苏东剧变的反思、对世界上主要资本主义国家的研究,在加强党的学习和建设方面进行了卓有成效的探索。

一、古巴共产党的探索

古巴作为西半球唯一的社会主义国家,1959 年民族民主革命胜利后一直受到美国的敌视和封锁。随着东欧剧变,苏联解体,古巴不仅失去了苏联等众多原有的政治盟友,而且也失去了其所提供巨额的经济、军事援助和经互会所提供的优惠的贸易条件。在古巴陷入内外交困之时,美国却试图趁此机会,通过强化经济制裁和外交封锁来扼杀古巴社会主义政权。面对挑战,古巴共产党不断探索和变革,通过创新党的思想建设、完善党和国家组织机构等措施,使古巴共产党渡过了最困难时期,同时使得古巴这个拉美社会主义的火苗依然闪耀在美丽的加勒比海之上。

（一）创新党的指导思想

古巴共产党①的指导思想经历了两个发展阶段,第一个阶段是从
1959 年古巴民主革命胜利后到 1991 年 10 月古巴共产党四大召开前,确
立了马列主义指导地位;第二阶段是以古巴共产党四大召开为标志,提出
古巴共产党是以马列主义和马蒂思想为指导的政党,是古巴社会的领导
力量,党的指导思想包括马列主义和马蒂思想。

1959 年古巴民主革命胜利后,出于巩固革命政权及开展对外交往的
需要,古巴革命组织并没有立即宣布实行社会主义制度,也没有立即将马
列主义作为革命组织的指导思想。1959 年卡斯特罗访美期间谈到古巴
革命时说,它既不是社会主义性质的革命,也不是资本主义性质的革命,
而是橄榄绿色的民族革命。当古巴进行深入的社会经济改革,逐步威胁
到美国垄断寡头在古巴的利益时,美国政府便采取警告、敌视甚至直接的
军事入侵的方式,试图通过施加压力来改变古巴革命的前进方向。面对
美国的打压,古巴革命党和古巴人民没有屈服,而是坚定地走上了社会主
义道路。在吉隆滩战役②胜利后数日,卡斯特罗向全世界宣布,古巴革命
为一场社会主义革命,宣布古巴实行社会主义制度。"我国工人阶级掩
埋好在雇佣军轰炸中丧生的死难者的尸体,准备投入反侵略的战斗中,用
有力的手臂举起刀枪显示自己的男子汉气概时,劳动人民以果断的英雄
气概宣告,我国革命是社会主义性质的革命"③。1961 年 7 月,卡斯特罗
将"三·一三革命指导委员会"、人民社会党、"七·二六运动"三个组织
合并成"古巴革命统一组织"(古巴共产党的前身),并明确把马列主义思
想作为党的指导思想。

苏东剧变,国际共产主义运动陷入低潮之际,西方反共势力和古巴国

---

①　1965 年前为古巴革命党。

②　1961 年 4 月,美国纠集流亡在美国的古巴反革命分子组成的雇佣军对古巴革命
政权发动的军事入侵。这次事件是古巴革命彻底转入社会主义性质的开始。

③　[古巴]菲德尔·卡斯特罗:《在古巴第一、二、三次全国代表大会上的中心报告》,
人民出版社 1990 年版,第 37 页。

内的反对派全力攻击古巴共产党的领导,古巴社会主义政权遭受到自1959年革命胜利以来最严重的威胁。为了进一步凝聚党的力量,克服困难,古巴共产党对指导思想进行了创新,将古巴民族英雄马蒂思想引入党内作为指导思想。1991年10月,古巴共产党在第四次全国代表大会上正式将马蒂思想同马列主义一起作为党的指导思想,同时申明古巴共产党是马蒂思想和马克思列宁主义性质的政党。马蒂全名何塞·马蒂,是古巴19世纪伟大的诗人和杰出的思想家,古巴民族独立运动的先驱。19世纪60年代,年仅16岁的马蒂开始投身于反对西班牙殖民者的革命生涯之中,他先后两次被殖民者流放到西班牙服刑。1881年,马蒂移居美国,在美国的这段时间,马蒂创作了大量的文学作品来反映古巴的革命斗争。1892年,为了凝聚古巴国内的革命力量,在马蒂的倡导下创建了以"结束西班牙殖民统治,实现国家独立,进行土地改革,实行民族平等"为政治纲领的古巴革命党。1895年马蒂在领导远征军回到古巴进行第二次反对西班牙殖民者统治的战斗过程中牺牲。在马蒂牺牲后的一个多世纪里,他的崇高革命精神和远大政治抱负鼓舞和唤起了一代又一代古巴人为了反抗外来侵略,维护民族独立,争取人民自由而进行的英勇的斗争,影响了几代革命群众。

在古巴社会主义政权遭受危机时,古巴共产党为了保卫古巴社会主义制度,将马蒂思想这样激励了数代古巴人革命斗志的爱国思想列为党的指导思想并写入党章,这种变革是古巴共产党在新的历史时期加强党的思想建设的一个重要举措,也充分体现出古巴共产党的变革精神。

（二）发动"思想战"运动

自古巴走上社会主义道路后,美国除对古巴进行制裁和封锁外,企图通过各种手段对古巴人民进行思想渗透从而达到颠覆政权的目的。美国通过架设在佛罗里达州的"马蒂电台"和"马蒂电视台"持续不断地对古巴进行思想渗透,革命后流亡在美国的反革命分子也在美国中央情报局的配合下通过各种手段对古巴国民进行"思想污染"。尤其是 1999 年"小埃连事件"①爆发后,古巴共产党意识到思想领域的斗争刻不容缓,决定在古巴发动一场旨在抵抗美国文化入侵的"思想战"运动。

古巴共产党在"思想战"运动中采取了如下措施:一是大力宣传古巴自建立社会主义政权以来,在文化、医疗卫生、体育、社会福利事业等方面取得的巨大成就,以增强人民对社会主义的感情。二是大力进行爱国主义教育。通过对爱国主义思想的积极宣传来引导古巴群众将爱国与爱社会主义结合起来,成功引入马蒂思想来带动和鼓舞古巴民众对社会主义的热爱。三是创新思想宣传的手段和方法。古巴共产党在充分发挥新闻媒体宣传作用的基础上,通过对电视节目的创新以吸引更多的古巴群众参与这场运动,例如电视台创办的"圆桌会议"、"公众论坛"等节目,邀请社会各个阶层的人士广泛参与对当前国内外重大事件进行讨论。"思想战役不仅仅意味着原则、理论、知识、文化、论据、正论和反论,揭露谎言,明辨真理,还意味着讲求事实,付诸具体实践。"②四是将思想教育与解决老百姓的实际问题结合,避免空洞说教。例如针对就业、儿童、残疾人以及孤寡老人等问题,古巴政府先后设置了 30 多个社会项目,在解决社会问题的同时将思想宣传落到了实处。

在捍卫思想阵地的同时,古巴共产党通过各种事实揭露美国资本主义制度的丑恶和弊端,打破人们对西方民主和多党制的盲目崇拜。"我们一边学习历史,一边创造历史;一边强化我们的革命和正义思想,一边

---

①　1999 年 11 月 23 日,5 岁的古巴小孩埃连·冈萨雷斯随母亲偷渡到美国,中途遭遇翻船,母亲罹难,埃连被美国渔民救起,并在随后被美国移民局移送给美国的养父母进行抚养,而身在古巴的埃连的亲生父亲则坚持要将埃连送归古巴让自己抚养。随后古美两国政府就埃连的去留问题介入埃连争端事件,最终在古巴政府积极争取和古巴民众强烈呼吁下,美国高院驳回埃连的美国养父母为其政治难民身份的申请,使埃连回到古巴。参见[古巴]菲德尔·卡斯特罗:《在共青团创建 40 周年纪念大会上的讲话》,《起义青年报》2002 年 4 月 4 日第 5 版。

②　[古巴]菲德尔·卡斯特罗:《在共青团创建 40 周年纪念大会上的讲话》,《起义青年报》2002 年 4 月 4 日。

消除敌人的思想影响;一边巩固我们的真理,一边摧毁敌人的谎言。"①卡斯特罗在各种场合宣称古巴坚持一党制,反对多党制和政治多元化,认为西方多党制名为多数人的统治,实则被少数"精英"统治。卡斯特罗还批判西方民主的虚伪性,认为社会主义才能维护穷人的利益。他说:"多党制提到一人一张选票,但并不等于代表了大多数人的意志。"②并宣称民主集中制更适合古巴国情。同时,古共领导人通过深入分析美国安然公司破产、北约发动科索沃战争等时事政治案例,向广大古巴民众揭露美国推行的新自由主义和新殖民主义给世界经济政治秩序带来的灾难性影响。

(三)加强思想阵地建设

在古巴革命斗争中,古巴共产党高度重视并加强各级党校、共青团组织和群众性学校的建设,充分发挥其在反击西方资产阶级思想入侵,捍卫社会主义思想阵地中的作用。

1. 不断加强各级党校建设

古巴党校有着悠久的历史,它不仅是古巴共产党对人民进行思想教育和培训的重要机构,而且还是古巴共产党自身进行思想理论建设的重要阵地。古巴人口只有1100万,面积11万平方公里,但在全国14个省169个市县中,各级党校一应俱全,古巴共产党中央有位于哈瓦拉的古共中央党校——"尼科·洛佩斯"高级党校,省市一级有地方党校,市县以下还有众多用以培训广大基层干部的基础党校。古巴共产党党校以马列主义和马蒂思想为指导,结合国内外的具体问题,有针对性地加强党员干部的思想建设。

古巴党校在培养干部和促进理论创新方面发挥了积极作用。"它们对干部进行政治思想教育方面的工作很有成效。这五年计划时期,先后

---

① 〔古巴〕菲德尔·卡斯特罗:《在吉萨战役广场革命公开法庭上的讲话》,《起义青年报》2000年11月26日。

② 张金霞:《卡斯特罗党的建设思想研究》,《马克思主义研究》2010年第6期。

有 24512 位同志从党校毕业,其中 519 人得到了社会科学硕士学位"。①
针对青年党员没有经过革命战争的洗礼和缺乏实践经历的问题,古巴共
产党中央特别重视对他们进行教育,规定每一个新党员必须在基层党校
接受 100 小时的党性教育,年轻干部必须在党校接受 6 个月的培训。此
外,一些市级地方党校还接受基层领导和普通群众的 3 个月培训,培训内
容除了古巴共产党的理论方针政策外,还组织学习科学文化知识和基本
技能。通过各层次党校的学习,广大党员干部不但增强了走社会主义道
路的信念,而且提升了自身的政治素养和知识水平。多年来,古巴党校作
为古巴共产党思想教育的主要阵地,取得了较大成绩。仅在 1981 年到
1985 年的古巴五年计划中,"有四十万零一千六百八十六名学员在上个
五年计划时期从政治思想培训中心毕业"②,这占当时古共党员总人数
的 77%。

2. 积极发挥共产主义青年联盟的作用

古巴共产主义青年联盟成立于 1962 年 4 月 4 日,它的前身是古巴各
青年革命组织于 1960 年合并成立的起义青年协会。古巴共产主义青年
联盟是古巴共产党用以吸纳先进革命青年进行思想培训和理论学习的重
要组织,它是古巴共产党的人才来源和战略后备队。

在古巴革命史上,古巴青年有着积极参加革命的光荣传统。1959 年
革命胜利后,为了更好地加强对青少年的领导和教育,将那些充满革命激
情和富有朝气的青年纳入到社会主义道路上来,古巴共产党中央决定成
立古巴共产主义青年联盟。古巴共产主义青年联盟成立后,不但在保卫
和巩固古巴社会主义政权方面立下了许多功劳,而且在古巴的脱盲运动
和青少年的爱国主义、社会主义教育方面颇有建树。例如,在扫盲运动

① [古巴]菲德尔·卡斯特罗:《在古巴第一、二、三次全国代表大会上的中心报告》,
人民出版社 1990 年版,第 302 页。
② [古巴]菲德尔·卡斯特罗:《在古巴共产党第一、二、三次全国代表大会上的中心
报告》,人民出版社 1990 年版,第 429 页。

中,共产主义青年团成员带着崇高的革命精神和系统文化知识深入到田间地头、企业厂矿,对工农大众进行教育培训,这对古巴革命后迅速摆脱文化教育落后状况起到了积极的作用。在对古巴全民进行教育学习运动中,共产主义青年团的团员们成功组织了诸如"百周年"青年突击队、"曼努埃尔·阿尔孔塞·多曼内奇"教育大队等优秀的团体组织,展示了青年的榜样和示范作用。近年来,古巴共产党除了继续重视共产主义青年联盟的思想教育作用外,还加强了如"少年先锋队"、"中学生联合会"和"大学生联合会"等青年组织的建设,引导广大青年热爱国家并参与社会主义建设。

3. 充分发挥群众性学校的作用

除古巴各级党校和共产主义青年团这类系统化、规范化的机构对古巴党和群众进行思想文化教育外,古巴还在全国推广群众性学校,充分利用群众性学校这种将学习和生活、学习和实践紧密联系的方式对人民进行教育培训。"普遍实行学习和劳动相结合的原则,是教育战线一个最突出的成就。它把马克思关于人的全面发展的光辉思想的部分内容,以及马蒂关于应该如何教育古巴后代的英明深邃的理论付诸实践"①。为了让教育面向普通劳动者,古巴建立了半工半读性的"工农学院";为了提高工人农民和家庭妇女等特定阶层的知识文化水平,古巴政府举办了"争上游"和"工人赶超"等讲习所;为了提高工人的生产技能,古巴政府还专门为在职工人建立了"基础技术学习班"。这类群众性学校在提高广大民众的觉悟,增强党的向心力和凝聚力方面发挥了重要作用。

(四)加强党的组织建设

为了保障社会主义革命事业后继有人,同时也为了使党的组织结构

---

① [古巴]菲德尔·卡斯特罗:《在古巴共产党第一、二、三次全国代表大会上的中心报告》,人民出版社1990年版,第103页。

更加科学化、合理化,古巴共产党四大提出必须以有能力的、革命的、有贡献的和能够起领导作用的新人来更新党的中央委员会。对此四大在新组建的中央委员会和政治局中,更换了一半成员。一批政治素质好,业务能力强,熟悉国内外形势,有创新精神的年轻干部走上了各级领导岗位。到1997年古巴共产党五大,新选举的中央委员会成员平均年龄为47岁,有不少中央干部年龄才三十多岁,省级领导班子的年轻干部则更多。经过多年人事调整,古巴党和政府各级机关已经形成了由老中青科学搭配的领导班子。实践证明,古巴在党和政府的各级组织中进行老、中、青的干部优化配置,充分发挥老、中、青干部的特长和优势,保持干部队伍的活力,保证古巴共产党的事业后继有人,都是非常重要的。

为精简干部机构,简化程序,提高效率,古巴共产党中央还进行了多项改革。1991年,古巴共产党将中央直属部委由19个减少到10个,干部级别减少到6级,依次为部长、副部长、局长、副局长、处长和副处长级。官员简化为部长、局长和官员三个级别,人员编制从中央到地方各级精简为原额的一半。2011年召开的古巴共产党六大更是首次提出领导人任期限制制度,古巴国务委员会主席劳尔·卡斯特罗在大会开幕式上表示,将国家和政党的最高级别职务的任期限定为至多连任两次,每任5年。

二、越南共产党的探索

越南位于印支半岛的东部,1884年沦为法国殖民地,经过多年抗法、抗美斗争,1976年实现国家统一。越南统一后,越南共产党在全国范围内进行了社会主义改造和建设。但因客观条件的限制,社会主义改造致使国家陷入困境。面对危机,越南共产党对统一以后的方针、政策进行了深刻总结和反思,同时积极借鉴中国改革开放的经验。1986年召开的越共六大,全面调整内外政策,确定实行革新开放的路线。尽管苏东剧变给越南带来了较大影响,但是越南共产党顶住来自国内外的各种压力,带领越南人民更加坚定地走上探索自己的社会主义建设道路。

(一)将胡志明思想作为党的指导思想

以胡志明为代表的一批越南共产党人在早年与法国殖民者斗争的过程中广泛阅读和学习马列著作以及越南第一批马克思主义者阮安宁(Nguyen An Ninh,1900—1943)、阮文琚(Nguyen Van Cu,1912—1941)、潘文秀(Phan Van Hum,1902—1946)等人的著作,为其确立马克思主义信仰和无产阶级世界观打下了坚实理论基础。从1930年胡志明等越南革命家在香港正式创建越南共产党之日起,越共就将马列主义作为党的指导思想。越南共产党正式成立前就与中国共产党及苏联共产党产生了密切的联系。正式成立之后,党在领导越南的革命运动中大量借鉴和学习中苏两党的理论成果和历史经验,取得了伟大胜利。

越南南北统一后,在社会主义发展道路上遭受了严重挫折。1986年越南共产党召开六大,确定了走革新开放的道路,社会主义建设出现欣欣向荣的景象。然而,随着苏东剧变,越南受到了严重影响。越南共产党要维护其执政党的地位,巩固社会主义政权,继续推进社会主义建设,须创新出一种让越南民众所信赖和支持的思想,并让越南民众团结在这种思想的旗帜下,聚集力量,将社会主义建设推向前进。1991年1月14日,越南人民军将领武元甲在印度加尔各答首先提出"胡志明思想"这个概念,他说:"胡志明思想是马克思列宁主义的新发展,创造性地运用于越南民族解放事业和建设新社会的实践中。""胡志明思想有一个体系,概括地表述是:祖国的独立与统一,人民的自由与民主,每个人的公平与幸福,各民族的和平与友谊,时代文化与人文关系的发展。"①1991年6月召开的越南共产党七大上,党的总书记阮文灵在《继续推进革新事业向社

---

① 转引自双成:《胡志明思想的概念和体系》,《东南亚纵横》1995年第2期。

会主义道路前进》的主题报告中正式提出胡志明思想。报告指出,越南共产党以马克思列宁主义和胡志明思想为思想基础,马克思列宁主义和胡志明思想是越南共产党的行动指南。

越南共产党将胡志明思想作为党的指导思想,是新时期加强理论学习和创新的重要思想成果,为越南成功地进行社会主义建设提供了宝贵的思想武器。

（二）适时修改党章

党章是党的立党之本,是党的思想意志的集中体现。越南共产党对党章的修改是一个随社会发展而逐步推进的过程。越南共产党六大提出革新开放政策以后,对新时期党员标准的把握依然严格,党章规定:越南共产党是越南工人阶级的先锋队,党员不能从事私营经济。

2006年4月,越南共产党十大对党的性质进行新的界定,将原来的越南共产党是越南工人阶级的先锋队,是工人阶级、劳动人民和全民族利益的忠实代表修改为越南共产党是工人阶级的先锋队,同时又是劳动人民和越南民族的先锋队,忠实代表工人阶级、劳动人民和民族的利益。使党由一个先锋队变为两个先锋队,这是越南共产党组织发展的一个显著变化。关于党的奋斗目标,由"越南建设一个走社会主义道路的、民主而繁荣的国家,并最终实现共产主义理想"修改为"越南建设成独立、民主、富强、社会公平、文明、没有人剥削人的国家,成功实现社会主义,最后实现共产主义"。关于党员构成问题,党章规定党员成分可以包括各类劳动者,实际上包括工人、农民、士兵、知识分子、个体或私人经营者、小作坊主、小店主、小商贩甚至资本家。同时修改了严禁党员从事私营经济活动的规定,允许党员经商并从事私营经济活动,但是明确规定私营经济中的党员必须遵守法律和国家政策,严格遵循党章和党中央的各项规定。

越南共产党根据国际局势和国内主要矛盾的变化适时修改党的章程,体现了创新性,推动了越南社会主义事业的发展。

（三）捍卫社会主义思想阵地

越南的革新开放是在借鉴中国改革开放经验基础上进行的。越南共产党于 1989 年 3 月召开的党的六届六中全会提出,改革必须坚持"五项基本原则":坚持社会主义;坚持马列主义和胡志明思想;坚持党的领导;坚持无产阶级专政和建设社会主义民主;坚持爱国主义与无产阶级国际主义相结合。1991 年 6 月召开的越南共产党七大进一步重申在整个革新开放过程中必须坚持"五项基本原则"。越南共产党认为,革新不是抹掉了社会主义和资本主义之间的原则界限,而是更正确地认识社会主义,并通过适当的形式、步骤和措施来实现社会主义。

在"五项基本原则"的指导下,越南共产党采取了一系列积极有效措施。理论上,旗帜鲜明地反对多党制和政治多元化,针对国内外敌对势力鼓吹的多党制、政治多元化以及要求越南共产党下台的谬论,进行了针锋相对的斗争;组织上,坚决清除党内散布多党制和政治多元化的党员;外交上,积极改善和加强与中国等社会主义国家的关系。通过一系列努力,越南共产党成功抵制了东欧剧变和苏联解体带来的巨大冲击,统一了党内认识,保持了政治和社会稳定,为进一步深化革新奠定了坚实基础。

（四）加强胡志明国家政治学院建设

胡志明国家政治学院是越南共产党重要的思想理论教育基地和创新基地,主要培养中央干部。它根据不同层次的理论建设需要,设有 6 种班次,即理论高级班、地区理论高级班、山区少数民族班、知识更新班、硕士博士班、对外理论班。

越南共产党非常重视胡志明国家政治学院工作,特别是对党员干部的培养工作进行了一系列革新,主要表现在以下几个方面:一是增加新的课程和内容,用战略思维武装学员并加强党性教育。如高级理论班内容涉及党建基本理论研究,包括马列观与党建问题研究、共产主义观点研究、胡志明党建思想、民族运动研究等,同时深化实践方面的培训。二是在培训方法上注重研讨性,加大研讨力度,注重挖掘学员经验或集中学员智慧。三是注重培训的层次性。在胡志明国家政治行政学院学习的大都是年龄不超过40岁的越南共产党后备领导干部,而那些超过40岁的地方领导干部如果没有机会参加胡志明国家政治行政学院的学习,也同样可以在地方党校参加培训,中央党校通常都会派有丰富教学经验的教员到这些地方党校授课。

（五）调整党的外交方针

1945年,越南共产党领导越南人民进行的八月革命取得胜利后,在越南北方建立了具有社会主义性质的越南民主共和国。但由于遭受长期的军事入侵、政治打压和外交孤立,越南共产党只能被迫实行"一边倒"政策,倒向苏联、中国等社会主义国家。1976年春,随着越南共产党领导的抗击美国军事入侵和南方军阀政权的战争取得最终胜利,越南南北获得统一,但是统一后的越南实行了"左"的外交政策,加速倒向苏联,与西方各国的经贸关系基本上处于断绝状态,与中国关系恶化。特别是1978年出兵柬埔寨后,越南在国际社会更加孤立,使得长期以来建立在外援基础上的越南经济急剧恶化。在面临困难的形势下,越南共产党六大决定革新党的外交方针。

为了打破外交僵局,为国内经济建设创造和平友好的外部环境,越南共产党提出"广交友、少树敌,创造有利的国际环境,为越南国内经济服务"的外交总方针。越南共产党六大对外交指导方针的调整,是越南共产党摈弃对苏"一边倒"政策,推行新型外交关系的开始。1991年6月,随着越南从柬埔寨撤军,中越关系逐步改善,越南同东南亚各国友好关系得到恢复。1996年6月,越南共产党八大以"少树敌,多交友"外交政策为基础,提出"本着愿与世界上所有国家成为朋友的精神,越南继续奉行独立自主,广泛开放,对外关系全方位、多样化的对外路线,为争取和平、独立和发展而奋斗","大力增强同邻国及东盟各国的关系,不断巩固同各传统友好国家的关系,重视同各发达国家及世界上各经济、政治中心的关系"①。2001 年召开的越南共产党九大,将外交方针修订为"始终如一地奉行独立自主、开放、全方位、多样化国际关系的对外路线。越南愿意成为值得国际社会各国信赖的朋友与合作伙伴,为和平、独立、发展而奋斗",并提出了"主动融入国际经济,发扬内力,提高国际合作效果"等新的内容。越南适时调整外交方针,为发展创造了良好的外部环境,成效显著。

三、朝鲜劳动党的探索

二战后,朝鲜共产主义者为了实现朝鲜的独立和富强,开始重新组建马克思主义政党。1945 年 10 月,朝鲜共产党成立。1946 年 8 月,朝鲜共产党与朝鲜新民党合并组成朝鲜劳动党。经过半个多世纪的努力,朝鲜劳动党在探索加强党的学习和建设方面取得了积极成效。

(一)提出朝鲜的社会主义指导思想——主体思想

朝鲜劳动党加强学习型政党建设的突出成就是以马列主义为指导,结合朝鲜的实际,提出了具有朝鲜社会主义特色的"主体思想"。"主体思想"自金日成 1950 年正式提出以来,随着朝鲜社会主义实践的发展而不断地丰富。

早在 20 世纪初,朝鲜无产阶级先进分子实际斗争经验不足,机械照搬现成理论和别国经验,结果给朝鲜革命运动带来危害。1930 年,金日成从教条主义的后果中吸取了深刻教训,阐明了朝鲜民族革命不能靠什么人的承认或指示,而必须根据自己的信念,由自己负责进行,必须自主地、创造性地解决革命中的一切问题,这就是金日成对"主体思想"进行的最初探索。朝鲜战争结束后,针对教条主义的问题,金日成向全党发出了"反对教条主义和形式主义,确立主体"的号召。金日

---

① 转引自林明华:《新时期越南外交》,《当代亚太》2003 年第 3 期。

成指出："自主立场是共产主义者相信本国人民的力量,用自己的力量负责把本国革命进行到底的根本立场。在革命斗争中只有彻底地坚持自主立场,才能制定并彻底地维护和贯彻符合本国实际情况的革命路线和方针,才能在任何困难和考验中为本国革命而斗争到底。"①至此,朝鲜社会主义建设开始进入了探索符合朝鲜自身实际情况的"主体思想"时代。

金正日当政时期将"主体思想"进一步系统化、理论化。金正日的发展在于将"主体思想"作为以人为中心的新哲学思想,并把人的改造工作即思想改造工作摆在首要位置。他将"主体思想"作为朝鲜劳动党唯一指导思想,称其为朝鲜社会主义的最突出特点。

(二)大力开展"三个革命红旗运动",推进朝鲜社会主义建设新发展

"三个革命红旗运动"是朝鲜劳动党为了肃清革命胜利后依然存在于朝鲜社会中的思想、技术、文化等领域的旧社会残余,加快朝鲜社会主义建设的一项重大举措。

20世纪70年代中期,朝鲜完成了社会主义改造。为了加快社会主义发展,朝鲜劳动党在全国范围内发动了思想革命、技术革命、文化革命的"三大革命红旗运动"。为了改造干部的保守主义、经验主义旧思想,提升干部的思想学习能力,朝鲜劳动党还专门为此设立了"三大革命小组"。"三大革命小组"努力促进干部思想改造和文化知识的提升,金日成曾经给予高度评价,他说:"如果说过去的做指导工作的方法是手工业式的工作方法,那么今天通过'三大革命小组'进行的指导工作的方法是现代的工作方法。"②

在朝鲜劳动党、"三大革命小组"以及广大干部群众之间的有力配合

---

① 《金日成传略》,朝鲜平壤外文出版社1973年版,第213页。
② 《金日成文选》(1968—1979),人民出版社1982年版,第307页。

下,"三大革命红旗运动"取得了巨大成就。在思想革命上,广大干部和劳动群众有效地克服了官僚主义、保守主义、经验主义和封建思想,树立了社会主义主人翁意识,党员们按党章的要求积极参加党的组织活动;在技术革命上,"三大革命小组"里有许多掌握了现代科学技术知识的科学工作者和青年知识分子,通过他们和那些受过他们指导的干部们的齐心协力,许多新的生产工具得以发明,许多新的技术被运用在各个领域;在文化革命上,"三大革命小组"的成员们广泛地深入到劳动群众中去,宣传党的革命思想,大力开展科学和文化普及工作。

(三)提出"高丽民主联邦共和国"构想,推动朝鲜半岛统一化进程

金日成根据朝鲜民族的历史和现实,提出了以"高丽民主联邦共和国"构想作为朝鲜民族实现国家统一的理论基础。这一构想是朝鲜劳动党关于马克思列宁主义在民族国家内实行联邦制来完成国家统一思想的继承和发展。

"高丽民主联邦共和国"构想自 1960 年金日成首次提出,经过 20 世纪 70 年代复杂的朝鲜半岛局势考验,直至 1980 年朝鲜劳动党召开六大,联邦制统一方案最终形成。在 1980 年召开的朝鲜劳动党六大上,金日成代表劳动党中央正式提出"高丽民主联邦共和国"构想,并详细阐述了统一方案。这标志着"高丽民主联邦共和国"构想最终形成。

朝鲜劳动党所主张的"高丽民主联邦共和国"统一方案包括了政治、经济、军事、对外等各个方面的具体措施。"高丽民主联邦共和国"统一方案体现在一个先决条件、两大特点和十大纲领上。先决条件,即为了组成联邦共和国,完成朝鲜民族的统一,朝鲜南北双方必须互相承认和容纳对方的思想和社会制度。两大特点,即为了使联邦共和国统一方案得到有效的落实,朝鲜南北双方必须认可新成立的联邦共和国,对内实行地区自治,对外实行中立政策。十大纲领,即:第一,坚持独立自主政策,不与任何国家结盟,不做任何外国的卫星国,不依赖任何外来势力;第二,联邦

领域内实行全面民主,谋求民族大团结,反对独裁和情报政治,维护和保障人民自由和权利;第三,加强朝鲜南北双方之间的经济合作和交流,保障民族经济的自立发展。南北双方应对对方的经济结构形式予以承认和保护;第四,在科学、文化、教育领域实现北方和南方之间的交流和合作,统一发展科学技术、民族文化艺术和民族教育;第五,恢复北方和南方之间的交通和邮电联系,保证朝鲜半岛内通信自由;第六,稳定广大劳工和全体联邦人民的生活,有步骤地不断增进他们的福利;第七,消除北方和南方之间的军事对峙状态,把双方的军队分别裁减到 10 万至 15 万,把朝鲜南北双方的军事力量编成组织单一的民族联合军,在联邦政府统一指挥下执行保卫祖国的任务;第八,维护所有旅居海外的朝鲜同胞民族权利和利益;第九,正确处理北方和南方在统一以前同外国建立的对外关系,协调两个地区政府的对外活动,废除北方和南方在统一以前单独同外国缔结的一切不利于民族团结的条约和协定;第十,高丽民主联邦共和国作为一个统一的政治实体,发展同世界各国的友好关系,实行爱好和平的对外政策,坚持中立路线。

"高丽民主联邦共和国"构想的实质在于弱化意识形态的分歧,强调国家民族利益的至上性。这一构想提出后,在朝鲜半岛和国际社会产生了重大影响。应该承认,这一构想在消除朝鲜半岛因意识形态分歧而导致的长期不信任和对峙,推进半岛统一的进程中产生过积极影响。

四、老挝人民革命党的探索

老挝人民民主共和国位于印支半岛北部,素有"印度支那屋脊"之称。老挝无产阶级政党领导人民进行了长期斗争,于 1975 年赶走了美国势力,废除君主制,建立了老挝人民民主共和国,老挝人民革命党从此执政。

老挝社会主义建设道路不是一帆风顺的。老挝人民民主共和国成立后,老挝人民党曾经照搬照抄苏联经验,给党和国家造成重大损失。1979年,老挝人民革命党深刻反思和总结过去社会经济建设方面的经验教训,并对脱离老挝实际的相关政策进行了纠正,以实事求是的态度探索符合老挝国情的社会主义建设道路。老挝进入了重新认识国情、推行革新开放的新时期。

(一)提出"六项基本原则",捍卫马克思主义思想阵地

20世纪80年代末90年代初,西方国家对各社会主义国家的和平演变的阴谋愈演愈烈,刚刚步入革新开放之路的老挝遭受到严重干扰和挫折。首先,在国际上,苏东剧变,欧洲各个社会主义国家纷纷倒下,老挝由此失去了众多的政治盟友和各社会主义国家巨额经济援助,这对于老挝这样一个经济基础薄弱且人口不足500万的国家是一个致命打击。其次,在国内,流亡国外的老挝反政府势力乘势回到老挝搞分裂活动,同时在党和人民群众内部不少人对社会主义的前途和命运产生怀疑。在国内反马克思主义思潮的冲击和国外敌对分子的蛊惑下,老挝政府陷入了新政权成立以来最为严重的政治危机。

在巨大困难面前,老挝人民革命党和人民并没有屈服,而是更加坚定地强调走社会主义道路。1989年10月,老挝人民革命党在借鉴中国"四项基本原则"和越南"五项基本原则"的基础上提出了具有老挝特色的"六项基本原则",即坚持社会主义;坚持马列主义是党的思想基础;党的领导是一切胜利的决定性因素;坚持在集中原则的基础上发扬民主;增强人民民主专政的力量;坚持真正的爱国主义和国际主义相结合。

随后,为了加强对"六项基本原则"精神的学习和宣传,老挝人民革命党举行了多种富有成效的学习活动,如全国思想宣传工作会议、知识分子座谈会、举行庆祝老挝人民革命党建党日等活动。通过对"六项基本原则"的学习,老挝人民革命党更加坚定了走社会主义道路的信心。

（二）与时俱进修改党章，发展马克思主义

随着老挝革新开放事业不断向前推进，老挝人民生活水平逐步改善，对外交往日益频繁，私营企业逐渐增多，但伴随着对外开放的深入、经济的好转，党内外出现了新变化和新挑战。

为了适应老挝社会的新变化，老挝人民革命党全国代表大会对党章做了较大幅度的修改。如在五大上，党章中增加《政治体制中党的作用》和《党领导人民军队和人民治安力量》的提案，突出了老挝人民革命党在国家政治体制中的领导地位，这是在当时国际社会主义运动遭到重大挫折的不利形势下，老挝人民革命党坚定走社会主义道路的庄严承诺。同时对党的性质进行了重新解释，在老挝革新开放实行的五年里，除了广大劳工阶层外，其他阶层也同样对革新事业的发展有重大贡献，五大修改后的党章规定："党是政治参谋部，是有组织的领导队伍，是老挝工人阶级、各族人民、劳动人民和全体老挝人民利益的代表"。党"代表全体老挝人民的利益"被写入党章。

随着革新的深入，为了抵制资产阶级思想对党的侵蚀，将更合格更优秀的人吸纳入党，突出党的阶级性和先进性，老挝人民革命党五大对党的宗旨进行了修改，修改后的宗旨规定："党带领全国人民进行改革，建立人民民主制度，把老挝建设成为一个和平、独立、民主、统一和繁荣昌盛的国家，为逐步进入社会主义创造条件"[1]。这既是基于对列宁关于无产阶级民主和无产阶级专政是同一本质的两个方面和无产阶级民主是在无产阶级专政中产生的论断的理论分析，又是对老挝人民在国家经济革新取得重大突破的同时，迫切希望社会主义民主能够得到相应发展的考虑。1996年，六大通过的新党章将五大党章规定的"老挝人民革命党是老挝工人阶级、各族劳动人民和爱国、进步人士的政治参谋部、有组织的先锋

---

[1]　转引自刘玥：《老挝人民革命党"五大"对社会主义的认识和实践》，《东南亚纵横》2009年第5期。

队和利益的代表者"的性质修改为"老挝人民革命党是老挝人民民主政治体制的领导核心。老挝人民革命党由工人阶级、劳动人民和革命知识分子中经过各种实际考验、有觉悟、积极革命、愿为国家、为人民做出牺牲的最受信赖的人所组成。"①

五、古巴、越南、朝鲜、老挝执政党探索学习型政党建设的经验和启示

（一）将马克思主义与本国实践相结合，不断推进理论创新，为社会主义事业发展提供理论支持

"马克思的整个世界观不是教义，而是方法，它提供的不是现成的教条，而是进一步研究的出发点和供这种研究使用的方法。"②马克思、恩格斯等无产阶级革命先驱创建的马克思主义，只是为全世界无产者和劳苦大众指明了革命的方向以及进行革命斗争的思想方法。至于各国具体的无产阶级革命和社会主义建设怎样搞，马克思没有明确指出。苏联、中国等国家的革命和建设经验告诉世界范围内的无产阶级政党，要带领本国人民夺取革命的胜利及其在革命胜利后进行社会主义建设，必须将马克思主义本土化，独立自主地探索符合本国国情的革命道路，用本土化的马克思主义去指导本国的革命和建设。越南"胡志明思想"、朝鲜"主体思想"及其古巴共产党指导思想的产生和发展，都是各国共产党在带领本国人民进行社会主义革命和建设的实践中的智慧结晶。

（二）扩大党的包容性，不断创新执政思维

"政党意识形态是政党对社会发展，政党追求的目标以及政党自身的行为的合理化进行辩护而形成的一整套思想理论体系。"③它是一个政

---

① 转引自郑国材：《老挝人民革命党六大纪实》，《当代世界》1996年第6期。
② 《马克思恩格斯全集》第39卷，人民出版社1974年版，第406页。
③ 王长江：《政党政治原理》，中共中央党校出版社2009年版，第103页。

党之所以存在和区别于其他政党最重要的要素。基于这个原因,政党的意识形态总是在一定的历史时期里保持着它的稳定性。但是,政党的思想意识形态终归是一种反映政党政治诉求的社会意识,是对一定历史时期内社会客观存在的反映,所以,政党的意识形态的变化和发展,也必须与社会存在的变化发展保持一致。僵化的、一成不变的意识形态和因调整过大而不符合社会存在发展的意识形态,都会对政党的存在和发展造成打击或破坏。苏东剧变就是因僵化的和调整不当的意识形态所导致的执政党被人民抛弃的典型事例。

古巴、越南、朝鲜、老挝等国执政党正是积极地吸取了苏东剧变的历史教训,在学习借鉴中国社会主义建设经验的基础上,结合自身国情,适时调整党的路线、方针、政策。如古巴通过将马蒂思想作为党的指导思想,扩大古巴共产党的意识形态的包容性,以争取一切可以争取的力量。20世纪90年代中后期古巴经济的恢复和社会逐步稳定的客观事实,证明了古巴共产党对古巴社会主流意识形态的包容性改造是正确的。越南、老挝执政党也没有被革命胜利后确立的意识形态的条条框框所束缚,而是打破原有的那些不合时宜的意识形态规定,积极为革新开放事业进行思想解放运动。在对待国家的经济体制问题上,越南、老挝执政党突破了过去认为的社会主义经济体制即是计划经济体制的传统观念束缚。在对待非公有制经济问题上,越南、老挝一改过去的排斥私营经济的做法,提出"只要私有企业依法经营就不应当限制"的原则,在对待群众入党的问题上,越南、老挝执政党也不再拘泥于过去的意识形态的规定,而是适时修改党章,将那些为国家经济建设做出贡献的私营企业主中的优秀分子吸纳入党。

（三）加强思想理论建设,捍卫社会主义思想阵地

古巴、越南、朝鲜、老挝等国的社会主义制度建立后,执政党都先后建立党校、政治学院、共青团组织作为党领导干部理论学习的培训基地,同时结合本国的实际,创造性地发展了马克思主义,提出了如"卡斯特罗主

义"、"胡志明思想"、"主体思想"等具有本国特色的指导思想,捍卫了社会主义思想阵地,巩固了无产阶级政权。古巴、越南、老挝等社会主义国家都重视党的思想理论建设,不论是越南的国家行政学院,还是古巴的"尼科·洛佩斯"党校,以及老挝、朝鲜的党校,它们不但承担对广大党员干部的教育培训任务,而且为国家建设和发展提供理论先导。如20世纪80年代末,当戈尔巴乔夫在苏联推行"民主社会主义改革",东欧各社会主义国家纷纷效仿之时,古巴、朝鲜、越南等国却走上了和东欧社会主义国家不同的社会主义探索之路。1987年,当苏联戈尔巴乔夫"民主改革"思想传到古巴之时,卡斯特罗就明确表示反对,古巴共产党一方面采取取消宣传苏联改革思想的报纸发行机构等行政措施,以减少苏联改革对古巴思想的冲击;另一方面,积极地进行古巴自身理论建设,并先后进行了将马蒂思想列为党的指导思想、适时修改党章、允许接纳宗教人士入党等探索。

苏东剧变的教训一再告诉我们,指导思想的僵化和人民对社会主义信仰的动摇是导致其丧失执政地位的重要原因。要将社会主义事业继续推向前进,就必须与时俱进,大力加强思想理论建设,用先进的发展的无产阶级思想理论去武装人民的头脑。

(四)加强党员干部队伍建设,提升党员干部素质和能力

正确的政治路线确立之后,干部就是决定因素。苏共垮台的原因固然很多,但是干部体制的僵化和蜕变,是不可忽视的因素之一。在吸取苏共这方面的深刻教训后,古巴、越南、老挝等国执政党面对党的干部老化和干部机制不健全等诸多问题,采取了一系列切实有效的措施,不断加强党的干部队伍建设,促进了党员干部综合素质和创新能力的提升。

如古巴共产党坚持老中青干部合理搭配的人才组织结构,党和国家的主要领导干部实行任期限制制度。这些举措对于古巴社会主义建设中人才队伍和国家接班人的培养具有极其重大的意义。通过一系列举措,古巴的党政系统的办事效率得到了提高,合格的社会主义建设的政治领导人得到了有效的锻炼。越南、老挝近年来也加快了党员干部队伍建设的步伐。越南共产党不但废除了领导干部终身制,而且明确规定 70 岁以上的中央干部都要退出党和国家领导体系,超过 60 岁的领导干部不得当选中央委员。这些探索使越南共产党新老干部的循环发展步入制度化轨道。

(五)坚定理想信念,积极应对新的挑战

为了有效地抵御西方国家的文化渗透,克服苏东剧变在群众中造成的思想混乱,古巴、越南、朝鲜、老挝的执政党结合自身实际情况,坚定理想信念,创新执政思维,积极应对新的挑战。越南共产党的"五项基本原则",老挝人民革命党的"六项基本原则",古巴共产党的"思想战"运动以及朝鲜劳动党在 20 世纪 90 年代的"思想革命"都是执政党的重要措施,都对保持社会主义政权的稳定发挥了积极作用。

当前,西方资本主义国家在全球经济、外交和军事等领域占有优势。在国际社会主义运动不断探索前进的同时,各社会主义国家的执政党要正确认识和理解社会主义必然代替资本主义的历史趋势,坚定共产主义理想信念,既要有世界眼光,又要有现实精神;既要有远大的理想,又要明确当前历史任务,创新执政理念,践行执政使命,集中精力建设好各具特色的社会主义。

第五章　主要民主社会主义政党学习与建设的举措及经验教训

中共十八大提出，中国共产党要"增强自我净化、自我完善、自我革新、自我提高能力，建设学习型、服务型、创新型的马克思主义执政党，确保党始终成为中国特色社会主义事业的坚强领导核心"①。这就为在新的历史条件下，如何进一步加强和改进中国共产党的执政能力建设指明了方向。

一些民主社会主义政党注重学习和执政能力建设，以积极应对时代和社会发展的挑战。特别是二战后以西欧社会党为代表的主要民主社会主义政党长期执政，体现了较强的学习和执政能力，给我们"调适可以带来生机、学习能够焕发活力"的宝贵经验。同时，它们在学习和执政能力建设方面也存在不少问题。应该说，无论是它们采取的一些举措还是经验教训，都能给我们以深刻的启示。

本章尝试从历史发展角度分析在当代世界上有重要影响的"德国社会民主党、法国社会党、英国工党、瑞典社会民主党"等主要社会党的学习举措及经验教训，以作为我们深入推进学习型政党建设的重要借鉴。之所以选择这四个政党作为民主社会主义政党学习研究的典型，是因为

---

① 《坚定不移沿着中国特色社会主义道路前进　为全面建成小康社会而奋斗》，《人民日报》2012 年 11 月 18 日。

在国内外学术界的研究视域中,它们在各国社会党中具有公认的典型性。国内学术界公认,"民主社会主义模式多种多样,除瑞典模式外,还有德国模式、英国模式、法国模式等"①;国外学术界一般也将上述四个政党作为社会党研究的典型,如《社会民主党的改革能力:西欧六国社会民主党执政政策比较》一书不仅将德国社会民主党和法国社会党划为传统社会民主党,将英国工党划为自由主义化的社会民主党,将瑞典社会民主党划为现代化的社会民主党,而且进一步将德国社会民主党和法国社会党区分为实用主义联合型的社会民主党和地中海型的社会民主党②。

一、德国社会民主党学习与建设的举措及经验教训

(一)德国社会民主党学习与建设的举措

1.顺应社会现实,及时推进指导思想的演变

经过140多年漫长曲折的发展,德国社会民主党完成了从革命党向改良党、从工人阶级政党向人民党的转型。

德国社会民主党的历史可追溯到1863年成立的全德工人联合会和1869年成立的德国社会民主工党,是第一个在民族国家内建立的无产阶级政党。

1921年社会民主党通过的《格尔利茨纲领》规定党的性质是"城乡劳动人民的党。它力求使一切依靠自己劳动成果为生的体力和脑力劳动者在共同的认识和目标下团结起来,为争取民主和社会主义而共同奋斗"。这是将社会民主党的性质由工人阶级政党转变为人民党的最初尝试。新

---

① 赵永清:《德国民主社会主义模式研究》,北京大学出版社2005年版,第5页。
② [德]沃尔夫冈·迈克尔、亚历山大·佩特林、克里斯蒂安·亨克斯、克里斯托弗·爱格勒:《社会民主党的改革能力:西欧六国社会民主党执政政策比较》,童建挺译,重庆出版集团、重庆出版社2009年版,第6页。

党纲还明显地弱化了对社会主义历史必然性的论证,同时加上了伦理学的论证,宣布"争取无产阶级解放的阶级斗争"既是历史的必然,也是道德的要求。这预示了社会民主党意识形态多元化的发展趋势。

二战后社会民主党顺应德国社会现实的巨大变化,于1959年11月通过了著名的《哥德斯堡纲领》。纲领公开声明"社会民主党已经从一个工人阶级的政党变成了一个人民的政党",并且宣布"民主社会主义植根于西欧的基督教伦理、人道主义和古典哲学,它不想宣布什么最终真理"。① 社会主义的"基本价值"是"自由、公正、互助";实现社会主义的途径是"在平等的条件下同其他民主政党进行竞争,以赢得大多数人民的支持"。这标志着德国社会民主党在政治理念上的彻底转变:不再把马克思主义视为党的指导思想,主张世界观的开放性和多元化。在经济政策方面,纲领主张实行混合经济,在重申公有制要求的同时,为私有制和市场竞争保留了位置。该纲领最终奠定了德国社会民主党在新时期的基本路线,使该党最终实现了"非意识形态化"和从工人党向人民党的转型。在该纲领基础上于1971年12月通过并沿用至今的德国社会民主党组织章程正式确认了党的转型。

1989年12月通过的《柏林纲领》强调社会民主党是一个"左翼人民党",建立一个"自由、平等、没有阶级和特权的团结互助的社会"是党的政治目标;再次肯定并重申了"自由、公正、互助"这三大价值,并把它们看作是"判断政治现实的标准,是衡量一个新的和更好的社会制度的尺度,同时也是每一个男、女社会民主党人的行动指南"。1999年该党在上台执政后又着手规划修改党纲。

20世纪90年代以来,欧洲社会民主党传统的政党模式和执政模式遇到空前挑战。社会民主党传统的理论对全球化和社会结构的新变化失去了原有的解释力,不再能吸引和凝聚社会上的大部分人群并为其带来

---

① 殷叙彝:《民主社会主义论》,中央编译出版社2007年版,第6页。

足够选票。面对挑战,德国社会民主党积极加强政党理论探索,深化对资本主义未来和社会民主主义未来的讨论。特别是 1999 年 6 月发表的"施罗德—布莱尔文件",在德国社会民主党中引起强烈反响,越来越多的人参与了社会民主党理论的讨论,有时党外人士和国外政要还被邀请参加。这场大讨论已持续数年之久,它不仅促进了人们观念的变革和理论的创新,也带动了全党思想观念的转变。

2. 抓住经济社会发展的机遇,制定适宜的经济社会发展战略

德国社会民主党抓住二战后世界经济发展的重大战略机遇期,成功地构建了德国式福利国家模式。20 世纪 90 年代以来,面对经济全球化的冲击,德国陷入深刻的结构性和制度性危机,社会民主党进行了社会经济的深刻调整和变革以确保经济可持续发展。其基本思路是,努力使传统的社会民主主义与新自由主义相结合,坚持兼顾国家与市场、供给与需求、公平与效率、权利与义务相平衡的原则。德国政府据此作出三项战略决策:一是制定 21 世纪国家可持续发展战略的总体框架。二是推进"新经济化"战略,采取一切措施迅速推进以信息技术和生物技术为代表的新经济产业的兴起,使新经济成为德国经济增长的主要推动力量,同时加速德国经济生态化进程。三是实施"2010 年议程"(从 2004 年起实施)。① 推进包括劳动力市场、医疗与失业保险、养老金等一系列削减社会福利的改革措施,同时进行税收改革和科教体制改革。但由于德国长期的福利国家背景和文化传统,加上改革步伐过快,使得上述政策推行遇到很大阻力,预期效果大打折扣,最后导致了社会民主党在最近两次议会选举连遭失败,由执政党沦为在野党。

3. 营造有利外部环境,在国际合作交流中不断增强影响力

德国的民主社会主义是社会党国际民主社会主义的理论先导。② 从

---

① 杨根乔:《德国社会民主党执政经验刍议》,《当代世界与社会主义》2006 年第 1 期。
② 赵永清:《德国民主社会主义模式研究》,北京大学出版社 2005 年版,第 7 页。

理论形态来看,德国民主社会主义理论色彩最浓,理论也最系统,对社会党国际民主社会主义的理论影响也最大。苏联研究社会党国际的专家西比列夫曾指出:"德国社会民主党是国际社会民主党的思想领袖。"①从社会运动的角度来看,这一运动之所以能扩展到欧洲以外的世界其他地区,与原德国社会民主党主席勃兰特长期担任社会党国际主席是分不开的。作为德国社会党主席同时又是社会党国际杰出的活动家,勃兰特以"新东方政策"和使民主社会主义成功地向全球性扩展闻名,使得社会民主党获得周边国家以至世界的谅解和称赞。同时社会民主党借助其在社会党国际的活动,在中东欧、北非乃至全世界都增强了影响。它还设有相应的政治基金会,利用它们进行国际范围内的学术研讨、人员交流和政策磋商,从而赢得了有利的国际环境。因此,从德国民主社会主义的典型性来看,研究、了解德国的民主社会主义,也就基本把握住了作为一种国际思潮的民主社会主义的发展脉络。②

4. 依靠相对松散和独立的组织结构保持思想的活跃

德国社会民主党的组织结构分为联邦、区、分区、基层支部等。这种划分与行政区划并不完全一致,主要是由于党的历史或地方政权变更造成的。每一级组织在政治上是独立的,只要他们的章程不违反高一级的政党法(尤其是联邦政党的章程法和政党法),他们在意志形成方面也不受上一级党组织决议的约束。

社会民主党还设立了各种专业委员会,或加强与特殊社会群体联系,如青年、妇女、老年人等,或关注某些特殊专业问题,如法律、教育等。

社会民主党通过党报党刊公布党的政策和纲领,让党员了解党的主张。党的机关报《前进报》每月出版,寄给党员。党的每一级组织都有互

---

① 　[苏]H.T.西比列夫:《社会党国际》,中国社会科学出版社 1983 年版,第 46 页。
② 　赵永清:《德国民主社会主义模式研究》,北京大学出版社 2005 年版,第 7 页。

联网,可以从网络上了解社会民主党的情况,包括会议记录。可以通过电子邮件向担任领导职务的人传递信息。普通党员也可以参加地方一级和区一级的所有活动和委员会会议。党组织在宪法、法律范围内必须公布收入支出情况。

5.努力通过各种新形式来维系党的团结以及党与选民的联系

努力利用各种媒体宣传主张,拉近与民众的距离。德国社会民主党十分重视利用现代媒体手段宣传推广政策主张,努力从原来的新闻报道对象成为报道主体,利用媒体引导舆论为本党服务,塑造党的良好形象,扩大党的影响。20世纪90年代中期,该党就把拥有适合媒体社会的交流能力视为新时期党建工作的重要目标之一,加紧向党的中高层干部传授与媒体打交道的本领,强调要影响媒体而不是只让媒体报导。与民众进行多渠道沟通与交流,建立自己的网站和宣传主页,发布党内文件,扩大党对社会的政治影响,力争在民众心目中保持良好的政党形象。

开展党的纲领大讨论,力求使纲领和政策符合时代要求。由于传统的社会民主主义意识形态影响力下降,在理论纲领和战略目标方面出现危机,社会民主党极力赋予原有的价值目标以新的意义,突出包容性和开放性。在坚持"公正、自由和互助"是永恒价值观的同时,强调要使这些价值观念符合时代发展的要求。

社会民主党在1999年12月的党代会上决定修改党的纲领,为此展开了全党大讨论,已持续数年之久。社会民主党认为,讨论党的纲领的过程比最终出台的新纲领更加重要,因为讨论就是统一思想、澄清认识的过程。在关于党纲的讨论中,参加者不限于德国社会民主党党员,还邀请了非党人士及欧洲其他国家的社会党参加,使得纲领革新成为全党思想观念更新的自然进程。

社会民主党在不放弃基本价值观的前提下,对其进行延伸性阐述,重新界定"自由、公正、互助"的内涵。2003年7月,时任社会民主党总书记的奥·朔尔茨发表了题为《21世纪的公正和团结一致的中间派》的讲话，提出了应在13个方面理解新时期的公正。其基本观点是增加个人对集体的责任，扩大个人对国家的自由；强调应先有机会公正、经济发展，才会有分配公正、结果公正；突出社会强者对互助的责任，扩大个人在互助中的能动性。

社会民主党还根据社会阶级结构的新变化，努力扩大党的选民基础和社会阶级基础，争取民心。施罗德的"新中间"思想就是从社会新变化出发，进一步向中间层渗透，向全体选民最大限度地开放，寻求跨阶级的支持，扩大自己的生存基础。

倡导建立"网络党"。德国社会民主党尝试提出建立"网络党"的主张。所谓"网络党"，就是利用因特网为党与党外人士、党的领导和普通党员搭建一个交流和对话的平台，加强中央与地方、党员与公众的沟通，同时还利用现代媒体改进党的宣传方式，及时把党的信息向公众传播。其意义不只限于利用现代化通讯工具迅速获得和传递信息，更重要的是通过计算机把人们的兴趣联系起来，形成一个共同参与的网络。1995年，社会民主党率先在因特网上建立网页，使人们可以不受时间和地理条件的限制，随时从网上了解该党的政策主张、领导人的言行和党内政治生活的重大安排。党通过网络与人民联系，人们还可以在网上登记入党。社会民主党在网上成立"虚拟组织"，以网络技术为平台开展组织生活，打破参加党内讨论的时空限制。社会民主党还启动两个重要计划：一是"红色电脑"计划，在2002年前已把党的12500个基层组织全部联入内部信息网；二是"红色手机"计划，做到通过移动通讯终端（如手机）向所有党员发布有关消息。[1] 目前社会民主党总部与党的各州级机构之间已实现内部联网，党的领导成员在网上直接同党员见面。

---

[1] 中共上海市委党校课题组：《全球化信息化背景下德国社会民主党组织建设的新趋势》，《中共中央党校学报》2009年第6期。

尝试建立项目党员制度。社会民主党设想在继续以居住地原则设置党组织的前提下,也按照人们感兴趣的问题或项目设立党组织,允许那些对党的部分政策主张持赞成态度、但又不准备承担党员所有义务的人在一段时间里入党并随时退党。这些只参加党的某些项目活动的成员被称作"项目党员"。

此外,德国社会民主党将工会视作重要的社会基础和选举支持力量,注重通过积极的工作与工会建立伙伴关系,以寻求后者的支持。同时,社会民主党还在现实挑战和压力下决心对福利制度进行彻底变革,并在改革政策引发一系列社会矛盾和问题后,切实采取相应的措施来积极应对矛盾和推进改革,使得德国大部分民众基本接受了福利改革和劳动就业市场改革的措施。

(二)德国社会民主党学习与建设的经验和教训

1. 必须顺应社会历史条件的变化开展学习,以洞察和掌握社情民意,及时调整党的纲领和政策,从而获得更多民众的支持

从德国社会民主党的历史发展过程看,它从革命党向改良党、从工人阶级政党向人民党的转型是由德国的客观环境和历史条件决定的。社会民主党之所以发展演变为人民党,是因为在议会民主制条件下,一个政党要想上台执政,就必须取得大多数选民的支持,而仅仅依靠工人阶级不可能取得大多数。随着社会结构的变化,德国传统意义上的工人数量逐步减少,职员和公务员所占的比例已经超过了工人。在这种情况下,社会民主党要赢得多数选民的支持,只能将自己的定位从工人党转向人民党,让所有认可自己纲领的人成为党员、支持者和选民。随着经济全球化、政治民主化、科技信息化、社会多元化的发展,世界政党生存和发展的环境发生了新的变化,社会对政党特别是执政党提出了新的更高的要求。如何适应形势的发展变化,不断调整自己、探索执政规律、提高执政能力、推动政党的现代化,这也是世界各国政党特别是执政党迫切需要解决的重大课题。

2.必须高度关注经济发展中的突出问题，妥善解决社会公平和公正问题，着力协调经济社会的全面发展

从德国社会民主党在近年大选中受挫来看，这种状况是由多种原因造成的。其主观原因：一是没有尽快扭转德国经济停滞的局面。德国曾是12个老欧盟国家中三个最富裕的国家之一，但近些年来经济一直停滞不前①。尽管社会民主党企图通过调整宏观经济政策改变经济停滞状况，但经济状况依然未见好转，福利制度难以为继，区域优势不断丧失，相当多的民众对社会民主党丧失了信心。二是没有解决好失业问题。施罗德政府是以解决前任科尔政府长期未能解决的失业问题为使命而上台的，但四年后失业人数不降反升。连任后，施罗德下定决心进行彻底的社会经济改革，但依然未能奏效，到2005年年初德国的失业人数超过了520万。于是选民便把气撒在社会民主党身上，使其丢掉了39年的执政权。三是没能审慎进行社会保障制度的改革。德国是世界上最早建立社会保障体系的国家，迄今已有100多年。但在经济全球化以及人口老龄化等因素的影响下，其社会福利制度暴露出了严重的问题。为改变这种局面，德国政府从2004年起实施"2010年议程"，实际上就是要从总体上削减许多领域的社会福利和社会保障。这项涉及社会公平和公正问题的政府改革计划，遭到国内一些利益集团的反对，再加上许多德国人已经习惯了优越的福利待遇，使得政府要把这项改革进行到底难度较大。

3.必须通过不断的学习来解决好理论与实践的关系，从而保持强大的理论张力

德国人素以抽象思维、理论思辨能力强而著称，因此相对于其他几种民主社会主义模式而言，德国民主社会主义理论极为系统和完整，张力强大。多元主义兼容并蓄的主导思想和以伦理为特征的自由、公正、相助的基本价值论构成德国民主社会主义的思想主线。尽管这一思想体系内容

---

① 杨根乔：《德国社会民主党执政经验刍议》，《当代世界与社会主义》2006年第1期。

庞杂,自称继承了多种思想渊源,流派众多,但主要的理论支撑点仍有迹可循:国家理论、民主理论、经济混合理论、总体调节的政策主张,以及社会政策思想、国际政策思想等构成德国民主社会主义思想体系中主要的理论结构要件,使这一思想体系层次日益丰满。《哥德斯堡纲领》不仅是使德国社会民主党走出困境、走向执政的理论界碑和历史起点,而且是对社会党国际1951年法兰克福宣言民主社会主义理论的彻底阐述,成为其他国家社会民主党制定纲领的理论楷模。《哥德斯堡纲领》以其独有的理论张力在国际社会民主党民主社会主义思想体系中独树一帜,纲领提出的基本原则,至今仍是德国社会民主党乃至国际社会民主党赖以遵循的行动准则。

尽管理论具有强大影响是一方面,但理论能否和实践紧密结合则是另一方面。马克思指出:"理论在一个国家实现的程度,总是决定于理论满足这个国家的需要的程度"。① 纵观德国民主社会主义运动近百年的发展历程,指引运动进程的理论和实践始终处于一种若即若离的脱节状态。当马克思主义历经艰难曲折,战胜种种非马克思主义思潮,好不容易在社会民主党内占主导地位可以用革命的理论去指导革命实践时,德国工人运动中改良主义思潮的影响却仍十分强大,小资产阶级的广泛存在,新的中产阶层的大批出现以及工会运动的改良实践顽强地抵制着马克思主义革命理论的思想影响。因此就出现这样一种怪象:马克思主义革命理论用以指导俄国和中国的革命实践行之有效,而产生马克思主义的德国本土却始终未能将这一理论变为现实。随着德国历史的发展,马克思主义理论与德国工人运动似乎距离越来越大,而改良的理论——民主社会主义却蓬勃兴起,德国改良的实践需要改良理论的指导,民主社会主义的改良应运而生。但即使是民主社会主义的改良,在资本主义制度框架内也难以被全部吸收和包容,于是又出现新一轮民主社会主义改良理论

---

① 《马克思恩格斯选集》第1卷,人民出版社1995年版,第11页。

与实践的脱节。这说明,德国民主社会主义的改良与德国历史和现实的发展仍有一定的距离。

二、法国社会党学习与建设的举措及经验教训

(一)法国社会党学习与建设的举措

1. 随着历史时代的发展不断调整《原则声明》对社会主义的理解

1905年成立初期社会党主要受马克思主义、激进主义、蒲鲁东主义等多种思想的影响。1946年该党战后第一个《原则声明》声称党的本质特点是使人类获得解放,废除资本主义所有制;社会党本质上是革命的党;它的宗旨是用另一种制度取代资本主义所有制。到1969年该党的《原则声明》已不再提阶级斗争,但还是坚持"投资资料、生产资料、交换资料的逐步社会化是构成社会化必不可少的基础"①。1971年后密特朗主张实行"法国式的社会主义",提出与资本主义决裂的口号。1973年《原则声明》中该党重申社会主义改造不能是纠正资本主义弊端的那些改革的自然产物和总和。问题不是使一种制度日臻完善,而是用另一种制度取而代之。但社会党1981年上台执政后,社会改革效果却不甚理想。在密特朗第二个任期,社会党改为倡导建立一个温和的法国,政策策略进一步右转。

苏东剧变后,在1990年的《原则声明》中社会党首次提出用改良主义实现社会主义愿望,"社会党是团结的党,它把改良主义服务于实现革命的期望。因此,社会党置身于民主社会主义的历史行动。"②同年该党

---

① [法]让·马雷、阿兰·乌鲁:《社会党历史——从乌托邦到今天》,商务印书馆1999年版,第184—185页。

② 陈露译,李兴耕校:《法国社会党的原则声明和章程》,《当代世界社会主义问题》2002年第2期。

十大后,第一书记莫鲁瓦公开承认该党与其他国家的社会民主党已重新汇合。1997 年若斯潘上台后奉行左翼现实主义策略,提出以调节资本主义为目的的"现代社会主义"主张,强调要市场经济,不要市场社会,淡化左右政治的界限,建立中产阶级在内的新阶级联盟。

自 2000 年格勒诺布尔代表大会发表新的《原则声明》以来,社会党迄今没再改动《原则声明》,但是最近几次党的全国代表大会通过的决议和社会党领导人的讲话则体现了社会党人在理论上的进一步探索:对资本主义的批判和社会主义理想的认识;走左翼的、改良主义的道路;实现参与式民主,建立新责任观;巩固新阶级联盟,成为一个人民党;发挥国家的意志能动性。

2.扩大党的群众基础,实施跨阶级新联盟

社会党认为,随着生产方式的变革,法国社会阶级结构发生了变化,传统意义上的阶级界限日益模糊,各阶层的思想观念和利益追求既交错又融合。一方面,新兴的中产阶级已成为社会主体和稳定因素,在经济发展中发挥着特殊的作用,社会党必须更加关注他们的利益。另一方面,中下阶层雇员就业十分不稳定,由于教育水平低,一旦失业就意味着失去再就业的资格,中下阶层通过每周 35 小时工作制把一部分岗位让给失业者,但他们急切需要通过努力工作而得到晋升,却不得不受制于 35 小时工作制,社会党意识到要做好他们的工作。为此,该党确定了以中产阶级为基础,在调和被社会排斥者、平民阶层和中产阶级的利益和愿望的基础上建立新联盟的战略,来扩大支持人数[①]。

3.加强党的组织建设,实施改革创新

通过对 2002 年大选失败的反思,社会党认为在组织上存在没有充分动员基层党员和吸收党员的机制僵化的问题。为扩充党员队伍,必须进

①　李苏琼:《法国社会党竞选失败对中国共产党建设的启示》,《法制与社会》2007 年第 8 期。

行如下组织革新：

加强对基层党组织的重视。社会党第一书记奥朗德讲到，"关键是作为细胞的基层党组织的扩大。基层党组织的扩大必须以某些变革为前提，甚至包括代表大会的实践的变革。"社会党吸取了上次大选未能充分动员基层党员、只是领导层在搞竞选的教训，从一开始就对支部书记进行动员，接着以支部为单位，对选民进行动员，从而获得一定选民的支持。

加强对党员结构的调整。该党成员构成上存在着人数少、人员老化以及过于代表中间阶级等弱势。2000 年党员人数约为 11.87 万人，2003年发展到 12.5 万人。但所占选民的比例仍很小，在 2002 年选举中，只占支持率的 25%—27%。扩大党员人数才能使党对现实有更深入的认识，提高与社会进行交流的能力。同时采取了许多灵活的办法吸引妇女、青年、工会会员、外来移民参加党的活动。

4. 党的各级组织在明确分工的基础上承担了相应的宣传和联络责任

对政策制定、定期选举和政策落实这些主要的日常工作，各级机构都有明确的分工[①]。此外，党的各级机构同时承担各自范围内的宣传党的政策、与党内外伙伴对话的工作。例如，大区委员会要负责在大区层面与党的不同伙伴进行必要的讨论，就大区的政策问题组织对党外开放的专题会议。对党员，党章要求他们应属于所在职业的一个工会组织，或所在地区的合作社，并属于一个消费者保护组织。这样党员可以参加这些组织的活动和工作。因此，虽然与工会没有直接的组织联系，但法国社会党在法国民主工人联合会以及全国教育工会中拥有相当大的影响，相当比例的社会党党员加入了民主工人联合会或全国教育工会。

5. 高度重视和充分发挥党外合作者的作用

法国有 80 万家协会组织，法国人把协会看成是拥有未来的组织，协

---

① 陈露：《法国社会党处理党群关系的经验教训》，《当代世界社会主义问题》2006 年第 5 期。

会依靠公民的创造性,是提出真正建议的力量,许多社会党党员就是协会的成员①。但社会党与协会之间近年来在思维、运作模式都产生了距离。社会党有针对性地进行重新定位,把自己当成是工会、利益集团、各种协会和地方、省、大区、国家及欧盟行政机关这个整体系统的一员,认为政党不应再包揽一切,而是要让工会等社会团体发挥其应有作用,社会党只是公民与协会组织的中介者。同时加强各种协会、非政府组织和工会的作用,使它们可以通过组织活动促使法律建议等列入议事日程。这样在得到协会组织支持的同时,还吸收了协会组织的一些好的建议。社会党还高度重视与党外合作组织和同情者的联系,即与青年、企业、学术团体和社会党的个人同情者的联系,将党的联系扩大到社会的各个重要层面。

（二）法国社会党学习与建设的经验和教训

1. 必须重视意识形态建设,适应形势发展的需要进行思想和观念的革新

一方面,法国社会党在发展过程中没有放弃党的理想和价值,同时又根据变化的环境发展党的理念。法国社会党信奉法国大革命时期的"自由、平等、博爱"以及共和主义原则,同时也受马克思主义的影响,批判资本主义社会不平等,维护工人阶级的利益与权利。社会党强调对资本主义社会进行根本性变革,但没有放弃各种推进社会改革的机会。从20世纪20年代对政府的支持而不参与,20世纪30年代人民阵线时期对取得权力和行使权力的区分,以及二战后多次参与联合政府,社会党推动了法国的福利制度建设,增进了工人的民主权利和社会经济条件的改善。1981年上台执政后,为了实现党的传统理想,社会党推行了一系列改革,包括提高工资、降低工作时间、国有化、分权改革等。由于法国经济情况

---

① 李苏琼:《法国社会党竞选失败对中国共产党建设的启示》,《法制与社会》2007年第8期。

的限制和国际环境的影响,1983 年以后社会党从理想主义转向了务实的经济政策。20 世纪 90 年代以来,社会党对党的思想进行重新定义,将共和主义价值观,包括尊重生命、自由、平等、宽容、团结和责任等加入到党的价值观之中,弱化了革命主义的语调和色彩。同时提出要市场不要市场经济的口号,认为改良主义已完全取代革命和生产方式的集体化,寻求建立一个更人道的社会。

但另一方面,社会党成为执政党以后更倾向于选举的平台,而没有发挥出党的意识形态力量。社会党仅仅长期地吸收了对地方、大区和国家管理有兴趣的公民。社会党把党员活动转向选举日程,党员成为服从选举目标的工具。政府权力行使的结果使领导者与党员相分离。党不再代表社会不同阶层。人们也经常责备社会党是一个干部党。与此相应的是个人主义精神的上升和集体战斗精神的受侵蚀,而非政治化、非社会化、非建设性的倾向也都不再鼓励发展群众性的党组织结构,社会民主主义模式面临危机。2002 年社会党竞选失败后,党内围绕党的定位和价值观进行了深刻反思,提出了创新党的思想和理论的新要求。

2. 必须改革党的组织结构和增强党的整合力

法国社会党的组织结构主要有三层。最基层是地方支部或企业支部,党员可以在支部开展活动和进行讨论,表达不同观点并提出政策建议。中间层是省级联合代表大会,它负责党在每个省的政策,联合代表大会的决策机构是联合理事会,联合代表大会选举产生联合会第一书记。最高层是全国代表大会,每两年召开一次,对党的活动和大政方针进行总结和讨论。在全国代表大会之上是党的主要领导和执行机构,包括全国理事会、全国执行局、全国书记处,党的第一书记居于顶位。社会党的每一层机构都通过选举产生,而且各级负责人都通过所在层级全体党员大会投票选举产生。此外,党的全国理事会由比例代表制选举决定,即全国代表大会中的不同派别提交各自提案,根据提案得票率按比例分配名额。

全国执行局的选举和全国理事会相同。通过比例代表制,社会党内不同观点可得到充分讨论,同时也可形成最后决策;社会党内不同派别的成员都有可能进入领导层,同时,得票最高的议案通常也成为党内大多数人的共识,有利于党的稳定。法国社会党的三层式组织结构相对严密,党内民主化程度较高,这种组织结构有利于党保持较高的战斗力,同时又维持了党的活力。社会党还对党的总统候选人的推选方式进行了革新,从1995年进行党内直接选举发展到2011年10月的党内初选进一步对社会开放,在全体左翼同情者中进行选举,即任何进行选举注册、支付1欧元并在"左翼价值"(自由、平等、博爱、世俗主义、正义、团结与进步)上签名的人都可以参加投票。这是法国总统候选人选举第一次对公众开放,被媒体认为开启了一个"新的民主时代"。通过较严密的组织体系和扩大党内民主,社会党对党内不同派系的力量进行整合,扩大了党的包容性与生命力。

但党内斗争激烈和党员素质不高导致战斗力被削弱。党内是否团结直接关系到社会党在政治格局中的地位。2002年,社会党在总统和立法选举中接连败北,若斯潘宣布引退,党内群龙无首,派系斗争日趋激烈,实力大受削弱。2005年6月,围绕欧盟宪法问题,该党发生严重分裂并导致二号人物法比尤斯被开除出党。其后罗雅尔备战总统的落选使该党裂痕再次暴露并加剧。在发展党员的问题上,社会党存在党员人数下降、党的群众基础削弱并老化、党组织不积极发展党员、党的战斗精神下降的问题①。自20世纪80年代以来,该党党员人数急剧下降,从1988年拥有20万党员,到现在只有12.5万人。而且存在人员老化、社会基础收缩的倾向,党员主要集中在公共部门的雇员,尤其是教师、退休者。社会党有失去大众阶层选民(工人、雇员)和青年人的倾向。另外支部和联合会的

---

①　陈露:《法国社会党处理党群关系的经验教训》,《当代世界社会主义问题》2006年第5期。

干部为了再次当选,不愿发展与自己有不同意见的人入党,同时却通过向亲朋好友提供服务,把对政治不感兴趣的人拉进来。加上群众对传统政治参与形式的不满,党的战斗精神有下降趋势,甚至出现了竞选时无人可派的尴尬局面,导致最后选举失败①。

3. 必须与时俱进地制定政策,向中下层倾斜以促进社会公平

社会党执政期间重视社会平等,注重对中下层民众利益的保护,在社会保障、公民自由、男女平等等领域推进了改革,从而获得了选民的普遍支持。1981年密特朗上台后,提高最低工资,扩大社会支出,延长带薪假期,还提高职工在企业中的地位,要求雇主每年与工会代表就工资和工厂民主进行协商,每两年签订集体协约,实施公民的"自治管理"。1988年,社会党政府制定"最低收入保障"制度,为失业和低收入人群提供社会救助。若斯潘上台后,将失业问题放在首位,集中力量解决就业问题,制定35小时工作制,增加公共部门就业岗位,实施青年就业计划,为25岁以下青年提供政府资助的工作或培训。2000年以来,政府还为600万低收入群体提供免费医疗救助,实现了医疗保障的普惠制。此外,社会党十分重视公民自由,在教育领域主张将私有学校纳入国家体系,支持教育民主化改革,提高教育质量和现代化。20世纪90年代以来,社会党还推进了《公民团结契约》、妇女竞选公职的平等权利以及移民权利保护等方面的立法工作。这些政策使它获得了很多中下层民众的支持,稳定了执政基础。但该党的政策没有随社会的变化而变化。一方面,法国2004年人口普查显示,法国60岁以上的老年占到总数的21.8%,人民运动联盟充分考虑到了老年人的需要,推出控制移民、改善治安的政策,获得老年人的支持。另一方面,随着个人自由意识上升,右翼适时地推行经济自由化,而社会党却过分强调国家的

①　李苏琼:《法国社会党竞选失败对中国共产党建设的启示》,《法制与社会》2007年第8期。

作用,虽然保证了最脆弱人群的利益,但却牺牲了多数人选择的自由,因此失去民众的支持。

4.必须处理好左翼党派结盟和干群党群关系,形成左翼联合平台和力量

第五共和国建立后,总统的权力和地位得到加强,国民议会从比例代表制转变为多数代表制。在这种制度约束下,政党如果想要执政或进入议会,就必须与其他党派结盟。由于此时保卫新共和联盟的建立,右翼形成了一个相对稳定的联盟,为此左翼和中间政党不得不采取应对的措施。1972 年,重建后的社会党和共产党签订《共同纲领》并就选举中的互相支持达成一致。在左翼联盟的支持下,1974 年总统选举中左翼取得了进展,1981 年的总统和国民议会选举中社会党取得胜利。1981 年社会党组阁后有四名共产党成员进入政府担任部长,但是 1984 年共产党退出政府后联盟破裂。20 世纪 90 年代后,法国的政党格局发生了改变:社会党成为左翼第一大党,绿党等新的左翼政党崛起,力量不断遭到削弱的法国共产党在罗贝尔·于的领导下出现革新的意愿。在此背景下,1997 年,社会党和共产党、绿党、公民运动建立了"多元左翼联盟",同意在选举中互相支持,并最终取得了国民议会选举的胜利,使社会党重新获得政权。这些历程表明,联合左翼力量建立有效的左翼联盟是社会党能够取得政权的一个重要条件。但是法国社会党的党内干群关系和党外党群关系相分离也影响其战斗力。传统的法国政治存在着精英统治社会和组织的状况,干部的作用提升而普通党员群众的作用降低。另外,相对于欧洲其他一些主要的社会党来说,法国社会党与工会和其他协会的联系较为疏远。而且,在执政过程中社会党也暴露出一些问题。地方执政者常持这样一种观点:谁付费,谁决定。那些群众参与的协会实际上处于次要地位,它们的呼声没得到充分的尊重。而这些协会并不希望政治家只是把它们看成是政治工具,它们希望政府在制定公共政策方面与它们磋商。

三、英国工党学习与建设的举措及经验教训

(一)英国工党学习与建设的举措

1.顺应社会现实需要不断推动主导思想的嬗变

英国工党 1900 年成立时的主导思想是劳工主义,仅把维护劳工的利益作为唯一诉求。英国工党劳工主义的主导思想维持了 18 年。1918 年工党两次召开特别会议,在进行组织改革的同时,实现了主导思想的革新。新党章规定,党的目标是"在生产资料公有制和对每一工业或行业所能做到的最佳的民众管理和监督的基础上,确保手工与脑力生产者获得其勤勉劳动的全部果实和可行的最公平分配"。这是工党第一次把带有鲜明社会主义色彩的生产资料公有制写进党章。名为《工党和新社会秩序》的首个党纲明确提出要通过议会选举上台执政的方式埋葬私有制,建立一种新的社会制度。① 同时,奉行思想来源的多样化,主张思想的多元化,反对将某一思想定位为指导思想。工党党章的变化与党纲的出现,标志着其主导思想由劳工主义转变为民主社会主义。

20 世纪 90 年代后,在苏东改旗易帜和工党自身连续大选失利的国际国内背景下,新上台的工党领袖布莱尔认为,是否顺应时代变革是决定工党兴衰成败的根本性因素,必须从实现长期执政,而非一次大选胜利的角度,全面彻底地重建工党。② 为此,布莱尔采取了以修改党章第四条和改革与工会的关系为主要标志的改革举措,不仅从组织上和思想上驱除了改革的最大阻力,而且也树立了工党的新形象。同时在建设"新工党,新英国"的旗帜下,工党对传统的民主社会主义思想进行重大革新,提出

---

① 世界知识出版社编:《各国社会党重要文件汇编》(第一册),世界知识出版社 1995 年版,第 308 页。

② [英]托尼·布莱尔:《新英国:我对一个年轻国家的展望》,世界知识出版社 1998 年版,第 14 页。

了名为"第三条道路"的社会民主主义思想。

吉登斯在1998年5月出版的《第三条道路——社会民主主义的复兴》和布莱尔在同年9月出版的《第三条道路：新世纪的新政治》系统阐述了"第三条道路"的内涵。"第三条道路"大体上是要应对全球化的挑战,实现"现代社会民主的复兴"：它提出要建立"积极的福利政策"、"社会投资型国家"、"新型的混合经济",以达到"寻找个人与社会之间的一种新型关系,寻找一种对于权利和义务的重新界定"的目的。强调经济效率和社会公正、权利和责任之间的平衡是"第三条道路"的核心理念。这一核心理念曾经成为西欧社会民主党人吸引选民关注进而赢得选举胜利的关键性新概念,"第三条道路"的社会学分析方法也成为一种潮流,因为应对全球化与越来越个人主义化和多样化的社会需求的挑战成了大多数政党的任务。布莱尔说："思想需要有相应的称号才能流行并得到广泛的理解"①,"第三条道路"明确地表达社会民主主义变革的意愿和方向。吉登斯认为"第三条道路"指的是一种思维框架或政策制定框架,它试图适应过去二三十年来这个天翻地覆的世界。这种"第三条道路"的意义在于：它试图超越老派的社会民主主义和新自由主义②。因为全球化确实给民主社会主义政党带来巨大挑战：资本国际化和生产要素流动性增强的条件下,传统的凯恩斯主义经济理论难以适应新的要求；出于全球竞争的需要,政府越来越倾向于以降低社会福利成本的方式来吸引国际资本,使原有的福利国家政策受到损害；社会结构和社会意识的变化动摇了社会民主主义政党的社会基础。因而从20世纪八九十年代起各社会民主主义政党纷纷开始探索转型的道路。在此背景下,"第三条道路"的提出正好为他们的改革指明了方向,一时之间"第三条道路"理论

---

① ［英］托尼·布莱尔：《第三条道路：新世纪的新政治》,见陈林、林德山主编：《第三条道路：世纪之交的西方政治变革》,当代世界出版社2000年版,第5页。

② ［英］安东尼·吉登斯：《第三条道路——社会民主主义的复兴》,郑戈译,北京大学出版社2000年版,第27页。

思潮席卷整个西欧,成为西欧社会民主主义政党变革的标志。

尽管随着布莱尔和布朗的下台及卡梅伦保守党的上台、新工党时代的结束,许多人认为"第三条道路"已成为过去。但"政治意识形态并不直接与政治议程同步"①,政党的政治表现并不是衡量该党政治思想的唯一标准,在当前的国际经济社会条件下,工党除了在"第三条道路"的框架下继续探索之外,没有别的更好的选择,可以说,在"第三条道路"这一符号背后的实质性探索并没有停止。

2. 学习与建设深刻影响其政坛地位

工党成立早期只关心劳工利益,没有确立明确的社会主义意识形态。其主导思想的不足与弱点主要有:一是成熟的政党必须有鲜明的理论标签,劳工主义不可能成为工党独特的标志。二是成熟的政党在大选时都有明确的党纲和政策主张来吸引选民,而工党拘泥于劳工主义根本不可能吸引劳工之外的选民,获得他们的信任。三是成熟的政党总体上要有独立性,而工党为了劳工主义的追求一直依附于自由党,在获得部分收益的同时也限制了自己的行为能力,影响自身的发展。

第一次世界大战的爆发给工党提供了反思与调整的时机,工党实现了包括主导思想等方面的全面革新,开始快速步入英国政治权力的中心舞台。1918年党章中民主社会主义主导思想的确立,不仅使工党第一次有了自己鲜明独特的意识形态,与自由党有了清晰的界限,而且使工党的发展空间大为拓展。在民主社会主义思想引领下,一大批才华横溢的非劳工人士加入到工党中,工党也开始在竞选中提出自己的纲领。1922年大选后,工党首次成为"国王陛下忠诚的反对党",开始扮演后备政府的角色。1923年大选后,工党打破保守、自由两党执政的传统格局,首次赢得执政机会,逐步跻身英国主流政党行列。

---

① 裴援平、柴尚金、林德山:《当代社会民主主义与"第三条道路"》,当代世界出版社2004年版,第14页。

1945 年大选,工党以绝对的优势击败保守党,得以宽松地实践自己民主社会主义的宏伟蓝图。1950 年大选,工党再次获胜,首次取得连任,确立起自己英国两大政党之一的地位。

但进入 20 世纪下半叶,工党在政坛的发展不尽如人意。从执政根基看,1951 年到 1983 年工党的大选支持率基本上呈现下滑状态,而保守党多次以绝对的优势赢得胜利。从执政绩效看,工党政府都没有取得显著的执政绩效,都不能解决长期困扰英国经济发展的问题,总是陷入疲于应付的状态,以至于给民众留下不会治理国家的政党形象,而在保守党政府领导下,英国在 20 世纪 50 年代经历了黄金十年的发展,在 80 年代使特有的经济病出现明显的改观。

工党执政的无所作为和选举竞争的无力固然有外在因素作用,但其主导思想的僵化是关键性因素。如工党内部许多人没有认识到推行国有化的弊端,不顾广大民众收入增多、条件改善带来的心理变化,一味地把国有化看成是社会主义的标志。在对待欧盟的态度上,在保守党和欧洲大陆社会民主党纷纷欢迎和支持欧洲一体化,一体化的确给各国带来重大发展机遇的背景下,英国工党一直拘泥于传统排斥融入欧洲。在社会保障方面,工党一直把 20 世纪 40 年代末建立的社会保障制度作为民主社会主义的标志,认为加强社会福利是民主社会主义价值观的重要体现,即使在国家经济危难之际,也不敢在社会保障领域做出大调整。

20 世纪 90 年代初,布莱尔出任工党领袖后,通过反思工党在政坛近百年的沉浮历程,指出"不进行变革的政党将会死亡,工党是一个生机勃勃的运动而非一座历史纪念碑"[1],并提出名为"第三条道路"的社会民主主义思想。"第三条道路"不仅是思想层面的革新,更是实践层面的变

---

[1]　[英]托尼·布莱尔:《新英国:我对一个年轻国家的展望》,世界知识出版社 1998 年版,第 14 页。

革。在党的改造方面，工党不再把自己定位为劳工政党，而是"跨越民族、跨越阶级、跨越政治界限"的"多数人的党"①，提出公有制只是实现社会主义价值和目标的一种手段，无原则地坚持公有制，是混淆了手段和目的，让经济成分遮掩了它所服务的目标，以此废除了党章第四条原有的公有制追求。在经济政策上明确肯定私有化的作用，不搞公有化运动，提出以一种政企、劳资之间的新的工业伙伴关系代替原有的公共部门与私营部门之争，代替在自由市场和指令性计划之间抉择；在福利政策上改变原来以救济广大工会会员为主的福利政策，提出面向全体民众的救济与培训并重的新福利政策，把工作重点放在教育和培训上，按照提供一种扶助而不是施舍的思想进行。通过这些举措，不仅结束了工党党内长期存在的左翼和右翼激烈争论的局面，而且促成了工党的上台和连续执政。

但在看到布莱尔调整工党主导思想总体成功的同时，也应看到其不足。布莱尔"第三条道路"的实质是淡化自身的阶级特征，这一做法美其名曰超越了"左"和"右"，实际上不可能。在这一进程中，工党的竞选纲领与政策主张等与右翼政党越来越趋同，也就逐渐淹没了自身的身份特征，这在使核心选民减少、游弋选民增多的同时，也使执政风险系数更高。因此工党虽然在世纪之交连续执政，但支持率和议席数却连续下降，优势丧失殆尽，最终在 2010 年大选中失去政权。

（二）英国工党学习与建设的经验和教训

1. 政党必须确立正确适宜的主导思想

主导思想是政党的意识形态标签，政党的产生和发展都离不开主导思想的存在，没有普遍认可的主导思想不可能把大家凝聚在一个政党中，即使成立一个政党，也将是一盘散沙，无所作为。当然这一主导思想必须正确适宜，否则就可能把政党引向衰落与毁灭。英国工党对此提供了正

---

① ［英］托尼·布莱尔：《新英国：我对一个年轻国家的展望》，世界知识出版社 1998 年版，第 43 页。

反两方面的经验教训。历经百年风云,其能够逐步发展壮大,屹立在英国政坛上,与其始终存在主导思想有着密切的关系,而在第一次世界大战前和20世纪70年代,其产生生存危机,存在泡沫化之虞,则与其主导思想不能适应时代的需要密切相关。

2. 必须坚持主导思想的与时俱进

英国工党的经验教训启示我们,无论哪个政党都必须学会正确地把握世界大势、国家形势与党自身情况,做到主导思想的与时俱进。工党在两次世界大战期间正是正确地认识到世界和国家形势变化对自身的影响,以及自身存在的问题,调整和实践主导思想,完成了向现代政党的转变,使民众熟悉和接受民主社会主义的一系列重大举措,从而迅速崛起于英国政坛,并迎来第一个执政高峰。20世纪50年代后,也正是工党没有认识到世界经济全球化与一体化、英国产业结构与就业结构的调整与升级、党内人员结构的变化等因素,依然固守已落后于时代的传统民主社会主义理念与模式,使自身走向式微,在政党竞争中节节败退。

3. 必须协调好稳固阶级基础与扩大社会基础的关系

由于阶级基础既是政党力量的主要来源,又是其在多党竞争中选民的主要来源,因此政党的主导思想必须得到阶级基础的理解和支持。如英国工党显然来源于工人阶级,广大劳工及劳工组成的工会组织既是工党党员和财政收入的主要来源,又是工党选民的主要来源。工党三大主导思想的先后确立和起到的积极效应,都与劳工的普遍认可,至少是不反对分不开的。当然,由于政党在理论上不仅具有利益表达功能,而且具有利益整合功能,在实践上既离不开阶级基础,又离不开社会基础,因此,协调和平衡好二者的关系,既做好稳固阶级基础,又做好扩大社会基础十分重要。社会基础就是支持党的所有民众。布莱尔时期工党能够取得总体成功,与其社会民主主义理念注重吸收和包容劳工之外的中产阶级甚至是富有阶层,实现党的社会基础的扩大不无关系。

4.必须重视加强党的团结,增强党的凝聚力

英国工党作为一个党内有党、由工会和众多社会主义团体组成的联盟型政党,党内左右翼之间的争论是其发展中的突出特点,由党内争论导致党分裂的现象多次出现。由于工会在党内有较大权力,是党内重要力量,因此,工党的每一次重大冲突都直接或间接地与工会有着联系。战后最为严重的工党不团结、导致党的分裂和元气大伤事件发生在 1981 年。党内罗伊·詹金斯等右翼人士对党内左翼和工会左翼联合控制党的主导权不满,脱离工党成立社会民主党。由于社会民主党的选民基础和工党基本一致,其出现对当时处于动荡和困境中的工党的打击极其严重。1983 年大选中工党仅获得 846 万张选票,降为二战后的最低点,而社会民主党与自由党组成竞选联盟,一举获得 778 万张选票。显然,工党党内的这些分裂和冲突事件严重制约着其革新和壮大,也影响着其走向执政之路以及实现连续执政。这启示其他政党必须高度重视党的团结,否则很难实现顺利发展。

作为一个集合体,任何政党内部出现不同的声音和看法是很正常的,在很大程度上也有助于政党做出正确决策和沿着正确轨道运行,关键是要尽可能地避免矛盾扩大化和导致党的分裂。这既需要党内各派在主观上树立党的发展——而非个人利益或派别利益——是第一诉求的理念,也需要从制度层面加以规范和提供合理表达不同观点的平台,实现从约束党员行为和释放党员看法的不同渠道增强党的凝聚力。在这方面,相当时期内不可能从结构角度消除重大争论的工党也从正反两方面为其他政党提供了借鉴。如工党 1933 年的年会规定了党的领袖在决定是否组阁和确定人选时必须遵循的程序;20 世纪 90 年代后通过设立全国政策论坛的方式倾听来自不同方面的声音,避免在高层引起严重的分歧。2010 年 5 月工党下台后吉登斯曾给出建议,"工党下台后的关键问题将是最大限度地减少党内争论,这一问题困扰了大部分的政党,特别是选举失败后的左翼政党。意识形态的重建在这里发挥了关键作用。起点应该

是重新界定公共领域的作用。"①

四、瑞典社会民主党学习与建设的举措及经验教训

（一）瑞典社会民主党学习与建设的举措

1.通过党纲的八次修改对理论和政策进行调整

瑞典社会民主党自 1889 年成立以来曾八次修改党纲,这种调整大体上可以分为以下三个历史阶段。

以工联主义和争取普选权为典型特征的理论青涩期。自 1889 年成立到 1932 年的 40 多年间,瑞典社会民主党经历了由抄袭德国社会民主党人的纲领到开始自主地进行理论创新的发展过程。1889 年社会民主主义工人党在斯德哥尔摩宣告成立时把实现普选权作为首要目标,没有讨论党的纲领问题。瑞典社会民主党在 1897 年党的第四次代表大会通过第一份党纲。它庄严宣告:社会民主党的目标是全面地改造资本主义社会的经济组织并实现工人阶级的社会解放。这一纲领基本上照抄了德国社会民主党 1891 年的爱尔福特纲领。

1905 年瑞典社会民主党召开第六次党代会对 1897 年党纲进行了首次调整。大会对党的基本纲领没有做实质性改动,但在政治纲领中突出了公民与工会权利,还针对工业化带来的大批农民破产问题首次提出了保护小农利益的问题。1911 年,该党再次修改党纲,对农民问题给予了更多重视。该党指出,瑞典的小农户、佃户和农业工人像工薪工人一样也属于被剥削的人民大众。该党据此把党的宗旨改为实现被压迫阶级的社会解放,把党的任务改为实现受资本主义剥削的工人阶级和各社会其他群体的政治组织,控制社会公共权力。较早地认识到农民问题并正确地

---

① ［英］吉登斯:《新工党的成败得失》,高静宇译,《国外理论动态》2010 年第 10 期。

将农民划归为工人阶级同盟军是瑞典社会民主党青年时期的一大理论创举。这为其后来通过与农民协会联合开始长期执政奠定了理论基础。

俄国十月革命爆发后,社会民主党在1920年召开第十一次代表大会讨论并修改了党纲。这个纲领坚持了前三份党纲的基本立场,只是在用词上更加激进。

通过连续执政创建瑞典式福利社会主义和走向职能社会主义的理论成熟期。1932年到1976年瑞典社会民主党长期执政并三次修改党纲,提出了以社会对生产力的影响、劳动人民对财产的参与、计划性生产、公民间的平等为主要内容的改革指导方针和实现共同富裕的新思路。

20世纪30年代的世界性经济危机沉重打击了瑞典,仅工会会员失业率就达30%,严酷的形势呼唤着社会民主党的政策创新。在1932年党代会上,经激烈辩论否定了左派提出的立即把"国有化"作为党的行动方针的主张,而把政策重点转到依靠国家借贷、开办公共工程,以减少失业并刺激经济回升的"反危机纲领"上。1932年秋,社会民主党大选获胜后以对农产品进行补贴的许诺换取农民协会支持,从而在议会稳定多数的支持下开始了瑞典现代史上最大规模的变革。

在二战行将结束的1944年召开代表大会讨论工人运动的战后纲领。党纲强调:"社会民主党的宗旨在于改变资产阶级社会的经济结构,使支配生产的权力掌握在全体人民手中,使绝大多数人民从依附少数资本所有者的状态中解放出来,并以自由、平等为基础的公民合作的社会形态来代替以阶级斗争为基础的社会秩序。"①从把"所有生产工具"收归国有,实现生产资料国有化,到限制并改造生产资料和生产决策权的集中和垄断,发展私人经济,实现劳动人民共同富裕的新设想,是这一时期瑞典社会民主党理论的巨大调整和创新。根据瑞典经济落后于大部分西欧国家

---

① 中共中央党校科研办公室:《社会党重要文件选编》,中共中央党校出版社1985年版,第422页。

的国情,党纲还强调:社会对生产力的影响,劳动人民对财产的参与,计划性生产,公民间的平等是社会民主党奋斗的指导性原则,它们也是社会主义社会改革的指导方针。这是该党从"国有化"方针走向职能社会主义道路的正式宣示。

1960年,社会民主党召开第二十一次代表大会并修改党纲。大会重申了1944年党纲宗旨,但在其前边加上了"社会民主主义旨在使民主贯穿于整个社会秩序和人际关系,以便使每个人都有机会过上富裕而有意义的生活",从而把民主作为实现社会主义追求的基础原则。党纲还针对苏联东欧发生的变化指出,"没有民主就不可能有社会主义。历史一次又一次地证明:仅仅改变经济制度而不随之进行民主控制,只会带来新形式的专制"。党纲还首次提出了以自由、平等、合作与团结为标志的社会主义社会观。党纲还明确指出,尽管向着福利社会的方向发展,社会上仍保留着许多资本主义原始因素。因此,党纲主张继续"彻底改造瑞典社会的斗争"。党纲结束部分首次提出了"民主社会主义理想"的概念。

1975年,社会民主党召开代表大会并再次修改党纲。大会严厉批判资本主义和苏联东欧式共产主义,称这两大经济制度都未能实现人类对民主、公平、平等和保障的追求,而在民主社会主义基础上进行的和平的社会改革是唯一可行的人类解放道路。这条道路尽管艰难费时,但却具有决定性优点:这一改革可以在民众积极参与下进行,其进步能坚实地扎根于民众。因此,改革的持久性得到了保障。大会发展了前两份党纲中的计划性经济构思,提出了计划性经济的六大目标:充分利用社会生产资料从而为所有人创造工作,公平地分配生产成果,发展生产以便满足公民的主要需求,控制技术发展,责任明确的节约原料与能源以及与通货膨胀作斗争等。党纲强调,这一计划性经济组织必须是开放性的、形式多样的,不能搞成封闭的、死板的制度,也不能搞成束缚个人和企业主动精神及行动的细节控制。

国际石油危机、经济全球化及冷战结束后的理论调整时期。石油危机和经济全球化大大改变了瑞典的经济环境,但社会民主党却没有认识到这个变化,在新形势下继续推行凯恩斯主义,使生产过剩的经济危机日趋严重,于1976年大选失败下野。其后30年该党两易党纲,重新界定党的性质,明确市场经济与计划经济的关系,确定市场经济不等于资本主义,从而为市场取向的改革奠定了理论基础。

1990年,瑞典社会民主党召开第三十一次代表大会。面对苏东剧变,该党修改的党纲提出了以下一些新观点:(1)改变所有权不是关键,社会民主党的主张是改变对生产和生产成果分配的决定权而不是对生产资料的形式上的所有权,让这个决定权以多种不同的途径来实现。(2)计划经济与市场经济都是手段,无论是纯粹的计划经济还是纯粹的市场经济都不能独自实现人们对经济生活提出的所有要求,搞计划经济还是市场经济是个方法问题,它们相辅相成。(3)基本保障不能由市场决定,某些对社会福利具有根本意义的权益不能由价格机制进行分配。(4)环境污染的恶化正威胁人类生存,从长远看,环境问题不能通过事后修补来解决,任何雇主都不能通过交钱而摆脱责任,恶劣环境绝不可能从工资或者其他福利中得到补偿。

近20年来,瑞典社会民主党在这些理论指导下,先后取消了国家对信贷、对内对外投资和外汇市场的控制;放弃了国有企业对就业负有特殊责任的要求,强调其主要目标是为国家赢利,把它们改造为股份公司后推向市场;把个人所得税边际税率由原来的70%至80%降到不超过50%,使绝大多数职工仅交30%的地方所得税和象征性的200克朗国家所得税,而收入高过此限的人再在其超出部分上增交20%的国家所得税;积极参与并于1995年正式加入欧盟;自20世纪90年代起先后将社会保险补偿度由90%降到75%(目前调回到80%)。生病前一天和失业前一周没有补贴。对不接受所推荐之适当工作或自己辞职者,保险部门须扣发其部分失业保险金。政府还提高了住院费、挂号费和药费等,但同时又规定医药费总开支一年内超过270美元后的部分全部免费,以照顾弱者;政府彻底解除了对民航、铁路、电信和电力等领域的国家控制,并资助地方政府在其主管领域内引入竞争机制。这些市场取向的改革使瑞典模式重新恢复了竞争力,但社会差距也随之重新拉大。

2001 年 11 月,社会民主党第三十四次全国代表大会通过的新党纲承认,瑞典仍然是一个阶级社会,阶级差别近十年来又重新拉大。新党纲强调,经济全球化要求工人运动的斗争必须全球化,要联合世界各国进步力量,建立新的政治联盟,把全球化变成促进民主、福利和社会公平的工具,引导社会向前发展。新党纲有如下新特点:(1)反对经济上的原教旨主义,强调"社会民主主义反对来自左的或者右的经济上的原教旨主义,反对把在整个经济中实行单一的所有制形式作为建立一个良好社会的前提条件"。(2)永远反对资本主义,指出"应该把资本主义和市场经济加以区别。市场经济是一个配置体系,货物与服务在这里以货币为价值媒介改换主人。而资本主义是一种权力制度,以资本的增值高于一切作为准则",强调"在资本与劳动的冲突中,社会民主党始终代表劳方的利益。社会民主党现在是、而且永远是反对资本主义的政党,始终是资方统治经济和社会要求的对手"。① (3)强调要以历史唯物主义作指导,首次承认了该党与马克思主义的渊源,指出马克思、恩格斯的发展模式是一个科学理论,瑞典工人运动的"意识形态是其分析社会发展的一个工具,其基础是唯物主义的历史观"。马克思主义能否成立必须接受实践的检验。历史唯物主义的观点对于人们正确认识社会发展已经作出重要贡献,但马克思、恩格斯理论的其他部分已被证明是不完全的,或者包含有错误的解释。

2.冷战后特别是 21 世纪以来瑞典社会民主党学习与建设的举措

冷战结束后,瑞典社会民主党的执政地位受到各方面挑战,在政坛上

---

① 高锋:《瑞典社会民主主义模式——述评与文献》,时红编译,中央编译出版社 2009 年版,第 287 页。

几经沉浮。在国内,资产阶级政党攻击社会民主党的职工基金和工会会员入党制度,迫使社会民主党 1990 年年底最终放弃了其自建党以来实行的工会会员集体入党制度,转而注重在基层发展组织,其党员人数由 20 世纪 80 年代的 100 万猛降到 1991 年的 26 万①,受到沉重打击。在 1991 年大选中,右翼政党力量空前膨胀,保守党、基督教民主党和两个中间党派结成联盟,在新自由党支持下上台执政。比尔特首相的四党联合政府改革社会福利制度,推行新自由主义经济政策,但并没有取得预期效果,严重的经济困难使得人心思变。在 1994 年大选中,社会民主党取得近十年来最好成绩,在左翼政党支持下执政。在新形势下,瑞典社会民主党将消除财政赤字作为主要目标,进行社会福利改革,下调社会保险补偿程度,下大力抓科研和产业结构调整。由于改革成果显著,在 1998 年大选中,瑞典社会民主党在左翼党和环境党支持下继续上台执政。

进入 21 世纪,政治时钟重新右摆。瑞典社会民主党在 2002 年全国大选中不仅保住了执政党地位,而且得票率增长 3.4 个百分点,成功击退了右翼势力的进攻。然而在 2006 年大选中,在野的瑞典温和联合党、人民党、中央党和基督教民主党组成中右联盟,实现自由主义党派在历史上的首次大联合。面对该联盟的竞争,社会民主党大选失利,是在历年大选中表现最差的一次,面临新的挑战和考验。

(二)瑞典社会民主党学习与建设的经验与教训

1. 沉浮的经验

政党政治的"钟摆效应"②决定了社会民主党在政坛上的沉浮。苏东剧变后,瑞典社会民主党对自身的理论和纲领进行了深刻调整,吸收借鉴了资产阶级右翼政党的关于自由主义的思想,双方在经济政策和社会福利政策上不断趋同,已经没有了根本性的区别。选民投票时不再以政党

---

① 高锋:《90 年代瑞典社民党的政策变革及其效应》,《国际政治研究》2003 年第 2 期。
② 林建华:《比较与借鉴:东西方社会主义的理论和实践》,山东大学出版社 2005 年版,第 414 页。

的纲领主张作为主要依据,而是越来越多地以解决关系到自身利益的具体问题所取得的效能作为投票的主要依据。

在经济全球化和社会结构发生深刻变化的形势下,社会民主党一些传统的纲领理论不能有效地应对新变化与挑战。如瑞典社会民主党"传统福利国家"思想、社会公正观念、国家干预和公有制原则等不能很好地适应新的社会现实。为扩大党的阶级基础,增强对选民的吸引力,20世纪90年代以来,瑞典社会民主党在逆境中总结经验教训,以加强党的建设和实现执政为重点加大改革力度,对其理论纲领进行了调整。

社会民主党重新对传统的社会民主主义的思想理论和价值观念进行诠释,淡化或放弃与传统社会主义观念和政策的关系。修正党的性质,突破传统的阶级政治限制,进一步扩大社会民主党的阶级基础,强调社会民主党要成为一个跨越阶级与集团利益的多元化的"现代政党"。

20世纪90年代重新上台执政的社会民主党面对全球化的激烈竞争,对其社会福利政策和经济政策也进行了调整,以适应社会需求的变化。苦于福利开支居高不下,社会民主党不顾工会的强烈反对,加大对社会福利的调整力度,彻底打破了自20世纪30年代以来社会福利只增不减的刚性发展。为了促进经济发展,社会民主党政府下大力抓科研和产业结构改革,增大科技投入,使其科研开支占GDP比例自1997年起跃居世界首位,2000年达GDP的3.18%;大力支持信息技术和高技术产业发展;进一步减少对经济的干预,充分发挥市场的作用,彻底解除对民航、铁路、电信、邮电和电力等领域的国家控制,并资助地方政府在其主管领域内引入竞争机制,以促进其在竞争中发展。为了顺应经济全球化发展潮流,1995年瑞典加入了欧盟。社会民主党政策调整取得了巨大的成功,给瑞典工业带来了空前的活力。

2. 败选下台的教训

社会民主党社会政策失去弹性。瑞典社会民主党在过去的近八十年奉行平等、自由、团结的社会民主主义理念,通过充分就业与收入再分配政策,建立起全方位的福利制度,使瑞典从落后的农业国变成发达国家,人均国内生产总值居世界第二位,被认为是世界上最理想的国家。但瑞典模式的成功是依仗独特的外部环境取得的:一是冷战时期两大阵营的对立使瑞典经济发展有相对和平的政治环境,在发展时能做到自立自主;另一方面,战后20世纪50年代起西方资本主义世界经历了高速发展的黄金时期,瑞典顺应了这一发展潮流①。但随着20世纪80年代末苏东剧变,经济全球化和欧盟一体化的发展,民族国家的经济越来越深地受到国际经济的影响,冷战后兴起的新一轮经济自由主义大潮使福利制度的基础受到冲击;而新兴产业的发展,跨国公司的投资活动都给福利社会的发展带来挑战。尽管针对变化作了一定调整,但该党仍过于迷信和坚持高税收(其税收在欧盟国家是最高的)政策,否认其缺陷,使社会政策越来越僵硬,总体上已不适应新形势的发展需要。

社会民主党官僚化倾向严重。由于社会民主党长期执政,滋生了优越感和官僚化现象。在社会民主党统治时期,瑞典常常被描绘成"一党国家",党政不分,社会民主党与劳工联盟和政府机构在许多方面融合在一起,权力机构经常被忠于社会民主党的人所控制。在这种政治环境下,社会民主党愈来愈被看作是政治贵族,而那些居于社会民主党或劳工联盟高位的人尽管没有多大贡献,却享受着高额工资。这些似乎表明社会民主党已成了疲乏、老化与腐败的政治巨头,不再有以往的活力与成功了。

失业率居高不下。尽管从1995年到2005年,瑞典生产能力以每年2.5%的速度提升,国民生产总值最近几年平均增长3%,但良好的经济发展势头却没有创造更多的工作岗位,令人怀疑政府是否在统计数字上做了文章。社会民主党的高福利高税收政策留下了"缺乏对工作的激励机制和对创业精神的鼓励"等许多积弊,不仅使社会上出现一批不愿工作

① 曹天禄、陈开炳:《瑞典社会民主党缘何败选下台?》,《当代世界》2006年第11期。

的懒汉,而且使瑞典国际竞争力逐年下降。由于几十年来瑞典人享受了充分就业,尽管失业率保持在欧盟内相对低的3%或2%,对他们来说都已过高,这极大地影响了传统上瑞典人因就业而对社会民主党的支持。

温和党成功竞选策略与社会民主党失败的竞选策略影响。2006年大选中,相比社会民主党的故步自封和麻痹大意,温和党有针对性地实行"重塑政党形象、组建自由主义党派竞选统一战线、注重民众关心的现实问题的选举策略、充分发挥领导人人格魅力对竞选的重要影响"等成功竞选策略,也是导致社会民主党下台的重要原因。

第六章 资本主义国家共产党在加强党的学习和建设方面的探索

中国共产党致力于建设马克思主义学习型政党,一个重要的观照视角是当今资本主义国家共产党在加强党的学习和建设方面的举措和尝试。

面对苏东剧变以来的不利局势,资本主义国家共产党通过不断加强思想建设尤其是全党的学习来统一思想,消除党内思想混乱,增强全党的凝聚力,逐步稳住了阵脚。许多资本主义国家共产党通过学习,对苏东剧变的经验教训进行了深刻总结和反思,对未来社会主义社会和社会主义发展道路进行了新探索,对党的政策主张和斗争策略进行了新调整,为他们在 21 世纪的发展奠定了思想基础。其中,澳大利亚共产党、美国共产党、塞浦路斯劳动人民进步党、巴西共产党和日本共产党是发达资本主义国家和发展中资本主义国家的具有代表性的共产党,他们加强思想理论建设的经验和教训对于我们具有重要参考价值。

一、澳大利亚共产党加强思想建设的举措

作为发达资本主义国家的共产党,澳大利亚共产党是世界社会主义运动不可分割的一部分。苏东剧变对澳大利亚共产主义政党形成重大冲击,导致原澳大利亚共产党解散。澳大利亚社会主义党是 1971 年从原澳

大利亚共产党中分裂出来的一个马克思主义政党。它历来十分注重党的建设尤其是思想建设。苏东剧变后,澳大利亚社会主义党通过加强思想建设巩固了党内团结,稳住了阵脚,坚定地生存下来。澳大利亚社会主义党在1996年10月4日至7日召开的八大上,将党改名为"澳大利亚共产党"①,声称将继承原澳大利亚共产党的优秀传统。当前在国际金融危机的背景下,新澳大利亚共产党正在谋求新的发展。

为加强党的思想建设,新澳大利亚共产党强调要坚持以马列主义为指导思想,用马列主义武装全党。同时,坚决反对右倾机会主义和"左"倾冒险主义对党的肌体的侵害。苏东剧变以后,资产阶级掀起了一波又一波的反共浪潮,新澳大利亚共产党对此进行了坚决的斗争,不断地揭露资产阶级恣意歪曲历史、抹黑社会主义制度和世界社会主义运动的阴谋。

（一）强调要加强对马列主义知识的学习和应用

新澳大利亚共产党强调要科学对待马列主义,将其创造性地运用于澳大利亚本国的实践。2005年新澳大利亚共产党十大通过的新党纲旗帜鲜明地重申:"澳大利亚共产党的目的是为人民建立一个更加公正的、更加合作的、更加民主的、更加富裕的社会。这样的社会只能是社会主义社会。这个社会将克服资本主义内在的矛盾——战争、剥削、环境破坏、压迫、贫穷、失业、愚昧、偏执、种族主义和歧视等。澳大利亚共产党以马克思和恩格斯创立的、由列宁进一步发展的科学社会主义为指导,这使他能够理解社会发展的规律和事件的发展方向。澳大利亚共产党把马列主义当作活的科学,而不是教条。"②新澳大利亚共产党《党章》指出,"澳大利亚共产党党员以马克思、恩格斯和列宁的革命理论和教导为指导,在认为马列主义的基本原则是放之四海而皆准的真理同时,把它应用到澳大

---

①　为了与原澳大利亚共产党相区别,下文用新澳大利亚共产党或新澳共指称这个由澳大利亚社会主义党改名而来的澳大利亚共产党。

②　CPA,program,http://www.cpa.org.au/10congress/program.pdf.

利亚的具体情况中。"①新澳大利亚共产党十大通过的政治决议指出,"澳大利亚共产党坚持马克思、恩格斯和列宁的科学社会主义。这要求我们把辩证唯物主义、历史唯物主义、马克思主义政治经济学的应用和阶级斗争的现实作为我们分析问题和开展工作的基础。在澳大利亚共产党开展活动的过程中,新问题不断出现。如果党员对马克思主义有深刻的认识,并能把它运用到他们所面临的独特情况中,他们将能够找到正确的答案,制定出最好的政策。"②

新澳大利亚共产党强调,全体党员要不断地学习马克思主义哲学、政治经济学和阶级斗争的理论以及历史和文化的知识,掌握一系列的实践技能,认为一个熟练掌握政治科学的、受过教育的党对于建立社会主义社会是至关重要的。经验和知识的积累是党组织分析政治任务以及党的委员会进行决策的基础。这种经验的积累要结合对马列主义的理解及世界共产党运用马列主义的经验。除了马克思、恩格斯和列宁的原著之外,现在还有社会主义国家的建设经验以及共产党和工人党所积累的知识。新澳大利亚共产党的所有组织(从中央委员会委员到党支部委员)都应经常地研究理论、实践工作、组织方法和行政技巧,更好地武装整个党。同时,新澳大利亚共产党指出,如果没有一个由活动家组成的党,共产主义运动就会枯萎,就会变成一个由志同道合的理论家组成的学派,只会阐释伟大的政策,对于广大人民却毫无用处。经验证明,成功的条件包括大量的创新观点、足智多谋、努力工作和耐心。

新澳大利亚共产党强调,要注意防止两种偏离马列主义的做法。第一种是教条主义和宗派主义,第二种是否定阶级斗争和共产党的必要性。新澳大利亚共产党认为目前需要克服的主要障碍是对马克思主义的狭隘的、教条主义的理解,这种思想拒绝承认世界处于变化之中。新澳大利亚

---

① Constitution of the Communist Party of Australia, http://www.cpa.org.au/resources/index.htm.

② CPA, political resolution, http://www.cpa.org.au/10congress/.

共产党强调,共产党要毫不偏离经过检验的马列主义理论和实践经验,同时还要拥有新的观点和实践。世界形势不断地发生变化,必须分析这些新的变化,把它们加入理论知识和实践经验的宝库之中。

新澳大利亚共产党要求从中央委员会到党支部的所有党组织都要定期组织党员学习理论,提高组织技能和管理技能,使全体党员接受更好的教育,以更好地发挥他们在社会中的作用;要求所有党员必须积极参与所有领域的阶级斗争,在工会中必须说明阶级问题与工会会员的密切联系,在和平运动中必须揭示和平斗争的阶级性质和反帝国主义性质,在团结运动中要突出国际主义的阶级本质。新澳大利亚共产党《党章》第六条规定:"党组织有责任为党员提供训练和政治教育,每个党员都有责任为其他党员提供同志般的协助和指导。党组织的执行委员会有责任与新党员讨论一个工作计划和工作领域,确保党员参与党组织的生活,对党员进行政治教育。干部队伍建设是一项长期的任务。政治教育的目的是确保将每个党员保持最高水平的活动,不断提高其完成党的任务的能力,保持高尚的道德标准,致力于为工人阶级服务。每个党员有权在党的不同岗位上接受培训,从而提高他们的组织能力和政治能力。"①

为了提高广大党员和人民群众的思想觉悟,新澳大利亚共产党采取了以下措施:第一,利用党的机关报刊大力进行宣传教育。新澳大利亚共产党定期出版发行周报《卫报》和中央机关的理论刊物《澳大利亚马克思主义评论》,对澳大利亚政府的不利于人民的政策进行了批判和揭露,同时对马克思主义理论、党的思想路线和方针政策进行了生动阐释和大力宣传,对 20 世纪世界社会主义运动的历史经验教训进行了深刻的总结,发挥了鼓舞党员斗志、提高党员觉悟、扩大党的影响等重要的作用,是新澳大利亚共产党的喉舌。第二,创立和发展各级"共产主义大学",对广大党员和干部进行马克思主义的教育和培训,使广大党员和干部坚定社

---

① CPA,Constitution,http://www.cpa.org.au/resources/index.htm.

会主义和共产主义的理想信念,并掌握马克思主义的世界观和方法论,为其从事各种实践活动提供理论的指导。第三,通过党自己的出版机构出版各种书籍和小册子,宣传马克思主义的理论和党的方针政策,为提高党员的理论素养和思想觉悟水平提供了重要的材料。新澳大利亚共产党指出:"澳大利亚共产党的全国报纸《卫报》发挥着核心作用。它有助于教育和组织党员及其支持者采取行动,把问题公开、真诚地告知工人,不受既得利益的控制。它有助于指导党的活动。我们的报纸把党和党员与工人阶级和全体劳动人民中的有强烈阶级意识和政治敏感性的成员联系起来。"①新澳大利亚共产党要求其所有党员分发《卫报》,使其在工人阶级和进步的积极分子中得到广泛传播。第四,利用因特网等现代通讯工具,及时地把党的周报《卫报》和理论刊物《澳大利亚马克思主义评论》、党的重要文献、重大事项和重要活动等信息置于网上,并利用微博、E-mail 等通讯手段与广大党员和群众进行交流,及时了解广大党员干部和人民群众对党的看法和建议,对广大党员和群众进行马克思主义的教育,并通过网络接受群众的入党申请,扩大党的影响。

(二)及时总结苏东剧变的深刻教训

澳大利亚社会主义党历来十分注重党的建设,尤其是党的思想建设。针对苏东剧变带来的困难局面,澳大利亚社会主义党在 1990 年 9 月 28 日至 10 月 1 日召开特别会议,进行了广泛而深入的讨论,在此基础上形成了决议,发布了政治声明,对统一全党的思想、坚定党员的社会主义信念和巩固党的组织发挥了重要的作用。苏东剧变后,澳大利亚社会主义党坚持对马克思列宁主义和社会主义的理想信念不动摇,为维护工人阶级的利益和实现社会主义而坚持与资本主义进行斗争。1996 年 10 月,澳大利亚社会主义党改名为"澳大利亚共产党"。2005 年 9 月 30 日至 10

① Warren Smith, A Brief History of Australian Unionism and the Role of the Communist Party, 2000 edition.

月 3 日,新澳大利亚共产党在悉尼召开了第十次全国代表大会,大会的口号是"在工人阶级中建党,每一个党员都是活动家"。大会选举出以彼得·西蒙为总书记、以汉纳·米德叶顿为主席的新中央委员会,通过了新党纲和一系列新的政治决议,进一步对 20 世纪世界社会主义发展的历史进程进行了剖析。

澳大利亚社会主义党在其政治声明中指出,苏东剧变对于国际共产主义运动和澳大利亚的马克思主义政党都产生了深远的影响。因此,应以坦率和开放的态度分析苏东剧变;应全面地看待这个问题,深刻分析苏东剧变的原因,使共产党员和支持者从中吸取经验教训,以便今后能够更好地开展工作。

新澳大利亚共产党对于 20 世纪社会主义国家取得的历史成就给予了高度评价,同时认为,社会主义的成就在一定程度上掩盖了它存在的问题。新党纲指出,之所以发生苏东剧变,除了帝国主义国家在思想上、军事上、政治上和经济上的围堵之外,一些社会主义国家在建设社会主义的过程中的严重失误也是重要原因。严重失误包括:党政不分,以党代政;社会主义民主十分落后;经济发展缓慢;低估帝国主义的危险性;忽视思想斗争。

与此同时,新澳大利亚共产党对世界社会主义运动中盛行的"左"倾冒险主义、右倾机会主义和社会民主主义的观点进行了深入批判。

二、美国共产党不断深化对社会主义的认识

美国共产党(简称美共)在 2006 年召开的二十八大上总结了新时期共产党应该具备的几个主要特征,包括属于工人阶级的一部分且是工人阶级最先进的那部分;社会主义的政党;以马列主义为指导;坚持无产阶级国际主义;以民主集中制为组织原则,其中最重要的就是要始终坚持马列主义的指导思想。美共的奋斗目标是在美国实现社会主义。美共二十

八大总结说:"社会主义的胜利不是靠口号、花招和阴谋,而是建立在赢得千百万次艰苦斗争的基础上,建立在广大的阶级和社会主义意识基础上。这种意识不是斗争中自发产生的,而是和马列主义的组织和教育分不开的,这已经在斗争中得到检验和证明。"

美共指出,马列主义作为服务于工人阶级利益的思想武器,包括以下几个不可分割的组成部分:1.辩证唯物主义和历史唯物主义——揭示社会发展规律以帮助广大人民积极、能动地掌握自己的命运,也是一种阐释变化和发展的哲学方法理论;2.政治经济学——揭示资本主义的发展规律,阐释资本主义运行的理论;3.社会主义革命的理论——通过斗争的不同阶段实现社会主义。美共要求全体党员坚定马列主义信念,用马列主义理论指导实践,在实践中团结广大人民群众,和种族主义、男性至上主义、民族主义、沙文主义、憎恨同性恋的行为和反共产主义作斗争。

(一)坚持和创新马列主义

美共强调,马克思主义应该是一个开放的理论体系,不是和实践相脱节的抽象理论。当今时代发生了剧烈的变化,时代的变化不是要求放弃马列主义,而是要与时俱进地发展马克思主义。宣传社会主义不是简单地重复马克思主义,重复马列主义非历史的抽象公式并不符合马克思主义精神,马克思主义只有与日常生活和日常斗争紧密联系才能创造性地发展。美共强调,判断一个人是不是真正的马克思主义者,不是看他引用了多少马克思主义理论,而是看他如何团结人民,如何参与现实斗争。因此,要坚持马克思主义,但更要创造性地运用马克思主义的原则和方法。在实践中,美共努力为全党营造一种宽松的创新环境,鼓励党员进行创新,尤其鼓励那些有见地的思考,不给他们设置障碍,不贴政治标签。美共认识到,只有强调马克思主义的创新和批判的一面,才能使其具有科学性。

美共党内的主要问题仍然是教条主义和宗派主义,这种思潮一直可以追溯到20世纪60年代的激进社会运动。因此,美共认为他们进行的马克思主义创新不会导致修正主义和右倾机会主义。如果不进行理论创新,使理论滞后于现实,那么将会限制共产党在群众中的影响力和吸引力。例如,现阶段若不关注到右翼的统治地位,不对统治阶级的共和党和民主党进行区分,仅从传统马克思主义的阶级斗争学说出发,就无法解释美共在近年来进行的选举斗争,无法号召和组织群众进行反对共和党的极右翼势力的斗争。

(二)不断深化对社会主义的认识

2010 年 5 月 21 日至 23 日,美共在纽约召开了二十九大。美共二十九大通过了一系列决议,充分肯定了二十八大所通过的党纲的积极作用,认为党纲在今天仍然适用;同时指出了美国政治经济形势的新变化和当前美国面临的社会问题,并有针对性地提出了美共的政策主张。二十九大扩大了美共的影响,为美共的进一步发展指明了方向。美共二十九大指出,社会主义必要性的物质根源在于资本主义无法解决人类面临的问题,无法满足劳动人民的物质需求和精神需求。美国公众意见调查结果表明,民众倾向于社会主义的重要原因在于资本主义相对稳定并提供经济安全的时代已经结束。虽然说经济危机是发生革命性变化的重要条件,然而它并非充分条件。发生革命的充分条件是,长时期内一系列经济、政治、社会、文化和道德的危机促使人民对于资本主义满足人类需要和维持地球生命的能力丧失信心。

美共对社会主义的认识在不断地发展。美共强调,美共对社会主义的设想应具有现代性和动态性,应扎根于今天的条件和经验,应符合当前的现实和趋势,反映美国的价值观、传统和文化。

美共认为,过渡到社会主义将标志着一个斗争阶段的结束和一个新的斗争阶段的开始,其不同之处在于经济、工人阶级和人民民主、各个生活领域的平等关系以及在集体和个人意义上的人类自由将得到质的扩展和深化。在这个过程中,阶级权力的转变是绝对必要的,但它不是过渡到社会主义和巩固社会主义的充分条件。仅仅强调阶级权力(手段)的问题而牺牲社会过程和社会目的(即改善人民的生活;实现工人阶级和人民的民主、平等、自由和团结),可能导致社会主义社会的扭曲,历史上也确实出现了这种现象。只有劳动人民被授予权力并积极参与社会各领域的活动,社会主义社会才能充分发展。工人阶级的主动性和真正拥有社会财产的感觉及其民主参与管理国家,是社会主义的基本特征。

美共认为,争取社会主义的斗争将使拥有不同观点和利益的广泛和多样化的联盟参加到人民的运动中。在美共为争取多种族、多民族的工人阶级在联盟中的领导地位而斗争的同时,还必须努力建立广泛的战略联盟和战术联盟。

美共认为,21世纪的社会主义经济应优先考虑可持续性,而不是没有限度的增长。社会主义生产不能狭隘地仅仅把投入和产出作为中心,也不应该仅仅用纯粹的数量标准来衡量效率和测定经济代价。新的社会主义生产模式和消费模式势在必行,两者都必须节约自然资源、保护地球及其各种生态系统。地球上所有生物的未来将取决于此。

在不断深化对社会主义认识的基础上,美共制定了灵活的斗争策略,这就是:建立和巩固以工人阶级为领导的广泛的人民联盟;根据不同斗争阶段的任务建立不同的广泛联盟;加强党和共青团的建设;充分利用现代传媒加强宣传。美共特别强调后者,它认为,现代传媒让美共能够与成千上万的人们进行交谈和互动,其中,通信手段正在民主化,使美共能够以较低的成本与许多人进行沟通;互联网把美共的工作与广泛的民主运动和反对经济危机的斗争联系起来,新的网络工具帮助美共每天在“思想斗争”中对基层发挥影响。美共在充分利用这种现代化的通信手段和组织手段方面下了大功夫,它要求各个地区组织和俱乐部努力掌握大众传媒的新形式;各个地区组织和俱乐部要组织研讨会或培训班,以帮助每个成员了解如何使用新的大众传媒工具;各级党组织都要利用新的媒体,包括视频、电话会议、博客和其他在线工具以及传统的沟通形式,向党员和广大公众提供生动的、有吸引力的和深刻的教育,内容包括马克思主义理论、社会主义和共产主义战略策略,并把它们应用到美国的政治、社会和经济现实之中。

三、塞浦路斯劳动人民进步党对社会主义的新探索

塞浦路斯劳动人民进步党是世界社会主义运动的重要组成部分。塞浦路斯劳动人民进步党自 1941 年成立以来,一直是塞浦路斯政治生活中一支重要的政治力量。苏东剧变使世界社会主义运动陷入低潮。面对不利的国内外环境,塞浦路斯劳动人民进步党坚持斗争,不仅守住了原有阵地,而且迅速崛起为塞浦路斯第一大党,并且在 2008 年 2 月举行的第六届总统选举中,塞浦路斯劳动人民进步党总书记季米特里斯·赫里斯托菲亚斯以 53.36% 的选票当选为总统,塞浦路斯劳动人民进步党与民主党和社会民主运动组建了联合政府。塞浦路斯成为欧洲大陆上继摩尔多瓦之后第二个由共产党执掌政权的国家,这在欧洲以至全世界都引起了强烈反响。塞浦路斯劳动人民进步党取得如此重大成就,与其对社会主义的坚定信念是分不开的。塞浦路斯劳动人民进步党以马克思主义为指导思想,通过不断深化对塞浦路斯特殊国情的认识、及时捕捉资本主义的新变化和深刻反思社会主义的历史经验教训,不断地丰富和发展自身的社会主义理论,从而赢得了国内工人阶级和劳动人民的支持。

(一)塞浦路斯劳动人民进步党社会主义理论的几个要素

塞浦路斯劳动人民进步党的社会主义理论以马克思主义矛盾论为其哲学基础,是在批判资本主义制度和反思社会主义历史经验的基础上产生和不断丰富发展的。塞浦路斯劳动人民进步党认为,社会主义是在资本主义文明的基础之上建立起来的,体现了人类所创造的最优秀成果,其核心是人类本身。

1. 以马克思主义矛盾学说为立党的哲学基础

塞浦路斯劳动人民进步党认为,当今世界的主要矛盾是拯救人类的可能性与人类所面临的灭绝危险之间的矛盾,解决这个矛盾需要整个人类的共同行动。当今世界的另一基本矛盾是社会主义与资本主义之间、劳资之间的矛盾。因为这种矛盾的解决需要经历很长时间,所以这两种对立的社会经济制度有必要在和平合作和竞争的精神下共存。同时,资本主义国家尤其是帝国主义大国之间的矛盾依然存在。发达资本主义国家与第三世界之间的不平衡性特别严重,这使它们之间的矛盾更尖锐。第三世界国家之间的矛盾过去和现在都是对世界和平与稳定的严重威胁。科技革命的巨大进步加剧了这些矛盾,并增强了世界的相互依存性和复杂性,使全球性问题产生了更广泛的影响。在这种情况下,在政治平等和经济平等的基础上对国家间关系重新进行审查、定位和重构,就成了迫切需要。正是基于此,塞浦路斯劳动人民进步党认为革命性的重构成为人类向前发展的新阶段,应以这种现代精神和批判精神来研究资本主义和社会主义的历史地位。

2. 批判资本主义制度

塞浦路斯劳动人民进步党认为,当代资本主义的一个特征是重新适应世界的形势。当代资本主义的新特征在于它能够抛弃旧的形式而维持资本主义社会的生命。出现这一现象的原因是:资本主义自身的弱点和社会主义新社会制度的出现对资本主义施加了压力,增强了劳动人民的斗争;劳动人民为了改善工作条件、提高生活水平而进行了坚决的阶级斗争;科学技术成果的应用使生产力获得了令人难以置信的发展;资本主义国家发挥了新作用;资本家国际组织和托拉斯的出现;等等。资本主义虽有一定的适应能力,但它陷入了僵局,无法克服其自身矛盾。同时要看到,资本主义并没有放弃统治世界的野心。塞浦路斯劳动人民进步党指出,资本主义不仅仅存在于发达资本主义国家,而且也存在于发展中国家,是资本主义制度造成了贫富两极分化。当代资本主义社会的一大产物是,世界人口的三分之一处于最贫困的状态,而这种现象主要出现在发达资本主义国家里。因此,发达资本主义国家的阶级矛盾和阶级斗争并没有消失,资本主义国家的社会制度剥夺了广大人民群众的基本人权。此外还必须强调的是,发达资本主义国家对第三世界的剥削是推动资本主义发展的基本因素。资本主义并没有克服其特有的危机现象,而且它也不能为当代人类所面临的停滞现象提供一个出路。

3. 反思社会主义的历史实践

塞浦路斯劳动人民进步党认为,俄国十月革命是一个具有划时代意义的世界性历史事件,开创了人类历史的新纪元,开创了人类向社会主义社会迈进的时代;十月革命的胜利使社会主义关于建立一个摆脱任何剥削和压迫现象的自由人社会的崇高理想开始实现;社会主义国家劳动人民在社会领域和其他方面的成功影响了资本主义国家劳动人民的阶级斗争;在第二次世界大战期间,苏联对于击败法西斯分子做出了决定性贡献;战后大规模的军事对抗得以避免,这主要得益于社会主义国家的和平政策;反对殖民主义和新殖民主义的民族解放运动依靠的是社会主义世界的帮助和支持;社会主义在各个领域取得的成就及其对世界进步与和平的贡献,是绝不能被忽视或抹杀的。尽管如此,社会主义并没有成功地发挥出它所拥有的巨大潜力。现实社会主义国家的实际情况与社会主义革命的目标并不相符,除了有客观困难之外,主要在于社会主义建设的方式和在苏联形成的具体模式,这种模式普遍存在于所有社会主义国家,从而扭曲了列宁的社会主义思想。正是以行政命令为基础的特殊的社会主义管理模式逐渐导致了危机和崩溃,故需要对社会主义进行革命性的革新。

(二)加强党组织的思想建设

塞浦路斯劳动人民进步党一直代表着广泛的民众阶层、特别是劳动人民的利益和愿望。塞浦路斯劳动人民进步党的力量来自人民。赫里斯托菲亚斯政府不推行新自由主义的哲学和政策,这为成功地开展社会斗争创造了一个有利的环境。塞浦路斯劳动人民进步党将支持各种社会阶层和人民团体尤其是劳动人民的正义的社会要求和经济要求。

党的组织状况是取得政治成功和选举成功的基础。不断地改善党的组织状况是塞浦路斯劳动人民进步党的一个长期的任务。2008 年 12 月该党召开了特别组织会议。在实施这次会议决议的过程中,在改善党的组织状况、能力和效率方面取得了积极进展,但仍然存在一些严重的弱点和不足。塞浦路斯劳动人民进步党认为:组织工作首先是一个思想政治工作,直接关系到所有党员的思想水平和党所肩负的责任,必须反对将组织工作仅限于实际工作的做法,必须根除将组织工作视为一种官僚程序,仅限于实现党的行动计划的一些目标的错误思想。党的干部同时是组织和政治的干部,干部履行的每一个责任都具有政治的内容。

自 1956 年以来,党报《黎明》一直是塞浦路斯劳动人民进步党日常斗争的一个重大武器。即使在非常困难的时期,塞浦路斯劳动人民进步党也坚持发行党报。现在,反塞浦路斯劳动人民进步党的宣传活动十分火热,《黎明》肩负着传播党的信息的重任。塞浦路斯劳动人民进步党二十一大强调,必须增强《黎明》的吸引力,加大其发行力度,每个党员都应该购买和阅读党报。

四、巴西共产党加强思想教育和政治学习的举措

巴西共产党(简称巴共),在 20 世纪 60 年代由"巴西的共产党"分化而来,在中苏大论战中,它鲜明地站在中国共产党一边。1964 年 3 月,巴西发生军事政变后,实行了为期 20 年的独裁统治。不久,所有党派被独裁政府严令解散,巴共便成为主要的地下抵抗力量之一。巴共围绕在巴西重新实行民主的目标,展开了反对独裁统治的斗争。1985 年 5 月,巴西的独裁统治结束,巴西共产党和其他左翼组织得以重新合法化。苏东剧变后,巴共既不更名也不改变党的宗旨,声名鹊起,威望大增。1992 年

2 月,巴共召开八大,提出了"社会主义生存"的口号。同年 9 月,巴共提出了针对总统科洛尔的腐败弹劾案,迫使其最终宣布辞职。在 2010 年 10 月的议会选举中,巴共在众议院获 15 席,在参议员获得 2 席。巴共成为联合政府的参与党派。

(一)高度重视政治学习和媒体宣传

巴共强调,为加强和巩固争取民主和社会主义的斗争,必须在思想、组织和干部队伍建设等方面,全面加强党的建设,把党建设成为一个适应新的政治形势和应对新的政治任务的马克思列宁主义的政党,充分发挥党在推动实施新国家发展计划上所应担负的责任。

巴共重视加强对党员的思想教育和政治学习,要求党的所有成员都应结合巴西的政治、经济、社会、文化及环境等现实问题,学习马克思列宁主义,注重在党员和群众中宣传社会主义思想和党的政策方针。巴共一贯重视组织党员认真学习马克思列宁主义经典著作,《共产党宣言》、《社会主义从空想到科学的发展》、《〈政治经济学批判〉导言》、《雇佣劳动与资本》、《国家与革命》等都是规定的必读书目。巴共在日常的工作中不断地强化理论学习,党的主要领导人率先垂范,亲自撰写重要理论文章。

2008 年国际金融危机爆发后,巴西共产党通过召开中央委员会会议、理论研讨会等多种形式,运用马克思主义的立场、观点,对国际金融危机的本质、表现及其后果进行全面深入的理论探讨,分析了新自由主义经济社会政策的必然社会后果及其历史局限性,阐述了社会主义替代方案的可能性和现实性,并积极宣传党在现阶段的一系列经济社会变革主张。

巴共认为,利用党的各种媒体对党的政策方针进行有效的、富有创造性的宣传,并将其作为同人民大众进行沟通的工具和信息表达的主要渠道,对于提高党在思想领域的参与和斗争水平至关重要。党报《工人阶级报》、党刊《原则》、广播电台和党的官方网站,是巴共宣传党的理论、方针政策和进行政治指导的重要工具。它们对于党的政治行动、组织建设、思想政治教育以及讨论和阐述国际国内热点问题是必不可少的，其中，党的官方网站是使党与党员和整个社会得以进行日常交流的有效工具，党的理论杂志是党与先进知识分子阶层进行互动和传播理论观点的重要平台。巴共提出，宣传党的出版物是所有党员以及所有党组织的一项义务，提高党刊的编辑质量，疏通流通渠道，是党的事业发展的需要。①

（二）充分发挥政治理论学习研究基地的作用

巴共在开展马克思主义理论学习和教育活动中，特别重视发挥政治理论学习研究基地的作用。从马里西奥·格拉博伊斯学院作用的发挥上可见一斑。该学院成立于 1995 年 9 月 19 日，是以巴共历史上杰出的马克思列宁主义理论家和活动家马里西奥·格拉博伊斯的名字命名的。马里西奥·格拉博伊斯是 20 世纪 70 年代担任游击队最高指挥官的党的第二号领导人，以他名字命名的这所学院实际上是一个理论、科学和文化性质的协会，主要由巴共党员和学术界、文化界的党外人士（即赞同巴共主张并准备与之合作的党外知识分子）所组成。学院是巴共从事政治和理论等研究活动的协作机构，对巴共组织开展政治、经济、文化、社会和国际现实问题等领域的学习、研究提供了有力支撑，并承担了研究和宣传巴西人民、工人运动和巴共历史的重要任务。巴共提出，要把马里西奥·格拉博伊斯学院作为进行党的理论研究、宣传、教育的重要阵地，作为共产党员参与思想斗争以及与马克思主义者和进步知识界进行对话和联系的工具。学院在 2008 年国际金融危机爆发后，深入探讨了马克思主义在当代的发展并用马克思主义的立场和观点对危机进行了全面分析。2009 年11 月巴共十二大召开前，马里西奥·格拉博伊斯学院组织党员对十二大所要讨论审议的文件如《巴西社会主义纲领》和《当代共产党人的干部政

---

① 王建礼：《苏东剧变以来巴西共产党对社会主义的新探索》，《当代世界社会主义问题》2010 年第 4 期。

策》等,进行了深入讨论,对制定党在现阶段的路线、方针、政策,发挥了不可替代的推动和促进作用。①

五、日本共产党加强学习的举措

日本共产党(简称日共)的领导人以身作则,带头学习马列主义,不断地著书立说。日共中央执行委员会委员长志位和夫曾说:日共非常重视马克思著作的学习,不破哲三委员长虽然年事已高,却总是亲自主持日共中央的学习会。② 不破哲三委员长从1980年至2007年出版了43部著作,如《斯大林与大国主义》、《〈资本论〉与当今时代》、《两个世纪与日本共产党》、《科学社会主义与政权问题》、《我们的日本改革论》等,都有一定的影响,为全党的理论发展和创新作出了表率。

(一)坚持和发展马克思主义

日共在成立之初就决定把马克思主义作为党的指导思想。1958年日共七大明确提出了建设一个"以马克思列宁主义理论武装的党"的党建思想,把马克思列宁主义理论学习放到党建的重要位置。1976年日共十三大开始调整党的指导思想,认为马克思、恩格斯创立的科学社会主义思想体系,尽管已有一百多年的历史,但仍具有强大生命力,是人类的宝贵精神财富。不过,不能把马克思主义教条化,看作僵化的思想体系,应该辩证灵活地对待马克思及其思想体系,用发展的观点对待马克思主义,并将其与日本具体国情相结合。日共决定在党的纲领、章程等文献中不再使用"马克思列宁主义"的提法,而是将"马克思列宁主义"改为"科学社会主义",同时对"科学社会主义"作了详细解释。日共认为:"科学社

① 王建礼:《从巴西共产党十二大看其理论发展及政策主张》,《上海党史与党建》2010年第5期。
② 高秋福:《日本共产党在斗争中发展壮大—访日共领导人志位和夫》,http://news.xinhuanet.com/newmedia/2003-07/24/content_990901.htm,2003年7月24日。

会主义"是马克思、恩格斯本人给自己的思想体系及其指导下的革命运动所规定的名称；"科学社会主义"即共产主义的生命力在于随着历史的前进而不断进步和发展,现实社会的许多问题已经超出了马克思、恩格斯、列宁的思想范围,又增添了丰富的经验和教训；"马列主义"的提法同斯大林提出的"列宁主义定义"分不开。斯大林把俄国革命的经验视为世界革命运动的普遍规律,在很大程度成了限制探讨革命运动新方向的教条。日共解释,之所以这样做,是为了正确地继承和创造性地发展科学社会主义,提高解决日本革命各种问题的能力,克服理论上和实践上的教条主义和保守主义。① 关于党的指导思想问题,不破哲三曾指出,马克思主义作为一种学说具有普遍性,日本共产党重视根据马克思、恩格斯本身的思想来研究马克思主义,强调"在历史中读"马克思主义经典,应该还原马克思、恩格斯著作的本来面目,对列宁的理论活动进行全面总结、探讨,科学地对待马克思主义。他不仅高度评价了列宁的理论及贡献,而且也指出,由于历史的发展、时代的局限等因素,列宁对马克思主义的解释不可避免地存在误解甚至错误。2004 年日共二十三大修改党纲,对党的理论路线和方针政策进行了较大调整,新党纲明确提出党以科学社会主义为理论基础,并全面解释了"科学社会主义"理论的内涵,认为"科学社会主义"的思想精髓所铸就的科学世界观,并没有停留在马克思主义经典作家们所阐明的思想范围之内,没有落后于时代,它所包含的唯物主义历史观和剩余价值学说,依然是人们正确理解当今社会的科学指南,运用科学社会主义理论分析当今世界和日本社会,不仅行得通,而且具有强大生命力。苏联和苏共的解体并不意味着"科学社会主义"已过时,"科学社会主义"对待资本主义的态度,不是把技术进步的停滞和经济发展的衰退看成是资本主义的终结,而是把生产力发展到极限后、创造出新社会的物质基础和以新的形式不断扩大阶级矛盾,看成是资本主义走向终结

---

① 肖枫:《社会主义向何处去》,当代世界出版社 1999 年版,第 733—744 页。

的开始。同样,只看到现代资本主义的经济发展和科技进步,而看不到现代资本主义社会充斥着阶级矛盾,也是根本错误的。日共能够迅速走出低谷、恢复壮大,主要得益于"科学社会主义"理论的指导,得益于科学地、长期不懈地坚持马克思主义理论的学习。①

(二)建立健全党员干部培训机制

党员干部的思想水平与理论水平的高低是保证全党思想统一的关键。为此,日共在强调学习的重要性的同时,建立健全了的党的培训制度。②

1.培训的制度化

日共要求党员不仅要在形式上入党,更重要的是思想上入党。为更好地完善教育、培训制度,将学习教育落到实处,日共十二大规定了健全全党生活的三项标准:定期召开支部会议;全体党员阅读《赤旗报》;按时交纳党费和机关报刊费。十六大又提出党内生活的四条标准,在上述三项内容上加上"努力学习,参加党的活动"一条。党章规定,各支部要每周进行一次政治学习。日共十二大还特别强调"教育立党"的党建方针。日共前领导人宫本显治曾指出:让我们党首先来实现知识就是力量这个真理。马克思有句名言:"理论一经掌握群众,也会变成物质力量",先锋党的党员都来好好学习,就能创造出推动历史发展的可靠力量。日共指出,"教育立党"是发挥先锋队作用的"根本条件",是党一切工作的"根本前提","教育立党"也就是要变知识为党的力量。日共的培训形式灵活,可操作性强,主要采取以自学和讲授相结合的方式。1961年9月,日共政治局号召全党开展响应和制定"发展党的力量和开展思想教育工作综合两个计划"的运动。为系统地对党

---

① 尹文清:《日本共产党党建的经验与启示》,《中国特色社会主义研究》2012年第3期。

② 尹文清:《全球化背景下日本共产党党建研究》,《中国特色社会主义研究》2010年第4期。

员进行思想教育,日共在 1963 年 3 月创办了《月刊学习》杂志,八届二中全会又决定完善教育制度,在中央和都道府县以及地区各级开设党校。

2. 内容丰富,实用性强

在培训的内容方面,日共十六大规定了五项内容:学习党的纲领路线;正确分析日本国内外形势,明确党的任务和对未来的展望;学习各领域中党的方针政策;学习党的建设理论;学习科学社会主义。从学习书目来看,有马克思、恩格斯和列宁等的经典著作,也有日共自编的科学社会主义教程和共产主义读本,还有日共党史及其重要纲领文献集。日共要求所有党员干部要把自学科学社会主义作为自己必须完成的任务。为此,从 1968 年起,日共在党内发行了党内教材《初级教科书》,把初级教育讲座变为党员学习的基本课程。由于日共党的代表大会的决议是根据党的纲领规定的基本路线,并结合各个时期日本国内外形势而制定的具体方针政策,不仅具有时代性,而且成为加强党的先进性的活力的关键,成为增强党员的智慧和提高党员的理论、政治水平的依据。因此,日共十一大后,十分强调并重视全体干部党员对党的文件的学习,使党员们能紧跟形势加深对党的政策的全面了解,从而自觉执行,与党保持高度一致。

日共二十四大的决议明确规定了党员学习的三大内容:第一,以熟练掌握党的最新纲领为主,系统学习党的理论和历史。第二,以科学社会主义理论为主的理论学习。第三,目前党的方针、政策的学习。同时指出,把党员、支部和党的机关的理论和政治水平的提高作为提高党的能力的第一课题。另外,日共还利用"新党员教育"、"全国积极分子经验交流会"等多种形式,全方位开展党的思想理论教育,激发党员为实现崇高理想,更好地发挥共产党员的模范带头作用。可以说,各种形式的学习,所解决的不仅仅是党内思想统一、党员思想水平提高的问题,更重要的是通过这种学习解决了马克思主义理论日本化的难题。

（三）加强党员的教育与管理

日共现有党员近42万人，党员分两大类，一部分是党的专业活动家，他们没有其他的职业，工资从党的财政收入里支出；另一部分也是党员中的大多数，他们有其他的职业，定期参加党的活动。

1. 成立党的特别学校

为了系统地对党员进行思想教育工作，完善党的教育制度，日共在中央和都道府县及各地区成立党校。由日共中央党校——中央人民大学牵头，通过各级党校开始对全体党员的培训工作。1967年10月，日共实施了各级讲师资格考试制度，到1968年有近3万的党员参加了讲师资格考试。日共从中选出近3000人的讲师队伍，在全国各地讲课，到1970年讲师的队伍已扩大到13000多人。讲师们在全国各地的党校讲授马克思列宁主义的基本理论、党的方针政策，通过几年的大讲堂活动，所有的党员基本上不同程度地参加了培训，不仅思想觉悟、理论水平提高了，而且统一了全党的思想。地方党校平时学习的内容主要有：党的纲领、有关党的选举政策、近期党的领导人在党的会议和在国会上的重要发言等等。地方党校基本上每月举办一期，时间一般是半个月左右。

2. 创建网站平台

在因特网普及的今天，日共非常重视本党网页的建设，旨在使网民全面了解党的路线方针以及现行内外政策、党的组织结构、各级领导班子成员以及各方面的最新状况，选民可以与党的领导人和议员进行网上直接对话。为吸引更多人上网，日共不仅每天及时更新新闻，而且不断更新网页设计，使之更加通俗易读。上网者可通过网上报名参加党组织的各种活动。网站上不仅有欢迎网民入党的宣传栏，方便民众简单快速地提交申请入党资料，而且可以随时通过网络提意见或建议。日共10年前已开始运用现代通讯手段向全国地方组织同步直播党的代表大会、中央全会、党的各种大型纪念活动以及领导人讲演实况，使党员及关心支持党的活动的普通国民能以最快的速度了解党的方针、政策、主张和动态。委员长志位和夫在接受朝日电视台采访时表示：日共成立以来，政治主张一直没有改变，那就是要帮助贫困人民过上富裕生活。日共的主张正在被许多国民所认识，尤其是年轻人通过网络了解日共的主张，积极参加日共活动。由于近年来直接到支部要求入党的人越来越多，日共中央特别提出，在支部还没有覆盖的地区尽快建立党的基层组织，建立覆盖全国的支部网，这是加强党的建设的根本之路。

放眼世界，我们可以发现，资本主义国家共产党与中国共产党的一个重要不同之处在于他们现在仍处于为推翻资本主义制度、建立无产阶级的政权而努力奋斗的阶段。在苏东剧变的冲击下，再加上资产阶级以及代表其利益的政府的打压，资本主义国家共产党往往处于比较困难的境地。但是，资本主义国家共产党并没有被这些困难所吓倒，而是努力通过加强党的建设、尤其是加强党的学习来统一党的思想，不断提高广大党员干部的马克思主义理论水平，坚定广大党员干部对社会主义的理想信念，从而使党能够逐渐稳定下来，有的还获得了较大发展。在资本主义经济危机席卷全球的背景下，资本主义国家共产党更加注重加强党的学习，注重加强对资本主义经济危机的研究，深刻揭示资本主义经济危机的根源与本质，使广大党员干部和无产阶级群众理解资本主义的灭亡和社会主义的胜利是不可避免的历史规律，提高无产阶级群众的阶级意识，为推进无产阶级反对资产阶级的斗争提供了思想指导，从而也为自己的发展壮大提供了重要基础。

｜下　篇｜

第七章　建设马克思主义学习型政党的机遇与挑战

在新的历史时期建设马克思主义学习型政党,我们拥有一些有利条件和积极因素,也取得了一系列重大成绩。但我们必须清醒地看到,推进马克思主义学习型政党建设面临着来自世情、国情、党情多方面的严峻挑战。从世情来看,当今世界正处在大发展大变革大调整时期,外部环境风云变幻;从国情来看,我国正处于改革的攻坚期、发展的关键期,既面临难得的历史机遇,也面对诸多风险挑战;从党情来看,时代新发展催生党建新的课题。在新形势下,党面临着执政考验、改革开放考验、市场经济考验、外部环境考验和精神懈怠危险、能力不足危险、脱离群众危险、消极腐败危险。面对来自世情、国情、党情三维视角的立体式挑战,中国共产党作为中国社会主义事业的领导核心,必须按照"科学理论武装、具有世界眼光、善于把握规律、富有创新精神"的要求,大力推进马克思主义学习型政党建设,以适应时代发展的新形势、新要求,更加奋发有为地推进改革开放和国家治理体系和治理能力现代化,实现"两个一百年"奋斗目标和中华民族伟大复兴的中国梦。

一、世情:复杂多变的外部环境带来重大威胁

在全球化时代,中国的发展离不开世界的大趋势、大环境。"世情"越来越成为"国情"的一个重要组成部分,"世情"和"国情"由游离状态

变为一种胶着状态。世界多极化、经济全球化深入发展,科技进步日新月异,国际金融危机影响深远,世界经济格局发生新变化,国际力量对比出现新态势,全球思想文化交流交融交锋呈现新特点,发达国家在经济、科技等方面仍占优势,综合国力竞争和各种力量较量更趋激烈,不稳定不确定因素增多,给我国发展带来新的机遇和挑战。马克思主义学习型政党建设需要良好的国际环境支持,国际环境的不稳定因子对马克思主义学习型政党建设构成了挑战。在"全球化"的过程中,世界性、国家性和地区性因素超越国界,互相影响和作用。① 这些都对建设马克思主义学习型政党提出了新的更高要求:准确而深刻把握国际形势,深化马克思主义理论学习,以国际视野应对综合安全威胁,从而为中国的发展创造良好的世界局势,推进社会主义现代化,实现中华民族伟大复兴。

(一)全球化给学习型政党建设带来挑战

全球化是当今世界迅猛发展的一大趋势,我国已加入世贸组织,随着改革开放的持续推进和开放型经济的不断发展,全球化必将对我国的经济、政治、文化、社会生活乃至建设马克思主义学习型政党带来深刻的影响和提出严峻的挑战。

1. 全球化给党的执政能力带来严峻考验

进入 21 世纪,国际局势正在发生着深刻变化,这集中表现为多极化和全球化曲折发展。全球化是生产方式变革和发展的必然结果。全球化是一种客观趋势,也是一把双刃剑,具有两重性。一方面,它有利于资金、技术、劳动力等生产要素实现跨国流动,促进生产要素和资源的优化配置,有利于促进生产力的发展,给各国包括发展中国家带来了新的发展机遇;另一方面,它使各国经济社会的发展受到国际经济政治环境的影响更加广泛而深刻,因而也给国际社会特别是发展中国家带来了经济的不稳定因素甚至危及国家安全。全球化给党的建设提出了一些新的问题,首

---

① 燕继荣:《政治学十五讲》,北京大学出版社 2004 年版,第 282 页。

先,对党的经济建设能力提出了新的要求。在全球化背景下,政府职能如何定位? 国有经济如何进退? 如何为市场经济打造一个良好的道德信用环境? 如何处理发展国际合作与维护国家利益和安全的关系? 如何建立对重大事件的预警机制? 所有的这些都对党的领导水平和执政能力提出了新的更高的要求。① 其次,对党驾驭复杂国际形势提出更高要求。在全球化背景下,各国相互渗透,相互制约的程度加深,跨国公司作用增强,国际组织和国际法职能强化,对传统的国家主权带来了挑战。最后,对党加强思想文化指导提出新的挑战。随着服务、文化产业和电信传媒、影视等行业进一步对外开放,外来文化的传播渗透途径、方式、手段将更加多样化、隐蔽化、便捷化,不同文化之间的相互渗透、碰撞、补充、融合不可避免,意识形态和思想文化的交锋将更加激烈。所有的这些挑战都要求要不断加强党的执政能力建设。

中华民族要在全球化背景下实现伟大复兴,就必须主动融入全球化并在全球化中赢得比较优势,实现综合国力的不断提升,而要实现这一目标就必须坚持中国共产党的领导,就必须不断提升党的执政能力。这是因为中国现代化道路与早期资本主义国家不同,与其他后现代国家也有所区别,这种特殊性决定了必须坚持中国共产党的领导。中国现代化历史充分表明,只有坚持中国共产党的领导才能实现民族解放、国家富强、人民幸福,才能实现社会主义现代化建设的宏伟目标。

坚持党的领导就必须在全球化浪潮下不断加强党的执政能力建设,要提升党在全球化背景下的执政能力就必须加强学习,加强党对这一时代潮流的深刻认识,建设学习型政党。只有不断地加强对全球化的学习和认识,才能明确党在全球化背景下执政能力建设的目标和任务,不断提升党在全球化背景下驾驭社会主义市场经济的能力,发展社会主义民主政治的能力,应对复杂局面的能力,依法执政的能力,总揽全局的能力。

① 连玉明:《学习型政党》,中国时代经济出版社 2004 年版,第 373 页。

因此,面临全球化的世界浪潮,要实现中华民族的发展目标,就必须加强以学习型政党建设为核心的执政能力建设。

2. 全球化给党的先进性建设提出重大挑战

党的先进性是党的生命所系、力量所在,事关党的执政地位的巩固和执政使命的完成。先进性是马克思主义政党的根本特征,党的先进性建设是马克思主义政党自身建设的根本任务。① 全球化是世界历史发展的历史潮流,体现了社会生产力发展的客观要求,也是现代科学技术发挥第一生产力强大作用的必然结果。全球化促进了资本、市场、产品、信息、科技、劳动力在全球范围内的自由流动,使世界各国各地区之间的交流和联系空前密切,各种因素和主体之间的相互影响已经渗透到主权国家内部的经济、政治和文化生活中,使得民族国家不断对本国的经济、政治、文化和社会建设提出新的要求,同时也推动世界各国人民的生产方式、思维方式、生活方式发生着深刻的变化。全球化既是我国实现科学发展的重要赶超机遇,也给党的先进性建设提出现实的严峻挑战。

作为世界上最大的发展中国家,面对发达国家主导全球化的客观事实,我们承担着来自发达国家的经济技术优势的压力和自身经济运行的风险;全球化还促进各个国家的文化不断地交流融合,也存在着西方发达国家的文化渗透、文化侵略和文化殖民等现象;虽然当今世界国际格局向多元化发展,但是一些西方大国仍旧奉行霸权主义和强权政治,依托其在经济上的主导地位肆意干涉别国内政,为了其在世界各个地区的利益而不惜发动战争。全球化一定程度上代表世界历史的发展方向和发展趋势,代表着先进社会生产力的发展要求,促进着世界各地的文化不断的交流融合,为人类文明的发展做出了突出的贡献,不断促成了世界问题的合作协调解决机制的形成等有利的方面,同时也应该看到这种全球化是西

---

① 中共山东省委宣传部编:《马克思主义学习型政党建设理论与实践》,山东人民出版社 2011 年版,第 177 页。

方发达国家主导的全球化,必须对西方国家在全球化过程中侵犯发展中国家利益问题高度重视。在全球化的背景下,实现中华民族的发展目标,就必须坚持中国共产党的领导,中国共产党的领导和执政地位不是自封的,是中国人民经历长期的实践作出的历史性选择。中国共产党的领导和执政地位的确立是由它的性质和宗旨决定。正是因为中国共产党具有其他任何政党所不具有的先进性,才使得我们坚信中国共产党在全球化背景下能够带领中国人民实现自己的中国梦。

中国共产党的先进性体现在,她不断代表了中国先进生产力的发展要求,代表了中国先进文化的前进方向,而且还代表了中国最广大人民群众的根本利益。中国共产党在新的历史条件下要实现其先进性,就必须在全球化背景下加强对全球化各个方面的学习,建设学习型政党。只有不断学习和认识全球化过程中的利弊,才能够看清形势,做出符合中华民族利益的正确决策,才能够站在时代潮流的前沿,为中国最广大人民群众谋福利,才能够在世界舞台上发挥更加重要的作用,才能够为人类和平发展做出自己的贡献。这一切都有赖于中国共产党不断加强学习,不断地提升本领,始终作为中国人民和中华民族的先锋队。人类历史告诉我们,无产阶级政党是人类有史以来最注重学习的政党,也是最能代表人类发展方向的政党,不断加强学习,建设学习型政党,有利于体现其先进性,有利于不断提升其执政能力。

3. 全球化使党的反腐败工作更加复杂

腐败是世界各国各地区普遍面临的一个社会问题。在全球化的浪潮下,腐败的跨国界蔓延使其对全球经济的负面影响日益凸显,也使得腐败成为一个世界瞩目的问题。中国的腐败犯罪也日益呈现出一些新的特点和动向,中国的反腐斗争面临着新的挑战。在当前全球化的背景下,涉外腐败犯罪活动日益突出,海外跨国公司在中国的行贿案件增多。中国作为拥有 13 亿人口且经济蓬勃发展的大国,已经成为世界上最有潜力、增长最快的新兴市场,其对国际商界的吸引力越来越大。尤其是"入世"以来,外商、外资纷纷涌入中国,为了争夺中国市场份额,赚取巨额利润,一些跨国公司不惜采取贿赂手段。据媒体披露,跨国公司在中国的行贿事件近10年来呈上升趋势。中国企业对外投资中的国有资产流失严重,同腐败有关的洗钱活动日益频繁,贪官携款外逃现象日趋严重。这些反腐败工作面临的新形势、新挑战,迫切需要我们以建设马克思主义学习型政党为契机,学习掌握当前全球化背景下反腐倡廉工作的新举措。

刘云山指出:"党所处的历史方位和执政环境发生深刻变化,提高领导水平和执政水平、提高拒腐防变和抵御风险能力是长期的历史性课题,建设马克思主义学习型政党越来越成为保持和发展党的先进性、巩固党的执政地位的紧迫任务。"①全球化背景下出现的腐败问题,如果处理不当不及时,就会给党和国家带来重大的灾难,同时也会给人民群众的切身利益带来重大的损害,中国共产党作为执政党必须十分清楚地认识到这个问题,只有在全球化的背景下不断加强认识和学习,在建设学习型政党中,从理论和实践中找出更好预防和打击腐败的有效措施,才能更好维护国家和人民的利益,才能更好地坚持党的先进性,使党的执政地位更加牢固。

4. 全球化导致文化多元化倾向更加明显

文化多元化冲击着马克思主义在意识形态领域的指导地位。马克思主义是我们立党立国的根本指导思想,是马克思主义意识形态的旗帜和灵魂。90多年来,正是由于中国共产党在指导思想上始终遵循马克思主义,并且在实践中不断丰富和发展,形成了中国化的马克思主义,从而不断推动中国特色社会主义事业向前发展。在全球化浪潮和多元文化价值的冲击下,各种思想文化相互渗透、相互激荡,坚持和巩固马克思主义指导地位的任务十分艰巨。一方面,当代西方资本主义国家利用其提早进入工业化和信息化社会优势,对社会主义国家开展了全面的文化渗透。

---

① 刘云山:《把建设马克思主义学习型政党作为重大而紧迫的战略任务抓紧抓好》,《人民日报》2009年10月15日。

它们以"非意识形态化"向社会主义国家推销其制度理念和思想文化,企图动摇马克思主义在社会主义意识形态领域的指导地位。另一方面,随着改革开放的深入发展,国内社会思潮呈现出多样化特点。这是我国社会大变革的历史产物,体现了社会历史的本来面目和生机活力。但是,在文化多元化背景下,难免鱼龙混杂,泥沙俱下。

目前,传统文化与现代文化互相交融,民族文化与西方文化剧烈碰撞,科学文化与封建文化斗争并存,科学社会主义思想文化和非科学社会主义文化激烈交锋。在这种多元化格局中,马克思主义意识形态受到严重冲击,人们的思想观念、价值取向、道德准则和生活方式发生了一系列变化,最根本的是在信仰方面发生了变化,拜金主义、享乐主义、利己主义日益泛滥,马克思主义的信仰被淡化;群众中信仰马克思主义的人在减少,无信仰或信仰宗教的人在增多;一些党员领导干部讲的是马克思主义,干的是非马克思主义,表面上是马克思主义,实质上是非马克思主义。有调查显示,在青年人中,超自然信仰较高,越来越多的青少年对星座、算命、宗教等领域感兴趣。这些现象都说明,马克思主义意识形态在现时代面临着多元文化和价值观的严峻挑战。

与此同时,我国意识形态领域存在着新自由主义、民主社会主义、历史虚无主义、后现代主义等社会思潮,有的甚至公开歪曲马克思主义,否定中国特色社会主义道路。各种非马克思主义、反马克思主义思潮和论调甚至有滋长、蔓延之势。这种多样化社会思潮并存的情况不可避免地与坚持马克思主义一元化的指导地位产生矛盾,对马克思主义在我国意识形态领域的指导地位造成了严重冲击。如何使马克思主义与多样化社会思潮之间保持合理张力,抑制其关系的紧张和冲突,如何运用马克思主义科学真理引领和整合多样化社会思潮,①进一步巩固马克思主义在意

---

① 王永贵:《经济全球化与我国社会主流意识形态建设研究》,人民出版社 2010 年版,第 161 页。

识形态领域的指导地位,是中国共产党面临的一个十分严峻的挑战,这些问题的处理和有效解决,就需要党在新的历史时代背景下不断加强学习和研究,这也是建设学习型政党所面临的一个重大问题。

(二)新技术的发展给学习型政党建设带来挑战

当前,以互联网、新媒体等为代表的新技术迅猛发展,信息社会改变了传统的信息传播方式,在给人们带来方便快捷的同时,也改变了人们的生产方式、生活方式和思维方式,引发了"信息爆炸"和新一轮"信息殖民",给我国的思想文化带来巨大冲击和安全隐患,给马克思主义学习型政党建设提出新的更高要求。

1. 互联网、新媒体的技术发展及其挑战

在科技进步的推动下,信息传播的方式发生了革命性的变化,在科学技术迅猛发展的今天,尤其是互联网技术的兴起和广泛应用,使信息传播渠道大大拓宽,信息传播更加开放和公开。信息及网络技术的全球性、互联性、开放性、共享性、共用性使其本身极易受攻击,攻击的不可预测性、连锁扩散性,极大地增强了危害性。[①] 具有隐蔽性的计算机病毒与黑客的攻击、网上文化的渗透、享有网络信息霸权的不对称入侵,将会使我国的政治、经济、文化、军事诸方面受到严重的损失。

互联网、新媒体作为新兴的传播媒介,不仅改变了信息的传播方式,也改变了人们的生活方式和工作方式,由此带来了一场新的变革,直接对学习型政党建设提出了挑战。我们仍旧面临着西方技术垄断和意识形态的挑战,西方发达国家科技先进,新媒体发展起步早、起点高,垄断着新媒体的发展。同时,无政府主义、资本主义等形形色色的文化思潮利用新媒体大肆传播。这些都对中国社会主义的主导地位构成了威胁,对党的建设提出了挑战。

同时,互联网、新媒体作为新兴的传播媒介也对党的沟通机制提出了

---

① 俞正樑:《国际关系与全球政治》,复旦大学出版社 2007 年版,第 152 页。

一些挑战。沟通机制是政党稳定有序工作的载体,尤其是在社会变革期间。随着新媒体的出现,使得民众既是新媒体的受众,又是新媒体的传播主体。人人都是主动沟通的主体,同时又是被沟通的对象。这种双向互动、广泛参与的特点既拓宽了表达渠道,同时也对党的原有沟通机制提出了挑战。

近年来,部分领导干部在新媒体面前暴露出诸多不适应问题。一方面部分领导干部对新媒体存在着畏惧心理,不愿意主动接触。存在为"躲""拖""推"等消极应对现象。另一方面,部分领导干部面对新媒体时的能力不足。这部分干部还在用原有应对传统媒体的方式来应对新媒体,对新媒体的传播特性缺乏深入的了解,面对新媒体反应迟钝,处置失当,没有行之有效的应对能力。又如,网络对领导者的素质和能力提出了更高的要求。现实生活中很多群体性事件,往往与网络舆论推动联系在一起,甚至有些领导干部出言不慎,也会引发公共舆论的谴责高潮。有学者指出,如何对待网络舆论绝非简单的应对媒体能力问题,更是对领导者的人权意识、民主意识、法制意识、工作能力的全面考验。这些不适应都是我们建设马克思主义学习型政党需要学习解决的现实问题。

中国共产党要在新的历史时期有所作为,必须加强对互联网、新媒体技术的认识和学习,充分利用互联网和新媒体技术加强党内民主建设,构建党建学习网站,整合网络党建资源,推进反腐倡廉工作等。充分利用新媒体技术来加强党的建设,不断提高党应对各种风险挑战的能力。当今的时代是信息的时代,只有在信息领域掌握主动权,才能在未来的国际竞争中占据有利地位,只有正确利用新媒体技术才能不断加强党执政的本领,才能适应时代潮流的发展,因此必须在建设学习型政党中,正确应对新媒体技术的挑战,发挥其在建设先进性政党中的积极作用。

2. 西方新式"信息殖民"扩张的挑战

在网络传播时代,西方发达国家凭借其雄厚的技术和经济优势,利用互联网带来的一切便利到处宣传自己的意识形态和思想文化,在网上推行新的"信息殖民"扩张,正在发动一场抢占信息空间和争夺信息资源的"信息战争",给建设马克思主义学习型政党打响了一场"看不见硝烟的战争"。

随着冷战的结束,在对外战略上,美国利用自身的英语语言和网络传播技术优势,力图将其创制的网络价值推广为全球标准的意图十分明显。以美国为首的少数发达国家依靠对信息技术的垄断,置弱国于依附地位,确立信息社会的运行机制,进而控制他国网络系统,建立信息霸权。目前国际互联网已联通世界上绝大多数国家和地区,无论哪个国家的网络,只要联入国际互联网,就成了国际互联网的一个子系统。因此谁掌握了国际互联网的管理权,谁就可以在一定程度上控制全球网络系统,从而建立其信息霸主地位。美国在这方面显然占有绝对优势,尽管国际互联网名义上不属于任何国家,但国际互联网的现有管理组织——"国际互联网协会"和"美国国家科学基金会"都是美国的网络管理机构。西方信息强国凭借网络技术优势,向技术落后国家特别是发展中国家进行文化输出,抑制其民族文化的发展,试图使这些国家长期处于信息附庸地位。美国著名政治学家塞缪尔·亨廷顿在《文明的冲突与世界秩序的重建》一书中,超越政治、经济和意识形态来划分当代世界,认为文化的差异与冲突才是导致未来世界不稳定的根本原因。所有的文明都在推广自己特有的文化价值观,扩大自己的文化影响,而西方文明面临其他文明的挑战,正在走向衰落。① 那么,要挽救西方文明的衰落,就要努力扩大西方文化的影响,确立西方文化的霸权地位。信息时代的到来,为西方进行文化扩张提供了新的途径和手段,它们可以超越国界、超越政府控制地进行文化传播,用"虚拟现实"的方式实现文化扩张的目的。

西方信息技术强国还利用网络语言优势,在世界范围内进行全球无形"圈地运动",依靠对信息空间的广泛占领,把尽可能多的国家和地区

---

① 王缉思:《文明与国际政治》,上海人民出版社1996年版,第81页。

纳入其文明圈内。英语是目前世界上使用最广泛的语言,是美英等国使用的民族语言。它们在信息技术领域的领先地位使得英语在国际互联网上被广泛应用。如果人们长期浏览英语信息,受英语文化熏陶,势必形成对英语文化的依赖,并在潜移默化中逐渐接受西方的文化价值观,甚至被西方的价值观念所同化,从而淡忘本民族的优良传统。这种现象的普及,将导致本民族的优秀文化得不到有效继承和传播,最终走向消亡。因此,面对西方"信息殖民"的扩张与挑战,中国共产党必须认清形势,认识到正确处理这一问题的紧迫性和严峻性,只有不断加强学习,才能在新的历史条件下更好地应对这一挑战,才能坚持社会主义方向,巩固党的执政地位。

3. 网络"无疆界"的危险与政治渗透的挑战

目前,互联网已进入大众化、全球化时代。由于互联网信息发布、传播的自由性,很容易被别有用心者所利用,以诱导和放大社会矛盾,甚至引发社会动荡和骚乱。网络"无疆界"、"零距离"、"即时性"的特性也被西方国家用来进行政治、思想、文化渗透。与以往常用的电台、电视、报纸等工具相比,互联网不仅传播速度快,范围广、信息量大,而且还可以匿名、匿源传播,成本低廉,隐蔽性好,灵活性强,不仅降低了"舆论攻击"和渗透的门槛,也有利于一些政府和团体掩饰自己的介入。由于西方发达国家在相当程度上掌握着网络的技术制高点,控制着网络的连接权、话语主导权,因此在"网络战"方面具有先天优势。近年来,不少发生动荡的国家不约而同地指责来自"外部敌对势力"的网络威胁,认为这是造成动荡局势的重要根源之一。[①] 当今世界,西方发达国家利用互联网推行其所谓的普世价值观,将其文化意识形态推向发展中国家,通过娱乐等方式来传播其文化价值观,这在一定程度上会对发展中国家的文化及其主流价值观造成严重的冲击,同时他们旨在塑造一批服从其政治意识形态的发展中国家新生阶层,以达到政治渗透的作用。这些都是西方国家进行

---

① 迟延年:《警惕! 网络战正成为一种低风险的颠覆手段》,《国防》2009 年第 11 期。

"和平演变"的手段和方法。

在新的历史时期,中国共产党作为中国社会主义现代化建设事业的领导核心,肩负着中华民族伟大复兴的历史任务,要实现中华民族真正的独立自强,就必须对西方强加在我们头上的政治渗透给予有力的反击,不断加强对互联网的监管力度,开发拥有自主产权的网络新技术,更重要的就是中国共产党要在新的历史时期不断加强我们的社会主义核心价值观建设,使这一价值观成为反对西方文化政治渗透的强有力思想武器。同时,还要认识到,西方能对我们进行渗透,是因为他们了解我们的需求,了解自身的优势和劣势,那么在渗透与反渗透的斗争中,作为执政党的中国共产党就必须对西方利用网络"无疆界"对我们进行政治渗透有一个清晰的认识,就必须对网络技术等有一个全新认识,就必须对西方文化有一个全新的认识,以及对西方政治渗透的内容及形式有一个深刻认识,这些都是建立在不断深化学习的基础上,不学习不研究不采取措施势必要落后,势必会被西方政治文化价值观牵着鼻子走。因此,面对这种挑战,中国共产党必须看清形势,明确党的学习和建设的方向,只有做好准备,才能在与西方文化价值观政治渗透的斗争中取得胜利,这也是新时期建设学习型政党的题中应有之义,体现党的先进性,巩固党的执政地位的必由之路。我们坚信在中国共产党不断加强学习和建设的基础上,我们必将赢得这场反西方政治渗透斗争的胜利。

4. 主流文化阵地守卫与竞争的激烈

全球化使人们的思想呈现多元化、复杂化局面,使不同阶层的人对文化有了不同的需求,也为西方文化的渗入提供了前提。文化安全关系到国家政权的稳定,是国家、社会发展的内生性源泉。维护国家文化安全并不是维护传统文化和现存文化的纯洁性,也不是拒绝外来文化的影响和渗透,而是保障和促进传统和现存文化沿着先进性的方向发展。[①] 在全

---

① 刘跃进:《国家安全学》,中国政法大学出版社 2004 年版,第 154 页。

球化时代,信息传播技术的更新,世界距离的缩小,马克思主义与非马克思主义意识形态短兵相接;同时,国际经济活动的背后依然是以国家意志为主要推动力。如何有效地抢占思想教育阵地,防止腐朽文化的渗透,反对文化霸权,巩固马克思主义在我国意识形态中的指导地位,永葆中国共产党作为马克思主义政党的先进性,是党的建设面临的重大挑战。

当下不同文化之间的交流与碰撞,呈现出鲜明的不平等性,表现出不平等的输出和接受关系。西方国家以其强大的经济势力和先进的科学力量为依托,把持着文化交流中的主动权,控制着文化交流中的流量、流速、流向以至所传递的文化信息的性质。对此,美国学者杰姆逊等通过长期研究,也直言不讳地指出:现在第一世界掌握着文化输出的主导权,可以通过文化传媒把自身的价值观和意识,强制性地灌输给第三世界,而处于边缘地位的第三世界只能被动地接受,他们的文化传统面临威胁,母语在流失,意识形态被不断渗透。文化交流中不平等性的进一步发展,便是文化领域中的殖民与被殖民。发展中国家客观地处于不利的地位,成为发达国家推行"文化殖民主义"的对象,"那些能表明当地或国家特征和连接当地或国家的文化价值观,似乎处在被全球市场的冷酷力量打垮的危险之中"。① 江泽民曾深刻地指出过这一现实境遇中我国作为发展中国家文化发展所面临的崭新而紧迫的课题,他说:"世界多极化,经济全球化的深入发展,引起世界各种思想文化,历史的和现实的,外来的和本土的,进步的和落后的,积极的和颓废的,展开了相互激荡,有吸纳又有排斥,有融合又有斗争,有渗透又有抵御。总体上处于相对弱势地位的广大发展中国家,不仅在经济上面临严峻挑战,在文化上也面临严峻挑战。保持和发展本民族文化的优良传统,大力弘扬民族精神,积极吸取世界其他民族的优秀文化成果,实现文化的与时俱进,是关系广大发展中国家前途

---

① 张世鹏、殷叙彝:《全球化时代的资本主义》,中央编译出版社 1998 年版,第 120 页。

和命运的重大问题。"①

中国作为发展中国家,经济、政治和文化相对落后,如何在以西方强势文化主导的世界文化交流中维护自身文化的独立性,提升自身文化的先进性,确保自身文化的安全性,决定了我国社会主义文化建设的长期性和艰巨性。因此,必须坚定不移地坚持马克思主义指导思想,建设社会主义先进文化,不断加强社会主义核心价值体系建设,不断提升国民的思想道德素质和科学文化素质,这就要求中国共产党必须不断深化对马克思主义文化观的学习,结合中国当代实际,发展我国的先进文化,对外来文化既要取其精华又要去其糟粕,加强对传统文化的继承和发展,形成具有中国特色和中国风格具有世界竞争力的先进文化。中国共产党肩负着领导建设先进文化的历史任务,因此加强学习,提升建设先进文化的本领就成了党在当下一项十分重要而艰巨的任务。这也是建设学习型政党的内在要求,只有这样才能代表我国先进文化的前进方向,才能体现出党的先进性。

5. 信息爆炸及信息垃圾的挑战

因特网使得信息的采集、传播的速度和规模达到空前的水平,实现了全球的信息共享与交互,它已经成为信息社会必不可少的基础设施。现代通信和传播技术,大大提高了信息传播的速度和广度。由广播、电视、卫星通信、电子计算机通信等技术手段形成了微波、光纤通信网络,克服了传统的时间和空间障碍,将世界更进一步地联结为一体。但与之俱来的问题和副作用是:汹涌而来的信息有时使人无所适从,从浩如烟海的信息海洋中迅速而准确地获取自己最需要的信息,变得非常困难。这就是"信息爆炸"(Information Explosion)、"信息泛滥"。

现代科学技术发展的速度越来越快,新的科技知识和信息量迅猛增

---

① 江泽民:《在中国文联第七次全国代表大会、中国作协第六次全国代表大会上的讲话》,《人民日报》2001 年 12 月 19 日。

加。英国学者詹姆斯·马丁统计,人类知识的倍增周期,在 19 世纪为 50 年,20 世纪前半叶为 10 年左右,到了 20 世纪 70 年代,缩短为 5 年,20 世纪 80 年代末几乎已到了每 3 年翻一番的程度。近年来,全世界每天发表的论文达 13000—14000 篇,每年登记的新专利达 70 万项,每年出版的图书达 50 多万种。新理论、新材料、新工艺、新方法的不断出现,使知识老化的速度加快。据统计,一个人所掌握的知识半衰期在 18 世纪为 80—90 年,19—20 世纪为 30 年,20 世纪 60 年代为 15 年,进入 20 世纪 80 年代,缩短为 5 年左右。还有报告说,全球印刷信息的生产量每 5 年翻一番,《纽约时报》一周的信息量即相当于 17 世纪学者毕生所能接触到的信息量的总和。近 30 年来,人类生产的信息已超过过去 5000 年信息生产的总和。此外,由信息缺乏管理或管理不善,导致信息的发布、传播失去控制,产生了大量虚假信息、无用信息,造成信息环境的污染和"信息垃圾"的产生。计算机病毒也会造成一定的错误信息。除此之外,网络上的垃圾站点散布的不健康的信息。如因特网上的色情淫秽信息、教唆对计算机信息系统进行非授权访问的黑客诡计等。

人们一方面享受着网络上丰富的信息带来的便利,另一方面也在忍受着"信息爆炸"的困扰。"信息爆炸"已经对社会经济的发展产生了负面的影响。在新的历史时期面临信息爆炸和信息垃圾,中国共产党必须不断加强学习提高信息识别和分析能力,能够在众多的信息中将信息垃圾剔除以便做出正确的决策,这是对党执政能力的一项重大挑战,只有在不断加强学习的情况下,在学习型政党的建设中才能够正确面对这一挑战。

二、国情:经济社会转型时期各种新形势错综复杂

改革开放 30 多年来,我国取得了许多重大的成就,经济、政治、科学

技术、教育等多方面均实现了跨越式发展,但是我国的基本国情没有改变。"我们必须清醒的认识到,我国仍处于并将长期处于社会主义初级阶段的基本国情没有变,人民日益增长的物质文化需要同落后的社会生产之间的矛盾这一社会主要矛盾没有变,我国是世界最大发展中国家的国际地位没有变。在任何情况下都要牢牢把握社会主义初级阶段这个最大国情,推进任何方面的改革发展都要牢牢立足社会主义初级阶段这个最大实际。"[①]21 世纪,我国的发展站在了新的历史起点,当前我国正处于经济转轨、社会转型的关键时期,新事物、新问题层出不穷,我们面临的考验和挑战大多是过去没有经历过的、没有经验可循的,这对党建提出了严峻的考验。

"我们党担负着团结带领人民全面建成小康社会、推进社会主义现代化、实现中国民族伟大复兴的重任。"[②]当前,中国共产党面临着一系列的挑战:全面落实经济建设、政治建设、文化建设、社会建设、生态文明建设五位一体的总体布局,促进现代化建设各方面的协调发展,转变发展方式和调整经济结构,解决社会转型过程中出现的各种问题。不断变化的现实给中国共产党提出了新的挑战。胡锦涛曾指出:面对这样的新形势新任务,如果我们的领导干部不抓紧学习、不抓好学习,不在学习和工作中不断提高自己,就难以完成肩负的历史责任,甚至难以在这个时代立足。[③] 现实的国情要求党必须不断地加强自身的学习,不断提高自身的理论水平和解决问题的能力。

(一)发展社会主义市场经济的挑战

社会主义市场经济对我国来说是个新鲜的事物,我国社会主义市场

---

① 胡锦涛:《坚定不移沿着中国特色社会主义道路前进 为全面建成小康社会而奋斗》,人民出版社 2012 年版,第 16 页。

② 习近平:《紧紧围绕坚持和发展中国特色社会主义(学习宣传贯彻党的十八大精神——在十八届中共中央政治局第一次集体学习时的讲话)》,人民出版社 2012 年版,第 10 页。

③ 胡锦涛:《全面加强新形势下的领导干部作风建设》,http://www.qstheory.cn/tbzt/xxsjkxfzg/xgts/srxx0628/200907/t20090728_8067.htm。

经济体制改革仅有二十余年,实践证明社会主义市场经济具有强大的活力,既符合经济发展规律又适合我国基本国情。社会主义市场经济体制有效地促进了生产力的发展。但是,社会主义市场经济体制到目前为止仍然只是基本确立,在发展中不可避免地会出现各种各样的问题,社会主义市场经济体制、基本经济制度、现代市场体系还有待进一步完善。当前面临的一系列亟须解决的市场经济问题给学习型政党的建设提出了众多挑战。

1. 完善社会主义市场经济体制的挑战

在经济全球化的大背景下,世界经济格局正在经历大转型大变革,科学技术日新月异,国际经济金融秩序正在规范和调整,我国的经济社会发展也必然受此大环境的影响。经过改革开放以来三十多年的努力,我国已初步建立社会主义市场经济体制框架,市场在资源配置和经济运行中开始较大程度地发挥基础性作用,改变了以往的计划经济格局,市场成为了经济建设的杠杆和晴雨表。党的十八届三中全会更是指出,市场在资源配置中要起到决定性的作用。

但是到目前为止,我国社会主义市场经济体制仍然不够完善,还有不少改革攻坚任务有待完成,尤其是传统计划经济遗留下来的某些深层矛盾尚未得到根本性解决,并且在经济转轨过程中又不断出现新的问题,使市场经济体制的深入推进遇到更加复杂的局面,经济增长还存在一定的不确定性、不稳定性。我国作为发展中国家和经济转轨国家,既有发展中国家面临的城乡二元结构问题,又有经济转轨国家所面临的一系列改革问题,如政企分开、政资分开尚未很好实现,政府职能转变尚未到位,各种所有制经济平等竞争环境尚未很好形成;国有资产管理体制有待健全,垄断行业改革障碍重重;宏观调控过多地运用行政手段,收入分配关系远未理顺,社会保障体系尚待逐步完善;防范系统性金融风险的机制亟待完善,对外开放有待进一步提高水平和质量,市场经济法制体系尚未完备;等等。所以在推进我国经济社会发展过程中,我们所面临的矛盾和问题特别多,特别复杂,解决起来特别棘手。①

经济全球化的本质是资源配置和市场的全球化。经济全球化对我国的经济体制来说,一方面为我国的经济体制转轨提供了历史机遇,可以加快经济体制转轨的过程;另一方面又对我国经济体制转轨提出了新的要求和挑战。国内经济与国际经济的联系日益紧密,国际政治经济环境的任何变化,都会通过贸易、金融、信息、国际关系、人员往来等诸多渠道影响国内经济社会发展,牵一发而动全身。各种矛盾和利益问题相互交织、相互影响,势必大大增加我国经济体制转轨的外部压力。

国内外的各种挑战,使得完善社会主义市场经济体制成为必然的趋势,并对中国共产党的执政能力提出了考验。建设社会主义市场经济,中国共产党没有现成的经验可循,只能摸着石头过河,在深入分析国内外形势的基础上,提升党员干部素质,科学决策,充分利用市场经济优势,辅以适当的宏观调控,避免或减少市场经济的负面影响,才能更好、更快地全面建成小康社会,早日实现中华民族伟大复兴的中国梦。

2. 完善社会主义基本经济制度的挑战

中国特色社会主义基本经济制度是中国特色社会主义制度体系中一个重要的组成部分,在这一制度体系的整体建构和运行中起着重要作用。公有制为主体、多种所有制经济共同发展的基本经济制度是中国特色社会主义制度的重要支柱,也是社会主义市场经济体制的根基。公有制和非公有制都是社会主义市场经济的重要组成部分,都是我国经济社会发展的重要基础,无论是公有制还是私有制都在发展经济、促进就业等方面起到了重要的作用。胡锦涛指出:"要毫不动摇巩固和发展公有制经济,推行公有制多种实现形式,推动国有资本更多投向关系国家安全和国民经济命脉的重要行业和关键领域,不断增强国有经济活力、控制力、影响

---

① 张卓元:《走向"社会主义市场经济论"——纪念社会主义市场经济体制改革目标提出 20 周年》,《北京日报》2012 年 6 月 4 日。

力。毫不动摇鼓励、支持、引导非公有制经济发展,保证各种所有制经济依法平等使用生产要素、公平参与市场竞争、同等受到法律保护。"①推进非公有制经济与公有制经济平等竞争、共同发展,是接下来一段时期内完善我国基本经济制度的重要任务。

坚持和完善基本经济制度,是建设社会主义市场经济体制的重要方面,也是不断解放和发展生产力的客观要求。虽然我国的社会主义基本经济制度已经成型,但是我国的社会主义市场经济毕竟是从以国有制、公有制为主的计划经济中发展而来的,不可能一步到位地建立完善、完美的经济制度,要根据国内实际情况循序渐进地不断完善。在坚持和完善社会主义基本经济制度方面,要依据三条原则:一是适应生产力发展状况,二是从国情和实际出发,三是符合"三个有利于"标准。② 坚持和完善社会主义基本经济制度,首先要对基本经济制度有深刻的理解,充分了解不同所有制形式在社会发展中的作用和地位,要保障不同所有制经济在市场中地位平等,公平竞争。其次,加大对国有经济布局和结构的调整力度,完善对国有资产监管体制,大力发展和积极引导个体、私营等非公有制经济等。这些都需要中国共产党不断地学习、发展新的理论知识,以"理论自信"推动基本经济制度的完善。

3. 加快完善现代市场体系的挑战

党的十八大提出了全面深化经济体制改革的新目标,其核心问题是处理好政府和市场的关系,要更加尊重市场规律,发挥政府服务作用。解决好市场的问题,关键在于建立现代市场体系。我国现代市场体系建立的时间不长,而且受计划经济体制的影响,还存在着各种各样的问题。在建立全国统一的开放市场中,存在着行政性垄断和地区封锁,造成了人为的分

---

① 胡锦涛:《坚定不移沿着中国特色社会主义道路前进　为全面建成小康社会而奋斗》,人民出版社 2012 年版,第 20 页。

② 刁永柞:《社会主义基本经济制度的创新与完善》,《马克思主义研究》2004 年第 6 期。

割市场现象,影响了社会经济资源的配置效率和公平的市场竞争,由此带来了政府对市场干涉过多(政府过多地或直接地参与企业经营和投融资活动)、社会保障与社会服务体系不够健全等问题,这些都直接影响着市场体系的健康成长。以上种种困难都对我国的现代化建设提出了挑战,这也是中国共产党必须面对的问题,是在未来一段时期内必须解决的发展任务。

党的十八大报告中提出:健全现代市场体系,加强宏观调控目标和政策手段机制建设。加快改革财税体制,健全中央和地方财力与事权相匹配的体制,完善促进基本公共服务均等化和主体功能区建设的公共财政体系,构建地方税体系,形成有利于结构优化、社会公平的税收制度。建立公共资源出让收益合理共享机制。深化金融体制改革,健全促进宏观经济稳定、支持实体经济发展的现代金融体系、发展多层次资本市场。①这些任务的完成需要中国共产党与时俱进,注重顶层设计,注意统筹规划,促使中国共产党成为学习型的政党。

4. 构建开放型经济新模式的挑战

马克思主义哲学关于多样性的原理告诉我们:物质世界是多样性的统一,世界是一个多样性的物质统一体。一个国家或地区发展开放型经济,单一发展必然不可持续,多元协同平衡发展才是科学道路。多元发展必须是结构合理、层次多样的有序平衡发展。因此,"层次多样"是"多元平衡"的内在要求,"多元平衡"是"层次多样"的根本目的。

党的十八大报告在阐述"全面提高开放型经济水平"时提出:适应经济全球化新形势,必须实行更加积极主动的开放战略,完善互利共赢、多元平衡、安全高效的开放型经济体系。要加快转变对外经济发展方式,推动开放朝着优化结构、拓展深度、提高效益方向转变。改革开放以来尤其是中国加入世界贸易组织以来,"层次多样"的开放型经济新体系已经成

---

① 胡锦涛:《坚定不移沿着中国特色社会主义道路前进　为全面建成小康社会而奋斗》,人民出版社 2012 年版,第 12 页。

为我国全方位、宽领域、多层次对外开放格局中的必要组成和具体发展，是我国开放型经济体制建设的重要环节。开放型经济的主要特征是要素、商品与服务在不同地区和国家以及经济体之间自由流动，从而实现全球范围内的最优资源配置和最高经济效率。作为开放型经济体的国家，必须尽可能充分地参加国际分工，同时在国际分工中发挥出本国经济的比较优势。构建开放型经济新体制，必须建立健全适合开放型经济发展、参与国际分工与竞争的组织机构和法律法规，涵盖组织体制、程序体制、管理体制以及与之配套的法律法规等诸多方面。[①]

开放型经济模式把我国开放型经济构筑成互相联系互相制约的一个整体。在开放型经济模式下，我国要发展多种贸易形式，坚持"引进来"与"走出去"相结合，实现对内对外开放相互促进，实现多边贸易体制的发展。更重要的是必须处理好政府和市场的关系，使市场在资源配置中起决定性作用。减少政府主导的不计成本的开放模式，更大地发挥市场的调节作用，给市场作用的发挥提供更好的保障，同时要进行制度建设，减少政策性调控，强化制度性调控。从体制层面提供强大保障，对于阻碍开放型经济发展的法律法规，要及时修订，并且注意相关法规、政策的连续性和稳定性。这些新问题、新要求都需要党加强学习，逐步探索解决之道。

5. 转变经济发展方式的挑战

改革开放以来，中国经济取得了较大的发展，经济总量逐年增加。但是，中国经济取得的成就主要依靠粗放式的经济发展方式。国际经验表明，用大量投资支撑的增长，很容易造成需求不足、产能过剩。从微观角度看，需求不足、产能过剩，会造成相关产品的价格下跌、库存上升，使企业经营陷入困境。粗放型增长造成资金要素投入大，我国全社会固定资产投资占 GDP 的份额不断提高，投资效益下降，积累了大量风险。从宏

---

① 《三中全会公报解读:构建开放型经济新体制》,人民网,http://finance.people.com.cn/n/2013/1114/c1004-23543288.html。

观角度看,粗放型的增长方式大量地消耗能源,使环境遭到破坏。现实要求我国必须转变经济发展方式,由粗放型转变为集约型,即依靠科技进步和提高劳动者素质,提高生产要素的质量和利用效率,减少经济发展对资源的依赖和对环境的破坏,从而实现从资源消耗型向资源节约型、环境友好型转变。

转变经济发展方式是当前我国经济面临的迫切任务。解决经济发展过程中的深层次矛盾,必须立足于转变经济发展方式。这是我们党在深入探索和全面把握我国发展规律基础上确定的重要方针,也是从当前我国经济发展实际出发提出的重大战略。

(二)健全社会民主法治的挑战

党的十八大报告强调要扩大社会主义民主,加快建设社会主义法治国家,发展社会主义政治文明,并且把民主和法治列为社会主义核心价值观。民主法治是政治文明的主题和标志。民主的要义是主权在民,法治的要义是依法治理。单一的民主或单一的法治都不完美,民主和法治要相互渗透、相互促进、相互制约。当前,我国政治发展还存在各种各样的问题,如何推进政府职能转变、如何大力推进社会主义民主建设、如何加强对权力运行的制约和监督都成为党面临的重大问题。面对新的任务、新的挑战,必然要不断地迎接挑战。通过学习,不断提高自身的理论水平和实践能力,以先进的理论指导改革之路,并总结改革实践的具体经验,丰富理论。

1.推进政治体制改革需要加强学习

党的十八大报告指出:"政治体制改革是我国全面改革的重要组成部分。必须继续积极稳妥推进政治体制改革,发展更加广泛、更加充分、更加健全的人民民主。"①

---

① 胡锦涛:《坚定不移沿着中国特色社会主义道路前进 为全面建成小康社会而奋斗》,人民出版社2012年版,第25页。

政治体制改革是一个系统工程,牵一发动全身。政治体制改革既要有自上而下的顶层设计、层层推进,又要有自下而上的普遍支持。习近平在广东考察时强调:我们要坚持改革开放正确方向,敢于啃"硬骨头",敢于涉险滩,既勇于冲破思想观念的障碍,又勇于突破利益固化的藩篱。对于当下的中国来说,政治体制改革就是一块"硬骨头",就是一片"险滩"。目前,我国的改革已进入深水区和攻坚期,这就要求我们要勇于突破利益固化的藩篱,稳妥地推进政治体制改革。

改革的实质是利益关系的调整。我国三十多年的改革,取得了较大的成绩,但是发展成果的分配并未做到公平,具体到各个地区、部门乃至个体,不均衡的利益分配机制加之长期制度安排的惰性,使其在成就伟大历史变迁的同时,也逐步形成了各类特殊的既得利益群体。当前,这种利益固化的趋势已渗透到经济社会生活的多个方面。如中央与地方之间、城乡之间、国有经济与民营经济之间、地区之间、行业之间、不同社会群体之间等。利益固化不仅阻碍资源要素的正常流动和优化配置,抑制经济发展和社会创造的活力,而且会侵蚀社会成员向上流动的空间和机会。如果处理不好,就可能使改革受到掣肘,从而侵蚀改革开放的成果,削弱社会发展和进步的动力。特别是当前我国经济正处于深度调整之中,要释放"改革红利",必须突破利益固化的藩篱,进一步激发和凝聚社会创造力。

要打破利益固化的藩篱,不仅需要勇气和胆识,更需要信心和智慧。这就要通过顶层设计,对突破利益固化藩篱、推进政治体制改革做到统筹安排、科学谋划。这些现实的需求必然要党通过不断的学习,增强自身的本领,以丰富的理论基础指导改革实践,大胆探索、勇于开拓。

2.加快政府职能转变需要加强学习

自1988年提出转变政府职能以来,党和国家就在不断推进政府职能转变,并且取得了显著成效。我国政府正在由全能政府向有限政府转变,由人治政府向法治政府转变,由封闭政府向透明政府转变,由管制政府向服务政府转变。尤其是推进社会主义市场经济体制建设以来,政府由原来对市场主体的指令性管理,逐渐转换到为市场主体服务上来。但由于体制转轨的复杂性和改革的渐进性,政府职能转变的任务仍然繁重,政府的越位、缺位、错位现象还部分存在。一方面,政府仍管了一些不该管、管不好、管不了的事,直接干预微观经济活动的现象仍时有发生。另一方面,有些该由政府管的事却没有管到位,特别是社会管理和公共服务方面还比较薄弱。政府职能转变缓慢,制约着行政管理体制改革的继续深化。政事不分、政府与市场中介组织不分、政府包揽过多的局面就难以打破,社会事业就不可能快速健康发展,社会组织也难以发挥应有的积极作用。政府职能转变的困难仍然存在,是完善社会主义市场经济、健全民主法治机制必啃的"硬骨头"。

转变政府职能,要求政府把自己该管的事情管住、管好,不该管的事情转移出去,交由企业和其他社会组织来管。这意味着要打破原来的权力格局及隐藏在权力格局背后的利益格局。因此,转变政府职能必然要触动一些政府管理部门及其公职人员的权力和利益。一些政府部门和公职人员必然会从本部门的利益出发,在思想观念上抗拒政府职能的转变,存在着"不愿转"的问题。因此,加快转变政府职能,要求政府及其公职人员必须要有自我革命的勇气,促使政府加快转变职能,坚决打破背离社会主义市场经济改革方向的权力格局和利益格局,解决政府职能越位、缺位、错位的问题,使政府真正成为公共产品和公共服务的提供者。转变政府职能,是一项系统工程,首先必须厘清政府的职能定位,厘清各级政府的职能重点,努力形成定位准确、配置合理、关系顺畅、权责相称的政府职能体系。其次,要使各级政府能够全面正确地履行自己的职能。转变政府职能同样需要加强学习,达成共识,深入推进。

3. 推进法治中国建设需要加强学习

依法治国是党领导人民治理国家的基本方略,法治是我们党在新时期领导人民治国理政的基本方式,建设社会主义法治国家是中国特色社会主义事业的重要组成部分,党的十八大报告中提出要全面推进依法治国,这为我国建设法治国家提出了更高的要求和更明确的方向。

当前,我国正处于改革开放的深水期、社会转型的关键期,各种利益冲突频繁、社会矛盾凸显。人民群众在物质生活条件不断得到改善的同时,民主法治意识、政治参与意识、权利义务意识也得以普遍增强,对于社会公平正义的追求越来越强烈,对于更加发挥法治在国家治理和社会管理中的作用也越来越期待。另一方面,尽管我国社会主义法治建设取得了巨大成就,但各级党政机关依法处理政务的能力与民众日益增长的对依法治国的要求之间还存在相当大的距离。

习近平多次强调要坚持党的领导、人民当家作主、依法治国的三者统一原则,提出全面推进科学立法、严格执法、公正司法、全民守法的法治建设总体布局,强调坚持法律面前人人平等,保证有法必依、执法必严、违法必究的工作要求。可以说,现在比以往任何时候都更加需要发挥法治在国家治理和社会管理中的作用,比以往任何时候都更加需要国家机关、社会组织和全体人民共同参与、共同建设、全面推进社会主义法治国家建设。这明确了新时期全面建设社会主义法治国家的总体思路,对下一阶段的法治建设有着重大指导意义和促进作用。

建设法治中国,要增强党员干部依法执政的能力,不断提升党员干部的法律素养,深化党员干部法律知识学习培训,使党员干部牢固树立社会主义法治理念,形成法治思维,增强依法执政能力。应进一步加强对领导班子特别是主要领导干部的监督,完善依法监督程序,实现全程有效监督,提高监督效果,"让权力依法在阳光下运行",让权力始终用来为人民谋利益。应进一步拓宽对领导干部的监督范围和内容,除了继续加强廉政监督外,还要突出对领导干部提高履责能力的监督,始终保持其能在法律的规范下依法办事;加强对领导干部工作绩效的监督,确保其各项工作及时、顺利地完成。无论是对法律法规的学习还是建立有效的监督机制,都是为了打好法治中国的基础,这是对建设学习型政党的法治要求。

4.解决权力监督难题需要加强学习

党的十八大报告提出建立健全权力运行制约和监督体系,强调权力正确运行的重要保证是用制度管权、管事、管人,保障人民知情权、参与权、表达权和监督权。

人民当家作主是社会主义民主政治的本质和核心。人民赋予的权力能否正确行使,直接关系到人民当家作主的地位能否得到实现和公民基本权利能否得到保障。法治的要义中,很重要的一点是用法律、用制度界定好权力的边界,防止人民受到权力的侵犯。同时,要实现权力的有效运作,必须不断完善权力运行制约和监督的体制机制,使人民的监督权具有可操作性,发挥实实在在的作用,保证权力真正属于人民而不被滥用。在当前的情况下,我国的行政监督还缺乏健全的法治保障。各监督系统之间缺乏合理的分工和协调,各行政权力制约体系主体相互之间职责权限不清,彼此缺乏必要的沟通和协调。在具体的行政监督上缺乏有效的程序性规范,导致行政监督主体不能有效地发挥监督作用。

党的十八大报告指出,要推进权力运行公开化、规范化,完善党务公开、政务公开、司法公开和各领域办事公开制度,健全质询、问责、经济责任审计、引咎辞职、罢免等制度,加强党内监督、民主监督、法律监督、舆论监督,让人民监督权力,让权力在阳光下运行。党中央对全面深化权力监督与制约改革做出了总体部署,全党唯有努力学习马克思主义经典理论,借鉴其他国家改革经验,才可以稳步推进我国的相关改革,早日建成社会主义政治文明。

(三)推进文化强国建设的挑战

党的十八大报告提出:全面建成小康社会,实现中华民族伟大复兴,必须推动社会主义文化大发展大繁荣,兴起社会主义文化建设新高潮,提高国家文化软实力,发挥文化引领风尚、教育人民、服务社会、推动发展的作用。①

文化是民族的基因,文化是民族的生命。在社会主义市场经济条件下,怎么推进文化强国战略的实施,如何认识传统文化,如何应对多样化的社会意识形态对马克思主义在意识形态领域中的挑战都成为亟须解决的问题,这给学习型政党的建设提出了新的任务。

1. 深化文化体制改革面临新挑战

文化体制改革是社会主义市场经济的本质要求,是解放和发展文化生产力的本质要求,是应对全球化、维护国家文化安全的必然选择。在党的十八大报告中提出,要深化文化体制改革,解放和发展文化生产力。

根据马克思历史唯物主义的原理,作为意识形态的文化属于上层建筑,是一定社会的政治和经济的反映。作为我国的先进文化、大众文化,必须符合最广大人民群众的根本利益,要始终代表社会主义先进文化前进方向。根据文化悖论理论,任何一种文化都不可能是完美无缺的和永恒适宜的,随着时间的推移,原有文化中的缺陷和不足就会越来越成为束缚人们的桎梏,因而对原有文化进行改造和创新是文化发展的必然要求。

社会主义市场经济的建立和发展使人们的思想观念、思维方式、行为方式和心理状态发生了巨大变化,而传统的文化体制并没有很好地跟上节奏,没能适应市场经济所引发的文化生产方式与文化传播方式的变革。传统的文化生产方式被不断弱化,新的文化生产方式不断涌现。中国是具有五千年灿烂文化的国度,在五千多年的发展中,中华民族形成了以爱国主义为核心的团结统一、爱好和平、勤劳勇敢、自强不息的伟大民族精神,也成就了中华民族优良的文化传统。建设和发展社会主义先进文化,

---

① 胡锦涛:《坚定不移沿着中国特色社会主义道路前进　为全面建成小康社会而奋斗》,人民出版社 2012 年版,第 30 页。

归根到底是为了弘扬和培育民族精神。在社会主义市场经济条件下,人们的思想不断受到冲击,如何更好地保护文化传统,促进传统文化的延续发展,成为当下文化体制改革的重要任务。这要求党加强理论学习,了解文化发展规律,在广泛学习、深入研究的基础上推进我国文化体制改革,释放我国文化的巨大生产力。

2. 社会主义核心价值体系建设面临新任务

党的十八大报告提出:社会主义核心价值体系是兴国之魂,决定着中国特色社会主义发展方向。要深入开展社会主义核心价值体系学习教育,用社会主义核心价值体系引领社会思潮、凝聚社会共识。[1]

近几年来,社会主义核心价值体系建设全面推进,取得了明显的成效。但与此同时,伴随着国内外形势的快速发展,社会主义核心价值体系面临着全新的挑战,一些新的问题亟待解决,特别是在当今社会价值观多元化的现实情况下,社会主义核心价值体系受到各方面的冲击。比如,市场经济快速发展带来的多元文化冲击就给人们带来了精神和信仰的危机与分裂。

有些人在理想信念和价值追求上表现出冷淡与漠然的态度,在强烈的文化碰撞中失去了自我,失去了精神和信念的追求与期望;有的人经受不住西方生活方式的诱惑,丧失了我国主流的理想信念和价值追求,成为享乐主义、拜金主义的牺牲品。在人文精神和理想信念缺失之后,他们只关心个人的利益和个人的自由,无视个体利益和社会群体利益的协调,在价值观选择上困惑、彷徨。多元文化冲突和社会改革带来了形形色色的价值目标和行为方式,由于人们缺乏对目标及达成目标方式的思考与自信,很容易带来价值观选择中的冲突与悖论。在多元文化的相互激荡和多种现代思潮的冲击下,全盘西化思想、民主虚无主义等多种思想活跃在

---

[1] 胡锦涛:《坚定不移沿着中国特色社会主义道路前进　为全面建成小康社会而奋斗》,人民出版社 2012 年版,第 31 页。

社会中。部分人在思想信念上出现动摇并呈现出不稳定性、无中心、多样化的状态,精神家园迷失,内心冲突剧烈。① 在多元化文化发展的情况下,怎么坚持社会主义核心价值体系给马克思主义学习型政党建设带来了巨大的挑战。

3. 意识形态领域阵地面临新冲击

全球化使人们的思想呈现多元化、复杂化局面,使不同阶层的人对文化有了不同的需求,也为西方文化的渗入提供了前提。文化安全关系到国家政权的稳定,是国家、社会发展的内生性源泉。维护国家文化安全并不是维护传统文化和现存文化的纯洁性,也不是拒绝外来文化的影响和渗透,而是保障和促进传统和现存文化沿着先进性的方向发展。② 在全球化时代,信息传播技术的更新,世界距离的缩小,使马克思主义与非马克思主义意识形态短兵相接;同时,国际经济活动的背后依然是国家意志为主要推动力。如何有效地抢占思想教育阵地,防止腐朽文化的渗透,反对文化霸权,巩固马克思主义在我国意识形态中的指导地位,永葆中国共产党作为马克思主义政党的先进性,是党的建设面临的重大挑战。

"权力,是指人对其他人的头脑和行为进行控制的力量。"③文化对人的头脑和行为产生直接的影响,占据文化上的优势和控制地位,就在权力角逐中获得了胜利。在后冷战时代,意识形态之争在弱化,但社会主义和资本主义的竞争依然继续。西方资本主义国家进行意识形态的渗透,使得各种非社会主义思想得以传播;利用网络进行"和平演变",在网上推行新的政治、文化上的"殖民扩张"政策,加强对我党意识形态方面的渗透。对权力的渴求是国际政治的突出特点,资本主义文化入侵的背后是

---

① 刘明君、陈再国:《多元文化冲突与"文化自信"的培养》,《三峡大学学报(人文社会科学版)》2002 年第 9 期。

② 参见刘跃进:《国家安全学》,中国政法大学出版社 2004 年版,第 154 页。

③ [美]汉斯·摩根索、肯尼斯·汤普森改编:《国家间政治》,李晖、孙芳译,海南出版社 2008 年版,第 27 页。

权力与利益的支撑。美国是最重视意识形态的国家之一,利用全球化向全球推广美国观念、美国价值、美国意识形态乃至美国政治制度,这应该说是美国政治精英的既定方针。文化是一个民族的精神和灵魂,是国家发展和民族振兴的强大力量。面对外来文化对我国社会主义核心价值观的侵蚀,我们要推动文化大发展大繁荣、提升国家文化软实力,坚持社会主义先进文化的前进方向,提高全民族的文明素质,推进文化创新,深化文化体制改革,增强文化发展活力,繁荣发展文化事业和文化产业,满足人民群众不断增长的精神文化需求,基本建成公共文化服务体系,推动文化产业成为国民经济支柱性产业,充分发挥文化引导社会、教育人民、推动发展的功能,建设中华民族共有精神家园,增强民族凝聚力和创造力。我们要始终坚持马克思主义的领导地位,反对文化霸权,用马克思主义理论武装全党。

4.文化传播和发展面临新问题

自1990年约瑟夫·奈提出"软实力"后,"软实力"理论由此风行世界,深刻影响了人们对国际关系的看法。随着世界科学技术的日益进步和全球化进程的加快,传统意义上的国与国之间的政治、军事对抗几近消失,而新型的以文化软实力为核心的对抗方式成为主角。当今世界,文化越来越成为民族凝聚力和创新力的重要源泉,越来越成为综合国力竞争的重要因素。

我国综合国力在不断增强,中国的和平崛起导致"中国威胁论"的呼声也日渐高涨。文化认同是国家发展的重要战略资源,也是一个国家文化安全的重要组成部分。中国在国际社会的对外文化宣传方面,如何进一步获得文化认同是面临的重大问题,文化上的排斥与抵触将阻碍中国的发展。作为世界第一大外汇储备国、第一大进出口国、第二大经济体同时也是世界经济贡献率最大的国家,中国在国际社会的话语权在提高,"中国模式"日益受到关注,中华文化在世界范围的影响力越来越大,全世界掀起学习汉语的热潮,孔子学院在世界多个地区建立;奥运会、世博会是中国向世界展示自身文化的重要舞台。中国的海外投资在不断增加，尤其是对非洲国家。非洲国家普遍认为中国对非洲的需求增加是自身发展的巨大机遇。但是在国际投资方面，经济的一条腿进去了，而文化辐射的另一条腿该如何进入？经济的发展需要文化作为支撑。中国政府在对外直接投资的过程中，如何有效地传播中国文化理念，促进国际投资的可持续增长是一个重要的课题。我国不能仅仅是一个经济巨头，而缺乏文化的感召力和影响力。

马克思主义的最初产生立足于批判资本主义社会发展存在的问题，马克思主义是关于资本主义的科学，①马克思主义与资本主义相伴而生；社会主义作为批判资本主义的产物，代表着人类对自由、平等、公正的追求，社会主义与资本主义并肩而行。文化战略的前瞻性和战略性是对政党的能力提出的严峻挑战，文化的竞争是没有硝烟的战场，但带来的后果却是意义深远的。美国在伊拉克战争后，国际形象和软实力受损，国际地位和声誉下降，中国如何抓住时机，弘扬文化精粹，获得广泛的文化认同和文化亲近感将是一个重要的课题。在全球金融危机发生后，西方国家再次掀起了学习马克思主义的浪潮，运用社会主义的有益成果应对金融危机的挑战。马克思主义学习型政党建设，要在与资本主义的博弈中，凸显社会主义制度优势、获得国际社会对中国的认同将任重道远。

（四）创新社会管理推进治理现代化的挑战

社会建设、民生问题日益成为民众关注的焦点，社会管理成为了党执政面临的全新课题。加强社会建设与管理，是社会和谐和稳定的重要保证。对处于社会转型关键时期的中国来说，必须从维护广大人民根本利益的高度，加快健全基本公共服务体系，加强和创新社会管理，尽快建立健全与社会主义市场经济、社会主义民主政治、社会主义先进文化相适应

---

① 丰子义、杨学功：《马克思主义世界历史理论与全球化》，人民出版社2002年版，第266页。

的新型社会管理体制,推动社会主义和谐社会建设。

1. 推进社会管理改革问题多

党的十八大报告指出:加强社会建设,必须加快推进社会体制改革。社会体制改革是推进我国经济建设、政治建设、文化建设、社会建设以及生态文明建设的重要力量,关系每个公民的切身利益、关系社会秩序的稳定。因此必须充分认识社会体制改革的重要性、紧迫性和艰巨性。

当前我国的社会管理体制还存在各种问题,如社会体制不健全、民生问题日益突出、城乡二元化体制下的消极影响加大、阶层分化给构建社会主义和谐社会带来新的挑战等。创新社会管理体制给学习型政党建设提出新课题,要切实从中国实际出发,大胆学习借鉴世界各国社会治理的成功经验,深入研究社会管理规律;必须进一步转变政府职能,深化行政管理体制改革,更新社会管理观念,创新社会管理方式;必须加快建立健全与经济社会发展水平相适应、符合构建社会主义和谐社会要求的社会保障体系。

“创新社会管理体制,是维护社会和谐稳定的源头性、根本性、基础性工作”。① 在全面建成小康社会的关键时期,要进行社会管理体制改革,通过社会管理释放社会能量。由于受长期政治环境的影响,我国较少地关注社会管理,经验较少。加上我国的具体国情,不能照抄其他国家成型的社会管理模式。这要求我们党要在深入学习社会管理理论的基础上,根据我国国情,参照其他国家经验,创新社会管理体制,推动社会发展。

2. 保障和改善民生难度大

民生问题,事关人民群众的切身利益,事关社会的和谐稳定。“改善

① 郎友兴、汪锦军、徐东涛:《社会管理体制创新研究论纲》,《浙江社会科学》2011 年第 4 期。

民生在新阶段是取得老百姓信任的基本途径,是对共产党执政能力和合法性的直接考验"。① 改善民生,就是要在发展中多谋民生之利,多解民生之忧。

改革开放三十多年来,我国的民生状况得到了极大改善,不仅人民的经济生活实现了由温饱到总体小康的历史性跨越,而且人民的政治生活也日益走上健康、正常、民主、法制的轨道。但是,这并不意味着我国的民生问题已经得到了全面解决,还存在着一些问题:城乡和区域发展还不平衡;社会事业发展相对滞后,劳动就业、社会保障、收入分配、教育卫生、社会治安、公共安全、资源环境等关系群众切身利益的问题仍然比较突出;社会管理机制和体系还不完善,人民内部矛盾增多,维护社会稳定任务十分艰巨。②

民生问题,具体来讲,就是衣食住行以及与社会经济相关的政治生活问题。③ 改善民生,是实现社会公平正义的重要途径。当今要着力进行有利于教育公平、分配公平、就业公平、保障公平等多方面改善民生的工作,以解决民生问题为突破口,争取解决更深层次的问题。但是,改善民生是一项系统工程,牵扯到社会的方方面面,政府机关、社会组织以及每个人都要参与到这项系统工程中。这就需要我们党在具体工作中发挥组织协调作用,兼顾各方利益诉求,探索最优方案。这对执政党总揽全局、协调各方的能力提出了非常高的要求,迫使党要成为学习型政党。

3. 破除城乡二元体制禁锢深

"城乡二元结构"已经成为目前中国经济和社会发展的一个严重障碍。所谓城乡二元体制,即是指城市社会和农村社会各为一元的城乡差距和分割状态。但是,问题并不止于此,新中国成立以来我们的许多制度

---

① 郑杭生:《抓住改善民生不放,推进和谐社会构建——从社会学视角领会十七大报告的有关精神》,《广东社会科学》2008 年第 1 期。

② 郑杭生:《抓住改善民生不放,推进和谐社会构建——从社会学视角领会十七大报告的有关精神》,《广东社会科学》2008 年第 1 期。

③ 费凡:《对改善民生的本质思考》,《中央社会主义学院学报》2008 年第 4 期。

和政策措施不是有助于消除这种二元体制,恰恰相反,而是强化或固化了这种二元体制,致使城乡之间的差异日趋显著,城乡分割亦日趋表现为刚性化。与此相对应,改革开放以来,伴随着中国社会整体转型的渐次加快和社会主义市场经济深度发展,城乡二元社会结构的特征亦在发生着显著的变化。

城乡二元结构造成了日益扩大的城乡差距,其中包括收入差距、教育差距、保障水平差距等;由于生产要素在城乡之间的流动受到阻碍,阻碍了市场经济的发育和全国统一市场的形成;阻碍了城市化进程;造成了农村市场内需不足。① 城乡二元结构已经严重影响了中国的现代化建设,是未来一段时期必须要解决的深层次问题。

改革开放以来,我国实行了一系列旨在促进城乡经济协调发展的改革举措和政策措施,如全面推行家庭联产承包经营责任制,农民土地承包权的长期稳定;调整优先发展重工业的工业化战略,支持农业和轻工业的发展;支持发展乡镇企业,促进农业剩余劳动力就地转移;逐步放开农产品流通和价格,培育农村商品市场;实施城镇化战略,积极发展小城镇等。但是,制约城乡二元经济结构的关键性体制因素仍然部分存在,如城乡生产要素市场的统一、农村土地征占用制度的改革、社会保障制度的建设依然滞后,有些深层次问题还没有取得突破性进展,还有很长的路要走。对此,要有充分的估计,做好理论准备,将循序渐进和重点突破相结合,根据条件成熟程度,不失时机地在重要环节取得突破;根据各地区经济发展水平,在局部地区先行突破,带动整体推进。通过户籍制度改革、建立健全农村社会保障体系、加大涉农投入等多种具体方式,打出破解城乡二元体制的政策"组合拳"。

（五）推进美丽中国建设的挑战

党的十八大提出"大力推进生态文明建设"战略,把生态文明建设放

---

① 寻广新:《破除城乡二元结构,统筹城乡发展的系统思考》,《国家行政学院学报》2008年第2期。

在突出地位,把生态文明建设深刻融入经济建设、政治建设、文化建设和社会建设"五位一体"的总体战略。这是我们党又一次重大理论创新和实践深化,具有重大的现实意义和深远的历史意义。建设生态文明,是关系人民福祉、关乎民族未来的长远大计。建设生态文明是学习型政党提出的新目标。

1.建设美丽中国对学习提出新要求

党的十八大报告首次单篇阐述了生态文明建设并将其纳入"五位一体"的总体布局,将美丽中国作为建设生态文明的美好愿景和"四化"目标。美丽中国的目标一提出来就引起全国上下的强烈共鸣。在当今社会发展进步的情况下,越来越多的人开始关注生活环境,将生态文明看作民生幸福不可或缺的重要方面。美丽中国不仅是一个美好的愿景,更是一个可触摸到的现实目标,它的实现有赖于生态文明的建设。

建设美丽中国,核心就是通过建设资源节约型、环境友好型社会,实现经济繁荣、生态良好、人民幸福。建设美丽中国,需要积极探索在发展中保护、在保护中发展的环境保护新道路。当前中国的生态环境面临着资源约束趋紧,环境污染严重、生态系统退化的严峻形势,而且这种局面还将长期存在。中国拥有着世界上最多的人口,而且自然环境复杂。2012年中国的人口占世界人口总数的21%,国土面积中52%是干旱、半干旱地区,是不适宜人居住的,90%的可利用天然草原存在不同程度的退化,其中50%的草原面积沙化、盐碱化严重。中国的人均耕地面积占世界人均水平的40%,水资源占28%,森林资源占25%。而在重要的矿产资源人均可采储量中,石油只占世界人均水平的7.7%,铁矿石占17%,铜占17%,其中大部分集中分布在自然环境脆弱的西部内陆地区。由此可见,巨大的人口压力和复杂的自然环境对建设美丽中国提出了挑战。

建设美丽中国,本质上是对生态文明提出了更高的要求,为中国特色社会主义全面发展和完善奠定基础。建设美丽中国的基本要求是把生态文明建设放在突出地位,融入经济建设、政治建设、文化建设、社会建设各方面和全过程。生态文明要求实现人与自然的和谐,融入社会文明建设所有过程,就是说要在尊重自然、顺应自然、保护自然的基础上建设和发展文明。只有做到了这一点,才能将中国特色社会主义建设推进到更完善更完美的境界。将生态文明置于中国社会主义总体布局之中,就是要使中国特色社会主义建设遵循自然生态规律、更好更科学地发展。

2. 生态文明建设对学习提出新任务

生态文明建设不仅是节约资源和保护环境的基本要求,也是中华民族永续发展的必然选择。生态文明建设的目标是在经济社会发展过程中处理好人与自然的关系,处理好人与自然的关系又涉及人与人之间的关系。因此,生态文明建设是一个社会问题。① 生态文明不仅包括自然领域,更涉及社会领域,主要是人与自然、人与人的关系。

制度是生态文明建设的根本保障,它为生态文明建设提供规范和监督、约束的力量,没有制度建设的制定、执行和完善,就没有生态文明建设实践的发展和完成。生态文明制度建设就是要制定出符合生态文明要求的目标体系、管理机制、奖惩机制等,保障节约资源和保护环境基本国策的切实落实。如国土空间开发保护制度、耕地保护制度、水资源管理制度、环境保护制度等。生态制度的好坏,决定了生态文明建设的成败,好的制度可以使建设事半功倍,而坏的制度则能使建设半途而废。各种制度的完善以及各制度间的相互配合、整合是生态文明建设得以正常运转和发挥预期作用的根本依据。

生态文明制度是在不断发展完善的,现阶段生态文明制度建设还存在着紧迫性与观念滞后的矛盾。目前,我们面临着资源紧张、环境污染、生态系统脆弱的严峻形势。要实现建立生态文明的目标,就必须树立尊重自然、顺应自然、保护自然的生态文明理念,推进制度建设,建立长效机

---

① 顾钰民:《论生态文明制度建设》,《福建论坛》2013 年第 6 期。

制。但是目前人们的观念相对滞后,如果不转变这种观念滞后的现象,生态文明制度建设就可能会成为空中楼阁。而另一个突出的矛盾就是人们对幸福生活的期待与生态文明制度建设不同步。人们期望吃得绿色、穿得绿色、行得绿色、住得绿色、用得绿色,只有体验到绿色,才能感悟到幸福、美好。但目前状况是人均绿地不足、分布不均,食品安全存在隐患、城市建筑密集、土地短缺、交通拥堵、空气不达标、水质令人担忧、垃圾占田围城等等。如果生态文明制度建设滞后的现状不能尽快改变,人们对幸福生活的期待就会化为泡影。

建设生态文明制度,要逐步建立覆盖全社会的生态文明宣传教育制度,使人们认识到制度建设的重要性,理性科学进行制度构建,并自觉地用制度规范自己的行为,提高全民的生态素质。要逐步完善生态文明建设的法律制度,做到有法可依、有法必依,对危害环境的违法行为给予严厉的法律制裁。要逐步建立有利于生态文明建设的行政管理制度,发挥政府在生态文明建设中的主体作用。

生态文明建设,是党面临的全新课题,在以往的执政经历中并无经验可循。严峻的现实、紧迫的任务要求党要加强学习,尽早储备好理论基础,指导全党、全国深入开展美丽中国的建设。

三、党情:时代新发展催生党建新课题

党的十八大和十八届三中全会强调,党的领导是实现"十二五"时期经济社会发展目标的根本保证。党的领导水平和执政水平、党的建设状况、党员队伍素质是实现党肩负的历史使命的必要保证。全党必须增强党的危机意识、宗旨意识、执政意识、大局意识、责任意识,抓住机遇而不可丧失机遇,坚持聚精会神搞建设、一心一意谋发展,增强工作的原则性、系统性、预见性、创造性,大力发扬真抓实干精神,把党和人民赋予的职责看得比泰山还重,紧紧依靠广大人民群众,以党同人民更加坚强的团结战

胜前进道路上的一切艰难险阻,扎扎实实做好改革发展稳定各项工作,努力实现经济社会发展预期目标。中国共产党是无产阶级最先进的代表,是社会历史发展的引导性力量。党的先进性发展会时时刻刻不断提醒党要在求变、求新中生存和发展。但毋庸讳言,党内也存在一些不适应新形势新任务新要求、不符合党的性质和宗旨的问题,这些问题可能严重削弱党的创造力、凝聚力、战斗力,严重损害党同人民群众的血肉联系,严重影响党的执政地位的巩固和执政使命的实现。应对马克思主义学习型政党建设的党内挑战,要以高度的忧患意识警醒全党,以创造性的智慧激发党内生命力,继续开创党的建设新局面。

(一)加强理想信念教育的需要

理想体现了人们对美好生活的向往和追求,是一个国家民族不懈奋斗的精神动力。信念是对美好理想必将实现的笃信和坚持。理想信念决定一个人的人生追求和境界,共产主义理想信念是共产党人的共有精神家园,理想信念的动摇必然导致前进方向的迷失。加强理想信念教育要求我们要以建设马克思主义学习型政党为契机,打牢马克思主义思想理论基础,树立共产主义远大理想和社会主义信念,坚守共产党人先进的精神追求。

1. 树立共产主义的最高理想信念要求加强学习

实现共产主义是我们共产党的最高理想。马克思、恩格斯在创建世界上第一个无产阶级政党——共产主义者同盟的时候,就曾向全世界庄严宣告:之所以把我们的党叫作共产主义者同盟,就是为了鲜明地阐明这个党是为实现共产主义而奋斗的党。毫无疑问,作为共产党员,学习就是为了时刻强化共产主义理想信念,增强为人民服务的执政本领。然而,在现实生活中,一部分党员干部没能很好地适应社会主义市场经济体制改革的要求,无法经受"糖衣炮弹"的严峻考验,面对诱惑不能洁身自好而自甘堕落,遇到困难不能迎难而上而选择畏惧退缩,滋生极端个人主义、拜金主义、享乐主义,究其根源就是因为一些党员干部放松了党性修养,迷失了共产主义理想信念追求,导致精神萎靡,浑浑噩噩。

加强共产主义理想信念教育,要求我们在建设马克思主义学习型政党过程中,要教育引导广大党员干部认识到,共产主义最高理想之所以一定能够实现,根本在于它符合人类社会发展的客观规律,并且符合广大人民群众的共同愿望。马克思主义唯物史观为我们揭示了人类社会由低级向高级阶段不断推进的客观规律,并经由原始社会、奴隶社会、封建社会、资本主义社会、社会主义社会具体社会形态的演变佐证是正确的、科学的,经过生产力的高度发展和生产关系的深刻调整,人类社会最终必将过渡到共产主义社会。共产主义是人类社会中最理性、最进步、最合理的社会形态,是全人类共同的追求。我们党为实现这个最高理想而做出的艰苦努力,必然会得到广大人民群众的坚定支持和衷心拥护。为此,加强党员干部的理想信念教育,规避各种非马克思主义错误思潮的侵蚀,主动应对理想信念动摇的消极影响,坚定共产主义最高理想,要求我们建设马克思主义学习型政党。

2. 树立中国特色社会主义共同理想需要加强学习

理想决定行动,有共同理想,才能有共同步调。共产党人为实现共产主义最高理想信念而奋斗,既不能脱离时代,也不能脱离广大人民群众。脱离时代,离开社会主义初级阶段的基本国情,共产主义理想信念必然是虚无缥缈的、不现实的;脱离广大人民群众,离开人民群众的广泛参与和支持,共产主义理想信念必然是无本之木、无源之水。这就要求把共产主义最高理想信念具体化为与时代发展相协调、与人民群众发展诉求相适应的坚定信念,即中国特色社会主义的共同理想,在中国共产党领导下,走中国特色社会主义道路,实现中华民族伟大复兴。实现共产主义的最高理想与建设中国特色社会主义信念,相互联系、相互促进、不可分割,统一于我国社会主义建设伟大实践中。

树立中国特色社会主义的共同理想信念,要求我们建设马克思主义学习型政党,学习掌握共同理想的科学内涵与基本要求,教育引导广大党员干部认识到中国特色社会主义的共同理想,是历史和实践发展的必然结论,符合中华民族的长远利益和发展愿景;它能够最大限度地凝聚社会各阶层的共同利益,调动各方面的积极性、主动性,具有广泛的社会共识。建设马克思主义学习型政党,加强党员干部的共同理想信念教育,需要强调中国特色社会主义的共同理想信念只有在改革开放的伟大实践中才能生根发芽,茁壮成长,必须破除改革开放中的体制机制障碍,以更大的决心、勇气和智慧全面深化改革,用改革发展的办法解决前进中遇到的社会震荡和暂时困难,凝聚改革开放的强大共识,引导广大党员干部自觉做改革发展的组织者、践行者。

3. 坚守共产党人的精神操守要求加强学习

人总是要有精神追求的。坚定理想信念,坚守共产党人先进的精神追求,是建设马克思主义学习型政党的首要政治任务。对马克思主义的信仰,对社会主义和共产主义的信念,是共产党人的政治灵魂,是共产党人经受住任何风险考验的强大精神支柱。毋庸讳言,在现实生活中,一些党员干部理想信念弱化不愿学习,在思想上对中国特色社会主义还存在较为模糊的认识,对共产主义的远大理想感到渺茫,淡化了宗旨意识和党性修养,看不到努力的希望和学习的动力。能否教育引导广大党员干部自觉加强学习,坚定共产主义理想和中国特色社会主义共同理想,坚守共产党人的精神追求,是事关我们党能否始终走在时代和人民群众前列,时刻保持先进性和纯洁性,提高自身执政水平和能力的重大政治问题。

为此,建设马克思主义学习型政党,在学习提高中加强党员干部的理想信念教育,坚定共产主义最高理想和中国特色社会主义共同理想,一是要抓好思想理论建设这个根本。一些党员干部忙于应酬、疏于学习,对马克思列宁主义和中国化马克思主义一知半解,甚至认为马克思主义已经"过时"、"不管用"了。为此,要引导党员干部学习马克思列宁主义、毛泽东思想、中国特色社会主义理论体系,深入学习实践科学发展观,推进学习型党组织创建,教育引导党员、干部矢志不渝为中国特色社会主义共同理想而奋斗。二是要抓好党性教育这个核心。党性坚强,信仰才能坚定。要学习党的历史,深刻认识党的两个历史问题决议总结的经验教训,弘扬党的理论联系实际、批评与自我批评、在实践中检验真理和发展真理的优良传统和作风,教育引导党员、干部牢固树立正确的世界观、权力观、事业观,坚定政治立场,明辨大是大非。三是要抓好道德建设这个基础。为有效应对现实生活中一些党员干部思想蜕化、道德变质、腐化堕落的挑战,就要教育引导党员、干部模范践行社会主义荣辱观,讲党性、重品行、作表率,做社会主义道德的示范者、诚信风尚的引领者、公平正义的维护者,以实际行动彰显共产党人的人格力量。① 面对意识形态领域渗透的新挑战和思想文化交流交融交锋的新态势,我们建设马克思主义学习型政党,就是要教育引导广大党员干部自觉加强学习,坚定理想信念,巩固全党全国各族人民为实现国家富强、民族复兴、人民幸福、社会和谐和社会主义现代化而奋斗的共同基础。

(二)马克思主义中国化、时代化、大众化的需要

紧密结合我国国情和时代特征,大力推进马克思主义中国化、时代化、大众化,是不断开拓马克思主义新境界的必然要求,也是引领中国社会进步和推动党的事业发展的根本前提。在新的形势下推进马克思主义中国化、时代化、大众化,要做到"准确把握当今世界发展大势,准确把握社会主义初级阶段基本国情,准确把握改革发展实际,及时总结党领导人民创造的新鲜经验",围绕"什么是马克思主义、怎样对待马克思主义,什么是社会主义、怎样建设社会主义,建设什么样的党、怎样建设党,实现什么样的发展、怎样发展",不断做出新的理论概括,增强理论说服力和感召力,丰富发展中国特色社会主义理论体系。我们必须坚持在实践中检

---

① 胡锦涛:《坚定不移沿着中国特色社会主义道路前进　为全面建成小康社会而奋斗》,人民出版社 2012 年版,第 50 页。

验真理、发展真理,用发展着的马克思主义指导新的实践。

1. 马克思主义中国化是前提

中国化就是将马克思主义基本原理同中国具体实际相结合,形成具有中国特色、中国风格、中国气派的新理论。马克思主义中国化反映的是马克思主义在中国的具体化、民族化,只有同中国国情和民族传统相结合,马克思主义才能成为生动、具体、鲜活的理论,才能在中国大地生根、开花、结果。必须坚持把马克思主义基本原理同中国具体实际相结合,运用马克思主义的立场、观点、方法研究和解决中国革命、建设、改革不同历史时期的实际问题,总结中国的独特经验,揭示中国革命、建设、改革的规律,以中国的文化形式和表达方式来阐述马克思主义理论,使之成为具有中国风格、中国气派的马克思主义。这也就是毛泽东当年所说的,"使马克思主义在中国具体化,使之在其每一表现中带着必须有的中国的特性,即是说,按照中国的特点去应用它"。[①] 马克思主义中国化的要旨是实现马克思主义在中国的具体化、民族化,并使中国革命、建设和改革的丰富经验上升到马克思主义的理论高度,创造出具有中国特色的新理论,丰富和发展马克思主义。

马克思主义中国化使马克思主义在当代中国表现出强大的生命力。中国共产党人坚持解放思想、实事求是、与时俱进,把马克思主义基本原理同中国具体实际相结合,在坚持马克思主义的过程中,发展了马克思主义。中国共产党先后创立了毛泽东思想、邓小平理论、"三个代表"重要思想和科学发展观等一系列重大战略思想,进一步推动了马克思主义理论的新发展。由于中国共产党人坚持以科学的态度对待马克思主义,在革命和建设的实践中不断地把马克思主义基本原理与中国的具体国情相结合,使马克思主义在中国这块辽阔的土地上充满着生机和活力,表现出巨大的理论魅力。马克思主义中国化为马克思主义宝库增添了新的内

---

① 《毛泽东选集》第二卷,人民出版社 1991 年版,第 534 页。

容,增强了马克思主义理论的现实针对性和生命力,为马克思主义的发展开辟了新的光明前景。

马克思主义中国化要回答和解决的课题是多方面的,包括经济、政治、文化、社会、军事、外交、党的建设等各个领域。但归根到底是回答四个重大问题,即:什么是马克思主义、怎样对待马克思主义,什么是社会主义、怎样建设社会主义,建设什么样的党、怎样建设党,实现什么样的发展、怎样发展。能不能解决好这四个重大问题,善于不善于把马克思主义中国化,关系到马克思主义和中国共产党在中国的前途和命运。推进马克思主义中国化,关键在于深刻认识和掌握马克思主义,深刻认识和掌握中国国情,并把两者正确地统一于革命、建设、改革的实践之中。最重要的是掌握它的精神实质,运用它的立场、观点、方法观察和分析问题。认识中国国情,最重要的是认识对中国革命、建设、改革有重大影响的一切有利的和不利的现实因素,特别是认识中国社会的性质和发展阶段,认识社会主要矛盾和它的变化。我们党在推进马克思主义中国化的历史进程中,紧密结合人民群众的生动实践,坚持不懈地用中国化的、发展着的马克思主义武装全党、指导实践、推动工作,使马克思主义不断为广大人民群众所掌握,成为统一思想、凝聚力量、指引方向的精神旗帜,成为党带领人民团结奋斗的共同思想基础,为我们党始终走在时代前列、成为引领中国发展进步的坚强领导核心从思想上政治上提供了根本保证。

2. 马克思主义时代化是灵魂

时代化就是紧密结合时代特征,不断吸收新的时代内容,使马克思主义紧跟时代发展步伐。马克思主义时代化反映了马克思主义随着中国与世界的发展变化而与时俱进的历程。马克思主义时代化,就是把马克思主义立场、观点、方法同时代特征、时代主题和日新月异的国内外实践发展相结合,与时俱进地发展马克思主义。只有与时代发展同进步,同时代发展的特征相结合,不断适应时代需要、把握时代脉搏、回答时代课题,马克思主义才能不断焕发生机与活力。时代化既包括内容的时代化、形式的时代化,也包括话语体系的时代化。必须准确把握时代主题,积极回应时代挑战,创造马克思主义理论的新范畴、新论断,用富有时代气息的鲜活语言、用适合当今社会的表达方式,更好地阐明对当今世界经济、政治、文化等重大问题的主张和看法。

马克思主义时代化的内涵主要包括三个方面。一是在推动世界格局变化、时代变迁的过程中,密切关注时代风云变幻,不断从世界历史的最新发展中汲取新的营养,始终引领时代发展方向。二是随着自然科学和社会科学的发展,不断修正错误的东西、剔除过时的东西,与时俱进地形成新的结论、补充新的内容。三是在指导社会实践的过程中,不断接受实践检验,并把亿万群众创造的新鲜经验上升为科学理论,进一步丰富和发展马克思主义。

密切结合时代特征,不断推进马克思主义时代化,是马克思主义政党的首要任务。任何理论都有着历史的局限性,不能要求前人解释今天的事情。马克思主义政党只有洞悉时代发展变化大势,站在时代前列,不断推进马克思主义时代化,才能制定出符合时代发展要求的理论、方针、政策,从而领导社会主义事业取得胜利。邓小平在深刻总结当代社会主义经验教训的基础上明确指出:"绝不能要求马克思为解决他去世之后上百年、几百年所产生的问题提供现成答案。列宁同样也不能承担为他去世以后五十年、一百年所产生的问题提供现成答案的任务。真正的马克思列宁主义者必须根据现在的情况,认识、继承和发展马克思列宁主义"。[①]

当今世界正处在大发展大变革大调整时期,世界多极化、经济全球化深入发展,科技进步日新月异,国际金融危机影响深远,世界经济格局发生新变化,国际力量对比出现新态势,全球思想文化交流交融交锋呈现新特点,综合国力竞争和各种力量较量更趋激烈,给我国发展带来新的机遇

---

① 《邓小平文选》第三卷,人民出版社1993年版,第291页。

和挑战。我国经济建设、政治建设、文化建设、社会建设以及生态文明建设全面推进,工业化、信息化、城镇化、市场化、国际化深入发展,我国正处在进一步发展的重要战略机遇期,在新的历史起点上向前迈进。在我们这个十几亿人口的发展中大国,党在推进改革开放和社会主义现代化建设中肩负任务的艰巨性、复杂性、繁重性世所罕见。因此,在建设马克思主义学习型政党,推进马克思主义中国化的历史进程中,只有赋予马克思主义以时代内容,推进马克思主义时代化,才能回应时代挑战,不断开创马克思主义发展的新境界。

3. 马克思主义大众化是目的

大众化就是把马克思主义的基本原理、基本观点通俗化、形象化,使之更好地为人民大众所理解、所接受。马克思主义大众化反映的是马克思主义在中国武装群众、改造世界、改变人民命运的程度,只有与人民群众共命运,马克思主义才能产生不竭的生命力、创造力、感召力。马克思主义大众化,就是把马克思主义科学理论同人民群众的实践活动结合起来,通过多种形式进行宣传、普及和推广,把深邃的理论用简单质朴的语言讲清楚,把深刻的道理用群众喜闻乐见的方式说明白,使抽象的理论逻辑转变为形象的生活逻辑,让科学理论从书斋走向生动的社会实践,成为广大党员普遍信仰、人民大众普遍认同的强大思想武器。马克思主义大众化与马克思主义中国化是相互衔接、相互促进的,既不能等同,也不能相互取代。马克思主义是来自实践、指导实践的科学理论,人民群众是社会实践的主体,因此马克思主义中国化的过程必然伴随马克思主义大众化的过程。马克思主义中国化成果只有实现马克思主义大众化的理论转换,才能变为人民群众手中的武器,变成改造社会、改造世界的物质力量。

推进马克思主义大众化,是当今时代发展和中国特色社会主义事业的必然要求。从世界范围来看,随着苏东剧变,世界社会主义运动转入低潮,特别是西方文化的全球性影响以及多元化发展,从总体上讲,马克思主义的确遭遇了一定程度的信仰危机。充分发挥马克思主义引领时代发展方向的作用,必须进一步推进马克思主义大众化。从国内发展来看,改革开放以来,由于发展社会主义市场经济和实行对外开放,国内外各种思想文化相互影响、相互激荡,对中华民族精神文化的当代建设和发展产生了多重价值效应。只有不断推进当代马克思主义——中国特色社会主义理论体系的大众化,以马克思主义中国化的最新成果宣传群众、教育群众、武装群众,在人民大众中形成有利于社会主义现代化建设的共同理想、价值观念、道德规范、行为准则,并转化为人民大众建设中国特色社会主义的强大动力,中国特色社会主义伟大事业才能顺利发展并最终取得胜利。

推进马克思主义大众化,必须防止简单化、庸俗化和非科学化的倾向。大众化要讲知识性、趣味性、生动性、形象化、简明化,但又不能片面化、简单化、低俗化,就是说大众化不能以牺牲马克思主义理论的科学性、肢解马克思主义的整体性、降低马克思主义的理论品格为代价。马克思早就说过:"理论只要说服人,就能掌握群众;而理论只要彻底,就能说服人。所谓彻底,就是抓住事物的根本。"[①]这即是说,只有把握马克思主义理论的本质,保持理论的科学性和彻底性,正确地回答和解决群众所关心的重大问题,马克思主义才能掌握群众,才能令人信服,才能发生历史作用。毛泽东用通俗、简明的中国语言把马克思主义关于暴力革命的深奥理论表述为"枪杆子里面出政权",把马克思主义的精髓表述为"实事求是",就是马克思主义大众化的典范。

推进马克思主义中国化、时代化、大众化,必须"坚持运用马克思主义立场、观点、方法准确把握当今世界发展大势,准确把握社会主义初级阶段基本国情,准确把握改革发展实际,及时总结党领导人民创造的新鲜经验"[②],可以说,建设马克思主义学习型政党的过程就是推进马克思主

---

① 《马克思恩格斯选集》第 1 卷,人民出版社 1995 年版,第 9 页。
② 《中共中央关于加强和改进新形势下党的建设若干重大问题的决定》,人民出版社 2009 年版,第 11 页。

义中国化、时代化、大众化的过程。

(三)推进"三型"政党建设的需要

党的十八大报告对新形势下全面提高党的建设科学化水平作出重要部署,要求"建设学习型、服务型、创新型的马克思主义执政党,确保党始终成为中国特色社会主义事业的坚强领导核心"①。建设"三型"政党是党在致力于全面建成小康社会、实现中华民族伟大复兴的新的历史阶段下,根据新形势、新任务和新要求提出的重大战略任务,表明我们党对自身建设规律的把握更全面、更深刻,对继续推进党的建设新的伟大工程必将产生重大而深远的影响。推进学习型、服务型、创新型政党建设,就是要通过全面推进党的思想建设、组织建设、作风建设、制度建设、反腐倡廉建设,使党的理论、路线、方针、政策顺应时代发展的潮流和我国社会发展进步的要求,不断提高党的领导水平和执政水平、提高拒腐防变和抵御风险能力,使我党永葆与时俱进的品质,始终走在时代发展前列。

1. 建设马克思主义学习型政党要求加强学习

"学习是文明传承之途、人生成长之梯、政党巩固之基、国家兴盛之要。"②在"三型"政党建设目标中,建设马克思主义学习型政党是建设服务型、创新型政党的前提和基础。我们党具有重视学习、善于学习的优良传统。纵观党的革命、建设和改革历程,正是通过持续学习,不断深化了对共产党执政规律、社会主义建设规律和人类社会发展规律的科学认识,达到了新的理论高度和实践成果。时代在发展、社会在进步、形势在变化,要始终保持党的先进性和纯洁性,提高执政能力和拒腐防变能力,永葆先进的政治本色,始终走在时代前列,就必须不断地加强学习。党只有始终加强学习,建设马克思主义学习型党组织,才能不断适应党情、国情、

---

① 胡锦涛:《坚定不移沿着中国特色社会主义道路前进　为全面建成小康社会而奋斗》,人民出版社 2012 年版,第 50 页。

② 习近平:《关于建设马克思主义学习型政党的几点学习体会和认识》,《学习时报》2009 年 11 月 18 日。

世情、民情的发展变化,科学驾驭各种纷繁复杂的国际国内局势,才能团结和带领全党全国各族人民在中国特色社会主义道路上昂首阔步,坚持以马克思主义和中国特色社会主义理论体系为指导,健全完善中国特色社会主义制度,实现中华民族伟大复兴的中国梦。

2. 建设马克思主义服务型政党要求加强学习

"立党为公、执政为民"是中国共产党的执政理念,也是"三个代表"重要思想和科学发展观"以人为本"的本质体现。群众路线是党的生命线和根本工作路线。全党自上而下分批开展的以为民务实清廉为主要内容的党的群众路线教育实践活动,正是顺应群众期盼,倾听群众呼声,回应群众诉求的重大决策,也是建设马克思主义服务型政党的战略部署。中国共产党来自于人民,扎根于人民,除了最广大人民群众的根本利益之外,没有自己的特殊利益。建设马克思主义服务型政党,就是党的理论路线和方针政策以及全部工作,必须以最广大人民的利益为根本出发点和归宿点,做到权为民所用、情为民所系、利为民所谋,始终在服务人民、奉献群众中艰苦创业,推进党的事业不断前进。在"三型"政党建设目标中,建设马克思主义服务型政党是建设学习型、创新型政党的价值标准和目标归宿。学习和创新的最终目的是为了更好地贯彻党的根本宗旨,提高全心全意为人民服务的本领。中国共产党作为执政党,不仅要有全心全意为人民服务的意识,更要有服务群众的真实本领。这就要求我们广大党员干部加强学习,总结弘扬党的先进经验和光荣传统,吸收借鉴国外的一切有益做法和新鲜经验,努力掌握现代化建设所需要的一切知识,坚定服务人民的意识,掌握服务人民的本领,完善服务人民的体制,进而筑牢党的执政基础。

在建设马克思主义学习型、服务型、创新型政党中,我们应该注意到,离开服务人民群众的实践讲学习,再好的学习内容和方式都会流于形式,失去学习的本真价值和实际意义;离开服务人民群众的实践讲创新,任何形式的创新都将沦为无源之水、无本之木,注定要归于失败。因此,建设马克思主义学习型、创新型政党,必须紧密围绕服务群众的伟大实践,从服务人民的价值取向出发,深入开展党的群众路线教育实践活动,建设马克思主义服务型政党才有正确的方向和前进的动力。

3. 建设马克思主义创新型政党要求加强学习

"创新是一个民族进步的灵魂,是一个国家兴旺发达的不竭动力,也是一个政党永葆生机的源泉。"①在"三型"政党建设目标中,建设马克思主义创新型政党是建设学习型、服务型政党的科学手段和动力源泉。党担负着团结带领全党全国各族人民全面建成小康社会、推进社会主义现代化、实现中华民族伟大复兴的重任。在当前的新形势下,党面临的执政考验、改革开放考验、市场经济考验、外部环境考验是长期的、复杂的、严峻的,精神懈怠危险、能力不足危险、脱离群众危险、消极腐败危险更加尖锐地摆在全党面前。如果我们墨守成规、僵化保守、止步不前,缺乏改革创新精神,创新意识不强,创新能力不足,社会主义将无法获得与资本主义相比较的优势,我们的国家就可能重蹈落后挨打的历史悲剧。为此,我们党必须坚持实事求是的思想路线,增强创新意识,做到坚持真理,修正错误,推进理论创新、实践创新和制度创新,始终保持奋发有为的精神状态,把改革创新精神贯彻到治国理政全过程和各个环节。

（四）克服党的学风问题的需要

学风是学习者的学习动机、态度、方法等的综合反映和外在体现,学风问题本质上是对待马克思主义的态度问题,对建设马克思主义学习型政党至关重要。目前,学风不正现象在党内仍然存在,在某些方面还比较严重,尤其是部分党员领导干部对学习采取漠视的态度比较明显,讲形式、走过场、无效果,不愿学、不真学、不深学、不善学等不良现象时有发生,给学习型政党建设带来消极影响。

1. 学习意识淡薄导致学习时间被大量挤占

学习是目的性很强的人类活动,学习也是促进政党发展、提高的有效

① 《江泽民文选》第三卷,人民出版社 2006 年版,第 64 页。

手段。在中国共产党由革命党向执政党转型的过程中,马克思主义政党因为经济的蓬勃发展而得到了自觉的强化和推动。促进经济发展成为党的主要任务,也是建设的中心目标。保持组织生命的动力源就是组织拥有学习的能力,即应变和创新的能力。学习不仅成为组织保持活力的动力源而且成为组织蜕变、再生、可持续发展的核心因素。建设马克思主义学习型政党是保持党的创造力、智慧性开创的必要条件。"历史和现实都告诉我们,只有创新型的国家才能实现繁荣富强,只有创新型的民族才能兴旺发达,只有创新型的政党才能永葆先进性。"①创新的基础在于深入的学习,马克思主义学习型政党的要义有两条:一条是学,即掌握科学的理论;一条是习,将科学的理论运用于实践。而不深学、不好学、不爱学的浮躁风气在党内的传播,将阻碍马克思主义学习型政党建设。没有智慧是危险的,而没有新的智慧等于没有智慧。② 中国正处在改革开放的一个重要转型期,新的开创是我国社会主义现代化建设不断获得成功的必要保证。充满智慧的时代不一定是伟大的时代,而伟大的时代必定充满智慧,伟大的开创也必然依靠智慧。③ 应该加强学习,用先进的理论武装全党,把马克思主义的世界观和方法论作为全党的自觉意识,使我党在马克思主义理论的指导下获得新的胜利。

在一个全国范围内组织的"万名党政干部阅读状况"调查结果显示,有33.4%的受访干部每周的读书时间不足3小时,其中"工作忙,抽不出时间读书"的占40%;"应酬多,读书时间被挤占"的占22.7%。党政干部在8小时工作之外,除去正常的休息时间,还有8个小时可以支配,而读书时间的严重不足从根本上来说是学习意识淡漠挤占了读书时间。领导水平是国家力量的重要组成部分,马克思主义学习型政党的建设在提高

---

① 《科学发展观重要论述摘编》,中央文献出版社、党建读物出版社2008年版,第95—96页。

② 孙学明:《临界点上的中国》,中共中央党校出版社2003年版,第18页。

③ 孙学明:《临界点上的中国》,中共中央党校出版社2003年版,第22页。

领导水平的同时,也加强了国家力量。"端正党风是端正社会风气的关键"①,一个学习型政党的建设必将有助于一个创新型国家、创新型社会的建立,也必将带动一个学习型政府以更高的效率和水平服务于人民群众。加强马克思主义学习型政党建设,是执政的中国共产党顺应历史潮流,适应形势与任务的需要,保持其先进性,永远走在时代前列,提高执政能力,增强生命力、战斗力、吸引力和凝聚力,实现长期执政的必然要求,也是全党的政治责任和战略任务。

2. 党员干部脱离人民群众致使学用脱节

全心全意为人民服务是党的根本宗旨,群众路线是党的生命线和根本工作路线。党的十八大明确提出,围绕保持党的先进性和纯洁性,在全党深入开展以为民务实清廉为主要内容的党的群众路线教育实践活动,这是新形势下坚持党要管党、从严治党的重大决策,是顺应群众期盼、加强学习型服务型创新型马克思主义执政党建设的重大部署,是推进中国特色社会主义伟大事业的重大举措。深入开展党的群众路线教育实践活动,对于教育引导党员干部牢固树立宗旨意识和马克思主义群众观点,切实改进工作作风,赢得人民群众信任和拥护,夯实党的执政基础,巩固党的执政地位,具有十分重大而深远的意义。当前,党员干部贯彻落实党的群众路线总体是好的,在联系服务人民群众方面做了大量富有成效的工作,但也存在着不符合为民务实清廉要求的问题。特别是有的领导机关、领导班子和一些领导干部形式主义、官僚主义、享乐主义突出,奢靡之风严重,主要表现在理想信念动摇,宗旨意识淡薄,精神懈怠;贪图名利,弄虚作假,不务实效;脱离群众,脱离实际,不负责任;铺张浪费,奢靡享乐,甚至以权谋私、腐化堕落。这些问题,严重损害党在人民群众中的形象,严重损害党群干群关系,必须认真加以解决。②

---

① 《邓小平文选》第三卷,人民出版社 1993 年版,第 144 页。
② 《中共中央政治局召开会议　研究部署在全党深入开展党的群众路线教育实践活动工作》,《人民日报》2013 年 4 月 2 日。

马克思主义学习型政党是一种组织状态,在不断的学习、发展、进步之中,其本质是追求、创新和超越。邓小平指出:"学马列要精,要管用的";"实事求是是马克思主义的精髓。要提倡这个,不要提倡本本。我们改革开放的成功,不是靠本本,而是靠实践,靠实事求是"。① 马克思主义是一门实践的哲学,在新时期、新阶段,会面临新情况、新问题、新矛盾,迫切需要我们在实践中学习,在学习中实践,不断探求党的执政规律、社会主义建设规律和人类社会的发展规律,更加主动自觉地拿起马克思主义的理论武器去解决我们面临的各种问题。加强学习,建设马克思主义学习型政党,关键在于党员干部能否真正坚持党的群众路线和群众方法,能否集全党之智慧形成与时代同步并能引领社会发展的思想观念与价值体系,党组织中的成员能否将党的创新理论真正融入头脑、融入行动。所以,建设学习型党组织,要坚持走群众路线,让党员干部在学习中能够真正超越自我;在实践中寻找灵感、积累智慧。人民群众是历史的创造者,人民群众具有无穷的创造力,要发扬民主作风,广开言路,这将有助于社会的发展和进步。坚持民主的执政方式,放弃命令式领导,将有助于提高执政能力,提升执政效果。任何脱离人民群众的学习与实践,都将难以得到实际的效果,要在紧密联系中国发展客观实际、联系群众的基础上,开创社会主义现代化建设的新局面。

(五)反腐倡廉建设的需要

反对腐败,加强反腐倡廉建设,做到干部清正、政府清廉、政治清明,是党一贯坚持的鲜明政治立场,也是广大人民群众普遍关心关注的重大政治问题。这个问题解决不好,就会对党造成致命伤害,甚至亡党亡国。反腐倡廉必须常抓不懈,拒腐防变必须警钟长鸣。新时期,反腐倡廉建设局势日益艰难复杂,对建设马克思主义学习型政党提出一系列新的挑战。

---

① 《邓小平文选》第三卷,人民出版社1993年版,第382页。

1. 消极腐败现象大量存在要求加强学习

正确的政治路线要靠正确的组织路线来保证。[①] 党风廉政建设是加强和改善共产党的领导，巩固共产党的执政地位，从而保证社会主义事业发展的必要条件。党在与外部社会的互动交流中会受到腐蚀和影响，不可避免地要接受来自经济、社会、知识等的竞争。执政党执掌国家政权，而政权无论以何种方式行事和作为，都是围绕着利益分配和维护展开的，在一定意义上权力天然地就等同于利益。利益必然就要带来竞争，这是由每个阶层、每个群体、每个人都试图使自己的利益最大化本性所引起的，因此利益天然地就带有排他性。政党手中的权力最有价值和生命力的地方在于该权力的公共性，而每一个利益和每一次利益都是具体的，这就在客观逻辑上使权力与利益具体地现实地处于对立之中。由此必然导致利益对权力的竞争和腐蚀。而就非公共权力领域来讲，他们拥有像经济、社会、知识等筹码和手段，这些筹码天然地都要求到政治权力中去兑换，这就使党与社会的交流互动很难只生发积极的一面。党员干部享乐、应酬、拉关系现象，官场待价而沽、量"财"录用、卖官买官之风大有愈演愈烈之势，严重影响着中国改革开放和现代化事业的健康发展，直接威胁着国家的前途命运。执政党始终面临权力的考验和腐朽思想的腐蚀。经济体制转型，利益格局调整，多种文化思潮相互撞击交融，思想观念、价值观念和行为方式的深刻变化对中国共产党在思想上、行为上、组织上产生了重要的影响。党内腐败分子的相互腐蚀、自我腐蚀具有极大的危险性；腐败作为一种精神危机，也有极大的传染性。腐败将导致亡党亡国，这是历史的教益。党内存在的腐败问题将严重损害党的执政信用，同时这种精神危机将拖累民生，从而动摇我党的执政地位。建设马克思主义学习型政党，就是要加强党风廉政建设，大力弘扬党的光荣传统和优良作风，以优良党风凝聚党心民心，形成推进中国特色社会主义事业的强大力量。

[①]　《邓小平文选》第三卷，人民出版社 1993 年版，第 380 页。

2. 消极腐败问题屡禁不止要求加强学习

腐败作为一种政治概念,它的根本属性,就是某种权力的蜕化和变质。而社会主义经济体制改革中一定范围的权力蜕变往往通过行政垄断下权力的官僚化、商品化和特殊化表现出来。资本、政治、社会发展的不平衡,对原有政治规范带来巨大挑战。随着市场经济的建立和发展,中国社会已经拥有了一个强大的资本市场,与此相对应必将产生强大的资本权力,这样中国社会的既有权力结构就发生变化,资本权力、政治权力、社会权力逐渐产生竞争和牵制,这就使得党的建设尤其是作风建设在权力配置上出现替代和偏移现象,由此孕育出官商勾结、权力失衡等问题。在双轨制格局中,政企不分广泛存在于社会经济生活中。既当球员,又当裁判这种无视市场经济规则的无序做法,为政企合谋、垄断交易、贪污贿赂提供了肥厚的土壤。政党作为专业的政治资源供给集团,时刻都会受到来自民族、国家、市场、社会的政治资源需求的刚性考验。从历史发展的长期过程来看,这种政治资源供给与政治资源需求之间基本是平衡的,但这种平衡是以历史性形态实现的,从共时性形态结构来看,这种关系恰恰是以动态和非均衡方式表现出来的,供需之间天然地又表现为对立和紧张。因此就特定历史时期来说,党的政治资源供给与民族、国家、市场、社会的政治资源需求之间无时无刻不处在矛盾之中,这就使党的建设实践尤其是作风建设实践静态处于匮乏和被动之中。

在市场经济新环境中,利益关系渗透到党内,部分党员思想既活跃又混乱,党组织对党员的硬约束机制弱化,落实从严治党的难度更大,这就需要坚持把思想建设放在首位,抓住思想教育、健全制度和执行纪律三个环节,综合运用教育的启发导向作用、制度的约束规范作用和纪律的惩戒警示作用,从严治党才能真正落实。腐败现象滋生蔓延、屡禁不止,根本原因是体制、制度、机制上存在着缺陷。建设马克思主义学习型政党,必须应对经济环境变化和思想状况变化带来的腐败问题的挑战。信仰是精神原子弹,且具有无穷的核内能。① 在建设学习型政党的过程中,我们应时刻牢记党必须始终代表最广大人民的根本利益,坚持以人为本。"以人为本"包含着精神性因素,必须让人的人格、尊严、价值能够在人生中得到体现。② 各级公职人员要从公共利益出发行事,廉洁奉公,不得滥用职权,损害公职人员的威信。坚持社会主义信念,以马克思主义者的科学态度学习中国特色社会主义理论体系、核心价值体系,将中国历史与改革的实践相结合,将个人与社会相结合,实现个人素养的提高,推进改革开放和社会主义现代化建设进程。

---

① 张步仁、马杏苗:《马克思主义人学研究》,黑龙江人民出版社 2005 年版,第 164 页。
② 张步仁、马杏苗:《马克思主义人学研究》,黑龙江人民出版社 2005 年版,第 214 页。

第八章 建设马克思主义学习型政党的现状与问题

改革开放以来,党始终坚持党要管党、从严治党的方针,中国共产党在自身建设方面取得了重大成绩。但是,日益变化的新形势,特别是世情、国情、党情的深刻变化,对党的建设提出了新的要求。我们党正面临着执政的考验、改革开放的考验、市场经济的考验、外部环境的考验,而且这些考验是长期的、复杂的、严峻的。全党必须居安思危,增强忧患意识,常怀忧党之心,恪尽兴党之责,勇于变革、勇于创新,永不僵化、永不停滞,继续推进党的建设新的伟大工程,确保党在世界形势深刻变化的历史进程中始终走在时代前列,在应对国内外各种风险和考验的历史进程中始终成为全国人民的先锋队和主心骨,在发展中国特色社会主义的历史进程中始终成为坚强的领导核心。

为此,课题组以中南五省区(河南、湖北、湖南、广东和广西)党政机关和高校的处级干部为对象,通过问卷调查、座谈等方式广泛而系统地收集资料,并进行了数据统计和分析,以期对党的学习型党组织建设有一个全面而深刻地认识,同时在此基础上完善学习型党组织建设的方式和制度。课题组的调查对象主要是处级干部,也就是一般意义上的所谓的"中层干部"。通常情况下,党的中层干部是指在党的系统中间的一层或基层负责的干部,是联系党中央与党的基层组织的桥梁和纽带。党的中层干部就其位置而言,处于党中央与党的基层的结合点上,既是"官"又是"兵";就其身份而言,既是技术专家,要亲临一线,开拓业务,做好本职工作,又是管理者,要带好一班人马,组织协调部门内的各种资源,保证组织的正常运行,完成上级交给的任务;就其职责而言,对上要负责,做好被管理者,要认真完成上级交付的任务和日常工作,对下要尽责,做好管理者,要协调好下级之间的各种矛盾与冲突,维护组织内部的团结与稳定。正是由于中层干部在党务工作中的这种承上启下的作用,决定了其在学习型政党建设中的桥梁和纽带作用。他们是党政机关和高校内部管理的一支重要力量,是抓好党建和思想政治工作建设的专业队伍,他们对学习型党组织建设情况的看法和意见在整个党员群体中具有极强的代表性,同时,在党的基层干部队伍中也具有极高的代表性。因此,在对中南五省区党政机关和高校在学习型党组织建设中成效与问题的调研活动中,本课题组特意选择了以中层干部为主要调研对象。

一、调研的基本情况

(一)调研对象的基本情况

本次调研主要是以中南五省区党政机关和高校的处级干部为主要对象。从调研的基本情况看,本次调研在调查对象上,男性占 75.26%,女性占 24.74%。

从调研对象的学历来看,学历为博士研究生的占 12.37%,硕士研究生占 54.64%,本科学历占 31.96%,专科学历仅占 1.03%,没有高中及以下学历的人群。由此可以看出,参与本次调研活动的人员学历层次较高。较高的学历层次为学习型政党的建设奠定了良好的知识基础,有助于更好地理解学习型政党的真正内涵,有助于加深对建设马克思主义学习型政党建设的重要性的认识。

从职务上看,在调查对象中,36.78%的人群为高校处级干部,33%左右的对象为县(县级市)委书记及乡(镇)长,30%的人群为党政机关的处级干部,1%左右的调查对象未填写自己的职务,调查对象主要是中基层领导干部,他们是承上启下的领导干部,对学习型政党建设重要性的认识、对整个学习型政党建设的成败有着重大的影响。

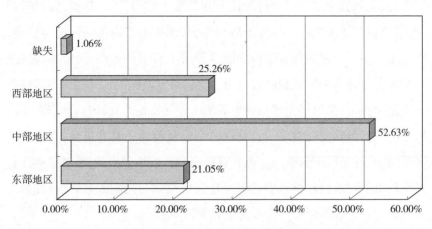

图 1　调查对象的区域分布情况

从调查对象的区域分布来看,在调查对象中,52.63%在中部地区工作,25.26%在西部工作,东部工作的占21.05%(见图1)。调查对象以中部为主,在我国的东部、中部、西部都有分布,这说明调查对象的分布具有较好的广泛性和代表性。

(二)对学习型政党的基本认知

调查发现,被调查对象对学习型政党的建设情况有着比较好的认知,对党的历史上著名的学习活动,建设马克思主义学习型政党面临的重大挑战等问题也都有着自己明确的认识,这为进一步推进马克思主义学习型政党建设奠定了基础。

比如,在回答党的历史上最著名的学习教育活动时,87.63%的调查对象认为我党历史上最著名的学习教育运动是延安整风运动。这表明被调查者对党的历史了解较为清晰,对于党的学习历史有着明确的认知。

在回答建设马克思主义学习型政党的重大战略任务时,有39.58%的调查对象认为"科学理论武装、具有世界眼光、善于把握规律、富有创新精神"这四项内容为建设马克思主义学习型政党的重大战略任务,

31.25%的对象认为是"发展为第一要义、以人为本为核心、全面协调可持续为基本要求、统筹兼顾为根本方法",28.13%的对象认为是"立党为公、执政为民、求真务实、改革创新",1.04%的对象认为是"面向现代化,面向世界,面向未来,面向群众"。这说明被调查者对建设马克思主义学习型政党也有着明确的认识。

在回答建设马克思主义学习型政党的学习内容时,有25.20%的被调查者认为是要"坚持用中国特色社会主义理论体系武装头脑",有26.40%的被调查者认为是要"深入学习贯彻科学发展观",有22.00%的被调查者认为是要"学习践行社会主义核心价值体系",有11.80%的被调查者认为是要"学习总结实践中的成功经验",有14.60%的被调查者认为是要"学习掌握现代化建设所必需的各方面知识"(见图2)。这说明被调查对象对建设马克思主义学习型政党任务有着深刻的认识。

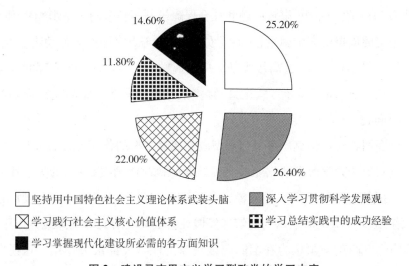

图2　建设马克思主义学习型政党的学习内容

在回答党的建设面临的国际、国内挑战时,被调查者同样对这一问题有着清晰的认识。在回答"建设学习型政党面临的最大的国际挑战因素"这个问题时,48.45%的调查对象认为是文化多元化因素,30.93%的对象认为是经济全球化因素,14.43%的对象认为是西方势力的"西化"

和"分化",6.19%的对象认为是信息技术网络化(见图3)。这可以说明,从国际方面看,经济社会发展多样化、全球化以及西方敌对势力的"西化"、"分化"等问题,对建设马克思主义学习型政党有着重要的挑战。在回答"建设学习型政党面临的最大的国内挑战因素"这个问题时,42.27%的对象认为是党的执政能力因素,23.71%的对象认为是人们思想多元化和复杂化因素,13.40%的对象认为腐败问题,11.34%的对象认为是民生问题,9.28%的对象认为是利益多样化问题(见图4)。这说明党的建设在国内面临的挑战是多方面、多层次的,既有党自身的问题,比如自己的执政能力问题、自身的腐败问题,还有党执政所要解决的民生、利益分配等问题。因此,有36.70%的调查对象认为"能力建设是党成为执政党之后的根本建设",33.50%的调查对象认为"党的先进性建设是党的建设的永恒主题"。特别是在党的建设和民生建设方面,大多数人认为,个人收入差距、腐败问题和社会保障机制不健全问题是影响我国社会稳定的最重要三个因素;一些党员、干部的学风不正、学习动力不足、学习效果不佳等问题,高级干部之中的腐败案件,有些党员干部的宗旨意识淡薄、脱离实际及形式主义、官僚主义严重等都是党的建设面临的重要问题。

在回答建设马克思主义学习型政党能够发挥的作用方面,79.38%的调查对象认为学习型政党能够在提升党的执政能力,保持党的先进性方面发挥最大作用;9.28%的对象认为能够在建设学习型社会方面发挥最大作用;9.28%的对象认为能够在发展社会主义政治文明发挥最大作用;也有2.06%的对象认为在消除腐败现象上能够发挥最大作用。这说明调查对象存在着通过建设马克思主义学习型政党来提升党的执政能力的较大诉求。

(三)对学习的基本认识

通过调查发现,被调查者对学习内容有着广泛的兴趣,包括历史、政治、哲学、文学艺术、法律知识和管理知识等等。通过调查发现,对于在建

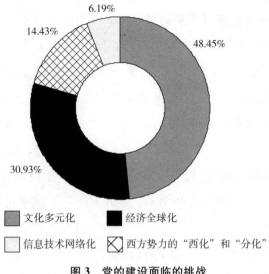

图 3　党的建设面临的挑战

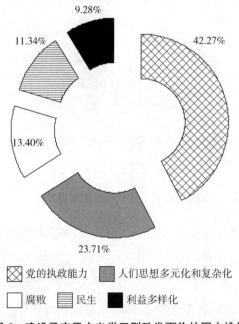

图 4　建设马克思主义学习型政党面临的国内挑战

设学习型党政的过程中,调查对象期望学习政治理论类的书籍中,占前三位的分别为《科学发展观重要论述摘编》、《毛泽东选集》和《邓小平文选》;经济社会类的书籍中,占前三位的分别为《资本论》、《影响力》和《国富论》;法律法规类的书籍中,占前三位的分别为《宪法》、《物权法》和《道德与立法原理导论》;哲学思想类的书籍中,占前三位的分别为《中国哲学简史》、《西方哲学史》和《人性论》;文学艺术类的书籍中,占前三位的分别为《古文观止》、《三国演义》和《金庸作品集》;历史文化类的书籍中,占前三位的分别为《资治通鉴》、《史记》和《中国通史》;科技管理类的书籍中,占前三位的分别为《学习的革命》、《物种起源》和《昆虫记》。

通过目前党员干部最需要学习内容的调查发现,当前最需要学习的首先是管理知识,占 28.6%;其次是党的路线、方针和政策,占 19.2%;再次是法律知识,占 16.00%(见图 5)。

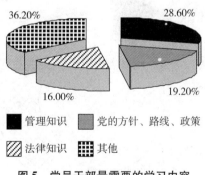

图5　党员干部最需要的学习内容

通过调查发现,调查对象对学习的方式、考核制度等方面有着自己的见解。调查表明,有 61.46% 的调查对象认为建设学习型政党最有效的形式是个人自学和集体学习相结合,33.33% 的对象认为是集中学习,4.17% 的对象认为是个人自学,1.04% 的对象认为集体学习较有效果。

在调查学习对自身的作用中发现,调查对象希望通过马克思主义学习型政党的建设,首先提升的是"理论素质",占 30.5%;其次是"能力素质"，占 26.8%；再次是"思想素质"，占 23%（见图 6）。因此，调查对象认为，要从"学习与思考结合"等方面（30.7%）、从"学习党的理论与专业技能结合"等方面（29.20%）和"把学习作为政治责任和第一需要"等方面（占 20.5%）加强马克思主义学习型党组织的建设，并建立相应的制度。

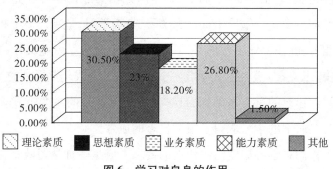

图 6　学习对自身的作用

此外，在调研过程中，本课题组认识到，在学习型党组织建设中，自上而下地推进与自下而上地学习两个部分密不可分。"高层党组织主导、自上而下"的学习模式适合中国国情、党情，并起到了积极的历史作用，这是毋庸置疑的。而基层党员作为多元主体参与学习，极大充实了学习型党组织建设的主体力量，提升了学习活动的认同性。对于基层党员而言，自上而下的推进构成学习型党组织建设的外部动因，自下而上的学习构成其内部动因，二者相互依赖、相互推进。美国学者奈斯比特将中国这种自上而下的指令与自下而上的参与相结合的模式称之为"纵向民主"，他认为："支撑中国新社会长治久安最重要、最微妙也是最关键的支柱就是自上而下（top-down）与自下而上（bottom-up）力量的平衡。"①由此可见，在学习型党组织建设的过程中，我们既要同时注重自上而下和自下而上的双重推进模式，又要关注二者之间的有机链接，高度重视学习型党组织建设的"中层领域"，并以制度化建设推进学习型党组织建设的

① ［美］约翰·奈斯比特：《"自上而下"与"自下而上"的结合》，《党政干部文摘》2009 年第 11 期。

畅通发展。

二、学习型党组织建设取得的成效

"高层党组织主导、自上而下"的学习是当前建设学习型党组织活动中的一种常用模式。领导干部自觉学习、带头学习,是新形势下提高党员的执政能力、胜任领导工作的必然要求。在建设马克思主义学习型政党的过程中,以党委(党组)中心组为中心的学习方式仍是重中之重,既是学习型政党建设的重要基础,又是学习型政党建设的主要方式。在调查中发现自上而下的学习取得了很多显著的成效。

如果我们将学习型党组织建设的要求看成是一种学习政策自上而下的传播,那么"当前的政策传播广泛采用自上而下的传播模式,政策话语也是采用自上而下的模式。从政策传播看,自上而下的传播和话语可以保证政策表达的准确性"[①]。自上而下的学习型党组织建设,可以保证理论要求和学习内容的准确表达,从而推进学习型党组织建设从宏观布局到微观实践的转变。以党委(党组)中心组的学习为中心,既可以在学习内容和形式上不断丰富和创新,从而增强学习的吸引力和实效性,又可以充分发挥领导干部的示范带动作用,从而更加深入有效地推动学习型政党建设。

(一)学习载体明确,带动作用明显

"建设马克思主义学习型政党,关键中的关键,是党员领导干部带头认真学习、贯彻和落实《决定》,带头认真学习、掌握和实践马克思主义,做真学真懂真信真用的表率。"[②]领导干部以身作则、率先垂范,才能营造和形成重视学习、崇尚学习、坚持学习的浓厚氛围,才能带动广大党员。

---

① 鲁子问:《自下而上政策话语模式分析》,《当代世界与社会主义》2008 年第 6 期。

② 李崇富:《建设马克思主义学习型政党是一项重大而紧迫的战略任务》,《前线》2010 年第 1 期。

因此,在建设学习型政党的过程中,各级领导干部要充分发挥带头示范作用。2008 年 9 月 1 日,中共中央办公厅印发了《关于进一步加强和改进党委(党组)中心组学习的意见》;党的十七届四中全会通过的《中共中央关于加强和改进新形势下党的建设若干重大问题的决定》,把建设马克思主义学习型政党作为重大而紧迫的战略任务提了出来,《决定》还重申要"完善和落实党委(党组)中心组学习制度"。中共中央办公厅印发的《关于推进学习型党组织建设的意见》也强调:"中央和地方党政领导机关要率先垂范,进一步加强和改进党委(党组)中心组学习,把领导班子建设成为学习型领导班子,推动下属部门和下级党组织的学习。"①党委中心组学习是各级领导班子和领导干部在职学习的重要组织形式,是加强领导班子思想政治建设的重要措施,是提高党的执政能力、建设学习型党组织的重要途径。党委只有高度重视中心组理论学习,加强领导班子思想政治建设、提高科学决策水平,才能应对复杂多变的国际国内环境,引领各项事业又好又快发展。新时期,我们需要进一步创新党委中心组学习形式,增强其学习效果,巩固其学习成果。根据本次调查的数据来看,92.15%的对象对党委(党组)中心组领导的自上而下的学习方式表示认可,7.85%的对象表示这种学习方式尚需进一步的改进。95.28%的对象认为领导干部已经发挥了带头示范作用,4.72%的对象认为领导干部带头示范作用不明显,另有 11.97%的对象认为领导干部的带头示范作用仍需继续提升。由此可见,在领导干部的示范带动作用下,党委(党组)中心组的学习方式已经深入人心,并成为建设学习型党组织的主要形式之一。

(二)学习形式多元,学习效果明显

学习内容是核心,学习形式是载体,在建设马克思主义学习型政党过

---

①　本书编写组:《推进学习型党组织建设学习读本》,人民日报出版社 2010 年版,第11 页。

程中,必须丰富和创新学习的内容和形式。在学习内容上,要注重"三个结合"、"两个着眼"。即要结合中央、省、市文件精神,结合全国、全省和自身改革和发展的实际,结合本单位思想工作和学习的实际。着眼于解决基本理论问题,不断增强政治意识和贯彻执行党的路线方针政策的自觉性、坚定性。始终把学习党的基本理论、基本路线、基本纲领作为学习的重点,把中国特色社会主义理论体系作为学习的重要内容,把深入学习贯彻落实科学发展观放在更加突出的位置。着眼于解决事业发展的重大问题,不断增强创新意识、战略思维和总揽全局、科学决策的能力。在学习方式上,要采取集体学习、封闭读书、研讨交流、辅导报告、专题讲座、影视录像、现场学习、参观考察等多种方式,积极创新学习方法,丰富学习载体,应充分发挥网络优势,不断建立多种学习平台,从而提高学习的质量和成效。

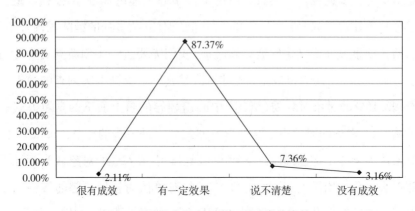

图7　建设马克思主义学习型政党的成效

此次调查的数据表明,87.37%的调查对象认为建设学习型政党有一定效果,7.36%的对象说不清楚,3.16%的对象认为没有成效,2.11%的对象认为很有成效(见图7)。由此可见,中南五省区构建学习型党组织的建设取得了一定的成效,达到了提高党的执政能力的理想预期,并且使各级党组织从中获得符合时代发展主题的相关知识,从而使党组织成为引领中国发展进步的先锋模范。同时党员在参与建设学习型党组织的过程中,不仅认真贯彻、落实其基本政策,而且也积极建构新颖的学习模式以期望达到最佳的学习效果。

统计数据显示,61.46%的调查对象认为建设学习型政党最有效的形式是个人自学和集体学习相结合,33.33%的对象认为是集中培训,4.17%的对象认为是个人自学。中南五省区党组织积极吸收党员意见,建构了贴近党员的学习形式。

(三)学习动机单纯,学习态度端正

调查表明,中南五省区党员干部在建设学习型党组织的过程中,其学习动机呈现出相当单纯的面貌,有58.76%的调查对象认为组织上的学习要求和个人自我完善的需要两项是党员干部学习的主要动机,28.87%的对象认为是组织上有学习的要求,8.25%的对象认为是个人自我完善的需要。在此基础上,党员的学习态度也十分端正,数据显示,51.55%的调查对象对党内学习有兴趣,40.21%的对象认为兴趣一般,只有4.12%的对象认为无兴趣。以上两组指标反映出中南五省区党组织成员的先进性和可塑性,同时也可以看出党员干部素质与学习型党组织建设之间的有机联系,即党员素质的稳步提高对于学习型党组织建设有着积极的推动作用,以及学习型党组织的建设能够进一步推动党员干部的素质朝着更具时代特征的方向迈进,两者间的相互作用强有力地推进了党的执政能力建设。

(四)学习时间充分,学习考评严格

积极推进马克思主义学习型政党的建设需要充裕的学习时间和严格的考评制度作为其基础性要素。具体来说,充裕而稳定的学习时间是学习型党组织建设的前提条件,科学且有效的考评制度是学习型政党建设的坚实后盾。两者相互关联并且共同影响学习型党组织建设的进程和效果。本次调查显示,中南五省区党员干部的学习时间具有充裕性、灵活性和集中性等特点。数据显示51.55%的调查对象每周用于个人学习的时间为5—10小时,27.84%的对象小于5小时,19.59%的对象有10小时

以上学习时间,1.03%的对象未作答。同时,在集中学习时间上也呈现出及时和高效的特征,据统计得出有39.18%的调查对象最近一次学习是在两个月内,26.80%的对象是在一个月内。在考评制度上,中南五省区党组织也形成了相对完善的学习机制和学习政策,65.98%的调查对象所在单位有相应的学习考核制度,而只有27.87%的没有相应制度。同时在建立学习考核制度的单位中,36.51%的单位采用学习报告的形式,33.33%的单位采用考勤形式,26.98%的单位采用查阅笔记形式,3.18%的单位采用考试及其他方式。形式多样、完整配套的考核机制充分实现了学习型党组织建设的效果最优化。

(五)学习制度完善,学习质量较高

重视学习、善于学习、不断学习是中国共产党的优良传统,长期以来中国共产党始终重视党内学习制度建设。新中国成立前夕,党中央以"进京赶考"的态度,郑重向全党提出了"重新学习"的任务。新中国成立后随着各级党校、干部学院和其他培训机构相继成立,初步形成了从中央到地方的干部和党员教育培训体系,为各级党员、干部的学习提供了良好的基础。1955年中央颁布《关于党的高级干部自修马克思列宁主义办法的规定》,党内学习开始向制度化方向迈进。但是1957年后,由于受"左"倾思想干扰,党内学习采取了大鸣、大放、大字报、大辩论与读书读文件相结合的方法。到了"文革"时期,学习中出现了"口号化"和"运动化"的现象,各种制度形同虚设,这一教训也证明不能采用搞运动的方法来进行党内学习。改革开放以后,基于"文革"的惨痛教训,我们党认识到仅靠一般的号召和运动式的学习是不能建设马克思主义学习型政党的,必须通过加强制度建设,形成稳定的制度体系和促进全党持续学习的长效机制。1980年中组部、中宣部制定了《关于加强干部教育工作的意见》,对各级领导干部的学习做出了制度规定,对全党的学习起到了重要的促进作用。

党的十三届四中全会后,中国共产党更加注重完善党内学习制度,

1989 年中央专门下发《关于建立健全省部级在职领导干部学习制度的通知》,逐步健全了各级党委中心组学习制度、领导班子集体学习制度、干部教育培训制度、党员轮训制度、基层党组织"三会一课"制度、党员干部个人自学制度以及学习考核制度、学习档案制度等等。党的十六大把"形成全民学习、终身学习的学习型社会,促进人的全面发展"列为全面建设小康社会的重要目标之一。党的十六届四中全会明确提出"努力建设学习型政党"的要求,并强调"重点抓好领导干部的理论和业务学习,带动全党的学习"。我们党先后开展了"三讲"教育、保持共产党员先进性、学习实践科学发展观等主题鲜明的学习教育活动,推进党内的学习制度不断健全,党员尤其是各级领导干部的学习逐步实现制度化、规范化。2010 年 2 月,中央下发的《关于推进学习型党组织建设的意见》中,把学习制度建设放在重要位置,在总结吸收十六大以来全党开展集中教育活动形成的制度成果和近年来各地各部门创造的好做法好经验基础上,对集体学习、个人自学、教育培训、学习考核和学习成果转化等学习制度做出了明确规定,为建设马克思主义学习型政党奠定了基本的制度基础。

学习制度建设是政党的基础性工作,也是建设马克思主义学习型政党的必然要求。第一,学习的动力需要靠制度激励。学习的动力有内生动力和外来压力之分,内生动力靠自觉、靠需要,外来压力靠学习制度的激励和约束。在学习型政党建设实践中,要使读书学习真正能成为党员尤其是各级领导干部的一种生活态度、一种工作职责、一种精神追求,就必须有相应的学习制度激发党员学习的动力,保证党员尤其是各级领导干部学习的外在压力不降、内生动力不减,用科学有效的学习制度激发各级党组织和广大党员学习的主动性。第二,学习的组织管理需要靠制度规定。学习是一个持续的过程和长期的任务,要使学习能够坚持长久并且取得实效,需要靠制度来加强学习过程的组织管理,逐步实现制度化、规范化学习,用制度管学促学,既注重学习过程,又保证学习效果。第三,马克思主义学风需要靠制度保障。建设马克思主义学习型政党必然要弘扬理论联系实际的马克思主义学风,只有通过建立健全各种制度并且认真贯彻执行,才能解决由于学风不正导致的学习目的不纯、态度不正和效果不好等问题。第四,学习的考核、学习成果的转化运用等都需要靠制度来强化。学习是一种"软文化建设",需要借助制度和机制才能发挥切实的作用,与思想教育、领导示范、组织要求相比,健全各项学习制度更具有根本性。是否有科学完备、行之有效的学习制度,是衡量一个党组织是不是学习型党组织的重要标准。

长期以来,中国共产党始终把学习作为保持共产党员先进性、提高党员干部能力素质的基础工作,从中央到地方的各级党组织都高度重视,广大党员、干部学习的自觉性不断提高,党内的学习风气越来越浓厚,学习的组织化程度不断提高,从中央到地方的各级党组织都建立了相关学习制度,党内学习制度建设取得了显著成效。第一,中央建立了以政治局集体学习制度为主的各种学习制度,为全党做出表率。新时期以来,中央领导集体以身作则、率先垂范,不断完善各项学习制度,为全党做出表率。早在1986年的时候,中央政治局就曾举办法制讲座,集体学法。1994年中央举办法制讲座开始形成制度,从1994年到2002年,中央政治局共组织了12次法制讲座。党的十六大以后,以胡锦涛为总书记的党中央在举办法制讲座的基础上,大力推进中央政治局集体学习的制度化。2002年12月26日,中央政治局进行了首次集体学习,集体学习作为一项制度正式确立下来,此后几乎每40天就进行1次集体学习,为全党做出了表率。在中央政治局集体学习制度的示范带动下,地方各级党委的集体学习制度日趋完善,发挥着越来越重要的作用。第二,地方形成了以各级党委中心组学习制度为龙头的一系列学习制度。各级党委中心组学习制度是党内最主要的一项学习制度。长期以来,各地党委(党组)理论学习中心组认真贯彻落实党中央部署,开展了一系列内容丰富、富有成效的中心组学习研讨活动,以领导干部的学习带动全党、全社会的学习,形成了以各级党委中心组学习制度为龙头的一系列学习制度。

完善党内学习制度是建设马克思主义学习型政党的必然要求。中国共产党是当今世界最大的执政党,截至 2014 年年底有党员 8779.3 万名,有基层党组织 436.0 万个。要把党建设成为马克思主义学习型政党,是一项长期的战略任务和庞大的系统工程,其中加强党内学习制度建设,使全党的学习逐步实现制度化、常态化,是建设马克思主义学习型政党的基础性工作。近年来,各级基层党组织不断完善学习制度,用制度营造学习风气、用制度规范学习行为、用制度养成学习习惯,增强广大党员干部的学习自觉性和积极性。课题组到一些基层单位调研了解到,65.98% 的调查对象所在单位有相应的学习考核制度,27.87% 的没有相应制度,1.03% 的对象对自己单位是否建立了学习考核制度不清楚。在建立学习考核制度的单位中,36.51% 的单位采用学习报告的形式,33.33% 的单位采用考勤形式,26.98% 的单位采用查阅笔记形式,3.18% 的单位采用考试及其他方式。40.43% 的对象所在单位采用边读文件边解释,随时做笔记的学习方式,23.34% 的单位采用边学边议的形式,23.40% 的单位采用听报告或讲座,11.70% 的单位采用参观考察形式,2.12% 的单位采用看录像及其他学习方式。资料显示,目前基层党组织普遍建立了三级学习制度:即基层党委中心学习组学习制度、领导干部学习制度和党员的学习制度。从学习制度规定上对不同层次的人员提出不同的学习要求,普遍建立相应的学习档案,多数单位已经把理论学习纳入干部考核体系。基层组织的学习制度主要有:每周半天学习日制度、领导干部个人自学制度、专题辅导报告会制度、领导干部理论学习联系点制度、学习档案制度、学习情况报送制度、学习检查评比制度、先进经验交流制度等等。总体上看,近年来党内的学习制度建设取得了显著成效。①

----

① 中共天津市委党校课题组:《完善学习制度 推进学习型政党建设》,《天津日报》2011 年 3 月 14 日。

三、当前学习型政党建设中出现的问题

(一)学习理念不够先进

观念是行动的先导,建设马克思主义学习型政党必须突破陈旧学习观念的束缚,树立科学的学习理念,营造浓厚的学习氛围,实现认识的重大转变。任何一个组织,只有其成员首先实现思想观念的转变,形成认识和行动上的统一,才能保证组织计划的顺利实施,保证组织目标的胜利实现。建设马克思主义学习型政党也不例外。当然,中国共产党提出建设学习型政党,并不是对原有学习理念的否定,而是要对之进行发展和创新。时代在发展,环境在变化,这就要求我们党在加强自身建设的过程中,必须解放思想,实事求是,与时俱进,大胆吸收借鉴世界先进的学习理念,并结合我们党的实际进行内化改造,形成富有成效的中共特色的学习理念。

建设马克思主义学习型政党必须创新学习理念,转换学习模式。一要树立终身学习的理念,完善终身教育体系;二要树立全员学习的理念,推进个体、团队和社会三个主体层面的学习;三要树立全面学习的理念,要加强理想信念的学习、工具性的学习、方法论的学习,拓展学习内容的范围;四要树立工作学习化、学习工作化的理念,正确处理工作与学习的关系;五要树立全方位学习的理念,向书本学习,向实践学习,向群众学习,向党的历史经验学习,向世界学习,拓宽学习的渠道。①

当前中国共产党在学习型党组织建设过程中取得了不少的成绩,但在学习理念上党员干部却存在着认知上的偏差,这主要体现在两个方面:

1. 对学习的紧迫性认识存在不足

当前在推进高校基层学习型党组织建设过程中,部分基层党组织负

---

① 刘从德、顾训宝:《论学习型政党建设的学习理念创新》,《理论探讨》2012 年第 1 期。

责人对建设学习型党组织的紧迫性还缺乏足够的认识。他们认为现在党领导人民已经取得了革命的胜利,并取得了社会主义经济建设的巨大胜利,中国的 GDP 总量跃居世界第二位。这些成就体现了党领导人民进行建设的能力。于是,就出现了只要按照党的指示要求去做就可以的论调,而对于加强自身学习却觉得没有必要。须知当今世界云谲波诡,作为发展中的社会主义大国,不仅面临着发展的巨大任务和带领人民致富的奋斗目标,也面临着西方资本主义对我们的侵蚀与演化,这是我们一刻也不能放松的事情。另一方面,我国仍处在并将长期处在社会主义初级阶段,这是我们的基本国情,我们党作为执政党也需要在复杂变换的形势中认清方向,这些都需要我们的党员干部加强学习,这既是一项要求,也是我们每个党员应有的责任意识。

2. 对学习的重要性认识存在偏差

在建设马克思主义学习型政党中,一些基层党组织认识不到建设学习型党组织是党始终走在时代前列、引领中国发展进步的重要基础;认识不到建设学习型党组织,是党领导人民夺取全面建成小康社会新胜利、开创中国特色社会主义事业新局面的必然要求,是提高党的执政能力、保持和发展党的先进性的紧迫任务。认识不到位,在具体的推进过程中,就必然会导致重视程度不够。有些基层党组织负责人没有真正把建设马克思主义学习型党组织工作作为首要的政治任务列入党组织的工作重点中去。他们认识不到,如果不加强学习、不提高学习能力,势必落后于时代。认识不到党的先进性首先表现为思想理论上的先进性,只有思想理论上先进才能保持和发展党的先进性。党的执政能力与党的思想理论水平密切相关,只有提高全党的马克思主义水平,才能提高党的领导水平和执政能力。还有些党支部负责人认为,政治学习活动开展过多,会干扰正常的工作。由于思想认识不到位,一些基层党组织负责人没有真正把建设学习型党组织列入党支部的重要议事日程,摆到首要的突出位置,在学习中也不能坚持解放思想、实事求是、与时俱进的原则。在具体工作中,也只是把党的重要文件精神、学校党委的统一部署进行书面或者口头传达,并没有真正进行深入的学习和讨论。不能把学习型党组织建设与促进本地区、本部门的改革发展稳定紧密结合起来,不能与推动本地区本部门本单位的各项工作紧密结合起来,不能够学用结合、学以致用;在实践中也不能够深化学习,做到学习理论与运用理论、改造客观世界与改造主观世界相统一,无法把学习成果转化为运用科学理论、科学知识分析和解决实际问题的能力。还有个别领导干部借口工作忙、应酬多而忽视学习。调查显示,有将近一半的被调查者在回答"基层建设学习型党组织面临最大的困难"这个问题时认为是思想认识问题;有超过一半的调查对象认为日常公务繁忙抽不出时间是影响其学习的主要因素,有 9.38% 的调查对象认为应酬挤占了学习时间,有 36% 的调查对象认为重视程度不够影响了学习型党组织的建设。基层党组织负责人自身重视程度不够,加之学习自觉性不高、学风不实,必然会影响到学习型党组织的建设。

(二)学习内容不够管用

中国共产党一直以来坚持不断学习,将学习视为一项重大的战略任务,提升至关系到党的事业兴旺发达的高度上来,因此在学习内容的选择上慎之又慎,而学习内容的全面和系统绝对不是泛泛而谈的,是有所指的。正如毛泽东所强调的,中国共产党作为一个伟大的政党,指导革命运动,必须要有革命理论以及历史知识,否则不可能取得胜利。我们的方针是:政治、技术、文学、艺术的一切真正好的东西都要学。

革命理论、历史知识及其他科学文化知识构成了中国共产党学习观中的三大学习内容。第一,马克思主义理论。有学者指出,党之所以诞生并发展壮大,就是中国先进分子努力学习马克思主义伟大思想,并自觉将它同中国工人运动相结合,与中国的具体国情相结合的结果。因此,坚持系统学习马列主义,无论过去、现在和将来都是中国共产党学习活动的永恒主题。马克思主义是马克思和恩格斯所创立的无产阶级思想体系,是关于社会、自然和人类思维的发展规律的科学,它揭露了资本主义的剥削本质,是无产阶级和劳动人民进行革命的科学。邓小平明确指出,必须努力学习并研究马克思主义理论,这是保证共产党在复杂的形势中不迷失方向,保持判断是非的能力所必要的,马克思主义本身即是学习的产物,是人类知识进程中凝练出来的先进的科学理论,是人类历史上重要的思想理论成果。马克思主义政党要结合实践不断学习它,丰富它,提升它,使马克思主义理论永不过时,党也才能够体现时代性、把握规律性、富于创造性。中国共产党作为马克思主义政党,多年来,始终坚持对马克思主义理论尤其是马克思主义哲学的学习,将其视为广大党员干部的第一要务。实践证明,只有深刻领会马克思主义的立场、观点、方法并正确运用在对实际问题的观察和解决上,才能有效避免形而上学和片面性。努力提高全党的马克思主义理论水平,使党的理论创新成果日益深入人心,更好发挥指导作用,是一项长期的战略任务。第二,中国历史。以史为鉴,重视历史学习,吸取历史经验,是党的优良传统之一。中国的历史,尤其是近代史、现代史以及中国共产党自身发展的历史,对于我们宏观认识和把握中国社会发展的客观规律有着不可抹杀的启示作用。中国上下五千年的文明史对执政者来说是一笔宝贵的政治财富,只要善于学习,取其精华,去其糟粕,可借鉴和利用的资源很多。作为马克思主义政党,还应该大力加强对党的历史的研究与学习。一部党史真实记录了建党至今走过的风雨道路,无论是党的诞生、成长、壮大,还是过程中的较量、斗争、曲折,这些都能从党史学习中找到答案。第三,现代科技知识。邓小平曾专门谈及共产党人要积极学习各类科学文化知识,他要求,要提高政治觉悟,提高为革命学习科学文化的自觉性。现代科技知识的掌握是建设和繁荣新中国不可缺少的,新中国成立以来,中国共产党在此方面的学习一直是有目共睹和卓有成效的。值得一提的是,党的学习内容是由党的历史使命和不同发展阶段的历史任务所决定的,因此在不同的建设、发展时期,学习内容的侧重各有不同,但学习的重点和方向大体是与当时的工作中心保持一致的,即在实事求是的原则指导下,基本遵循"做什么,学什么"的学习思路。毛泽东曾经指出,共产党务必积极学习生产技术、管理方法,包括与生产有紧密联系的商业性工作、银行类工作以及其他工作。显然,当时学习的核心内容是与生产相关的各种知识和技术。到了20纪70年代末,对学习内容的表述又有新的变化。20世纪90年代至今,随着中国发展的提速,对现代科技知识的学习愿望更加迫切,党的新一代中央领导集体也一再强调学习的紧迫性,这不仅是党在新时期丰富学习内容的新要求,也是紧跟时代发展的必然选择。①

1. 理论学习内容过多,缺乏针对性

学习的过程,是一个解决思想问题和实践问题的过程,都要从解决自身的问题开始迈步,从提升自身的素质和能力来加速,对症下药,具体问题具体分析。当前,为了创建学习型党组织,各级党组织都派人外出取经学习,也看到一些单位的经验做法确实不错,成效非常明显。于是有的党组织就把这些经验做法"套用"一下,搬到自己的创建活动中来,进行"移花接木"。这种简单化的移花接木,形似而神不备,常会与自己的组织肌体产生"排异反应"。这种不从问题入手,脱离自身的实际工作,缺乏针对性的学习内容,很可能使创建活动流于形式、浮于表面。此外,学习内容针对性不强还表现在注重政治理论学习内容多,忽视具体业务知识安排少。

在关于"党员干部学习中存在的问题"的调查中,28.00%的调查对象认为是"存在形式主义现象",17.60%的调查对象认为学习形式单一,有18.00%的调查对象认为是学习效果不明显和重视程度不够,仅有7.70%的调查对象认为是考核措施不到位(见图8)。这说明在平时的学习过程中,由于过多地强调理论学习,搞形式主义,使得党员干部无法从学习中真正受益,甚至把学习当作任务去应付,导致部分地区学习型政党

① 成涛、徐雷:《中国共产党开展组织学习的基本经验》,《湖南行政学院学报》2013年第1期。

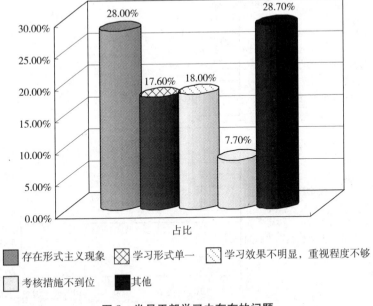

图8　党员干部学习中存在的问题

建设成效不高。

在调查过程中发现,除了54.17%的调查对象认为日常公务繁忙抽不出时间是影响其学习的主要因素,还有高达21.88%的对象认为是学习内容较枯燥影响学习,10.42%的对象认为辅助自学的条件和手段比较单一影响学习,4.17%的对象对学习不感兴趣而影响学习(见图9)。这说明,由于平时学习内容枯燥,缺乏针对性,从而使党员干部不愿学习,学习积极性不高,最终影响学习的效果。

2. 素质学习内容片面,缺乏实用性

中南五省区在贯彻马克思主义学习型政党的建设中虽然呈现出网络化、多元化、灵活化的特点,但是还仅停留在一种初步成型的阶段,没有在大范围内影响广大党员干部的学习,就其运行机制上来看,还存在学习内容枯燥和学习方式单一等不足。与此同时,从教学的内容上讲,其理论学习涵盖了过多的内容,包括了政治理论类、经济社会类、法律法规类、哲学

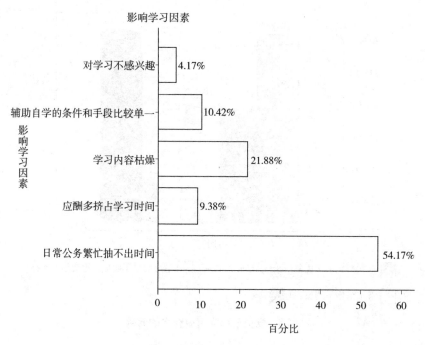

影响学习因素

影响学习因素

对学习不感兴趣 4.17%

辅助自学的条件和手段比较单一 10.42%

学习内容枯燥 21.88%

应酬多挤占学习时间 9.38%

日常公务繁忙抽不出时间 54.17%

百分比

图9 影响学习的主要因素

思想类等。虽然理论学习的广泛性能推动党员素质的稳步提升,但是过于庞杂的学习内容,致使学习缺乏针对性和实效性。学习型党组织建设的内在含义就是要提高党的执政能力,而缺少重点的、有针对性的理论学习显然是无法完成这一伟大使命的。通过对"应该从哪几个方面建设学习型党组织"的调查发现,有30.7%的调查对象认为应该从"从学习与思考结合"等方面做起,有29.20%的调查对象认为应该从"学习党的理论与专业技能结合"等方面做起,还有20.5%的调查对象认为应从"把学习作为政治责任和第一需要"等方面做起。所以,单一的理论学习不但缺乏党员自我反省和思考的向度,而且也脱离基本的理论实践考察,造成了对学习型党组织建设的巨大挑战。

3. 理论与现实相脱节,缺乏联系性

理论学习与实践学习的关系。理论是对现实经验宏观抽象的高度凝练概括,特别是马克思主义理论是认识世界、改造世界的强大思想武器,因而理论学习也是建设学习型政党的首要内容。尤其是在当代,各个领域的知识体系更新速度加快。在海量的新知识、新信息面前,如果没有必要的理论素养,没有系统的马克思主义理论的武装,就只能永远处于人云亦云、追随跟风的低级学习阶段,与系统学习、创新学习的标准相去甚远。同理,实践作为检验理论成果真理性的唯一标准,不经过实践检验的这一过程,我们的学习也只能局限在书斋和本本里的范围,停留在那种只能产生出客厅里的马克思主义式的教条学习阶段。

在当前的理论学习中,往往是学用相脱节,主要表现是"两种现象两种倾向四种风气"。两种现象是指:学而不用现象,虽学富五车,但却没有一点转化为成果的能力和心思;学而乱用现象,将科学理论中的只言片语当作"万金油",哪里需要哪里搭,也不管对不对症。两种倾向是指轻实践、重经验的倾向和埋头业务、忙于事务、忽视理论的倾向。四种风气:一是照本宣科,生搬硬套的风气;二是断章取义,各取所需的风气;三是形式主义,做表面文章的风气;四是说一套做一套,言行不一的风气。

由于在建设学习型政党的过程中存在着学习动机不纯、学习方式单调、学习风气不正、学习内容针对性不强、学习组织协调乏力等诸多问题,导致学习浮于表面,学习实效性不强,外显的知识没有真正内化吸收,没有达到"提高党员思想政治素质,增强党员工作能力"的目标。在本次调查过程中,对"基层建设学习型党组织面临最大的困难"这个问题,有21.65%的调查对象认为是学以致用问题,这说明很大程度上在基层党组织的学习过程中,学习的许多内容有很大一部分是脱离实践的,无法联系实践指导实践的。

（三）学习主体不够明确

马克思主义学习型政党建设有着从中央到地方、基层的纵向体系,由于处在不同位置的党员干部的工作职责及要求的不同,所学习的内容也会存在不同程度的差异。基层党员需要直接处理群众的实际困难,面对面地与群众打交道,在学习上所期求更多的是实践技能,马克思主义理论学习相对来说所占的比重小很多。而对于处在国家中层的党员干部来说,他们是处在中央与基层党员干部之间,起着一个重要的上传下达作用,既需要领会中央层面的政策精神,又需要帮助地方解决其不能解决的问题,是一个理论学习与实践技能需要并重的群体。处在中央高层的党员干部更多的是思考发展的政策问题,学习侧重于理论而实务所占比重较小。从这个意义上来说,针对不同的学习主体需要制定有针对性的学习规划方案。就当前的马克思主义学习型政党建设来看,在不同主体的学习上存在着不同程度的问题:

1. 从基层党员的层面看,学习时间不足且缺乏主动性

基层党员是政党的基石,他们是联系党的方针政策与群众生产生活的中枢。正因为如此,基层党员每天要面对的是解决群众各方面的难题,同时还承担着中央及各个部门层级下达的政治任务,正如有人将基层工作形容为"上面千条线,下面一根针"。开展马克思主义学习型政党建设对于开展基层工作来说是有帮助的,有助于提高基层党员的理论水平,从而能够紧跟中央和国家的政策步伐,也有助于提升基层党员的业务能力,从而能够更好地服务群众,践行党员标准。

然而当前在开展马克思主义学习型政党建设中,基层党员普遍表示没有时间学习,其中调查结果显示,有54.17%的调查对象认为日常公务繁忙抽不出时间是影响其学习的主要因素,其中有15.46%的党员将时间保障问题列为基层建设学习型党组织面临的最大困难,这是基层党员学习上不可否认的事实。基层工作,千头万绪,基层党员每天应对的人比较多,事情也非常杂,所以,基层党员本来能够用于工作之外的时间就不多。

另一方面,基层党员每天面对的是群众工作及难题,他们所急需的是业务能力的提升,期望能够有帮助解决实际问题的新创造、新方法,而与此并不相关的务虚他们是缺乏兴趣的。湖北武汉市江夏区五里界街道工

委在开展"双月培训"计划就是围绕群众提出的重点、难点和热点问题，把村干部实用的管理知识、技术知识及党在农村的方针政策和农村基层党的建设工作作为培训重点。如根据农村土地纠纷问题邀请专家为村干部集中讲解《土地法》和《土地纠纷调节办法》等相关内容，为村干部化解土地纠纷做了有针对性的法律讲解。① 不过，在基层党组织建设中，仍然普遍存在着学习的主动性、积极性不足，这首先是认识上对中国特色社会主义理论还存在模糊的地方，即认为理论是虚的、空的，只有实践是实实在在的，中国特色社会主义建设是在实践中，而不是在理论务虚中。虽然基层党员更重要的是业务技能的学习，但是如果缺乏理论的指导，这种学习很难以融入中国特色社会主义的发展道路上。基层党员认为，马克思主义学习型党组织建设又是中央推行的一次理论务虚学习，各级部门会不断发文要求加强学习，基层党员很容易形成惯性思维而对学习缺乏兴趣，但却不得不开展学习的状况，其效果很难以保证。

2. 从领导班子的层面看，学习目标不明且缺乏规划性

中国共产党面临着新形势，尤其是面对社会发展带来的世情国情和党情的变化、三大历史任务、两大历史性课题以及五种执政能力的提高，为了社会主义现代化建设和全面建成小康社会的目标，我们必须充分认识到我们自身存在的不足，否则就不会有危机感和忧患意识。要弥补自身的不足就必须从加强学习开始，把学习的知识变成改造社会的强大理论武器，也只有加强学习才能根据实践知识不断提升自身的业务能力和理论素养。

比如，青岛市办公厅每逢中央和省市出台重大决策，党组理论学习中心组带头搞好集体学习，并结合专题调研形成贯彻落实的思路和措施。2009 年，围绕应对国际金融危机等专题，党组成员撰写了 34 篇调研报

---

① 《"双月培训"打造优秀村干部队伍》，载《学习型党组织建设：学习型党组织建设典型案例选编》，http://www.jxxcb.com/News_View.asp? NewsID=982。

告,其中 14 篇进入市政府决策。2008 年高质量地完成了 20 个专题调研,有效地推动了机关作风建设和"三民"活动("向市民报告、听市民意见、请市民评议")等工作的深入开展。2009 年又安排了创新社会管理、深化政府信息公开等 21 个专题集中进行调查研究。同时,党组成员还主动为机关和基层作了建设蓝色经济区等 10 场形势政策报告,探索回答机关党员干部关心的热点问题。① 从青岛市办公厅的案例来看,做到了紧扣世情、国情和党情的变化推进学习创新,取得了良好的效果。这得益于明确的学习规划与目标。

不过,值得注意的是,有少部分领导干部,将马克思主义学习型政党建设当成是一种政治口号,整天挂在嘴边,而对于学习提升自身的问题,一方面是没有根据自身状况制定明确的学习目标,要么是虚学、假学,要么是按照要求制订了相应的目标计划,却不愿意履行,只是作为向上级领导交差的材料。试想,一个没有学习目标的学习,很难有较好的结果。另一方面是,没有明确的实施计划来安排学习生活。目标是行动的先导,而规划则是行动的大纲。领导班子没有制订明确的实施计划,首先就难以督促自己加强学习,这就更难以指导下级党员干部开展学习工作。其次,领导班子缺乏实施计划,将给下级党员干部起到不好的带头作用,"上有所好,下必甚焉"。如果连领导班子都没有对学习足够重视,那就很难以保证下级党员干部在这方面积极行动起来。而且缺乏一个明确的指导性实施规划,基层党员干部的学习也将是"无头苍蝇",这对整个党组织系统的学习型政党建设是非常不利的,应该引起高度的警惕。

3.从基层党组织的层面看,学习机制不健全且缺乏实践性

基层党组织是党组织系统的基础,正是千万个基层党组织汇聚成我们这个党组织系统,这就决定了中国共产党作为执政党所面对的执政考

---

① 《在工作中学习在学习中工作——市政府办公厅扎实推进学习型党组织建设》,http://www.qingdaonews.com/qxw/content/2012-02/27/content_9129949.htm。

验需要从基层党组织上加强学习来克服,这就凸显基层党组织进行学习的必要。在全党范围内开展的学习型党组织建设是中国共产党在新的历史时期、新的时代条件下的抉择。对于基层党组织来说,最重要的是抓住这个时机推进学习创新。

不过,就农村基层党组织的学习来说,调查发现,有近三分之二的党员认为,基层学习型党组织在学习上存在学习机制与实践的脱节问题。就学习内容而言,63%的党员干部认为应该把农村致富技术培训和指导作为学习的第一内容,21%的党员干部认为应该把学习党的理论和路线、方针、政策放在第一位;7%的党员干部认为应该把法律知识放在首位。就学习方式来说,70%以上的基层党员干部普遍认为,把专家、技术人员请进农村的田间地头进行现场讲解指导是最有效的学习方式,最没有效果的学习方式是利用宣传车、村广播台进行的法律知识、计划生育政策等相关政策内容的广播式学习。[1]

然而,在当前的马克思主义学习型政党建设中,部分基层党组织只注重理论宣讲,请很多专家学者向基层党员讲解党的方针政策以及马克思主义理论,但相对来说,基层党组织的党员干部的文化素质较低,如果没有将马克思主义理论和国家的方针政策转化为基层党员干部所熟悉和乐于接受的形式,他们是很难以消化的。另一方面,基层党员干部是直接面对基层群众的,他们每天所要处理的是大量事务性工作,因为这关系到党的群众基础问题,密切联系群众是中国共产党一贯的工作作风,也是保证我们党不断开创社会主义事业新局面的重要基础。但学习中存在难以满足基层党员群众工作所需要的技能知识,如对于农村来说,基层党员认为最重要的是农村致富技术培训和指导,如果学习的内容与此存在较大差距,是很难以受到基层党员干部欢迎的。

---

① 岳奎:《农村基层马克思学习型政党建设面临的问题与对策》,《学习与实践》2010年第8期。

(四)学习方式不够科学

学习型政党建设中,学习方式的选择应该随着时代的发展和现实需要,不断地优化学习方式。理论知识的学习与实践是相辅相成、辩证统一的。理论知识的学习,只有同现实具体时间紧密结合,才能产生良好的效果,实践经验积累到一定层次,又产生了进行理论总结和概括的自然需要。因而,创新学习方式极为重要。但是,当前的学习方式上还有诸多问题令人担忧:一是学习形式单调,缺乏吸引力;二是教育培训的功能性异化;三是网络新媒体的使用率不高。

1. 学习形式存在单一与偏误

学习形式的选择对于提升学习效果有很大帮助,但是由于对学习理解上的问题,当前在学习形式上存在单一化和偏误的状况。如有些党组织或因经费问题,或因工作缺乏创新,都较普遍地采用以文件贯彻文件、以会议贯彻会议、以讲话贯彻讲话等形式来替代学习,总是改变不了读书念报式的呆板形式。然而,调查发现,61.46%的调查对象认为建设学习型政党最有效的学习形式是个人自学和集体学习相结合,33.33%的对象认为是集中培训。这表明,实际情况与理想状态还存在较大的差距。

此外,调查还发现,在学习过程中,还存在表演式学习、表态式学习、应付式学习、掩护式学习等不良学习方式,这些问题的存在都严重影响了学习的效果。如团体学习,它不是个人学习在形式、时间、地点上的简单一致,而是为了解决一些高于个人学习、仅仅通过个人学习无法达到目的的组织问题而进行的学习。但是,有些党政干部对此有错误的理解,简单地认为,团体学习就等同于集体学习。结合对学习型政党建设中学习形式的调查发现,40.43%的对象所在单位采用边读文件边解释,随时做笔记的学习方式,23.34%的单位采用边学边议的形式,23.40%的单位采用听报告或讲座,11.70%的单位采用参观考察形式,2.12%的单位采用看录像及其他学习方式。这表明在当前的学习型政党建设过程中,学习方式主要是集中学习党的文件、听报告、听讲座或参观等。这就形成了这样的局面,"在学习过程中,政治说教多,联系实际少;老师讲得多,学员议得少,学员大多是被动学习,教学形式单调,方式陈旧呆板,采用传统的灌输式、填鸭式教学方法,缺少启发式、交流式、互动式教学新模式;常常注重过程,往往忽略效果,使受教育者学习兴趣下降,课堂气氛沉默,失去了教育应具有的感染力、激发力、影响力和互动力。"①

此外,随着信息技术的发展,特别是互联网的出现,为开放式、互动式的学习方式提供了前提条件。网络学习平台借助于网络的发展,突破了时间和地点的限制,给了个人更多的学习和交流的机会。调查中发现,58.76%的调查对象所在单位有网络学习平台,39.18%没有。针对有网络学习平台的对象调查发现,50.91%的调查对象通过网络学习平台关注国内外时政新闻,41.82%对象关注社会热点,3.64%的对象关注经济信息,3.84%的对象关注娱乐新闻及其他方面。

开放互动的学习方式突出强调党员和干部要在工作和生活的各个领域融入终身学习的理念,及时关注信息的沟通和知识的更新。这就要求在学习型政党的建设过程中,在强调集中学习的同时,也要注重个人学习的重要性。在调查中发现,39.18%的调查对象最近一次学习是在两个月内,26.80%的对象是在一个月内,同样有26.80%的对象选择半年内,其他调查对象最近一次学习在一年内或者从未参加学习。这表明,集中学习的安排并不是十全十美,更多的学习时间要由个人自主安排。个人要加强集中学习讨论之前的自学和调研,仅仅抓住集中讨论这个中心环节。注意及时总结、提炼和升华,用学到的理论来指导自己的工作,提高工作能力和水平,同时通过实践加深对理论的理解,不断提升自己的理论素养。

2. 教育培训存在功能性异化

建设学习型政党的过程中,出现的教育培训存在功能异化,主要体现

---

① 焦锦淼:《论建设学习型政党的基本途径》,《中州学刊》2004年第7期。

在两个方面：一个是教育培训的目标偏离预期；另一个是培训机构的功能异化严重。

首先，教育培训的目标与预期相差较大。主要原因是学习内容针对性不够从而导致的实效性不强。学习本来应该是个因人而异，具体问题具体分析的过程。但是，在建设学习型政党的号召下，各级党组织纷纷开展学习活动。这就会出现有的地方学习活动办得很好，有的地方却没什么特色。因此，有些党组织就会外出调研，去学习先进的经验做法，再把这些经验做法运用在本地活动创建上。这就脱离了自身的实际工作，缺乏有针对性的学习内容，以至于创建的学习活动流于形式、浮于表面。另外，学习内容的针对性不够还表现在过于注重政治理论学习，忽视了具体业务知识。学习内容针对性不强直接导致了学习时效性不够明显。学到的知识并没有真正的内化吸收，没有达到"提高党员思想政治素质，增强党员工作能力"的目标。除此以外，在经费保障上，财政拿不出过多的钱搞大规模的培训，也就满足不了党组织大教育大培训的需要，因此只能停留在保障党员干部参加党校阶段性培训的层面。①

其次，培训机构的功能异化较严重。在当前，建设学习型政党需要的组织协调工作一般落在组织部、党校以及政府的培训中心上面。除此以外其他部门的参与组织比较少，配合也不够。这就造成了组织协调乏力的问题。主要表现在：一个是组织协调不到位，党组织的活动前后连贯性不够，前期轰轰烈烈，后期忙不起来，出现学习时间短、次数少、时紧时松的现象。另一个是组织活动随意性大，党员分散的活动少或者没有活动；上级有要求或者检查的，才安排一两次，过了又不管不组织了。

另外，作为干部职工学习技能、增强本领、磨炼意志的平台，培训中心的功能出现了较大的异化。培训中心的主要设施应该是教室、图书阅览

---

① 匡霞：《建设学习型政党——基于中国共产党的视角》，《市场周刊（理论研究）》2008年第6期。

室和教职工、学员宿舍等。但是,现在有些培训中心却成了一个集游泳馆、酒店、桑拿美容等娱乐设施于一身的场所,越来越偏离了培训的本意。培训中心的功能异化,不仅浪费社会资源、弱化了政府职能,损坏了国家机关的执政形象,而且给了少数贪污分子侵占私分、贪污挪用提供了便利。①

3. 网络新媒体使用率不高

新媒体是所有人面向所有人进行的传播。② 传播学上的新媒体具有数字化、时效性和互动性等特点。与政治相结合的新媒体显示出独特的政治特征:平等性、自由性、参与性和两面性。新媒体凭借其独特优势得到了迅速而广泛的普及,影响了人们的学习方式、生活方式及思维方式,对马克思主义学习型政党的建设同样有着深远的影响。③ 新媒体的发展,给学习型政党建设提供了丰富的学习资源,如时政性消息、大众化论坛、数字化理论文献、舆情信息和特定的交流平台。另外,新媒体的运用打破了学习型政党建设在时间和空间上的约束。在时间上,固定时间学习向固定时间集中学习和分散时间自主学习结合的转变,空间上,会议室、党校向任何地点转变。

互联网、手机和微博等新媒体的兴起,给党的思想理论学习和传播带来了极为便利的条件。但是,通过调查在学习型政党的建设过程中,利用何种途径自学时,有 42.27%的调查对象采用网络为主要学习途径,24.74%选择书刊,22.68%选择电视,9.28%选择广播学习。另外对有无学习平台的调查中发现,58.76%的调查对象所在单位有网络学习平台,然后也有 39.18%没有。通过这两项调查表明,网络新媒体在学习型政党建设中利用率不高,新媒体的功能和优势没有最大地发挥出来。

---

① 《到处是培训中心,许多在"培训"公款吃喝玩乐》,新华网,2006 年 8 月 27 日,http://news.xinhuanet.com/mrdx/2006-08/27/content_5012183.htm。

② 匡文波:《"新媒体"概念辨析》,《国际新闻界》2008 年第 6 期。

③ 陈池:"新媒体环境下马克思主义学习型政党建设研究",吉林农业大学硕士学位论文,2013 年 6 月。

新媒体对于学习型政党建设起到了非常大的促进作用，但是结合调查发现，新媒体的实际运用并没有如预期中的好，这主要是受到两方面——主观和客观方面——的限制和影响。

从主观方面看，网络新媒体使用率低的主观方面，是从执政党的选择为出发点。主要探讨党在选择学习形式和途径时所考虑的相关因素，结合各方面的综合权衡，控制利用或者适度利用新媒体。有些学者认为，网络作为新时期党的执政工具，发挥着双刃剑的作用，在带来机遇的同时，也给党的执政能力建设带来了严峻的挑战。这方面的挑战主要来自四个方面：一是党的价值观和人生观受到冲击；二是受到国内外敌对势力利用网络进行"和平演变"的挑战；三是受到利用网络制造的黑色信息的不良影响；四是使执政工作难度加大。①

从客观方面看，新媒体自身发展也有两面性，它的负面影响对学习型政党建设也造成了干扰，实际表现出来就是影响了新媒体的使用率。首先，新媒体的影响范围是有限的。就地域而言，发达地区的新媒体发展情况好于中西部地区。新媒体在发达地区的发展已经成熟，在学习型政党建设的各个领域有较大的影响。但是在经济落后地区，新媒体的应用程度和受重视程度还不够，远落后于发达地区。在行政级别分布上，经调查发现，新媒体的运用从基层到高层逐级减少。其次，新媒体的发展，使得人民群众有了更多表达自身权利的地方，但是，这也容易让社会热点向负面发展。负面消息使得谣言四起，加大了监控管理的难度。除此之外，部分干部和部门对新媒体不重视，人才欠缺、资金不足、制度不规范等成为学习型政党建设中新媒体运用的阻碍。②

创新学习方式极为重要，要求我们必须利用好信息时代的新工具，合

---

① 张海英：《党的执政能力建设面临机遇与挑战》，《前进》2005 年第 6 期；顾训宝：《建设学习型政党面临的挑战研究述评》，《长江论坛》2010 年第 3 期。

② 陈池："新媒体环境下马克思主义学习型政党建设研究"，吉林农业大学硕士学位论文，2013 年 6 月。

理利用新工具可能带来学习的革命,起到提高学习兴趣、强化学习效果的作用,反之,对它的不重视或者投机取巧的运用,带来其他问题,使得建设学习型政党的时间成为徒有其表的过场、滋生教条主义的温床。改革陈旧的学习方式,要更多地学习反映时代特点的先进知识和学习方法。[①]

（五）学习成效不够理想

马克思主义学习型政党建设最终要落在实效上,就是通过党员干部的学习,为带领全国人民取得中国特色社会主义伟大事业的胜利,实现中华民族的伟大复兴。当前的学习型政党建设取得了不少的成绩,但也表现出了不少的问题。主要表现在:

1. 形式主义问题仍很突出

中国共产党能够代表中国先进生产力的发展方向,代表先进文化的前进方向,代表最广大人民的根本利益,其中一个重要的方面就是不断加强理论和实践学习。"不但要坚持用马克思列宁主义、毛泽东思想特别是邓小平理论武装全党,同时要努力用人类社会创造的一切知识来丰富和提高自己……特别要注重学习反映当代世界政治、经济、文化新发展的各种新知识,努力使自己的思想水平和知识水平适应时代前进的需要。"[②]在这个意义上,党员的学习过程不单是思想理论水平,也有实践科学知识,关键是马克思主义的不断创新发展问题。

不过,调查显示,28.00%的被调查者认为"存在形式主义现象",这种形式主义现象的主要表现有:首先,对学习不重视,尤其是没有深刻领会用马克思主义理论武装自己,导致学习流于形式而缺乏实质性的效果。这对于一个以马克思主义理论武装自己的政党来说,是个致命伤。调查结果显示,51.55%的调查对象对党内学习"有兴趣",40.21%认为"兴趣一般",4.12%认为"无兴趣"。这说明仅有51.55%的党员干部对加强学

---

① 张立进、林毅:《加强马克思主义学习型政党建设》,《政治学研究》2009年第6期。
② 《江泽民文选》第二卷,人民出版社2001年版,第547页。

习是有兴趣的,只占调查总人数的一半。这是不重视学习的第一个方面,即缺乏学习的兴趣,俗语云:兴趣是最好的老师。如果缺乏对学习的热情,那学习的效果就存在很大的问题。另外一个方面,即强调没有时间学习,调查显示,有54.17%的调查对象认为"日常公务繁忙抽不出时间"是影响其学习的主要因素,9.38%的对象认为应酬挤占了学习时间。相对来说,党员领导干部面临着大量的行政公务活动,但以这些作为没时间学习的理由,是对学习的目标和内容不够重视的一个重要表现。其次,参与学习的党员领导干部存在着"浅学、虚学、浮学、歪学、死学"①现象。这主要体现在,在学习中不刻苦钻研,照本宣科,一知半解;不真心向学,照搬照抄上级意见,不结合本地实际和本部门工作需要进行反思性学习;心浮气躁、哗众取宠,学与做"两张皮";靠着自己的嗜好来学,奉行"对我有用"即学的原则;墨守成规,亦步亦趋。同时,还存在表演式学习、表达式学习、应付式学习、掩护式学习等不良现象,这些都严重影响了学习的效果,学习的过程完全形式化了,其结果只能是人力资源的成本剧增,而学习的成效没有显现出来。

除了形式主义的问题外,还存在学习中的本本主义的倾向,学习中只"唯书"、"唯上"。只注重书本理论知识,没有看到变化了的世情、国情和党情,不深入实际调查研究,只追逐书本中的教条。这在中国共产党的历史上是有过深刻教训的。在中国共产党领导革命的初期,照搬照抄苏联社会主义革命的经验,想在中国通过城市革命实现社会主义,就是没有考虑到中国的实际与苏联的国情存在的差异,结果是不断的失败。最后毛泽东根据调查研究,探索出了一条"农村包围城市"的革命道路。不过,有些党员干部在学习中仍然容易犯本本主义的错误,将马克思主义的经典理论奉为"圣经",这是很危险的。另一个方面是只"唯上",完全服从

---

① 谢春红:《当代中国共产党建设学习型政党研究》,人民出版社2009年版,第198—199页。

上级的要求和指挥,这是将上级的讲话、文件视为根本,也犯了本本教条的错误。近些年表现出来的"政绩工程",地方发展中"唯 GDP"是从,都是地方对上级的一种盲目遵从。"唯上"就会造成不走群众路线,不了解群众所思、所想和所需,这就给代表最广大人民的根本利益打了折扣。

2. 考核评估体系尚不健全

党员领导干部加强理论和实践知识学习应有针对性地加强考评体系建设。一方面,能够对党员干部的学习起到一个督促作用;另一方面,能够为学习的不断改进提供保证。不过,调查显示,只有 19.70%的人认为应该建立考评机制,这很能说明学习者对建立考评机制的不重视。不过,调查表明,65.98%的调查对象所在单位有相应的学习考核制度,27.87%没有相应制度,1.03%的对象对自己单位是否建立了学习考核制度不清楚。这说明尚有近三成的单位尚没有建立学习考核制度。这说明,当前在学习考评问题上,出现了有八成学习者普遍不愿意考评机制约束与近三成单位缺乏学习考核制度的问题,建立学习考核体系尚有很长的路要走。

如果说学习是为了提升党员干部的领导水平和解决实际问题的能力,那么相应的学习考核制度就是为了提升党员干部能力的保证。缺乏相应的考核指标就会使得学习缺乏制约,甚至流于形式,这对于学习型政党的建设是不利的。调查显示当前在学习考核制度上存在一些问题。如有 36.51%的单位采用学习报告的形式,33.33%的单位采用考勤形式,26.98%的单位采用查阅笔记形式,3.18%的单位采用考试及其他方式。采用学习报告的形式能够让学习者展示自身的心得体会,考勤和查阅笔记能够起到督促作用,但更多的是检验形式上是否参与的问题,它们各有优劣。此外,现有的考评体系不够规范化,没有根据不同的内容设定不同的考评细则,进行分级分类考评。由于缺乏科学合理的考评细则,只强调了较为笼统的考评,这就难以全面、客观地反映学习型党组织建设的情况。

3. 考核评估结果不受重视

陈如东认为,机制是学习型政党建设的决定性因素,学习需要用机制来保障。不过,在当前的学习型政党建设推进中,存在着党员干部参加学习一窝蜂现象,学习结束后也是一窝蜂而散,相应的学习考评结果并未得到应有的重视。学习是党员干部在工作岗位上的"长修课",学好学坏并没有对党员干部的工作产生什么影响,学习是学习,工作是工作,两者之间缺乏有效的勾连,也即学习型党组织建设缺乏有效的组织保障。

当前的学习型政党建设中,虽然有六成以上的单位建立了对学习状况的考核制度,并对学习者的状况进行了评估考察,但这并没有引起党员干部对学习考核应有的敬畏,对于部分党员干部来说,他们重视的是自身的职务,一心只想着职务的升迁,与职务升迁有关的工作他们做的是最足的。当前的学习型政党建设要作为一种长效机制发挥作用,就必须让党员干部认识到开展学习型政党建设的重要性。不过,当前的问题是,学习型政党只是作为党员干部工作的附属物,缺乏与他们工作职务升迁和奖惩相关的制度体系。这就会形成党员干部对于学习的不重视,对于考评结果的不重视,考评不理想并不影响工作成绩,只有后者才是干部人事考核中重视的内容,这就出现即便学习培训进行得轰轰烈烈,学习的考评体系实施得如何好,仍然会出现效果不理想的状况。问题的关键不是领导干部重视与否的问题,要剔除学习上的主观性感觉,从制度上让党员干部重视。

4. 学习成果转化不够理想

学习的目的在于学以致用,在于改变,在于创新。调查显示,87.37%的对象认为建设学习型政党"有一定效果",7.36%的对象"说不清楚",3.16%的对象认为"没有成效",2.11%的对象认为"很有成效"。调查反映出将近九成的人认为学习型政党建设有效果,这体现出当前学习效果较为理想。不过,在对"基层建设学习型政党组织面临的最大困难"进行调查的数据显示,有 21.65% 的党员干部认为是"学以致用"问题,这其中一个重要的方面是如何将学习的内容转化为实践的技能。

恩格斯说过,社会上一旦有技术上的需要,则这种需要就会比十所大学更能把科学推向前进。这说明,学习的目的也是服务于实践的需要。中国共产党在早期革命武装斗争时期,"我们党是逐步学会了并坚持了武装斗争。"[①]改革开放后,为了加快经济发展,全面推进社会主义建设事业,必须加强学习。这就强调了学习的实践依归性,而不是一味强调理论水平的提升,要将学习的知识转化为解决问题的能力。

从当前开展学习型政党建设来看,仍有一成的党员干部表示学习缺乏成效或表示不清楚,如果单纯从比例来说,是不高的。但对于我们这样一个有着八千万党员的大党来说,仍是一个庞大基数群,这也体现出开展学习成果转化工作仍是一项重要内容。之所以会出现这种情况,这有两方面的原因:一是对于学习认识上的不足,即学习只是学习,工作是工作,两者缺乏相关性;第二个方面的原因是党员干部存在不会转化、难以转化的问题,这当然不是一蹴而就的事情,而是有一个过程,需要在学习能力和工作能力方面都实现提升。

---

① 《毛泽东选集》第二卷,人民出版社 1991 年版,第 610 页。

第九章　建设马克思主义学习型
政党的对策

建设马克思主义学习型政党，是党的十七届四中全会深刻总结历史经验，科学分析当前形势，着眼于提高党的执政能力、保持和发展党的先进性、纯洁性的一项重大战略任务，具有深刻的时代背景和重大的现实意义。建设马克思主义学习型政党，要以党的十八大和十八届三中、四中全会精神为指导，高举中国特色社会主义伟大旗帜，在认真分析总结中国共产党建设学习型政党历史的基础上，借鉴西方国家执政党执政历史的兴衰经验，始终围绕党中央关于牢牢把握加强党的执政能力建设、先进性和纯洁性建设这条主线，坚持解放思想，更新学习理念，丰富学习内容，明确学习主体，改进学习方式，完善体制机制，统筹规划，以切实的行动扎扎实实推进马克思主义学习型政党建设，确保党始终成为中国特色社会主义事业的坚强领导核心，成为实现中华民族伟大复兴中国梦的坚强领导核心。

一、与时俱进，更新学习理念

思想是行动的先导。① 在新世纪新阶段建设马克思主义学习型政党，要坚持以科学先进的学习理念为指导，按照"科学理论武装、具有世

---

① 《十六大以来重要文献选编》上，中央文献出版社 2005 年版，第 729 页。

界眼光、善于把握规律、富有创新精神"的基本要求,大力弘扬理论联系实际的马克思主义学风,把建设马克思主义学习型政党作为重大而紧迫的战略任务抓紧抓好。

(一)始终以科学的学习理念为先导

建设马克思主义学习型政党,首先必须突破陈旧的学习观念障碍,树立科学的学习理念,实现认识的重大转变。这就要求中国共产党在加强自身建设的过程中,要解放思想,实事求是,与时俱进,大胆吸收借鉴世界先进的学习理念,并结合我们党的实际情况进行内化改造,形成富有成效的学习理念。具体而言,建设马克思主义学习型政党,需要树立以下科学的学习理念:

1. 树立终身学习的理念

所谓终身学习,通俗地讲就是活到老学到老。每个社会成员为了适应社会发展的需要,为了实现个体更好地发展,必须把学习活动贯穿于自己的一生。这就需要我们改变原来的错误认识,认为学习只是上学阶段的任务,以后就不需要再学习了。我们现在处在一个飞速发展的知识经济时代,信息技术飞速发展,科技进步日新月异,知识更新的节奏越来越快,新情况、新问题层出不穷,在学校里学习掌握的内容已远远不能满足现实生活和工作的需要,只有终身不断地持续学习,持续充电,才能在激烈的知识竞争中站稳脚跟。因此,建设马克思主义学习型政党,必须要求广大党员干部紧跟时代步伐,持续地、不间断地进行学习,牢固树立终身学习的理念。

要做到终身学习,我们党需要做好两方面的工作:一是要大力宣传终身学习的理念。我们党要大力弘扬解放思想、实事求是、与时俱进的精神,充分发挥党在思想、政治和组织方面的优势,充分借鉴与吸收学习型组织、学习型社会先进理论,在广大党员干部中间大力宣传时时学习、处处学习的全时空学习理念,使他们自觉从那些不合时宜的错误思想观念中解放出来,从那些对科学理论教条式的理解中解放出来,从主观主义和形而上学的桎梏中解放出来,以与时俱进的时代眼光观察事物,自觉提高学习的积极性主动性。二是要进一步完善终身教育体系,以终身教育促进终身学习。所谓终身教育体系,就是建设与人的生命相始终的教育体系,这种教育体系应为每个人提供终身参与组织化学习活动的机会。这就要求我们党要积极推进以素质教育为根本任务的基础教育、以培养创新精神和现代人文精神为根本任务的高等教育以及以岗位教育和继续教育为根本任务的成人教育的发展,把三者有机地进行整合,构建一个终身教育体系。

2. 树立全员学习的理念

建设马克思主义学习型政党还需要树立全员学习的先进理念。全员学习主要是从学习主体方面来讲的,结合我们党的实际并参照学习型组织理论,我们认为,全员学习应从学习主体的三个层面来认识:

第一,个体层面。从个体层面讲,全员学习就是要求每一位党员,无论是高级领导干部,还是基层普通党员,无论他具有多么高的学历、多么深的资历、多么显赫的官位,都不能骄傲自满,浅尝辄止,都应虚心地学习,积极主动地学习,持续不断地学习。党是由众多党员个体组成的,只有每位党员都积极主动地参与学习活动,通过学习提高个人的素质,提升个人创新的能力,使自己成为一名学习型党员,才能为建设学习型政党奠定坚实的基础。

第二,团队层面。学习型组织理论认为,团队是从工作群体发展起来的,是学习型组织的基本工作单位和学习单位。团队学习在学习型组织中的作用体现在:它是学习型组织的基本学习方式,是构建学习型组织的基本过程。具体到我们党,从团队层面讲,所谓全员学习,就是全国各个党组织的学习。需要指出的是,各个党组织的学习并不是单个党员学习的简单相加,而是强调组织内党员之间通过充分的信息交流、深度会谈等方式,不断进行知识信息共享,形成该党组织的整体共识,迅速提升该党组织的集体智慧。团队层面的全员学习比个体层面的全员学习提出了更高的要求,即它强调的是学习的整体效应,是每个党组织集体创新能力的增强,是党组织内每位党员的能力和智慧的优化整合与提升。

第三,社会层面。社会层面的全员学习,也是最高层次的全员学习。在这个层面上,我们把整个社会看作一个整体,把社会内的单个人和各个团队看作是不同层面的个体。我们首先要明确社会所面临的难题和任务,从而确定整个社会学习的具体目标。其次要激发全社会成员及各个团队的学习和创新热情,鼓励他们不断去获取知识,加强个人与个人之间、个人与团队之间、团队与团队之间的知识交流,从而创造出新知识。再次就是对社会成员和各个团队创造出的新知识进行有机整合,以增强社会整体实力,改善社会行为绩效。这实质上是对团队学习方式的延伸,是在更高层面上的交流与合作。具体到我们党,就是全党一盘棋,把全党看作一个学习的整体,通过整合党内的众多学习资源,实现全党学习成效的最大化,通过党内良好学习风气带动引导整个社会步入学习型社会。

3. 树立系统学习的理念

党的十八大报告提出要建设马克思主义学习型、服务型、创新型执政党,确保党始终成为中国特色社会主义建设事业的领导核心。学习型、服务型、创新型三者之间紧密相连、相辅相成。其中学习是达到"三型"执政党目标的前提和基础,服务是建设"三型"执政党的价值标准和目标归宿,创新是建设"三型"执政党的科学手段和动力源泉。党的建设是一项复杂的系统工程,要求我们必须树立系统学习的理念,这主要包括树立全面学习的理念和全方位学习的理念。

树立全面学习的理念是马克思主义学习型政党建设的题中应有之义,是创新中国共产党学习模式的基本要求。所谓全面学习,一方面是指学习不仅仅是获取基础知识和基本技能的过程,而且还是通过学习提升思想境界,净化灵魂,改造世界观、人生观和价值观的过程;另一方面是指学习内容要做到全面性。人的全面发展是我们建设马克思主义学习型政党所追求的最终目标,而每个人、每位党员能否得到全面发展,这与他们所接受的教育水平、学习的广度和深度有很大关系。建设马克思主义学习型政党,倡导树立全面学习的理念,就是要克服和改变目前一部分党员片面学习的状况,把广大党员干部培养成有理想、有道德、有文化、有纪律的"四有"新人,培养成领导社会主义现代化建设的有能力、高水平的全面发展的人才。因此,学习内容的全面性是树立全面学习理念的坚实基础和切实步骤。否则,全面学习就成为一句空话。要做到全面学习,我们党的学习内容重点应包括以下三个层次:

第一个层次是理想信念方面的学习内容。我们党要围绕马克思主义的基本理论开展学习活动,切实提高全党的马克思主义理论水平,坚定对马克思主义、社会主义和共产主义的信仰。广大党员干部一方面要认真学习和研读马克思主义经典原著,了解马克思主义理论的基本内容。恩格斯早就指出,对于马克思主义,应"根据原著来研究这个理论"。[①] 通过大量阅读马克思主义经典原著,逐步提高自己的马克思主义理论修养,谙悉社会发展规律,明确党员的光荣使命和责任,坚定对共产主义的信心。另一方面要重点学习当代中国的马克思主义,即毛泽东思想和中国特色社会主义理论体系,深入学习领会社会主义核心价值体系的重要内容,加强理想信念的培养。再就是要广泛学习历史知识,包括世界历史、中国历史、国际共运史、中国革命史等,以史为据,努力把握人类社会发展的历史规律,自觉认识到共产主义是历史发展的必然趋势。

第二个层次是工具性方面的学习内容。我们党要广泛学习古今中外人们创造的一切优秀成果,尤其是反映现代社会生产的前沿知识。无论是自然科学知识,还是人文社会科学知识,都具有明显的工具性特征,都是人类实践和行动的先导。广大党员干部只有充分学习一切必要的生产知识,才能更好地指导自己的实践。党员个人和党组织要在有限的时间内合理安排学习内容:首先要认真学好本行业、本领域急需的专业知识,

---

① 《马克思恩格斯文集》第 10 卷,人民出版社 2009 年版,第 593 页。

做一名称职的社会工作人员;其次要学习形成良好管理素质所必需的人文社科和自然科学知识;最后要勤于参加社会实践,把理论知识转化为现实的生产力。

第三个层次是方法论方面的学习内容。要通过对方法论的系统学习,充分发挥方法在知识和信仰之间的联系纽带作用,只有把知识转化为科学的方法,才能为信仰在实践中得以具体体现提供可靠的保障。[①]

此外,建设马克思主义学习型、服务型、创新型政党,必须拓宽学习空间,树立全方位学习的理念。所谓全方位学习,是指学习场所不仅仅局限于学校和课堂,整个社会也是一所大学校,处处都可以学习;学习材料也不仅仅局限于书本,工作实践、历史经验、世情、国情、党情、民意民生等"无字天书"都是很好的学习材料。因此,除了向书本学习之外,还应积极地向实践学习、向人民群众学习、向党的历史经验学习、向世界学习,通过全方位、多渠道的学习,大力推进马克思主义学习型政党建设。

4.树立边工作边学习的理念

我们强调要树立工作学习化、学习工作化的理念,就是要重新审视工作与学习的关系,摒弃那种把学习当作可有可无的事情的错误认识。正是这种错误的认识,导致了学习与工作以及知识的分离,既阻碍了工作绩效的提高,又妨碍了个人的健康成长。学习和工作应该是辩证统一的,二者相辅相成,不可偏废。正如列宁指出的:"没有革命的理论,就不会有革命的运动"[②],"只有以先进理论为指南的党,才能实现先进战士的作用"。[③] 只有及时学习新的理论,深刻领会其实质和内涵,才能用它来指导自己的工作实践,否则,就无法为工作中遇到的新问题提供有效的指导。同时,工作实践是理论创新的源泉,是理论学习的目的,我们要以行

[①]　程美东:《马克思主义学习型政党建设的历史定位和理论架构——信仰、知识、方法的有机统一》,《马克思主义研究》2010 年第 9 期。

[②]　《列宁全集》第 6 卷,人民出版社 1986 年版,第 23 页。

[③]　《列宁全集》第 6 卷,人民出版社 1986 年版,第 24 页。

促知,在实践中检验和发展真理。建设马克思主义学习型政党,就要做到学用结合,学以致用,把理论学习与总结社会主义建设的经验教训结合起来,与解决人民群众最关心、最直接、最现实的利益问题结合起来,与解决本地区本部门改革发展稳定的重大问题、党的建设突出问题结合起来。要把学到的知识转化为领导本部门工作的本领、解决实际问题的思路、把握实践方向的依据。通过以学习指导实践、以实践促进学习,实现思想的升华和行动的自觉。① 在一个成熟的学习型党组织中,学习和工作应该是融为一体的,也就是工作学习化、学习工作化。

具体而言,工作学习化,就是在工作中大力倡导勤于学习的精神,把工作过程看作是一个学习的过程,将学习渗透到工作的每一个环节,充分发挥学习对工作的指导和促进作用,增强对工作实践中所蕴含的规律的把握能力,善于从理性思考层面探寻工作难题的解决方法,从而提高组织绩效和个人素质。要做到工作学习化,现代管理理论认为需要做到以下两点:一是我们常说的在工作中要勤于学习、知难而进;二是要深入研究现代管理理论,做到善于学习。学习型组织理论认为,反思是最重要的学习。工作学习化不但要积极主动地去学习,而且无论决策层在做出决策之后,还是执行层在执行行动之后,都需要进行认真的反思,并需要把反思结果形成具体的文字,以便全体成员实现经验共享。中国共产党是很注重反思式学习的,在我们党的三大作风中,自我批评就是善于反思的表现,我们要继续大力发扬这一光荣传统。

学习工作化,就是将学习看作工作的一部分,树立学习为工作服务的理念,把解决工作中遇到的现实问题作为学习的重要动力,把工作中遇到的难题作为学习的主要内容,把工作中的得失作为进行反思和交流的重点,坚持不间断的学习,培养及时学习的习惯,提高将学习成果向实际工作能力转化的效率,以促进工作绩效的迅速提高。另外,由于技术进步的

---

① 康秀云、刘静:《建设学习型政党应处理的几个关系》,《新长征》2010 年第 10 期。

步伐日益加快,社会变化日新月异,当一个政党内部变革的速度小于外部变革速度时,衰亡在所难免。所以广大党员不仅要学习,而且必须加快学习的速度,增强学习的能力。① 工作学习化与学习工作化,二者是一个问题的两个方面,是不可分割的统一整体,统一于人类认识世界、改造世界的全过程,其根本要求就是学用结合、知行统一。

(二)坚持以四项基本要求为导向

建设马克思主义学习型政党,除了必须以科学先进的学习理念为指导外,还必须按照"科学理论武装、具有世界眼光、善于把握规律、富有创新精神"的四项基本要求,把建设马克思主义学习型政党作为重大而紧迫的战略任务抓紧抓好。这实际上明确指出了建设马克思主义学习型政党的基本遵循、总体目标、根本要求。

1. 科学理论武装

所谓科学理论武装,就是既要坚持以马克思主义为学习型政党建设的根本指导思想,同时还要根据时代发展的需要积极进行理论创新,号召全党坚持学习马克思主义理论的创新成果,用发展了的马克思主义理论武装全党,并渗透到党的各项工作中去。科学理论武装是建设马克思主义学习型政党的基本要求和目标,是提高党员干部素质的重要前提。

"90年来党的发展历程告诉我们,理论上的成熟是政治上坚定的基础,理论上的与时俱进是行动上锐意进取的前提,思想上的统一是全党步调一致的重要保证。"②中国共产党所从事的中国特色社会主义建设事业是一项开创性的任务,迄今世界上还没有现成的经验可供借鉴,只能依靠我们党在实践中进行不断探索,边干边学,边学边干,其中的艰难险阻可想而知。能否顺利完成这项挑战性的任务,取得中国特色社会主义建设的胜利,关键在于我们党,在于我们党的执政能力和领导水平如何。这就

① 张声雄:《如何创建学习型组织》,中国社会科学出版社2003年版,第36—45页。
② 胡锦涛:《在庆祝中国共产党成立90周年大会上的讲话》,《人民日报》2011年7月2日。

要看我们党的自身建设能不能搞好,首先是我们党的思想理论建设能不能搞好,因为思想理论建设是党的建设的首要任务。无数历史经验已经证明,一个理论正确、理想远大、信念坚定的党是不可战胜的。当前中国共产党的思想理论建设基本上与党的历史使命是相适应的,但也确实存在一些问题,严重阻碍了党的执政水平的提高,其中最为突出的问题是部分党员、干部忽视理论学习,不求上进,学用脱节,出现了不愿学、不爱学、不真学、不深学的"四不"现象,导致理想信念动摇,对共产主义的实现缺乏信心。而所有这些问题的产生,都可以归结为一点,就是丧失了科学理论的武装。所以,建设学习型政党,首要的目标就是要实现用科学理论武装全党。

要实现对全党的科学理论武装,首先要有适应时代发展和社会主义建设需要的科学理论。因此,必须大力推进马克思主义中国化、时代化、大众化,加强理论创新,实现马克思主义理论的与时俱进。其次,要组织教育全体党员、干部深入学习马克思主义科学理论。广大党员、干部只有通过认真学习马克思主义科学理论,充分消化和吸收,才能切实提高自身的马克思主义理论水平。最后,还要把学到的科学理论知识渗透到日常工作中去。我们知道,学习不是目的,只是一种手段。我们学习科学理论的目的在于提高广大党员、干部的根本素质,使他们能够运用马克思主义的立场、观点和方法来分析、认识和解决当前社会主义建设中遇到的实际问题,这是科学理论武装的旨归所在。因此,在学习中必须做到学用结合,学以致用,使科学理论成为认识世界、改造世界、指导实践的强大理论武器,切实提高战略思维、创新思维、辩证思维的能力。

同时,我们还应该认识到,中国共产党现在所取得的执政地位以及建设成就主要靠的就是科学理论的武装和党的先进性,但国内外许多大党、老党的兴衰浮沉历史告诉我们:党的先进性和执政地位不是一劳永逸和一成不变的。过去先进不等于现在先进,现在先进也不等于将来永远先进。这就提醒广大领导干部和党员一定要做到学习科学理论常态化,始终保持党的先进性,站在时代的前沿引领中国社会健康和谐地发展。

2. 具有世界眼光

中国的发展离不开世界,世界的发展也离不开中国。闭关锁国没有出路,故步自封没有前途。中国共产党领导的社会主义现代化建设是在世界多极化、经济全球化和科技进步日新月异的时代背景下进行的,实现中华民族的伟大复兴是我们党义不容辞的责任和历史使命。但中国的发展离不开世界,闭关锁国只会导致落后挨打,在这一点上清王朝的衰亡史已给我们提供了惨痛的教训。特别是在经济全球化日益深入发展的今天,我们更不可能关起门来搞建设。随着我国对外开放的不断扩大,当代中国和世界各国的交往日益频繁,交流领域也日益扩大,无论是经济方面的交流与合作,还是政治与文化方面的相互渗透和传播,都已经发展到一个新的水平,因此,中国的前途命运已和世界的前途命运紧密联系在一起。如果我们对世界发展大局认识不清,或是仅把眼光盯在国内,就难以把握时代发展的脉搏,就会无视和丧失促进我国快速发展的机遇,从而使中国特色社会主义建设事业受损。因此,我们要想取得与西方资本主义相比较的优势,显示出社会主义制度的优越性,赢得加快中国发展的主动权,就必须具有世界眼光,大胆吸收和借鉴人类社会创造的一切优秀文明成果。

中国共产党是社会主义建设事业的领导核心,因此在建设马克思主义学习型政党过程中,全党尤其是领导干部更要高瞻远瞩,深谋远虑,更应该具有宽广的世界视野。全党要坚持以马克思主义基本理论为指导,虚心学习一切反映现代社会化生产规律的先进经营方式和管理方法,多掌握一些国际问题的基本知识,多了解一些国际社会的基本情况。要准确把握时代发展的趋势,努力从国际国内形势的相互联系中把握发展方向,从国际国内条件的相互转化中用好发展机遇,从国际国内资源的优势互补中创造发展条件,从国际国内因素的综合作用中掌握发展全局。从而不断提高广大党员观察世界、洞察世势的能力和水平,确保我们党在世界形势深刻变化的历史进程中始终走在时代前列。

"具有世界眼光"这一建设目标的提出,标志着中国共产党所要建设的学习型政党与其他学习型组织是有着本质区别的,同时这也是对我们党优良传统的深刻总结。早在我国社会主义建设初期,毛泽东就多次号召要学习世界上一切先进的东西。1956 年 4 月,他在《论十大关系》一文中指出:"我们提出向外国学习的口号,我想是提得对的","应当承认,每个民族都有它的长处","我们的方针是,一切民族、一切国家的长处都要学,政治、经济、科学、技术、文学、艺术的一切真正好的东西都要学"。① 1957 年 2 月,毛泽东在著名的《关于正确处理人民内部矛盾的问题》一文中,进一步重申了这一观点:"一切国家的好经验我们都要学,不管是社会主义国家的,还是资本主义国家的,这一点是肯定的。"②

"文化大革命"结束后,邓小平在谈到国家建设方针时,也多次谈到向世界各国学习的问题。1978 年 3 月,他在全国科学大会开幕式上的讲话中指出:"科学技术是人类共同创造的财富。任何一个民族、一个国家,都需要学习别的民族、别的国家的长处,学习人家的先进科学技术。我们不仅因为今天科学技术落后,需要努力向外国学习,即使我们的科学技术赶上了世界先进水平,也还要学习人家的长处。"③在被称为改革开放宣言书的《解放思想,实事求是,团结一致向前看》的讲话中,邓小平在讲到经济工作时强调:"我们要学会用经济方法管理经济。自己不懂就要向懂行的人学习,向外国的先进管理方法学习。"④党的十一届三中全会后,邓小平又再三强调加强与西方国家的交流与学习。在中共十二大的开幕词中,邓小平提醒广大党员、干部:"无论是革命还是建设,都要注意学习和借鉴外国经验。"⑤1987 年 3 月,在谈到两个对外开放的问题时,

---

① 《毛泽东文集》第七卷,人民出版社 1999 年版,第 41 页。
② 《毛泽东文集》第七卷,人民出版社 1999 年版,第 242 页。
③ 《邓小平文选》第二卷,人民出版社 1994 年版,第 91 页。
④ 《邓小平文选》第二卷,人民出版社 1994 年版,第 150 页。
⑤ 《邓小平文选》第三卷,人民出版社 1993 年版,第 2 页。

他再一次坚定地指出："西方好的东西,应该借鉴、学习。"①江泽民也多次谈到向世界各国人民学习的问题,如他在中国共产党第十四次全国代表大会上所做的报告中指出："社会主义要赢得同资本主义相比较的优势,必须大胆吸收和借鉴世界各国包括资本主义发达国家的一切反映现代社会化生产和商品经济一般规律的先进经营方式和管理方法。"②1997 年 11 月 19 日,他在会见美国总统科技顾问兼白宫科技政策办公室主任约翰·吉本斯时再次强调："科学技术的突飞猛进,越来越深刻地影响着世界政治经济格局和人们的社会生活。中国在扩大开放、实现现代化的进程中,需要重视学习和吸收世界各国人民、包括美国人民创造的一切优秀科技成果。"③由此可见,"具有世界眼光"这一马克思主义学习型政党建设要求正是对中国共产党优良传统的继承与发展,广大党员干部应努力拓宽自己的视野,以海纳百川的宽广胸襟兼收并蓄,善于借鉴和吸收人类社会创造的一切文明成果为我所用。

3. 善于把握规律

善于把握规律是建设马克思主义学习型政党的本质要求,也是马克思主义学习型政党必须具有的科学精神和态度。中国共产党在新世纪新阶段的重要历史使命就是要团结和带领全国各族人民,大力推进现代化建设、完成祖国统一、维护世界和平与促进共同发展。我们党能否顺利完成这三大历史使命,从而使中华民族沿着中国特色社会主义道路实现伟大复兴,在很大程度上取决于我们党能否真正坚持解放思想、实事求是、与时俱进、求真务实的思想路线,在复杂多变的执政环境中,善于探索和把握事物发展的客观规律,并将这些规律运用到党的执政实践中去。

---

① 《邓小平文选》第三卷,人民出版社 1993 年版,第 211 页。
② 《江泽民文选》第一卷,人民出版社 2006 年版,第 225 页。
③ 廖先旺:《江泽民会见美总统科技顾问　指出两国扩大经贸科技交流合作面临良好机遇》,《人民日报》1997 年 11 月 20 日。

规律是事物发展过程中的本质联系和必然趋势,任何一个政党要想取得令人满意的执政成效,都必须按照客观规律办事,我们党也不可能例外。当前,我们党必须深化对共产党执政规律、社会主义建设规律、人类社会发展规律的认识,尤其是要深入探索共产党执政的规律,努力完成马克思主义学习型政党建设这一重大战略任务。所谓共产党执政规律,就是共产党执政后必须遵循的、反映党执政本质和必然性的法则和客观要求,包括共产党在执政过程中应该遵循的执政理念和执政方略,应该采取的执政体制和执政方式,应该巩固的执政基础和执政资源,应该创造的执政条件和执政环境,等等。① 毛泽东在民主革命时期已对战争规律、革命战争规律和中国革命战争规律及其相互关系进行了全面系统地研究和论述,并指导中国革命取得了伟大胜利。革命胜利后,中国共产党成为执政党,但如何执好政是一门新的学问,需要共产党人在实践中摸索,从而使得深入研究和探索政党执政规律、共产党执政规律和中国共产党执政规律及其相互联系成为一项紧迫的任务。中国共产党进入 21 世纪后提出建设马克思主义学习型政党,正是为了提高党的执政能力,是对共产党执政规律的一种探索实践。

为了能够准确把握马克思主义执政党建设规律,大力推进马克思主义学习型政党建设,其一,需要各级党组织以及广大党员干部紧紧围绕什么是马克思主义、怎样对待马克思主义,什么是社会主义、怎样建设社会主义,建设什么样的党、怎样建设党,实现什么样的发展、怎样发展等重大问题,以及广大人民群众最关心的切身利益问题和本地区本单位在实际工作遇到的重大问题,深入细致地进行调查研究,广泛收集真实材料,经过去粗取精、去伪存真、由此及彼、由表及里的分析和思考,去探索和把握共产党执政规律、社会主义建设规律、人类社会发展规律。其二,要科学

---

① 习近平:《关于建设马克思主义学习型政党的几点学习体会和认识——在中央党校 2009 年秋季学期第二批进修班开学典礼上的讲话》,《学习时报》2009 年 11 月 16 日。

总结我们党 60 多年来的执政经验。我们党是一个有着 90 多年历史的大党、老党,拥有 60 多年的执政经验,党的历史中所蕴藏着丰富的马克思主义执政党建设经验,我们要结合新形势下党的建设的实际需要,科学总结和深入分析这些经验,使我们获得关于马克思主义执政党建设的规律性认识,并将其自觉运用于党的执政实践之中,使党的全部理论和实践体现时代性、把握规律性、富于创造性。其三,还要认真研究和把握学习型社会、学习型组织建设的相关规律,在此基础上努力探索和把握马克思主义学习型政党建设的本质特征和发展规律,以提高广大党员干部认识世界、改造世界的能力和水平,增强他们按规律办事的自觉性和主动性,实现党的自身建设以及科学领导现代化建设水平的较大提高。其四,要大胆借鉴其他国家的政党尤其是西方政党的建设经验。虽然马克思主义政党的建设规律与其他国家的政党尤其是西方政党相比,在思想、组织、制度、作风建设等各个方面,特别是在党的价值目标、工作布局、体制机制、方式方法等各个环节,都有自身特殊的规定性和要求,①但西方政党在长达二百多年的发展过程中也积累了许多成功的建设经验,形成了具有一百多年历史的内容丰富的资产阶级政党学说,我们应批判地吸收和借鉴西方政党理论、政党建设经验中的合理成分,以推进对马克思主义执政党建设规律的认识。其五,要不畏困难,与时俱进。把握事物发展的规律很重要,这一点人们都很清楚,但同时把握规律也很困难。这种困难来自两个方面:一方面,规律既然是事物之间本质的必然的联系,所以它往往隐藏在复杂的事物和关系背后,不易被人发现;另一方面,由于事物是发展变化的,事物之间的联系也是发展变化的,所以反映事物之间本质联系和发展趋势的规律也处在发展变化之中。具体而言,随着时代和环境的发展变化,社会政治、经济、文化及其他方面的发展规律必然发生相应变化。所

① 习近平:《关于建设马克思主义学习型政党的几点学习体会和认识——在中央党校 2009 年秋季学期第二批进修班开学典礼上的讲话》,《学习时报》2009 年 11 月 16 日。

以,我们党要想适应变化了的新形势、新环境,就必须不畏困难,与时俱进,善于把握新规律,并用新规律来指导党的行动。否则,将一事无成。①

4.富有创新精神

创新是一个民族进步的灵魂,是一个国家兴旺发达的不竭动力,也是一个政党永葆生机的源泉。创新就是要发现新事物、新规律,而敢于和善于发现新事物、新规律就是富有创新精神。富有创新精神是马克思主义学习型政党必须具有的理论品质和政治勇气,也是马克思主义学习型政党建设所要达到的重要目标之一。改革创新是时代精神的核心内容,也是我们党永远保持和发展先进性的根本要求。如果一个政党抱残守缺、因循守旧、不思进取,无论她原来实力多么强大、资格多么老、执政时间多么长,终究会随着时代的发展而衰竭,最终难逃被历史淘汰的厄运。进入21世纪,中国共产党所处的历史方位发生了巨大变化,经济体制深刻变革,社会结构深刻变动,利益格局深刻调整,思想观念深刻变化,导致大量的难题需要我们去破解,一些新的挑战需要我们去面对。为了能够有效破解随着党的历史方位变化带来的诸多难题,要求我们党必须不断提高自身建设的科学化水平,通过改革创新增强党的生机与活力。

为了有效推进改革创新,适应形势变化、时代发展的要求,中国共产党首先要加强学习。通过坚持不懈的学习,努力转变思维方式、更新工作思路、提升创新能力,以创新引领学习、通过加强学习提升创新能力。其次,要勇于创新。要深刻总结我党实践的新经验,大胆借鉴人类文明的新成果,不断努力扩大思想、理论、知识和技术领域的新视野,勇于做出理论新概括,大胆实现实践基础上的理论创新。理论创新往往是社会发展和变革的先导,我们要通过理论创新大力推动制度创新、科技创新、文化创新以及其他各方面的创新,不断在实践中探索,永不自满,永不懈怠。要

---

① 徐志宏:《论马克思主义学习型政党的基本要求》,《中国特色社会主义研究》2010年第5期。

教育和引导广大党员干部解放思想、更新观念,树立创新意识、焕发创造激情、激发创造活力,坚持把改革创新作为解决前进中各种矛盾和问题的根本方法来把握,作为推动科学发展、促进社会和谐的强大动力来运用,作为共产党人不变的精神价值来追求,不断以新的认识、新的思路、新的举措开创事业发展的新局面。①

(三)大力弘扬马克思主义学风

对待马克思主义有个学风问题,究竟是从本本出发,还是从实际出发,用马克思主义的立场、观点、方法来研究和解决中国的现实问题,直接关系着党的兴衰荣辱和社会主义事业的成败。为此,建设马克思主义学习型政党,必须把学风建设摆在更加突出的位置。

1. 学风问题对学习型政党建设至关重要

学风问题是建设马克思主义学习型政党之首要的问题。正如毛泽东所言:"我们要的是马克思列宁主义的学风。所谓学风,不但是学校的学风,而且是全党的学风。学风问题是领导机关、全体干部、全体党员的思想方法问题,是我们对待马克思列宁主义的态度问题,是全党同志的工作态度问题。既然是这样,学风问题就是一个非常重要的问题,就是第一个重要的问题。"②

从本质上说,学风问题是对待马克思主义的态度问题。关于如何对待马克思主义,概括起来主要有两种,一种是科学的态度,一种是教条主义的态度。科学的态度是把马克思主义当作指导中国革命、建设和改革的行动指南,而不拘泥于经典作家在特定历史条件下提出的某个具体结论,重在领会马克思主义的精神实质,把握它的原则、立场、方法,创造性地运用于发现、分析并解决实际问题;把马克思主义当作随着社会实践推进而不断发展的理论,而不是一成不变、僵化凝固的教条。而教条主义的

---

① 习近平:《关于建设马克思主义学习型政党的几点学习体会和认识——在中央党校 2009 年秋季学期第二批进修班开学典礼上的讲话》,《学习时报》2009 年 11 月 16 日。

② 《毛泽东选集》第三卷,人民出版社 1991 年版,第 813 页。

态度则是把马克思主义在特定历史条件下作出的个别结论僵死化、凝固化，不是从发展着的实际出发，而是一切从本本出发，只知道背诵马克思主义著作的个别词句，对马克思主义作断章取义的歪曲理解。对待马克思主义的这两种不同态度，在理论与实践上会产生两种截然不同的结果。在新形势下，我们推进马克思主义学习型政党建设，一个很重要的问题就是对待学习要有正确端正的态度，用科学高效的方法进行学习，这就涉及学风问题。学风是否端正，直接影响到学习效果，影响到学习马克思主义是否真学、真懂、真信、真用。因此，摆正对待马克思主义的态度问题，树立科学严谨的学风，对于建设马克思主义学习型政党至关重要。

2. 理论联系实际是马克思主义的学风

在中国共产党带领人民为争取民族解放、人民独立，实现国家富强、人民富裕的伟大实践中，形成了理论联系实际的马克思主义的优良学风，并一直把是否实行马克思主义的基本原理与我国实际与时代特征相结合作为党是否成熟以及成熟程度的标准来看待。

纵观我们党的历史，既有优良的学风给我们的事业带来勃勃生机的生动实践，也有不好的学风把我们的事业引向低谷的沉痛教训。毛泽东把马克思列宁主义的基本原理与中国的实际相结合，解决了中国革命的道路问题，使中国革命的面貌焕然一新，并最终带领人民完成了新民主主义革命和社会主义改造、建设。邓小平坚持理论联系实际的马克思主义学风，冲破"两个凡是"的禁锢，开展了关于真理标准问题的大讨论，进一步解放了人们的思想，把党和国家的工作重心转移到经济建设上来，作出了改革开放的伟大决策，解决了什么是社会主义、怎样建设社会主义等一系列重大问题。江泽民弘扬马克思主义的学风，面对党情、世情、国情发生的新变化，科学判断党的历史方位，解决了建设什么样的党、怎样建设党的重大问题，成功地把社会主义事业全面推向 21 世纪。胡锦涛弘扬理论联系实际的马克思主义学风，重温了"两个务必"重要思想，立足社会主义初级阶段的基本国情，深入分析我国发展的阶段特征，准确把握世界发展趋势,创造性地解决了实现什么样的发展、怎样发展的重大问题,着力推进马克思主义学习型政党建设。当前,以习近平为总书记的党中央,进一步解放思想、实事求是、与时俱进,立足中国的现实国情和时代特征,凝心聚气、戮力同心为全面建成小康社会,实现中华民族伟大复兴的中国梦而持续奋斗。然而,我们也应该看到正是王明等人脱离理论联系实际的学风,教条式地理解马克思主义,使中国革命遭受了损失;"文化大革命"期间,我们摒弃马克思主义学风,使社会主义建设事业几乎走向崩溃的边缘。党的历史正反两方面的经验教训告诉我们,中国共产党人只有在实践中学习,用学习指导实践,实现理论与实践的结合,才能开创中国特色社会主义革命、建设与改革新模式。也只有这样,中国共产党人才能够准确把握时代脉搏,找准中国共产党执政规律、社会主义建设规律和人类社会发展规律,更好地推进社会主义事业科学发展。

3. 切实弘扬理论联系实际的优良学风

用科学严谨的学风推进马克思主义学习型政党建设,要求我们必须切实弘扬理论联系实际的优良学风。"大力弘扬理论联系实际的学风,引导党员、干部把学习理论同研究解决人民最关心最直接最现实的利益问题、本地区本部门改革发展稳定的重大问题、党的建设突出问题结合起来,增强工作的原则性、系统性、预见性、创造性"①是建设学习型党组织的重要要求。

学习不是目的,学习的目的在于运用。理论联系实际的马克思主义学风要求我们时刻坚持学习上的高标准、严要求,结合各方面工作和实际问题,边学习边总结经验教训,提高自身的马克思主义水平,用理论上的成熟保证政治上的坚定;把改造主观世界与改造客观世界有机结合,在火热生动的实践中树立正确的世界观、人生观、价值观。建设马克思主义学

---

① 《中共中央关于加强和改进新形势下党的建设若干重大问题的决定》,《人民日报》2009 年 9 月 28 日。

习型政党,我们应该大力弘扬理论联系实际的马克思主义学风,在坚持学习马克思列宁主义、毛泽东思想和中国特色社会主义理论体系,提高马克思主义理论修养的同时,时刻注意联系实际,立足社会主义初级阶段的基本国情和当今时代特征,自觉地把思想认识从不合时宜的观念、做法和体制中解放出来,从对马克思主义的错误的教条式的理解中解放出来,从主观主义和形而上学的桎梏中解放出来,用科学的理论回应现实中不断涌现的实际问题,做到学用结合,学以致用。

二、拓展深化,丰富学习内容

列宁曾指出:"只有了解人类创造的一切财富以丰富自己的头脑,才能成为共产主义者"。建设马克思主义学习型政党,就要始终坚持以完整准确的马克思列宁主义为根本指导思想,坚持学习马克思主义中国化的最新理论成果,开展社会主义核心价值体系学习教育,坚持与"三型"政党建设相结合,学习掌握社会主义现代化建设的各方面知识,深入总结实践中的成功经验并反思挫折失败的教训,不断丰富学习内容。

(一)加强领导干部马克思主义理论学习

建设马克思主义学习型政党,必须坚持以完整准确的马克思主义为指导,引导人们用科学的态度对待马克思主义,用发展着的中国化马克思主义指导新的实践。

1.始终坚持以马克思列宁主义理论为指导

马克思主义是一个十分完整而严密的科学理论体系。党的十八大报告指出:"对马克思主义的信仰,对社会主义和共产主义的信念,是共产党人的政治灵魂,是共产党人经受住任何考验的精神支柱。"[①]这一重要

---

① 胡锦涛:《坚定不移沿着中国特色社会主义道路前进 为全面建成小康社会而奋斗——在中国共产党第十八次全国代表大会上的报告》,人民出版社 2012 年版,第50页。

论断,深刻阐明了共产党人不懈的精神追求。

第一,学习掌握马克思主义的本质规定性。对马克思主义的本质规定性做出不同的回答,就会形成相应的马克思主义观。全面、正确的马克思主义观对马克思主义的理解主要包括以下几个方面:一是辩证唯物主义和历史唯物主义的世界观和方法论,这是马克思主义最根本的理论特征和理论基石;二是科学社会主义和共产主义,这是马克思主义的根本性质和最崇高的社会理想;三是为无产阶级和广大人民群众谋利益,这是马克思主义最根本的政治立场和根本宗旨;四是坚持与时俱进,这是马克思主义的最根本的理论品质。① 这四点内涵是马克思主义的本质规定性,是区分真假马克思主义的分水岭和试金石。"不丢老祖宗"最根本的就是不丢这些。建设马克思主义学习型政党,最根本的是要学习掌握马克思主义的本质规定性,用马克思主义的立场、观点、方法分析问题、解决问题,提高党员干部的马克思主义理论修养,创造性地推动社会主义科学发展。

第二,学习掌握马克思主义的基本原理。马克思主义的基本原理,是指马克思、恩格斯创立并由其继承者们不断发展了的、经过社会实践反复检验,并被证明是科学的那些关于自然、社会和人类思维的一般规律的学说,主要包括马克思主义哲学、政治经济学和科学社会主义的基本原理和基本观点。马克思主义的基本原理是马克思主义科学理论体系中的基本内容,是马克思主义本质规定性的具体体现。建设马克思主义学习型政党,一个很重要的方面就是要自觉学习马克思主义的基本原理,掌握反映论原理、唯物史观、剩余价值学说、"两个必然"等基本原理,结合我国社会主义初级阶段的基本国情和现代化建设实际作出马克思主义的科学阐释,提高自身的马克思主义理论修养和实践品格。

---

① 胡锦涛:《在"三个代表"重要思想理论研讨会上的讲话》,人民出版社 2003 年版,第6—9页。

第三,学习掌握马克思主义的基本特征。马克思主义的基本特征是分层次的。第一层次是指列宁所说的阶级性(党性)、实践性、科学性,这是马克思主义最根本的特征。第二层次的特征是指开放性、动态性(发展性)、创新性,这是第一层次特征的必然要求和具体体现。建设马克思主义学习型政党,就要掌握马克思主义的基本特征,分清基本特征的层次性。

第四,努力克服各种非马克思主义思潮的干扰。建设马克思主义学习型政党,要努力克服各种非马克思主义思潮的干扰,营造一个健康的学习型政党建设氛围。随着世界范围内各种文化交流的日益频繁,政党间意识形态的界限模糊化趋势更加明显,西方敌对势力也加紧对我国进行意识形态渗透。必须高度警惕西方资产阶级意识形态对我党的侵蚀和滋扰,始终坚持马克思主义在意识形态领域的主导权。近些年来,除了多种左翼思潮干扰我国的经济建设外,还出现了一些非马克思主义思潮甚至是反马克思主义思潮在不断侵袭和影响着一些党员干部和群众的思想。如新自由主义思潮大力主张自由化、私有化和市场化,极力否定公有制、社会主义和国家干预,鼓吹全球资本主义化,从而对以公有制为主体、多种所有制共同发展的社会主义基本经济制度造成了严重冲击。再比如新儒化思潮(政治儒学)、民主社会主义思潮以及新左翼思潮等,也在各个领域冲击着我们的指导思想和基本政治制度。这些思潮对广大党员干部和人民群众具有极大的迷惑性,它们一般都主张多元主义、改良主义以及伦理主义,但都反对马克思主义的指导地位。[1] 因此,我们在进行马克思主义学习型政党建设的过程中,必须旗帜鲜明地坚持我们党的无产阶级的阶级属性,充分发挥意识形态对民众的教育和引导作用,加强对马列主义、毛泽东思想和中国特色社会主义理论体系的学习教育,坚定共产主义

---

[1]　鞠正江:《马克思主义学习型政党的科学内涵和建设路径》,《中共济南市委党校学报》2010 年第 1 期。

的理想信念,顺利推进学习型政党建设的伟大战略任务的完成。

2.用马克思主义中国化的最新理论成果武装全党

中国共产党在领导中国革命、建设和改革的长期实践中,实现了马克思主义同中国实际相结合的两次历史性飞跃,产生了两大理论成果。这两大理论成果是被实践证明了的正确的理论,是我们建设马克思主义学习型政党所必须要加以学习贯彻的。

第一,深入学习毛泽东思想的科学体系和主要内容。马克思主义中国化的第一个重大理论成果是毛泽东思想。它是马克思列宁主义在中国的运用和发展,是经受长期实践检验的关于中国革命和建设的颠扑不破的理论原则和实践总结,是中国共产党集体智慧的结晶。毛泽东思想是在我国新民主主义革命、社会主义革命和社会主义建设伟大实践过程中,在总结我国革命和建设正反两方面历史经验的基础上,逐步形成和发展起来的。可以说,马克思主义同中国革命和建设具体实践相结合的伟大历程,同时也是毛泽东思想形成和发展的过程。毛泽东思想以极其丰富、独创性的内容,继承和发展了马克思列宁主义。围绕着中国革命和建设这个主题,提出了一系列相互关联的重要论述,构成了一个博大精深的科学思想体系,是我们建设中国特色社会主义的宝贵精神财富。我们建设马克思主义学习型政党,深入学习毛泽东思想,就是要学习毛泽东的新民主主义革命理论、社会主义革命与建设理论、革命军队建设和军事战略理论、国际战略和外交工作的理论、思想工作方法的理论、关于学习的重要论述等重大战略思想。建设马克思主义学习型政党,学习毛泽东思想的科学体系和主要内容,就是要把握它实事求是的核心和精髓,把握贯穿于上述各个理论的立场、观点和方法,结合具体实际、立足本职岗位,用毛泽东思想的活的灵魂指导推进工作。

第二,坚持用中国特色社会主义理论体系武装全党。中国特色社会主义理论体系是马克思主义中国化的最新理论成果,是对马克思列宁主义、毛泽东思想的继承和发展。中国特色社会主义理论体系,包括邓小平理论、"三个代表"重要思想和科学发展观等重大战略思想,凝结了几代中国共产党人带领人民不懈艰苦奋斗的集体智慧和奋斗心血。它既坚持了辩证唯物主义和历史唯物主义的马克思主义哲学世界观、方法论,又坚持了马克思主义的群众观点、群众路线,继承和发展了马克思主义与时俱进的理论品质,是坚持和发展马克思主义的光辉典范。在当代中国,坚持马克思主义,就必须坚持中国特色社会主义理论体系;坚持中国特色社会主义理论体系,就是真正坚持马克思主义。当前和今后一段时期,坚持用中国特色社会主义理论体系武装全党,推进马克思主义学习型政党建设,最重要和紧迫的任务就是要深入贯彻落实科学发展观。科学发展观,是立足社会主义初级阶段基本国情,深入分析我国发展的阶段性特征,总结我国发展实践,准确把握世界发展趋势,借鉴国外发展经验,适应新的发展要求提出来的。科学发展观,第一要义是发展,核心是以人为本,基本要求是全面协调可持续,根本方法是统筹兼顾。面向未来,深入贯彻落实科学发展观,对坚持和发展中国特色社会主义具有重大现实意义和深远历史意义。我们要"坚定不移把科学发展观贯彻到我国现代化建设全过程、体现到党的建设各方面,真正把科学发展观转化为推动经济社会又好又快发展的强大力量。"①

2012 年 11 月 29 日,习近平在参观《复兴之路》展览时,深情阐述了"中国梦",强调实现中华民族伟大复兴,是近代以来中华民族最伟大的梦想。中国梦记录着中华民族从饱受屈辱到赢得独立解放的非凡历史,承载着为开创中国特色社会主义道路艰辛探索的伟大历程。在新形势下推进马克思主义学习型政党建设,更要教育引导广大党员干部树立实干兴邦的务实精神、用好改革开放"关键一招",坚定道路自信、理论自信、制度自信,用脚踏实地的劳动,承前启后、继往开来,继续朝着国家富强、

———————

① 本书编写组:《十八大报告学习辅导百问》,学习出版社、党建读物出版社 2012 年版,第 17 页。

民族复兴、人民幸福、社会和谐的目标奋勇前进,为实现"两个一百年"奋斗目标,实现中华民族伟大复兴的中国梦而持续奋斗。

实践永无止境,创新永无止境,理论发展永无止境。中国特色社会主义理论体系是不断发展开放的理论体系,随着中国特色社会主义实践的不断深化,这个理论体系还将不断获得新的丰富和发展。我们建设马克思主义学习型政党,必须要以辩证发展的观点看待中国特色社会主义理论体系,必须坚持用中国特色社会主义理论体系武装全党、教育人民,引导广大干部群众深刻领会党的理论创新成果,深刻回答形势变化与时代发展提出的全新课题。

(二)坚持开展社会主义核心价值体系学习教育

社会主义核心价值体系是社会主义意识形态的本质体现,是全党全国各族人民团结奋斗的共同思想基础。加强社会主义核心价值体系建设,是提高国家文化软实力,夺取中国特色社会主义事业新胜利的迫切需要。[①] 建设马克思主义学习型政党,要坚持把社会主义核心价值体系贯穿到党的建设的各个方面,运用到党员干部教育管理的全过程,引导广大党员干部模范学习践行社会主义核心价值体系。

1. 学习和掌握社会主义核心价值体系

任何一个国家、民族在长期的发展实践中,必然会逐渐形成自己的价值体系,其中最精华最凝练的部分构成了核心价值体系,它是确保社会系统平稳运转、社会秩序和谐有序的基本精神依托和价值保障。马克思主义指导思想、中国特色社会主义共同理想、以爱国主义为核心的民族精神和以改革创新为核心的时代精神、以"八荣八耻"为主要内容的社会主义荣辱观构成了社会主义核心价值体系的基本内容。这四个方面的内容,相互联系、相互促进、相互贯通,构成了一个辩证统一的有机整体,都是社

① 本书编写组:《十八大报告学习辅导百问》,学习出版社、党建读物出版社2012年版,第104—105页。

会主义意识形态最重要的组成部分。坚持马克思主义指导思想,抓住了社会主义核心价值体系的灵魂;树立中国特色社会主义共同理想,突出了社会主义核心价值体系的主题;培育和弘扬民族精神、时代精神,掌握了社会主义核心价值体系的精髓;树立和践行社会主义荣辱观,打牢了社会主义核心价值体系的基础。

社会主义核心价值体系是社会主义制度在价值层面的本质规定,构成了我国社会主义制度的内在精神之魂;是我国文化软实力的核心内容,是建设社会主义先进文化的重要抓手;是巩固全党全国各族人民团结奋斗的共同思想道德基础。它鲜明地回答了在新的历史条件下,中国共产党用什么样的精神旗帜团结带领全党全国各族人民开拓奋进、中华民族以什么样的精神状态屹立于世界民族之林的重大问题。建设马克思主义学习型政党,开展社会主义核心价值体系学习教育,首先就是要学习社会主义核心价值体系的科学内涵,掌握社会主义核心价值体系的精神实质,才能在尊重差异中扩大社会认同、在包容多样中增进思想共识,使广大党员领导干部力往一处出、劲往一处使,推动我国经济社会科学发展。

社会主义核心价值体系是社会主义意识形态的本质体现,要建设社会主义核心价值体系,增强我国社会主义意识形态的吸引力和凝聚力。从国内看,当前,我国正处于社会变革、经济转型的加速期,经济体制深刻变革、社会结构深刻变动、利益格局深刻调整、思想观念深刻变化,各种社会思潮此起彼伏,各种社会力量竞相发出自己的声音,一元化指导思想与多样化社会思潮并存,社会思想意识呈现多元多样多变的特点。从国际上看,和平与发展已成为当今时代主题,求和平、谋发展、促合作已成为国际共识,但西方敌对势力向我国实施"西化"、"分化"的既定政治图谋没有变,对我"和平演变"之心依旧不死。一些西方势力通过各种途径大肆宣传"意识形态趋同论",肆意鼓噪"意识形态终结论"和"历史的终结"。意识形态领域渗透与反渗透、颠覆与反颠覆的斗争将是长期的、复杂的、尖锐的,我们必须提高警惕,一刻也不能放松。这就迫切需要我们弘扬社会主义、集体主义、爱国主义主旋律，用一元化的指导思想引领多样化的社会意识，牢牢掌握马克思主义在意识形态领域的主导权。要巩固马克思主义指导地位，坚持不懈用马克思主义中国化最新成果武装全党、教育人民，用中国特色社会主义共同理想凝聚力量，用民族精神和时代精神鼓舞斗志，用社会主义荣辱观引领风尚，巩固全党全国各族人民团结奋斗的共同思想道德基础。

2. 培育和践行社会主义核心价值观

价值观是一个人的深层信念系统，建设什么样的核心价值观，直接关系着国家的发展理念、社会的价值取向和个人的精神追求。党的十八大报告指出："倡导富强、民主、文明、和谐，倡导自由、平等、公正、法治，倡导爱国、敬业、诚信、友善，积极培育社会主义核心价值观。"①这 24 个字明确了国家发展前景目标，彰显了社会建设核心理念，确立了公民道德基本遵循；既有价值层面的宏观指导，又有落实到社会生活的可操作性；既蕴含了中国优秀传统文化的价值精华，又高度凝练了社会主义核心价值体系的内核和精髓。社会主义核心价值观是对社会主义核心价值体系的高度凝练，所包含的丰富内涵都是社会主义最基本、最重要、最核心的价值取向和精神追求。它以开放包容的姿态，涵盖了国家发展、社会建设和公民道德信仰的基本取向，兼顾了国家、社会和公民三者的价值诉求和发展愿景，也是在尊重差异中扩大价值认同、在包容多样中增进价值共识的生动体现，能够最大限度地引领社会思潮、凝聚社会共识。

建设马克思主义学习型政党，培育和践行社会主义核心价值观，要坚持把社会主义核心价值观的深刻内涵与基本要求渗透到广大党员干部的教育学习全过程，贯穿到党员干部带领广大群众推进改革开放和社会主义现代化建设全过程，体现到党的意识形态建设管理和精神文化产品创

---

① 胡锦涛：《坚定不移沿着中国特色社会主义道路前进　为全面建成小康社会而奋斗——在中国共产党第十八次全国代表大会上的报告》，人民出版社 2012 年版，第 31—32 页。

作生产传播各方面,自觉弘扬社会主义的主旋律,加强社会公德、职业道德、家庭美德和个人品德修养,培养高尚纯洁的道德情操和健康高雅的生活情趣。

在建设马克思主义学习型政党中,积极培育和践行社会主义核心价值观,一个很重要的方面就是要加强党员领导干部的理想信念教育。当前一些党员领导干部中出现的学习兴趣不浓、宗旨意识不强、实践能力有限等问题,追根溯源与他们放松了理想信念追求密切相关。因此,要把加强党员领导干部的理想信念教育列为学习和培育社会主义核心价值观的重中之重,作为建设马克思主义学习型政党的首要任务。通过加强理想信念教育,自觉划清"四个重大是非"界限,强化广大党员、领导干部的宗旨意识、大局意识和责任意识;着力增强贯彻执行党在社会主义初级阶段的基本纲领、路线、方针、政策的自觉性和坚定性,树立坚定正确的政治方向和高度的政治敏锐性与鉴别力,始终保持立场坚定、头脑清醒;增强高举中国特色社会主义伟大旗帜、完善中国特色社会主义制度、走中国特色社会主义道德,实现全面建成小康社会,推进社会主义现代化建设的理论自信、道路自信、制度自信。

(三)学习掌握"三型"政党建设的新要求、新规律

党的十八大深刻总结党的建设的历史经验和教训,向全党提出了"建设学习型、服务型、创新型的马克思主义执政党,确保党始终成为中国特色社会主义事业的坚强领导核心"的重大课题,这必将对继续推进党的建设新的伟大工程产生重大而深远的影响。建设学习型、服务型、创新型的马克思主义执政党,鲜明反映了中国共产党一贯重视学习、善于学习的优良传统,立党为公、执政为民的执政理念,与时俱进、改革创新的政治品质,是顺应世情、国情、党情、民情新变化的客观要求,也是新形势下全面提高党的建设科学化水平的战略任务。在当前和今后一个时期,建设学习型、服务型、创新型的马克思主义执政党,一个很重要的方面就是要努力通过学习实现固本强基、增智益脑、兴业发展,树牢服务意识、强化服务功能、提高服务本领,不断推进理论创新、实践创新和制度创新。

1.努力适应建设马克思主义学习型政党面临的新要求

知识经济是与农业经济、工业经济相对应的概念,它以知识为基础,是一种新型的富有生命力的经济形态。"建设学习型政党,是以知识经济为主要特征的时代发展的必然要求,是随着建设学习型社会、学习型组织的潮流在世界范围内兴起而提出的。"①当今世界,新知识新理论不断产生,新情况新问题层出不穷,科技创新和知识更新的周期不断缩短,整个世界正处于大发展、大变革、大调整中。中国共产党要想不断适应变化发展了的世界,始终走在时代发展的前列,经受住各种复杂严峻的风险考验,就必须不断加强学习,大力弘扬重视学习、勤于学习、善于学习的优良传统。

新形势下,我们开展马克思主义学习型政党建设,面临一系列新要求新问题新挑战,迫切要求我们党以先进的学习理念和科学的执政理念去积极适应。首先,要适应"学习什么"的新要求。这主要涉及学习内容的问题。要按照科学理论武装、具有世界眼光、善于把握规律和富有创新精神的基本要求,既抓住学习重点又拓宽学习领域,坚持用马克思主义、毛泽东思想和中国特色社会主义理论体系武装全党,开展社会主义核心价值体系和核心价值观学习教育,善于吸收和大胆借鉴人类社会创造的一切文明成果,通过学习不断增强中国特色社会主义道路自信、理论自信和制度自信。其次,要适应"如何学习"的新要求。这主要涉及学习方式方法的问题。要坚持个人自学与集体学习相结合,常规学习与联组学习相结合,网络和新媒体技术学习相结合,完善党委中心组定期集体学习制度,健全干部脱产培训轮训制度,不断创新学习方式,优化学习方法,以提高学习效果。再次,要适应"怎样学习"的新要求。这主要涉及学习态度

---

① 中共山东省委宣传部:《马克思主义学习型政党建设理论与实践》,山东人民出版社 2011 年版,第 46 页。

的问题。要坚持实事求是的马克思主义思想路线,勇于坚持真理、修正错误,坚持学用结合,以用促学,做真学、真懂、真信、真用的马克思主义者。最后,要适应"为何学习"的新要求。这主要涉及学习目的的问题。学习本身只是手段和途径,学习的最终目的在于提高广大党员干部的思想觉悟和实践能力,增强宗旨意识和使命意识,自觉践行党的群众路线,坚定不移地做中国特色社会主义事业的建设者和捍卫者。面对建设马克思主义学习型政党面临的新要求新挑战,广大党员领导干部要常怀忧患意识和进取精神,时刻警惕"知识恐慌"和"本领恐慌",始终把学习作为一种政治责任、一种精神追求和一种生活方式,通过学习不断提高思想觉悟和理论素养,增强驾驭复杂局面、推动科学发展、引领社会进步、实现民族振兴的扎实本领。

2. 积极回应建设马克思主义服务型政党提出的新课题

建设马克思主义服务型政党,是党的先进性、纯洁性和根本宗旨的本质要求,是立党为公、执政为民的执政理念的充分彰显,也是密切党群干群关系,夯实执政基础、巩固执政地位的现实路径。立足于全面建成小康社会,加快推进社会主义现代化,实现中华民族伟大复兴的新的历史时期,建设服务型马克思主义执政党,更要我们坚定地把全心全意为人民服务作为党执政的根本价值取向,坚持服务人民、服务党员、服务发展、服务社会、服务世界,以有效的服务力全面深化改革。

面对新形势新任务,广大党员干部要牢固树立宗旨意识和服务意识,积极回应时代发展对建设马克思主义服务型政党提出的新课题新任务。为此,一是要筑牢服务理念。"我们一切工作干部,不论职位高低,都是人民的勤务员,我们所做的一切,都是为人民服务。"①全党同志务必要增强宗旨意识、服务意识,努力做到心里装着群众、凡事想着群众、工作依靠群众,坚持权为民所用、情为民所系、利为民所谋。二是要增强服务本领。

---

① 《毛泽东文集》第三卷,人民出版社 1996 年版,第 243 页。

广大党员干部要深入群众体察民情、掌握民意，坚持问需于民、问政于民、问计于民，真心实意为人民办实事做好事，尽心竭力为群众排忧解难，时刻把群众的安危冷暖挂在心上，坚决抵制形式主义，破除"官本位"思想。三是要践行群众路线。群众路线是党的生命线和根本工作路线。广大党员干部要牢固树立并坚持群众观点，走群众路线，深入开展以为民务实清廉为主要内容的党的群众路线教育实践活动，健全完善党员干部直接联系群众制度，坚持尊重群众、相信群众、依靠群众、为了群众。

3. 探索总结建设马克思主义创新型政党凸显的新规律

马克思主义具有与时俱进的理论品质，一个以马克思主义理论武装的无产阶级政党也必然是一个不断发展创新的政党。建设创新型的马克思主义执政党，要求我们以改革创新精神，全面破解现代化建设过程中遇到的新课题、新挑战，深入推进理论创新、实践创新和制度创新，使我们党始终保持先进性和创造力。

首先，要增强创新意识。当今世界，新的科技革命正在孕育和兴起，科技创新和产业发展相互结合，经济全球化和信息化相互渗透，形势发展风云变幻，外部世界瞬息万变，对建设马克思主义创新型执政党提出了新的更高要求。全党同志务必坚持实践发展永无止境，认识真理永无止境，理论创新永无止境，破除僵化保守、止步不前的消极状态，敢于突破常规，推陈出新，与时俱进。

其次，要提高创新能力。一是要推进理论创新。"实践基础上的理论创新是社会发展和变革的先导。"[①]要以丰富和发展中国特色社会主义理论为重点，围绕社会热点难点问题和人民群众的普遍关心的理论焦点和疑惑点开展深入研究。二是要推进实践创新。要以全面深化改革和推进社会主义现代化建设为重点，围绕"两个一百年"奋斗目标不懈努力，推进国家治理体系和治理能力现代化，开创中国特色社会主义事业新胜

---

① 《江泽民文选》第三卷，人民出版社 2006 年版，第 537 页。

利。三是要推进制度创新。要大胆而又慎重地推进社会主义制度改革创新,既注重制度设计的稳定性、系统性、权威性,又注重制度革新的科学性、发展性和有效性,不断革除体制机制弊病,健全完善中国特色社会主义制度,使社会主义赢得与资本主义相比较的优势,增强党员干部群众的制度自信。

最后,要推进党建创新。要逐步探索根据行业、社区、农村、非公企业等人员的不同特点设置党组织,创新党组织设置模式;要适应劳务经济蓬勃发展的新趋势,创新流动党员教育管理服务方式;要充分利用互联网、移动终端等新媒体资源拓宽工作领域,创新党务工作平台。为此,要围绕改革发展稳定的大局和党员干部凝聚力量、引领社会、推动发展、促进和谐的功能,以改革创新精神全面加强创新型马克思主义执政党建设。

(四)学习掌握现代化建设所必需的各方面知识

在 21 世纪,继续推动我国社会主义现代化建设,完成祖国统一大业,维护世界和平与促进共同发展,是中国共产党肩负的重要历史任务。时代在发展、科技在进步、形势在变化,我国的现代化建设既取得了令世人瞩目的成绩,也面临一系列新问题、新矛盾、新挑战。在新的起点上继续推进我国现代化建设,就要学习掌握各方面的知识,善于吸收和借鉴人类社会创造的一切文明成果,在学习借鉴中提高自主创新能力,把建设创新型国家作为国家发展战略的核心,不断提高我国发展的生机活力。

1.善于吸收和借鉴人类社会创造的一切文明成果

如何认识和对待不同国家和地区的文明成果,是我们建设马克思主义学习型政党不能回避的重要问题。在中国共产党的历史上,既有吸收和借鉴外来文化,实现中国革命建设事业质的飞跃的成功经验,中国共产党就是外来的马克思主义与中国实际和工人运动相结合而诞生的伟大政党;也有盲目排外造成党和国家社会主义建设事业受损的惨痛教训,如在新中国成立后很长一段时间里,我们只看到两种社会制度之间的对立和斗争,片面地认为西方文明都姓"资",而凡是姓"资"的东西都是腐朽没落的,我们都要坚决抵制。党的十一届三中全会后,随着思想上拨乱反正的推进和改革开放的逐步深入,我们在如何看待西方文明这一问题上才不断取得新的进展。在当前全球化、信息化趋势不断明朗的时代背景下,我们应该认识到一切文明成果都是世界各国和各地区人民,在社会实践中通过勤劳、智慧创造的,它属于人类社会的共同财富。不同的文明成果并无高低贵贱之分,都应该得到尊重并供各国人民相互学习和借鉴。

中国的发展离不开世界。推进社会主义现代化建设,既要看到已经取得的举世瞩目的伟大成绩,巩固全党全国各族人民团结奋斗的共同基础,同时也要正视问题和不足,时刻保持头脑清醒,虚心学习借鉴别国的文明成果为我所用,提高发展的科学性。当然,学习借鉴仅仅是手段,目的是通过吸收借鉴别国文明,提高自主创新能力,增强我国的发展活力。创新是一个民族进步的灵魂,是一个国家兴旺发达的不竭动力,也是一个政党永葆生机的源泉。当今世界,创新越来越成为生产力解放和发展的重要标志,越来越决定着一个国家、民族的发展潜力。这也正是我们努力提高自主创新能力,建设创新型国家的重要考量。

建设马克思主义学习型政党,就是要按照科学理论武装、具有世界眼光、善于把握规律、富有创新精神的要求,破除学习借鉴其他文明成果的思想壁垒,以更加开放的心胸和自信的姿态,大胆吸收和借鉴人类社会创造的一切文明成果,吸收和借鉴当今世界各国包括资本主义发达国家的一切反映现代社会化生产规律的先进经营方式、管理方式。当然,我们吸收和借鉴人类社会创造的一切文明成果,并不是要照抄照搬别国模式、他国经验,而应该注意以我为主、为我所用,坚持辩证取舍、择善而从,结合社会主义初级阶段的基本国情,努力做到在吸收中发展、在借鉴中创新。

2. 努力做到博古通今、中西并学、文理兼修

毛泽东曾经强调:"世界上所有国家的有益的东西,我们都要学。找

知识要到各方面去找,只到一个地方去找,就单调了。"①当前,我国经济建设、政治建设、文化建设、社会建设以及生态文明建设全面推进,工业化、信息化、城镇化、市场化、国际化深入发展,改革开放和社会主义现代化建设任务的艰巨性、复杂性、繁重性世所罕见。面对新的形势和新的任务,只有进一步加强学习,掌握现代化建设所需要的基本知识,才能不断增强推动科学发展、促进社会和谐、增进人民福祉的本领,在新的起点上和新的历史时期,推进我国社会主义现代化建设事业不断向前。

中国共产党是社会主义现代化建设的领导核心,党员领导干部要在学习科学知识上走在前面,必须不断地加强学习、不断自我更新,在优化知识结构、开阔思路、把握规律中,提高战略思维、创新思维和辩证思维能力,成为本领域本行业的行家里手。学习掌握现代化建设所必需的各方面知识,要进一步拓展学习的内容,以党员干部喜闻乐见的方式,以贴近社会生活的形式,积极推动党员干部学习现代化建设所需要的经济、政治、文化、管理、科技、社会和国际关系等各方面知识,学习反映当代世界发展趋势的现代市场经济、民主政治、先进文化、现代国际关系、现代社会管理和现代信息技术等方面知识。要继承弘扬我国优秀传统文化和革命传统文化的精髓,善于借鉴西方发达国家现代化建设中积累的宝贵经验,学习掌握一些哲学社会科学和自然科学知识,不断丰富完善党员干部的知识结构和学习层次。

(五)学习总结社会主义实践中的经验教训

中国共产党在领导人民开展革命、建设和改革的光辉历程中积累了很多成功的经验,也经历了一些失败的惨痛教训,这些都是我们建设马克思主义学习型政党的宝贵财富。随着改革发展和现代化建设的深入推进,实践中也不断创造出一些新做法、新经验,也出现了一些新问题、新挑战亟待我们破解。

---

① 《毛泽东文集》第七卷,人民出版社 1999 年版,第 192 页。

1. 学习党的革命、建设、改革光辉历程中的经验教训

中国共产党一贯是重视学习善于学习的政党。在"我们党的历史上，无论是搞革命还是搞建设，都既有不少成功的经验，也有遭受挫折的教训。这些经验和教训当中，极重要的一条就是：全党同志首先是担负领导责任的同志，是否重视学习、善于学习，对党的兴衰和事业的成败关系极大。"①纵观中国共产党的发展历史，我们可以看出，越是重视学习、善于学习，创造性地把马克思主义基本理论与当时的基本国情与时代特征结合起来，我们党的事业就越能向前发展；相反，忽视学习或学习陷入本本主义而脱离实际，我们党的事业就遭到严重损失。建设马克思主义学习型政党，一个很重要的内容就是要学习党的革命、建设、改革光辉历程中的成功经验和失败教训。在社会主义现代化建设实践中，我们要认真总结和深入学习党在革命、建设和改革中的经验教训，并同学习运用党的理论路线方针政策结合起来，同学习运用执政党建设基本经验和党的建设理论结合起来，同服务改革发展稳定大局以及党的建设的现实结合起来，善于总结成功的经验，吸取失败的教训，以获取推动事业发展、做好各项工作的宝贵启示和精神动力。

2. 总结改革发展中创造的新做法、新经验

改革开放是决定当代中国命运的关键一招，也是决定实现"两个一百年"奋斗目标、实现中华民族伟大复兴的关键一招。实践发展永无止境，解放思想永无止境，改革发展也永无止境。改革只有进行时，没有完成时。这一新的论述深刻揭示了改革开放在当代中国发展中的历史地位和现实意义。改革开放30多年以来，我国经济总量已跃居世界第二位，综合国力不断提升，人民生活不断改善，创造了举世瞩目的伟大成绩。我们探索创造了在社会主义制度下发展市场经济，以更大的政治勇气和智慧推进政治体制改革，在多元多样多变的社会意识中加强马克思主义一

① 胡锦涛：《重视学习　善于学习》，《学习时报》2002年1月9日。

元化指导思想建设,在改善民生中创新社会治理,在经济社会发展中加强社会主义生态文明建设的成功实践,为正确处理改革、发展、稳定的关系,进一步推进改革发展的系统性、整体性和协同性奠定了良好基础。

建设马克思主义学习型政党,总结改革发展中创造的新做法、新经验,就是要勤于和善于向书本学习,向实践学习、向群众学习。首先,要深入改革发展的生动实践,加强社会调查研究,虚心向群众请教,集中民意,不断总结人民群众创造的新做法新经验。其次,要立足本职岗位,善于学习借鉴其他地区部门单位的好做法好经验,紧密联系自身实际,有机地运用到实际工作中去,丰富和拓展本地区本部门本单位改革发展的思路和办法。最后,要围绕推进本地区本部门本单位的工作,围绕解决突出矛盾、破解发展难题、提高工作水平,不断研究新情况、拓展新思路、解决新问题,在推动实际问题的解决中深化规律性认识,提高分析问题、解决问题的能力。

3. 总结反思现代化建设中的新问题、新挑战

经过 60 多年的现代化建设,特别是改革开放 30 多年以来,我国经济社会发展日新月异,中国人民的面貌、社会主义中国的面貌、中国共产党的面貌都发生了历史性的变化,中华民族伟大复兴展现出前所未有的光明前景。当然,我国的社会主义现代化建设也不可避免地遇到了一系列新问题、新挑战亟待我们破解。例如,把市场经济与社会主义制度相结合,发展社会主义市场经济,既是一个伟大创举,更是一个全新课题,在经济发展中遇到的一系列新问题、新挑战亟待解决。而西方发达国家市场经济发展历史较长,积累了丰富的经营和管理经验。如何适应当前经济全球化、区域经济一体化的发展趋势,充分发挥社会主义制度集中力量办大事的优势和市场机制自身的调节作用,使社会主义赢得与资本主义相比较的优势,需要我们自觉吸收和借鉴西方发达国家的有益经验,学习他们在发展中积累的先进经营理念和管理方式,不断提高我们党领导社会主义市场经济的工作的本领。此外,如何在多元开放的条件下巩固马克

思主义在意识形态领域的指导地位,在网络互联互通中加强和创新社会治理,在科学发展中缩小区域之间、城乡之间、行业之间的发展差距等,都是我们在现代化建设中遇到的新问题、新挑战,迫切需要我们找到一条合理高效的破解之路。

三、多管齐下,明确学习主体

学习主要靠自觉,这就需要我们首先明确学习的主体,只有主体明确,学习活动才能有序开展,学习成效才能更好地得到保障。从空间层次上说,学习主体主要是以广大党员为基础,以党员领导干部为重点,以领导班子为关键,在扩大学习覆盖面的基础上抓好重点人群的学习。

(一)以广大党员为基础,提高学习覆盖面

中国共产党是一个拥有八千多万党员的老党、大党,每一个党员的学习情况如何在很大程度上决定了他们的个人素质,也影响着党的领导水平和执政水平。为此,建设马克思主义学习型政党,每个党员干部都应该自觉加强学习,在学习中提高自身的综合素质。

1.党员干部队伍是社会主义现代化建设的中坚力量

社会主义现代化建设是一项艰巨的宏伟工程,需要调动方方面面的力量持续奋斗。当前,世情、国情、党情正在发生着深刻变化,中国共产党面临的执政考验、改革开放考验、市场经济考验、外部环境考验是长期的、复杂的、严峻的,精神懈怠危险、能力不足危险、脱离群众危险、消极腐败危险更加尖锐地摆在全党面前。在新形势下建设马克思主义学习型政党,必须教育引导广大党员更加自觉地把全面协调可持续作为深入贯彻落实科学发展观的基本要求,全面落实经济建设、政治建设、文化建设、社会建设、生态文明建设"五位一体"的总体布局,促进现代化建设各方面协调发展,促进生产关系与生产力、上层建筑与经济基础相协调,不断开拓生产发展、生活富裕、生态良好的文明发展道路,使广大党员能够更加

积极地投身社会主义现代化建设,把我国建设成为富强、民主、文明、和谐的社会主义现代化国家。

为此,一是要教育引导广大党员认真学习马克思列宁主义、毛泽东思想和中国特色社会主义理论体系,坚持用马克思主义的立场、观点、方法来认识世界、改造世界,提高分析问题、解决问题的能力,增强政治敏锐性和鉴别力,旗帜鲜明地坚决抵制各种非马克思主义错误思想的侵蚀,矢志不渝地为中国特色社会主义而努力奋斗。二是要教育引导广大党员大胆吸收和借鉴人类社会创造的一切文明成果,以更加开放的胸襟和自信的姿态对待外来事物,在创造性学习借鉴中不断提高自主创新能力,增强社会主义现代化建设的能力。三是要教育引导广大党员更加注重学习业务知识,着眼于做好本职工作,深入学习党的路线、方针、政策和国家法律法规,学习党的波澜壮阔的光辉历程,广泛学习掌握现代化建设所需要的经济、政治、文化、科技、社会和国际等各方面知识,学习与岗位职责相关的新知识、新技能,努力使自己成为本领域、本行业、本岗位的行家里手。

2. 在学习提高中推进工作是党的宝贵经验

通过学习推进伟大事业是中国共产党的优良传统和重要历史经验。中国共产党历来重视学习、善于学习,可以说党领导我国革命、建设和改革的波澜壮阔的历史也是一部创造性学习的历史,而每一次这样的学习热潮都在历史转折的重大时刻为党的事业指明了前进的方向。在新民主主义革命时期,我们党认真学习、宣传马克思列宁主义,并创造性地将其与中国国情、时代特征和工人运动相结合,进而指明了中国社会发展的方向,为灾难深重的中国人民找到了一条民族解放、国家独立的正确道路,领导人民取得了新民主主义革命的伟大胜利,建立了社会主义新中国。新中国成立后,党由带领人民为争取民族解放,实现国家独立而奋斗变为领导人民全面进行社会主义现代化建设并长期执政的党。面对全新的历史方位和工作任务,中国共产党不断学习过去不熟悉以及那些过去熟悉,由于环境变化而又变得不熟悉了的东西,通过艰难曲折的探索和不懈奋斗,领导人民取得了社会主义建设的巨大成就。这期间虽然发生了像"文化大革命"这样全局性的错误,但也正是中国共产党在真理标准问题的学习讨论中,解放思想,统一认识,并最终战胜了曲折。党的十一届三中全会以来,中国共产党坚持实事求是的马克思主义思想路线,以与时俱进的态度和理论联系实际的优良学风加强学习建设,取得了一个又一个重大突破。特别是进入新世纪新阶段后,中国共产党把学习提到更加重要的位置,中央政治局带头坚持集体学习制度,各级党组织和广大党员干部都更加自觉地以学习谋发展、促改革,推动社会主义现代化建设不断向新的更高水平前进。从中国共产党90多年的发展历程中可以看出,学习始终是我们党不断取得事业胜利的重要法宝和不竭动力。在新的形势下,我们建设马克思主义学习型政党,就必须通过不断学习提高领导水平、执政水平和业务水平,推进现代化建设。

(二)以党员干部为重点,保持干部队伍的先进性纯洁性

"政治路线确定之后,干部就是决定的因素"。① 党员干部在我国社会生活中的地位和作用以及现实生活中少数党员干部存在的学习不足的问题,决定了党员干部要重点加强学习,自觉做推进马克思主义学习型政党建设的表率。

1.党员干部要做推进马克思主义学习型政党建设的表率

推进马克思主义学习型政党建设,党员领导干部是关键。党员干部的学习水平,在很大程度上决定着他们的工作水平和领导水平;党员干部的学习态度,对基层党员群众能够起到重要的示范带头作用。"我们要建设大党,我们的干部非学习不可。学习是我们注重的工作,特别是干部同志,学习的需要更加迫切,如果不学习,就不能领导工作,不能改善工作与建设大党。"②我们的党员领导干部要时刻铭记,自己不但是马克思主

---

① 《毛泽东选集》第二卷,人民出版社1991年版,第526页。
② 《毛泽东文集》第二卷,人民出版社1991年版,第179页。

义学习型政党建设的组织者、领导者和实施者,更应当在推进马克思主义学习型政党建设方面真正发挥表率作用。当前,广大党员干部除了要学习掌握全面建成小康社会所必需的各方面新知识、新理论、新技术外,还应该重点学习业务技能和理论知识,从而提高分析问题、解决问题的能力,增强工作的原则性、系统性和创造性,切实提高自身的现代化建设水平。

2. 党员干部的地位和作用决定了其要重点加强学习

中国共产党领导中国革命、建设和改革的历史经验表明,党和国家的事业能否顺利得到发展,党员干部起到至关重要的作用。在现实社会生活中,党员干部是党和国家各项路线、方针、政策的制定者和执行者,也是现代化建设事业的领导者和组织者。只有通过党员干部的勤政廉政和无私奉献,我们党的各项路线、方针、政策才能变成美好的蓝图,才能赢得广大人民群众的信赖和拥护,进而充分调动人民群众建设中国特色社会主义的积极性、主动性和创造性。离开了党员干部的努力工作和模范作用,再好的政策也只能像虚幻的乌托邦那样可望而不可即。党员干部在我国社会生活中的这种特殊地位和作用决定了他们要重点加强学习,自觉做学习的表率,提高自身运用法治思维和法治方式深化改革、推动发展、化解矛盾、维护稳定的能力;提高自身立足本职岗位,开拓创新、锐意进取,推动社会主义现代化建设不断前进。

3. 少数党员干部忽视学习决定了其要重点加强学习

现实生活中,一些党员、干部出现这样那样的问题,说到底是因为信仰迷茫、精神迷失,而这跟他们不同程度地漠视学习是分不开的。少数党员干部忽视学习的重要性、自觉性,放松了世界观、人生观、价值观等的学习改造,致使理想信念动摇、宗旨意识淡薄,思想僵化、墨守成规、不思进取,形式主义、官僚主义问题突出,享乐主义和奢侈浪费现象严重,严重破坏了党在人民心中的良好形象,影响了党的先进性和纯洁性。问题虽然出现在少数党员干部身上,但其所造成的消极影响确实极其广泛恶劣。因此,推进马克思主义学习型政党建设,必须把加强和改进各级领导班子和党员领导干部的学习放在首位,并切实抓紧抓好。同时,党员干部要自觉加强学习,提高学习的积极性和自觉性,通过学习提高自身的思想道德素质和科学文化知识,并将学习与业务工作结合起来,学以致用。

(三)以领导班子为关键,推进学习型党组织建设

建设学习型党组织,是建设马克思主义学习型政党的基础工程,是新世纪新阶段推进党的建设,保持和发展党的先进性,提高党的执政能力的重大举措。列宁曾指出:"只有以先进理论为指南的党,才能实现先进战士的作用。"①领导班子是党组织的核心,这就要求领导班子要自觉加强学习,做马克思主义学习型政党建设的组织者、推动者和实践者。

1.建设学习型领导班子是时代发展的需要

新的历史时期,政治多极化、经济全球化迅猛发展,科技进步日新月异,综合国力竞争日趋激烈,我国已进入社会主义建设的攻坚阶段,各种社会矛盾和利益冲突日益凸显。国内外形势的变化促使我们党认识到,抓好领导干部的学习、建设学习型领导班子比以往任何时候都更为重要、更为迫切。领导干部作为班子的重要成员,是社会主义建设的组织者和领导者,只有加强和改善领导干部的学习,全面提高领导干部的理论素养、知识水平、业务本领和领导能力,才能更好地适应国际国内形势提出的新挑战,才能顺利完成历史赋予我们党的伟大历史使命。

在知识经济时代,人们的思想观念、文化知识、工作能力、生活态度等都发生了巨大变化,从而使传统的领导方式如依赖权力、职权控制、发号施令等难以奏效,这就需要作为班子成员的领导干部首先要改变领导观念,从以往的权力控制为主、非权力控制为辅转变到非权力控制为主、权力控制为辅上来,树立"领导就是服务"的新领导观,切实调动起下级干

① 《列宁选集》第1卷,人民出版社1995年版,第312页。

部和普通党员的积极性和创造性。这就需要领导干部通过不断学习提升个人素质和人格修养,增强个人的人格魅力和影响力。

同时,随着时代的发展,人类文明的进步,人们的文化程度、个人能力和素质都得到了显著提高,自主意识和自我价值的实现也成为人们追求的重要人生目标,以往的硬性权力控制变得更难以奏效,这就需要领导干部通过学习,提高领导艺术和方法,实行授权、分权管理,让被领导者有更大的自主空间,以激发他们的责任感、使命感和创造热情。

由此可见,只有大力推进学习型领导班子建设,切实转变领导干部的领导观念和方法,全面提高领导干部的执政能力和决策水平,才能有效地促进马克思主义学习型政党建设,才能为党的长期执政、科学执政提供不竭的力量源泉。

2. 明确学习型领导班子的基本特点和要求

建设学习型领导班子,首先应该明确其基本特点和要求,然后才能采取切实措施以推进学习型领导班子的建设。

学习型领导班子应具有以下四个方面的特点:第一,应具有明确的共同愿景。愿景是学习型组织理论中的一个重要概念,指人们心中企望实现的愿望的景象。第二,应具有浓厚的学习氛围。党的领导班子作为一个党组织中的核心团体,应该具有浓厚的学习氛围,无论是党委中心组集中学习还是领导干部个人自学,都应蔚然成风,"工作学习化,学习工作化"成为自觉行动。第三,应具有强烈的创新精神。领导班子成员应不满足于安于现状、墨守成规,要有强烈的创新精神,结合党的建设实践和本部门、本地区的现实情况,大胆变革,主动追求卓越,追求效益,追求领先。第四,应具有坚强的团体合力和良好的公众形象。学习型领导班子成员在共同愿景的激励下,应该相互信任,互相支持,志同道合,和谐合作,形成合力,共同提高。

学习型领导班子的素质要求。学习型组织理论认为,为了有效推进学习型领导班子建设,班子成员应注意修炼和提高以下四个方面的素质:

一是在思想政治素质方面,班子成员作为一级党组织的领导,应该怀有远大理想,富有崇高的敬业精神,在工作中具有良好的精神状态,善于发扬民主作风,讲究科学的工作方法,对人宽容大度、对己严格要求、对事廉洁奉公;二是在科学文化素质方面,班子成员应充分掌握科学文化基础知识、专业知识以及实践中积累的相关知识与经验,从而为有效决策奠定坚实的基础;三是在心理素质方面,为了有效应对工作中面临的各种挑战和磨难,班子成员应通过修炼具有坚韧顽强的意志和果敢决断的品格,具有较强的情绪自控能力、较高的逆境情商和乐观开朗的性格;四是在组织管理能力方面,班子成员应具有作为领导的一些基本素质,如系统思考的能力,驾驭全局的能力、指挥协调的能力以及调节控制的能力等。

学习型领导班子的能力要求。班子成员作为一级党组织的领导,不仅需要树立前面所说的"领导就是服务"的新领导观,还必须具备适应新时代的服务能力,这种服务能力主要体现在三个方面:一是学习与批判的能力。领导干部是带领广大党员和人民群众实现中国特色社会主义共同理想、共产主义伟大目标的领导者和带路人,必须站在时代前列引领社会发展。而领导干部要能够站到时代前列,必须善于学习和勇于批判,必须增强自己的学习力。在知识爆炸时代,知识的更新日益加快,这就需要领导干部必须与时俱进地加强学习,掌握科学的学习方法和策略,切实提高学习与批判的能力。二是变革与创新的能力。变革与创新的能力是衡量领导干部能力的主要标准,在社会变革、经济转型的新形势下,领导干部必须具有预测变革、分析变革、适应变革、推动变革和创新变革的能力。三是培育与配置智力资源的能力,这是领导干部最重要的能力。智力资源包括人才资源、单位的声誉、形象和文化等。各级领导干部要掌握科学的人才素质测评方法,建立有效的育人、用人机制,激发各级党组织的生机和创造力。

总之,班子成员应该是知识多元、观念超前、能力复合、工作创新的高素质综合型人才。① 在马克思主义学习型政党建设中，领导干部要扮演好设计师、公仆和教练的角色，积极充当组织学习的发起者和倡导者、团队学习的服务者和开拓者，创新领导方式的实践者。

3. 采取切实措施推进学习型领导班子建设

学习型领导班子是学习型政党的灵魂和核心，为了推进学习型领导班子的建设，我们应采取切实措施抓好以下几个环节的工作：

第一，统一班子成员的思想认识。理论是行动的先导，知为行先，建设学习型领导班子，必须先统一班子成员的思想认识，得到班子成员的深度认可，转化为班子成员的内在动力，方可奏效。统一认识包括两个方面：一是统一对建设学习型领导班子必要性的认识。明确这是时代发展的需要，是适应世情、国情、党情变化所带来的挑战的必然选择。二是统一对学习型组织理论的认识。要建设学习型领导班子，必须引入学习型组织理论，因为它是当前最前沿的管理理论之一，属于前卫理论；学习型组织理论强调提升人的素质和潜力，重视人的发展，是"以人为本"思想的升华；学习型组织理论强调学习和修行的紧密结合，要做到知行合一，相互促进；学习型组织理论强调采用人性化、开放式、扁平化的先进管理方式等。

第二，深入开展对学习型组织理论的学习。建设学习型领导班子必须组织各级班子的领导干部开展对学习型组织理论的深入学习，通过系统学习，大胆借鉴学习型组织理论中的先进学习理念，并通过集中教育和经常性教育相结合的方式，鼓励和推动全党树立终身学习、全员学习、全方位学习、全面学习的理念；通过系统学习，领导干部要进一步增强"以人为本"的执政理念，要重视激发每个党员的活力，充分挖掘每个党员的潜力，多做对促进党员成长有益的工作，切实维护和关心党员的个人合理

---

① 张声雄、徐韵发：《创建中国特色的学习型社会》，江西人民出版社 2003 年版，第281—282 页。

利益,使每一个党员都活出生命的意义;通过系统学习,领导干部要充分借鉴团队学习的方式,主动为班子成员的学习提供沟通和交流的平台和载体,通过促进成员间的深度会谈,将班子成员的个人智慧汇集成集体的智慧,增强成员间的默契,促进班子建设;通过系统学习,大胆借鉴学习型组织建设中形成共同愿景的经验,鼓励班子成员首先要学会自我超越,建立个人愿景,然后通过深度会谈,进一步将成员的个人愿景整合为班子的共同愿景,并将班子的共同愿景与建设中国特色社会主义的共同理想、实现共产主义的伟大目标联系起来,增强班子的凝聚力,提升班子的学习力,推进学习型领导班子的建设。

第三,加强对班子成员的教育培训。建设学习型领导班子必须加强对领导干部的教育培训,通过集中培训和常规性培训等形式,使各级班子成员系统掌握马克思主义基本理论,掌握现代管理和领导科学理论,掌握现代化建设所必须熟知的经济社会发展理论、党的建设理论等人文社科知识,甚至还需要知晓控制论、系统论、信息论、耗散结构论、协同学、突变论等自然科学知识,这些都是领导干部实现有效决策和管理所必须借鉴的。同时,为了有效推进学习型领导班子建设,还需要进一步改进教育培训方式方法,根据不同行业和单位,增强培训的针对性,如针对不同的培训对象,可设置不同的培训班,如局长班、区长班、社区人员班、农村干部班、中青干部班、董事长班、总经理班等等,从而保证教育培训与本职工作的有机结合,增强培训效果。[①]

第四,改进领导干部的行为作风。建设学习型领导班子还需要进一步改进领导干部的行为作风,主要包括其学风、文风和会风,切实转变领导干部的思想认识,提升其思想境界,提高其领导行为绩效。首先,领导干部要改进学风,发扬勤奋好学、学以致用的作风。在学习中,领导干部作为学习型政党建设的组织者和领导者,一定要做好党员学习的表率,切

---

① 马仲良:《建设马克思主义学习型政党的内涵与途径》,《理论视野》2009年第11期。

实杜绝不愿学、不真学、不深学、不善学的不良现象。在现实生活中,仍有部分领导干部的学习热情不是很高,往往只是做做表面文章,喜欢搬出中央文件的某些词句来唬唬人,对学习内容不求甚解。也有的领导干部把参加教育培训活动作为一个官员间加强相互交往的平台,不是抓住机会相互探讨如何搞好学习,而是热衷于相互请客、拉关系。这种现象一定要坚决克服,大力倡导勤奋学习的风气。改进学风不仅仅是要勤奋学习,而且学了要管用,要理论联系实际。领导干部在学习中一定要认真研究本地区本部门改革发展稳定中的重大问题,密切注意人民群众生活中迫切需要解决的民生问题,切实关注党的建设中出现的各种新情况新问题,真正做到理论学习与解决实际问题的有机统一,把学到的理论知识转化为改进工作的能力和本领,做到学以致用。其次,领导干部要改进文风,力戒空洞。领导干部在工作中要把文章写实,避免"假大空"现象,套话官话一大堆,而实质性问题却避而不谈。再就是大力提倡领导干部写简短式、实用性的文章、报告和讲话稿,做事要讲求效率、讲求实效。领导干部还要勤于自己动手写东西,少找他人代写,以提高自己的写作能力,激发自己的创造活力,加深对问题的认识,促进问题的有效解决。再次,领导干部要改进会风,树立时间观念。在现实生活中,作为各级党组织的领导干部,会议是其工作的重要组成部分,也是一种重要的工作方式。改进会风就是提倡少开会,开短会,树立时间观念。要充分利用现代信息技术,利用互联网便捷联系和交流的优势,把工作中的一些通知、工作安排等等内容在网上进行发布,节省开会的时间,提高工作的效率。对于一些必须开会才能解决的工作,领导干部要提前做好准备,要开短会、讲短话,切实提高会议效率。

第五,强化学习与干部任用的结合。建设马克思主义学习型政党,各级领导班子和领导干部的学习是重点,为了有效推进领导干部的学习,需要建立有效的激励机制,真正把学习状况与干部任用结合起来,把党的思想建设与组织建设结合起来,通过施加外在压力和激发内在动力来提高领导干部的学习成效,促进学习型领导班子建设。一段时间以来,部分领导干部之所以存在学习热情不高、学习成效不佳等不良现象,很重要的一点就是没有把学习状况与干部任用很好地结合起来,缺乏有效的外在压力与内在动力。因此,党的十七届四中全会在总结以往党的经验的基础上明确指出,要把理论素养和学习能力作为领导干部选拔任用的重要依据。这就需要我们党进一步建立健全学习制度,利用制度来规范和激励领导干部的学习,把那些理论素养高、学习能力强、学用结合好、善于解决实际问题的党员干部提拔到领导岗位,形成注重学习的用人导向。

四、多维立体,改进学习方式

随着时代的发展,中国共产党的队伍状况也发生了变化,无论是领导干部还是普通党员群众,其知识水平和思想政治素质都有了极大提高,传统的灌输式、上传下达式、被动的学习教育方式已不能适应时代发展的需要,这就要求我们党必须创新学习方式,改变过去单一的读、讲、听模式,充分利用网络、电视、广播、报纸、手机等媒体,打造全方位、立体式、网络化的学习平台,从被动的接受性学习转变为主动的创造性学习。

（一）创新学习途径,拓展全方位学习渠道

党的十七届四中全会指出,建设学习型党组织,要积极向书本学习、向实践学习、向群众学习,以优化知识结构,增强创新能力。具体到基层党组织,要结合本部门本地区的工作实际和党员干部的自身特点,充分发挥基层党员干部的主观能动性和创造性,力争做到向书本学习要活、向实践学习要实、向群众学习要诚、向党的历史学习要真,同时在全球化背景下还要敢于和善于向世界学习,从而实现学习方法的科学创新。

1. 向书本学习

书本是人类智慧的载体,是人类进步的阶梯。向书本学习一直以来是人们最普遍的一种学习方式,从古至今,人们读书、爱书的故事不胜枚举。在互联网络出现之前,书本报刊是人们获取知识信息的最重要渠道,即使在信息技术高度发达的今天,书籍仍是人们进行学习和研究的必备工具。每个人从上学的第一天起,就与书本结下了不解之缘,它一直陪伴着每个学子走完漫长的求学路。今天,我们建设马克思主义学习型政党,自然也离不开书本这座知识宝库。

广大党员干部向书本学习,应把握"一个核心",做到"五个力求"。所谓"一个核心",就是要以学习马列主义、毛泽东思想、中国特色社会主义理论体系,加强社会主义核心价值体系学习教育,特别是以理想信念教育为核心。在此基础上要做到"五个力求":即一是力求"广",要做到学习内容的全面性,以全面提高广大党员干部的整体素质;二是力求"深",读书不能只停留在对表面知识的走马观花,要深入思考这些知识产生和形成的历史和文化背景,善于把握其中的规律,深入分析作者的思想意图,弄清其适用的范围;三是力求"真",学习书本知识并不是眉毛胡子一把抓、什么都学,而是要对学习内容进行深入细致的分析辨别,我们需要学的是那些对我们的现实工作生活有参考价值的知识,这些才是真知识;四是力求"思",读书并不是简单地收集知识,而是要结合自己的实践对读到的东西进行深入分析和思考,掌握实质,加以消化和吸收,变为自己的知识;五是力求"行",学习知识不是目的,关键在于用学到的理论指导实践,并通过实践来检验所学的知识,做到以行促知。①

2.向实践学习

实践是人们的主观见之于客观的能动改造物质世界的对象性活动。向实践学习就是要勇于实践,就是要积极投入到改革开放的前沿阵地中去,踊跃加入到社会主义现代化建设的主战场中去,通过实践这个广阔课堂和巨大舞台来砥砺自己的品行、增长自己的才干、开拓自己的视野。实

---

① 鞠正江:《马克思主义学习型政党的科学内涵和建设路径》,《中共济南市委党校学报》2010年第1期。

践出真知,人类从事实践活动,只有善于向实践学习,掌握实践规律,才能更好地指导实践。在现实生活中,如果脱离实践空谈学习,那就毫无意义。要避免谈起理论滔滔不绝、遇到群体或突发事件束手无策现象的发生,广大党员干部要多加强实践锻炼。毛泽东早就指出:"读书是学习,使用也是学习,而且是更重要的学习。"①邓小平针对中国的社会主义建设没有现成的经验可供借鉴的状况更是提出了"摸着石头过河"的指导思想。在大力推进学习型政党建设的今天,广大党员干部必须主动继承这一光荣传统,在实践中主动掌握新知识,大胆研究新问题,敢于探寻工作新思路,善于总结工作新经验、新教训。要在实践中形成学以致用、用以促学、学用相长的良性循环。

3. 向群众学习

向群众学习,就是要求广大党员尤其是领导干部,要放下架子,深入基层、深入劳动人民,虚心向群众请教,认真学习人民群众在社会主义建设实践中创造的新鲜经验,听取群众的心声,真正做到问政于民、问计于民、问需于民,从人民伟大实践中汲取智慧和力量。人民群众是实践的主体和历史的创造者,是认识和社会实践的主人。在人民群众中蕴藏着可贵的首创精神、丰富的新鲜经验和无限的集体智慧,它们是党前进的智慧源泉。中国共产党是一个有着广泛群众基础的党,密切联系群众一直是我们党的优良传统和作风,从群众中来、到群众中去是我们党一贯坚持的群众路线。党的几代领导人都非常尊重群众的首创精神,强调要先做群众的学生,后做群众的先生。广大党员干部只有不断地从人民群众中汲取宝贵经验丰富自己、提高自己,才能形成正确科学的工作思路和方法,才能更好地服务于群众,带领广大群众一同奔向现代化。回顾新中国成立六十多年来、尤其是改革开放三十多年来我们党走过的历程,正是在向群众学习的过程中,我们懂得了只有改革开放才能解放和发展生产力,找

---

① 《毛泽东选集》第一卷,人民出版社1991年版,第181页。

到了家庭联产承包责任制这条富有成效的农村改革之路。因此,建设马克思主义学习型政党,要完善党员干部直接联系群众制度,教育引导广大领导干部和党员要走出办公室和会议室,深入到群众中去,扎根基层一线,从群众的取之不竭的智慧源泉中获得解决社会难题的灵感和知识。

4. 向历史学习

历史是不应该忘记的,忘记过去就会迷失前进的方向和未来的目标。建设马克思主义学习型政党,还应当向党的历史学习,只有善于总结经验教训,才能有效地提升我们党的创新能力。我国古代伟大教育家孔子曾指出,学习应该做到"温故而知新",即学习必须要时常温习已学过的知识,并从其中获得新的领悟。向自己的过去、向自己的经验学习是每个党员干部和党组织都应该做到的。向过去的历史学习,我们党不仅要善于总结成功的经验,还要勇于反思失败的教训。在现实中我们会发现,虽然大家都知道"失败是成功之母"的道理,但向过去失败的教训学习比向成功的经验学习更为困难。这是因为,一方面人们都有趋利避害的本性,不愿触及过去痛苦的伤疤,而愿回味过去成功的喜悦;另一方面,反思过去失败的教训必然涉及谁为过去的失败埋单的问题,因此难以有效进行。但不能坦诚地面对失败,往往无法发现个人或组织存在的缺陷,为以后的发展埋下了隐患。因此,从某种意义上说,失败比成功具有更大的学习价值。[①]

向历史学习,不仅要学习历史知识,更要学习中国共产党建设学习型政党历程以及经验教训;要学习西方资本主义国家、社会民主国家和社会主义国家的政党特别是一些长期执政的大党、老党学习,要认真总结和借鉴曾经长期执政,后来又失去执政地位的政党的执政经验教训,为我所用。

5. 向世界学习

向世界学习,就是要改变封建社会遗留下来的故步自封、夜郎自大、

---

① 张声雄:《如何创建学习型组织》,中国社会科学出版社 2003 年版,第 101—102 页。

闭关锁国的错误观念和政策,从中国近代屈辱的历史中吸取落后就要挨打的教训,按照具有世界眼光的要求,虚心向世界各国包括西方资本主义国家学习,充分借鉴世界人民创造的一切有益的文明成果。我国三十多年改革开放的实践表明,只有通过这样的学习,我们才能真正懂得封闭必然落后,开放才能进步;懂得发展并不仅仅是增长,以人为本是发展的本质要求;懂得发展必须做到人与自然和谐相处;懂得发展必须走工业化与信息化相结合的新兴工业化道路;懂得中国要发展必须走和平崛起道路等。新中国成立六十多年来发生了翻天覆地的变化,人民生活水平得到极大提高,综合国力也日益增强,中国特色社会主义建设取得了举世瞩目的伟大成就。但我们必须清醒地看到,我国与西方发达国家甚至与一些新兴发展中国家相比,在某些方面还存在巨大差距,如在科学、技术、教育、管理等领域差距更是明显。所以,我们需要继续虚心地向世界学习,永远保持宽广的世界眼光。当然,我们向世界学习不能搞全盘西化,而是要充分吸收那些对我国有益的东西,取其精华,去其糟粕。同时也要保持不卑不亢的心态,既不对比自己发达的国家妄自菲薄,也不对比自己弱小的国家骄傲自大,真诚地与各个国家发展友好合作交流的关系。

(二)创新学习形式,丰富学习方式方法

建设马克思主义学习型政党,学习是关键和落脚点,只有创新学习方式方法,有效地组织全体党员、各级党组织、各级领导班子认真进行学习,通过学习提高自身的学习力,从而提高党的创造力,中国共产党才能获得长足发展的不竭动力和源泉,才能最终建成学习型政党。

1. 个人自学与集体学习相结合

根据学习过程中参与者的类型或数量,可以将学习形式分为个人自学与集体学习。个人自学和集体学习是两种重要的学习方式,在建设马克思主义学习型政党的过程中,应根据学习内容、学习要求等实际情况,充分发挥两种学习方式的各自优势,建立健全相应制度以保障这两种学习方式的常态发展。

　　个人自学是一种最简便易行、灵活机动的学习方式,也是当前最普遍的一种学习方式。个人自学需要我们进一步完善个人自学制度,制订出切实可行的学习计划,明确自学内容,保证自学时间,充分利用书籍报刊、信息网络、报告会、外出参观考察、社会实践等学习资源,开阔自己的视野,丰富自己的知识,增强自己的能力,提升自己的境界,净化自己的灵魂。自学主要靠自觉,但也需要有制度进行规范和约束,要建立定期自学情况汇报制度、自学成果展示制度和自学效果评估制度,通过述学、评学、督学、考学等形式,进一步规范广大党员干部的自学行动,调动他们的自学积极性,提高自学的学习效果。

　　集体学习是中国共产党自成立以来一直采用的一种重要学习方式,它具有集思广益、知识互补、交流互动的优势,为我们党民主决策、科学决策提供了制度保障,有力促进了各级领导班子领导水平和执政能力的提高。今天我们倡导完善集体学习制度,主要是进一步建立健全党委(党组)中心组学习制度、支部委员会学习制度、支部党员大会学习制度以及党课制度。建设马克思主义学习型政党,必须完善和落实集体学习制度,在充分总结以往集体学习有益经验的同时,要大胆学习和吸收国外学习型组织理论中的"团队学习"方式。我们必须明确,集体成员在一起学习不一定就是团队学习。在团队学习方式中,个人自学是团队学习的重要基础。个人只有通过实现自我超越,敢于给自己树立远大的奋斗目标,即个人愿景,并通过改善心智模式,克服自身的思维定式和思想障碍,大胆创新,大胆尝试,提高自身的知识水平和学习力,才能为团队学习奠定坚实的基础。在团队学习方式中,学习不是单向度行为,而是一个多向度、相互交流的过程,团队成员经过民主讨论、深度会谈等方式,相互交换对某一问题的看法,深入探讨产生争议的原因,探讨各自观点背后的理论依据和逻辑基础,通过比较分析,形成团队的共识,从而使得团队智慧大于个人智慧。我们党的集体学习要重视树立团队学习的理念,注重把党的各级组织变成一个促进、保障和实现学习的组织,通过集体学习,不仅使各级党组织取得出色学习成果,还要做到学习成果在组织成员间得以共享,实现党组织和党员个人双赢的最佳效果。因此,我们必须进一步完善集体学习制度,警惕家长制作风,为集体学习提供宽松民主的环境和氛围;要加强领导,明确集体学习的学习主题、学习方式、记录方式、调研方式、成果转化方式以及考核方式,提高各级党组织成员的默契合作水平。

2. 常规学习与联组学习相结合

根据学习过程的组织形式,可以将学习分为常规学习与联组学习。常规学习是指对传统学习方式,如专题讲座、辅导报告、主题研讨、考察调研、观看录像等等的统称。常规学习为学习主体提供了最为常见、方便易行的学习方式,有利于保障学习的针对性和实效性,在现实生活中具有举足轻重的作用。但是,常规学习方式也有它的局限性,如学习方式方法较为传统单一,容易产生以文件贯彻文件、以会议贯彻会议、以讲话贯彻讲话等形式主义不良学风。这些单调、枯燥的学习形式在很大程度上影响了学习的氛围,也无法充分调动学习者的积极性和主动性,造成学习资源的无序使用和虚掷浪费。此外,在科学技术突飞猛进的信息化时代,常规学习方式也迫切需要探索找寻与现代学习媒介的融合途径。

联组学习,就是充分借助信息和网络平台,综合运用上级资源和组织优势,通过上下互联、同步互动、优势互补、成果互促,实现资源共享。[①]联组学习是我们党高度重视学习方式发展创新,在总结以往常规学习方式经验基础上探索出的一种学习新模式。联组学习在时间和空间上都大大克服了常规学习方式的固有缺陷,能够最大限度地提高学习实效。首先,在时间上,联组学习可以实现同步学习。对那些政策性、理论性和时效性较强,以及需要在全体党员干部中迅速普及的学习内容,如果按照以往常规的层级方式开展学习,往往会贻误学习时机,事倍功半;而通过联

[①] 何祥林、薛平军:《以党委中心组学习引领学习型党组织建设》,《江西师范大学学报(哲学社会科学版)》2011年第1期。

组学习,可以集中调配学习资源,统一规划学习场次,既可以组织党员干部同地同步学习,也可以借助网络电教设施实现异地同步学习交流,形成上下同步学习、共同受益的整体效应。其次,在空间上,联组学习可以实现同台学习。在以往常规的学习方式中,一般是分级分类开展学习培训,逐级传达学习内容和要求,上下级党组织之间往往缺乏互动交流;通过联组学习,可以组织上下级党组织以及来自各地区各行业的党员干部同地同台,或者异地同台学习,对当前社会的热点、难点、焦点问题展开充分地学习讨论,在同台交流、信息共享中提高学习实效。最后,联组学习可以实现互动学习。在常规学习方式中,学习往往局限于个人自学或者本地区本部门的党员干部之间,与其他地区其他部门之间的互动学习较少。在联组学习中,无论是党员干部同步学习还是同台学习,互动交流始终贯穿其中。上级党组织开展学习时可以适当吸收下级党员干部参加,下级党组织开展学习时上级党组织可以指派领导指导督学,同级党组织开展学习时可以互派学习,在互动学习中相互借鉴、开阔眼界、拓展思路,擦出智慧的火花。

由此我们可以看出,与常规学习方式相比,联组学习具有信息互通、研讨互动、成果共享等独特优势。在新形势下推进马克思主义学习型政党建设,我们要更加注重开展联组学习,在同步学习中共享信息,在同台学习中深化友谊,在互动学习中开阔思路,通过学习方式创新达到促进学习的目的。

3. 网络和新媒体技术学习相结合

在人类历史上,任何一次科学技术的革新,都给社会生活面貌带来了翻天覆地的巨大变化。电灯的发明和推广帮助人类征服了夜的黑暗,轮船、火车、飞机的发明大大缩短了世界的物理距离。在传播领域,网络新媒体的出现给我们带来的变化同样十分显著。网络为我们提供了海量信息,加深了人们对信息技术的依赖程度,改变了我们传统意义上的时空观念,并潜移默化地改变着人们的生活和工作方式。因此,在马克思主义学习型政党建设过程中,需要结合党员干部的知识结构、自身特点以及学习的内容和目的,丰富创新学习网络新载体,积极适应"现代传播方式和传播手段发展的新趋势,充分发挥互联网覆盖面广、传播快捷的特点和优势,开设网上专栏、网上论坛,使网络成为党员干部学习的新途径"①,不断拓展学习平台,切实增强学习效果。

一是要充分发挥网络优势,不断建立多种学习平台。各级党组织要高度重视网络在学习型政党建设中的作用,积极借助互联网技术,加强数字图书馆、数字出版物等网络学习教育平台建设,推进文化信息资源共享工程建设,实现党员干部学习的信息化。各地党组织要积极建立红色学习网站,设立网上党校、网上学院、网上图书馆,实现学习资源共享,学习交流畅通。可以充分利用数字多媒体技术,实现各级党委在线学习平台向基层党组织的下移,通过网络、手机等新媒体开展"在线学习"。二是要加大网络化建设力度,努力建立信息化教育培训基地和学习场所。互联网技术便于信息收发者之间的及时相互沟通,能广泛实现学习资源共享,上级党政部门要积极协助基层党组织构建信息化学习平台。要努力推进微机室、多功能室、高标准教室、电子图书馆、党建网站等在基层党组织的普及应用,充分发挥信息高速公路的作用,实现城乡各级党组织学习资源的共享。尤其要通过网络远程教育这一平台,真正解决农村和边远山区学习资源匮乏的状况。三是要利用互联网、局域网等现代网络技术,有针对性地组建红色网站,开设网上学习专栏,把网上课堂、社区学习超市、数字图书馆等远程、电化教育手段引入马克思主义学习型政党建设中,建立专家视频教学数据库,拓展基层党员干部的学习教育空间。四是要积极采用数字信息技术、网络技术、多媒体手段进行教学,充分利用远程网络教学、电化教学等手段提高课堂教学效果,通过网络新媒体加强党员干部的学习教育。

---

① 刘云山:《扎实推进学习型党组织建设》,《党建》2010 年第 5 期。

（三）强化教育培训，塑造高素质干部队伍

干部队伍是中国共产党的宝贵财富。建设学习型政党，党员干部是重点，必须充分利用现有学习资源，加强对党员干部的教育培训，建设一支适应社会主义现代化建设需要的高素质党员干部队伍。

1.抓好党的教育培训资源建设

教育培训资源是中国共产党开展教育培训活动的重要物质基础，是加强学习型政党建设的重要物质保障。拓展开发党的教育培训资源，一是要大力推进传统教育培训基地建设。要加大对各级党校、行政学院、干部学院等主要教育培训基地的建设力度，及时更新落后的教育培训设施，大力推进图书馆、资料室、多媒体教室、阅览室、微机室、流动图书车等在基层党组织中的普及。要进一步拓展教育培训基地和学习场所的范围，充分利用高校的丰富教育资源，建立高校教育培训基地。要充分利用革命老区的革命教育作用，发展红色旅游，积极推进老区教育培训基地建设。要充分利用周边大企业作为生产实践第一线的作用，加强大企业参观学习基地建设。二是要整合发展教育培训网络新资源。学习方式信息化是社会信息化的必然产物。现代科学技术特别是互联网技术的发展，使信息的传播方式发生了革命性的变革，人们获取信息的渠道更广、速度更快、内容更丰富。在信息化时代推进马克思主义学习型政党建设，要更加注重利用好微博、微信、手机报、电子书等网络新媒体和智能手机、平板电脑等移动终端开展学习，在条件允许的党组织开发建设网上党校，实现党员干部教育培训在线学习、实时互动。

2.抓好党的教育培训队伍建设

党的教育培训队伍是知识的传播者，是帮助党员干部提高思想理论水平的重要推动力量，是建设学习型政党的重要人才保障。我们党要按照素质优良、规模适当、结构合理、专兼结合的原则，努力建设一批高素质的教育培训师资人才队伍。一是要进一步构建教育培训队伍体系。要整合各类教育培训机构的现有理论骨干力量，建立中央、省、市、县、乡、村

（社区）以及企业、学校等多层次、立体式的教育培训队伍体系。要积极引进高学历、高水平人才,进一步充实专职教育培训队伍,建立一支业务过硬、素质优良的骨干教育培训队伍。要加大工作力度,高度重视基层社区、农村和偏远山区的教育培训队伍建设,实现教育培训覆盖范围的最大化。二是要加强对教育培训队伍的管理和培训。"教育者本人一定是受教育的"①,教育培训人员要想帮助别人提高理论水平,必须先努力提高自身的素质。可以采取挂职锻炼、进修深造、承担国家各级部门的重大课题、参与调研等方式,增强理论宣传人员参与实践的能力。要定期举办骨干教育培训人员研修班,举办优秀党课评选活动,定期评选和表彰一批优秀教育培训组织、优秀教育培训员、优秀课题组、优秀调研文章等。以此激发教育培训人员的工作热情,提高教育培训的效果,推进学习型政党的建设。

3. 抓好党的教育培训方式建设

要坚持以人为本、按需施教的原则,根据党员干部教育培训的规律和特点,适应现代教育培训发展的趋势,努力改进党的教育培训方式,创新教育培训手段,增强教育培训的针对性和时效性。要继续发挥党校的教育培训主阵地、主渠道的作用,进一步办好国家级、省部级、厅局级、县处级、乡科级等主体班培训,充分发挥主体班在提高党政领导干部素质和执政能力方面不可替代的作用。要创新主体班教学思路,打破党校以往"满堂灌"的传统教育培训方式,采取点课式教育培训方式,学员缺什么,需要什么,培训老师就讲什么,教什么。要进行理论创新,党校教育培训要紧紧围绕本地区经济社会发展中面临的重点、难点和热点问题开展,要把提高党政干部的素质培训与能力培训结合起来。要进行培训方法创新,在主体班教学中积极采用情景模拟、案例教学、对策研究等方式,提高教学的吸引力和学员的参与程度。积极采用数字信息技术、网络技术、多

---

① 《马克思恩格斯选集》第 1 卷,人民出版社 1995 年版,第 55 页。

媒体手段进行教学,充分利用远程网络教学、电化教学等手段提高课堂教学效果。除了主体班培训之外,还可以多举办一些专题研讨培训班。针对党的建设、社会建设中迫切需要解决的现实问题,邀请相关专家学者来献计献策,与党员干部共同商讨应对良策。同时,要把"请进来"与"走出去"、"请上来"与"走下去"、分散学习与集中学习、个人自学与专家辅导等培训方式有机结合起来,积极推进讲授式、案例式、研究式、体验式等教学方法的有机结合。

4.抓好党的教育培训内容建设

教育培训内容是加强党员干部培训的一个基本要素,是教育培训目的与任务的具体化。在我国现阶段,党员干部教育培训的内容是多方面的,其中最重要的是要以马克思列宁主义、毛泽东思想和中国特色社会主义理论体系为核心,以理想信念教育为重点,以社会主义核心价值体系为关键,以社会主义现代化建设所需要的各方面知识为基础。而这每一项教育培训内容都具有极其丰富的理论内涵和重大的学习价值,它们彼此之间相互联系、相互补充、相互促进,共同构成了一个具有内在逻辑关联的特定层次结构。为提高教育培训的针对性和实效性,就要区分不同层次的教育培训对象,把握相应的教育培训重点内容,做到教育培训内容因人而异、因时而异。具体而言,对于高级党政领导干部,重点是提高其理论水平和决策能力,要定期聘请著名专家学者进行集中授课辅导,通过集体学习,提高他们的领导水平和执政水平;对于一般领导干部,重点是提高其理论素养和业务水平,可以选派相应的理论讲师团进行辅导;对于广大党员群众,重点是抓好党的理论政策普及教育、道德教育、实用技术技能培训等,可以选派基层理论骨干、专业人才和老干部进行辅导。①

(四)优化学习环境,构建学习长效机制

建设马克思主义学习型政党是在一定的环境中进行的,党员干部学

---

① 《筑牢基础健全机制扎实推进学习型党组织建设》,人民网—理论频道,2011 年 6 月 23 日,http://theory.people.com.cn/GB/68294/225210/14982852.html。

习也时刻离不开一定的学习环境。环境对推进学习型政党建设和加强党员干部的学习教育具有重要影响。深入研究学习环境,对于优化学习环境,构建长效学习机制,增强学习的实效性有着重要意义。

1. 构建明确的政策导向

要把党的十七届四中全会所强调的"理论素养、学习能力"作为选拔任用领导干部的重要依据,为党员干部的学习提供了明确的政策导向。理论素养是衡量领导干部综合素质和能力的重要指标,体现为领导干部运用所学知识解决实际问题的能力与水平。而提高学习能力是提高领导干部理论素养的重要途径。因此,在考察、提拔、任用干部时,要把爱学习、肯钻研、业务精的党员干部选派到领导岗位上来,激发全党的学习热情,引导广大党员干部把精力、兴趣和心思放到学习上,放到提高自己的理论素养和学习能力上。要把学习情况作为评选先进学习型党组织、学习型领导班子以及学习型党员的重要依据。对于积极组织党员干部学习,学习效果显著的党组织和领导班子,对于学习能力强、理论素养高、工作实绩突出的党员干部个人,要大力进行表彰奖励;对于学习不认真、考核不合格的组织及个人,要实行严格的"一票否决"制,形成外有压力、内有动力的激励机制。

2. 营造浓厚的学习氛围

建设学习型政党,必须努力营造良好的学习氛围,创造人人学习、时时学习、处处学习的良好舆论氛围。各级党组织要以各种形式号召广大党员干部做到爱读书、多读书、读好书,增强他们学习的责任感和危机感,使大家意识到不适应、不胜任工作就意味着被淘汰。要引导党员干部更新观念,牢固树立工作学习化、学习工作化的崭新学习理念。要依托宣传文化阵地,借助广播、电视、网络、报刊等大众传播媒介,开辟建设学习型政党专栏,通过开展热点访谈、百科知识竞赛、学习经验交流、学习成果展示等活动,加强对建设学习型政党的宣传力度,把各级党组织在学习活动中创造的好经验好做法加以宣传推广,从而为学习型政党建设营造重视学习、自觉学习的良好舆论氛围。

3.树立先进的典型示范

榜样的力量是无穷的。要通过树立先进的学习典型,使得各级党组织、领导班子和党员干部明确自己与典型的差距,形成无形的压力,通过变压力为动力,推进学习活动的开展和学习型政党的建设。首先,领导干部要以身作则,带头学习。各级领导干部要积极响应党的号召,带头做学习的自觉践行者,做学习型党组织的积极倡导者、精心组织者和大力推进者,要做到"带头读书、带头听课、带头考试、带头调研、带头撰写论文、带头讲党课",通过领导干部的模范表率作用,在全党形成热爱读书、崇尚学习的良好风气。其次,各级党组织和领导干部要注意培养、保护典型。上级党组织和领导干部要深入实际,深入学习型政党建设的第一线,要及时发现先进的学习型党组织和党员,要注意对先进典型的精心培养和指导,使典型放下心理包袱,百尺竿头更进一步。再次,各级党组织要加大对先进典型的宣传力度,扩大影响范围,充分发挥他们的典型示范引导作用。可以通过编印先进学习型党组织和学习型党员的事迹材料,组织先进事迹巡讲团,在各地区各部门进行巡回宣传。可以充分利用先进的信息技术以及新闻媒体,把先进典型的学习事迹和学习效果进行广泛传播,使他们的先进经验为更多的党员干部所知晓,从而激发更多的人奋起直追,迎头赶上。

五、建章立制,确保学习成效

学习主要靠自觉,也要靠制度保障。制度具有长期性、规范性、稳定性等优势,建设马克思主义学习型政党,不仅要改善党员干部个体的学习行为习惯,更重要的是要建设一个有利于学习创新的组织架构和制度体系,努力"把制度建设作为建设马克思主义学习型党组织的基础环节,在建立制度、完善制度、执行制度上下功夫,做到用制度管学习、促学。"①

（一）构建约束激励机制，防止形式主义

我国社会主义建设的实践告诉我们，"大锅饭"要不得，干多干少一个样，干与不干一个样，会极大伤害人们的积极性。同样，建设学习型政党，对待党员干部的学习情况，也不能搞"大锅饭"、"一刀切"，不能学好学坏一个样，学与不学一个样。要围绕激发广大党员干部的学习动力，营造浓厚的学习氛围，形成良好的学风，进一步建立健全约束激励机制，表扬奖励先进学习者，鞭策批评落后者，使被动的"要我学"转变为积极主动的"我要学"。

1.要加强检查以促学

上级党组织要积极开展各种形式的检查督导活动，认真督察所属各级党组织的学习情况，包括学习人员、学习时间、学习内容、学习场所、学习资源以及学习效果的落实情况。重点检查所属各级党委（党组）中心组的学习情况，如中心组组长的职责履行情况、中心组的学习计划执行情况、中心组集中学习的出勤情况、中心组成员的学习笔记完成情况、开展实际调研情况以及调研报告和论文的撰写情况等。② 通过及时认真地检查，深入总结各中心组成功的经验并加以推广，对于发现的问题及时分析原因并提出指导性建议，以促进学习活动的深入开展。

2.要坚持旁听以督学

上级党委、党组织要有计划地选派专人，参加下级党委（党组）中心组学习的旁听，并确保每年的旁听次数不少于一定次数，实现旁听常态化执行。通过旁听，可以及时获取下级党组织和党员干部的学习情况，对发现的学习问题及时进行干预调节，保证学习始终向正确有效的方向进行。此外，旁听还可以方便向下级党委（党组）中心组通报上级组织的学习情

---

① 刘云山：《扎实推进学习型党组织建设》，《党建》2010 年第 5 期。

② 陈作义：《构建"四大机制"推进学习型党组织建设》，《学习月刊》2010 年第 6 期。

况,发挥上级党委(党组)中心组的示范带头作用,这样有利于实现上下级学习信息始终通畅、学习经验及时交流、学习效果定期检验。

3.要坚持干部述职时述学

各级党委、党组织可以把以往的年度"述廉"、"述职"的做法借鉴到检查督促学习上来,定期开展"述学"活动。全体党员干部需要在一定时期,如举行重大教育活动时、任职半年或年终的时候,在述职的同时进行述学,要向党组织和本单位本部门全体党员干部汇报个人的学习情况。要汇报清楚个人对于年度学习计划的落实情况、学习成果的转化情况、学习中遇到的问题和发现的不足、自己今后的学习打算和改进措施,最重要的是要汇报清楚自己的学习心得,明确指出自己通过学习思想认识发生了哪些变化和提高,要述出新意,要通过"述"体现出自己"学"的深度和水平。

4.要坚持党员评议时评学

党员评议是党的民主生活会的一项重要内容。要坚持对党员干部的学习情况定期进行双向民主评议,开展上下级互评活动。要定期展示党员干部的学习笔记和学习成果,在述学的基础上,按照民主、公开、公正的原则,采取召开座谈会或填写无记名测评票的方式,在一定范围内组织党员干部评选最佳学习型党员、学习型干部、学习型党组织,把评选结果记入学习档案,作为以后提拔晋升和职称评定的重要依据。

5.要坚持组织考察时考学

组织考察工作是党员干部聘任和晋升的重要环节。上级党组织要加强对所属党员干部和下级组织的考察指导,要利用参加下级的重要学习教育活动、民主生活会、半年形势分析以及年终总结等各种时机,通过试卷测试、专题竞赛、体会交流、现场答辩等形式,对党员干部的学习情况进行全面考察,对于表现优异者给予奖励。

(二)构建考核评估机制,彰显学习成效

考核评估是对学习过程和效果进行评判的重要方法,作为内含有一

定价值标准的实践活动,学习考核评估既是马克思主义学习型政党建设的重要组成部分,又是加强和改进党员干部学习活动必不可少的环节和保障。

1. 建立健全考评标准体系

学习考评标准体系主要解决学习考评活动"评什么"的问题,是顺利开展考评活动的前提和基础。考评标准体系要统筹考虑学习内容、学习任务、学习目标、学习过程、学习效果、学习制度等基本要素,这就要求考评标准体系要涵盖学习活动的各个环节,对学习内容是否丰富、学习动机是否端正、学习方法是否科学、学习过程是否有序、学习机制是否完善、学习效果是否达到预期设想等展开综合测评。学习考评标准体系在力求科学完备的同时,还要适当考虑各考评标准的权重并赋值,以增强考评的科学性。

2. 坚持学习考评的基本原则

考评的原则是考评工作所遵循的基本依据。考评工作是否严格遵循基本原则,对考评工作能否取得科学的结论至关重要。从总体上说,考评要坚持客观真实、全面深入、动态科学的基本原则。客观真实是指考评工作必须秉承实事求是的原则,从客观实际出发,获取党员干部开展学习的实际情况和取得的实际效果,尽力避免过多人为主观因素的干预。全面深入要求我们创新和完善学习考核制度,根据不同层次、不同类型领导干部的特点,制定具有针对性和可操作性的考核方案,既要注意考核领导干部的理论学习情况,又要注重考核理论联系实际、学以致用的效果。动态科学是指学习考评工作要坚持与时俱进,根据当时的学习任务和目标,动态把握学习过程,而不能把一时一地的学习情况片面地当作全过程全局的学习情况。

3. 改进学习考评的基本方式

学习考核可以采用把个人述学、群众评学和组织考学等相结合的基本方法。个人述学主要是要把自己参加理论培训、党委中心组学习以及在职自学的情况进行自我总结和评价,必要时写成书面材料。述学要讲出自己的新见解、新思路、新收获,切忌只是罗列书目,泛泛而谈。群众评学主要是鼓励群众对领导干部的学习情况进行民主评议,要做到测评标准具体量化,用群众的广泛监督促进党员干部持续深入开展学习活动。组织考学是干部主管部门对领导干部的学习态度、理论素养和学习效果进行全面的考核和评价,考学可采取试卷考试、平时考察和查阅相关学习资料如读书笔记、调研报告等三种形式。

4. 学习考评结果与干部发展挂钩

学习考评结果的使用情况会对学习氛围、学习效果产生直接地影响。坚持把考核评估结果作为对党员干部进行奖惩的重要依据,实现学习成果与晋升提薪、职称评定以及干部的选拔任用等挂钩。对于学习效果突出的个人,要进行表彰奖励;对于学习效果不佳、敷衍塞责、流于形式、弄虚作假的党员干部要给予相应的惩罚和批评,从而树立重视学习的良好风气,推进马克思主义学习型政党建设活动的顺利开展。

(三)完善干部人事制度,强化队伍保障

建设马克思主义学习型政党,干部是决定性因素,深化干部人事制度改革,建设一支高素质的党员干部队伍成为学习型政党建设的一项重要工作。新时期,我们党要继续坚持党管干部的原则,进一步深化干部人事制度改革,加强干部队伍建设,提高干部队伍素质,以改革创新精神推进学习型政党的建设。

1. 继续完善干部选拔制度

干部选拔要坚持以党章的相关内容为法律依据,以德才兼备和革命化、年轻化、知识化、专业化为根本指针,以大力推行公开选拔领导干部制度为重点,逐步扩大公开选拔范围,规范选拔程序,降低选拔成本,加快全国统一题库建设,实现公开选拔干部工作的规范化和制度化。要全面准确贯彻民主、公开、竞争、择优方针,建立完善公开选拔、竞争上岗、差额选拔等竞争性干部选拔方式,把真正为民奉献、务实优秀的干部选拔出来,不让老实人吃亏,不让投机钻营者得利。

2. 继续完善干部任用制度

要进一步完善目前主要采用的委任制、选任制和聘任制三种干部任用方式,健全干部选拔提名制度,推进民主推荐与领导提名的程序建设,扩大被推荐人员的范围,广泛征求群众的意见与认可,采用多样化的提名方式,实现干部选拔任用提名的程序化和制度化。同时,要建立干部选拔任用工作信息公开制度,增强干部工作的透明度。

3. 继续完善干部考核制度

健全干部管理体制,从严管理监督干部是我党干部人事制度改革的重要内容,也是建设高素质干部队伍的重要保证。要建立健全党政干部的定期考核制度,扩大考核范围,全面考察干部的德、能、勤、绩、廉;建立健全以工作实绩为重要内容的考核指标体系,加大考核结果运用的力度;拓宽考核渠道,建立考核举报、申诉、结果反馈等制度;改进考核方法,注重群众的民主测评结果,试行考察预告、考察结果公示等制度。

4. 继续完善干部监督制度

为了防止领导干部在行使职权时以权谋私、滥用权力,必须建立健全干部监督制度,进行全方位监督。要进一步建立完善干部谈心谈话、民主生活会、报告个人重大事项、诫勉函询、述职述廉、任职经济责任审计以及多部门联席会议等制度,及时发现和纠正党员干部队伍中的苗头性、倾向性问题,实现对领导干部行使职权以及生活圈和社交圈全时空的有效监督,引导党员干部自觉为党分忧、为国尽责、为民奉献,推进干部作风持续向好发展。

5. 继续完善后备干部培养制度

后备干部是我党的重要储备人才。完善后备干部培养制度,要更新用人观念,拓宽用人渠道,制定年轻后备干部培养规划,有计划有步骤地选调他们深入基层、深入群众、深入生活,到艰苦的边远地区接受锻炼,以丰富他们的人生阅历,磨炼他们吃苦耐劳的毅力,为以后担负繁重的领导工作奠定坚实的基础。

另外,还要继续完善干部管理的其他制度,如干部分类管理制度、干部交流制度、干部辞职制度、干部回避制度、干部任期制度、干部惩戒制度、干部教育培训制度、干部工资福利制度等等,科学整合干部队伍,大力提高干部素质,为学习型政党建设提供强有力的人才保障。①

(四)构建学习成果转化机制,力促学用结合

建设马克思主义学习型政党,学习本身不是目的,学习的目的是为了学以致用,提高党的领导水平和执政能力。因此,必须建立健全学习成果转化制度,以提高学习效果,推动群众反映强烈的突出问题和涉及群众切身利益的实际问题得以及时有效的解决,把学习成果转化情况列入领导干部奖惩和晋升的考核内容中去,要把学习转化率、决策科学率、政策执行率等作为评判学习效果的重要指标。

1. 完善调研成果转化制度

调研成果是学习过程的基本要求和学习成效的基本体现。领导干部的调研报告一般都是对本地区本部门实际问题的一种研究和思考,如果能达成共识,转化为党委政府的决策参考,可以有效推动实际工作的开展。调研成果转化为决策参考的多少在某种程度上显示了学习效果的大小。构建学习成果转化机制,进一步完善调研成果转化制度,其中最基本是要将领导干部每年写的调研报告先拿到党委、党组会议上进行集体讨论,对那些契合学习内容和目的,符合发展要求的高质量调研报告要争取达成共识,为下一步推广转化奠定良好组织基础。

2. 健全先进经验推广制度

善于总结成功的经验并在更大范围内推广运用是我党的优良传统和重要优势。无论是在革命战争年代,还是在和平的建设改革时期,在一定范围内试点实施,取得经验后向全党全国推广实践是我们的事业不断取

① 韩强:《党的制度建设研究》,中共中央党校出版社2007年版,第141、170页。

得新进展的重要法宝。在新时期我们推进马克思主义学习型政党建设，通过进一步完善先进经验推广制度，将各级党委政府和基层组织在实践中创造的许多新鲜经验加以总结和推广，让更多的单位和组织了解、认识和学习它，批判地借鉴这些经验，有利于持续推动学习型政党的建设。

3. 规范考核评估反馈制度

学习考评活动的反馈，包括建立反馈通道，跟踪反馈信息，进行调节控制，最关键的是要用已经形成的评估结论影响学习活动的开展过程，以顺利实现学习的目标和任务。学习活动的考评反馈能够及时掌握各级党组织的学习开展情况，正确评判党员干部的学习效果；能够有效监督学习活动的全过程，完善学习活动的各方面要素和环节，促进学习目标的实现。进一步规范考核评估反馈制度，一方面要规范日常学习活动考核评估反馈制度，收集考评反馈信息，畅通考评渠道，建立健全并逐步规范相应的正常反馈制度。另一方面还要进一步完善内部情况反映制度，将一些关于负面问题的、不宜在媒体公布的调查报告，通过内部反映的方式及时上报有关部门，以便引起上级的关注，以便在今后的决策中引以为戒，避免出现更大的错误。① 这两方面的考核评估反馈制度互相补充、相互促进，缺一不可。

综上所述，建设马克思主义学习型、服务型、创新型政党，是我们党对马克思主义政党理论和执政党建设理论的重大创新和发展。因此，建设马克思主义学习政党要做到"三个必须"：必须坚持马克思主义方向，必须把学习马克思主义基本理论和中国特色社会主义理论体系作为重点，必须用马克思主义的立场、观点和方法来分析世情、国情和党情，创造性地发展马克思主义，为提高党的建设科学化水平提供科学的理论指导。实践证明，建设马克思主义学习政党有其特有的内在逻辑，这就是真学、真懂、真信、真用。真学是前提，真懂是关键，真信是根本，真用是目的。

---

① 刘贵丰：《建立健全学习成果转化制度》，《大众日报》2010 年 11 月 18 日。

只有把握了这个逻辑,才能真正使党成为能够掌握和运用一切科学的新思维、新知识、新经验,始终走在时代前列,引领社会发展进步的马克思主义学习型政党,成为科学理论武装,具有世界眼光,善于把握规律和富有创新精神的执政党。

参 考 文 献

一、著作

1.《马克思恩格斯选集》第1—4卷,人民出版社2012年版。

2.《马克思恩格斯文集》,人民出版社2009年版。

3.《列宁选集》第1—4卷,人民出版社1995年版。

4.《列宁全集》第42、43卷,人民出版社1987年版。

5.《斯大林全集》第5、7卷,人民出版社1957—1958年版。

6.《斯大林全集》第8—11卷,人民出版社1954—1955年版。

7.《毛泽东选集》第1—4卷,人民出版社1991年版。

8.《毛泽东文集》第1—8卷,人民出版社1992—1999年版。

9.《建国以来毛泽东文稿》第1—13卷,中央文献出版社1990—1999年版。

10.《毛泽东书信选集》,人民出版社1983年版。

11.《刘少奇选集》(上、下卷),人民出版社1981—1985年版。

12.《周恩来选集》(上、下卷),人民出版社1980—1984年版。

13.《董必武选集》,人民出版社1985年版。

14.《邓小平文选》第1—3卷,人民出版社1993—1994年版。

15.《习近平谈治国理政》,外文出版社2014年版。

16. 中共中央党史研究室编:《中国共产党历史》(第1、2卷),中共党史出版社2011年版。

17.《中共中央文件选集》第1—7册,中共中央党校出版社1982—1983年版。

18.《中共中央文件选集》第8—11册,中共中央党校出版社1991年版。

19.《中共中央解放战争时期统一战线文件选编》,档案出版社1988

年版。

20.《建国以来重要文献选编》(1949—1965 年)第 1—20 册,中央文献出版社 1992—1998 年版。

21.《中国共产党第十次全国代表大会文件汇编》,人民出版社 1973 年版。

22.《中国共产党第十一次全国代表大会文件汇编》,人民出版社 1977 年版。

23.《三中全会以来重要文献选编》(上、下),人民出版社 1982 年版。

24.《十二大以来重要文献选编》(上、中、下),人民出版社 1986—1987 年版。

25.《十三大以来重要文献选编》(上、中、下),人民出版社 1991—1993 年版。

26.《十四大以来重要文献选编》(上、中、下),人民出版社 1995—1999 年版。

27.《十五大以来重要文献选编》(上、中、下),人民出版社 2000—2003 年版。

28.《十六大以来重要文献选编》(上、中、下),人民出版社 2005—2007 年版。

29.《十七大以来重要文献选编》(上),人民出版社 2009 年版。

30.《十八大以来重要文献选编》(上),中央文献出版社 2014 年版。

31. 万福义、齐连池编:《政党的组织形式和组织制度》,华夏出版社 1994 年版。

32. 陈刚:《学习型政党的理论与实践》,中共中央党校出版社 2011 年版。

33. 联合国教科文组织国际教育发展委员会编著:《学会生存——教育世界的今天和明天》,上海译文出版社 1978 年版。

34. 俞文钊、吕晓俊编著:《学习型组织导论》,东北财经大学出版社 2008 年版。

35. 焦锦淼:《论共产党的现代化》,中国社会出版社 2004 年版。

36. 刘杰等:《执政党与政治文明》,时事出版社 2006 年版。

37. 王长江:《中国政治文明视野下的党的执政能力建设》,上海人民出版社 2005 年版。

38. 李永清等:《从革命思维到执政思维——党的历史方位的改变与理论思维的更新》,中共中央党校出版社 2007 年版。

39. 于景森:《学习型政党研究:关于中国共产党建设学习型政党的历史、理论与实践》,人民出版社 2009 年版

40. 陈蔚:《政党·国家·社会关系视角下的中国共产党民主执政研究》,中国社会科学出版社 2011 年版。

41. 梁琴、钟德涛:《中外政党制度比较》,商务印书馆 2013 年版。

42. 阮宗泽:《第三条道路与新英国》,东方出版社 2001 年版。

43. 郭亚丁:《全球视野下的共产党》,中国经济出版社 2007 年版。

44. 吴振坤主编:《20 世纪共产党执政的经验教训》,中共中央党校出版社 2002 年版。

45. 李慎明主编:《执政党的经验教训》,社会科学文献出版社 2008 年版。

46. 王长江:《苏共:一个大党衰落的启示》,河南人民出版社 2002 年版。

47. 周尚文等:《苏共执政模式研究》,上海人民出版社 2010 年版。

48. 周新城、张旭:《苏联演变的原因与教训》,社会科学文献出版社 2008 年版。

49. 黄宏等主编:《东欧剧变与执政党建设》,红旗出版社 1991 年版。

50. 林勋健主编:《西方政党是如何执政的》,中共中央党校出版社 2001 年版。

51. 李景治:《当代资本主义国家的政党制度》,福建人民出版社 1993 年版。

52. 周敬青:《中德政党理论与实践研究》,中共中央党校出版社 2006 年版。

53. 黄健编著:《造就组织学习力》,上海三联书店 2003 年版。

54. [苏]联共(布)中央特设委员会:《联共(布)党史简明教程》,人民出版社 1975 年版。

55. [美]塞缪尔·亨廷顿:《第三波——20 世纪后期民主化浪潮》,刘军宁译,上海三联书店 1998 年版。

56. [美]汤森、沃马克:《中国政治》,顾速、董方译,江苏人民出版社 2004 年版。

57. [美]彼得·圣吉:《第五项修炼——学习型组织的艺术与实务》,郭进隆译,上海三联书店 2002 年版。

58. [德]迈诺尔夫·迪尔克斯等主编:《组织学习与知识创新》,张新华译,上海人民出版社 2001 年版。

59. [法]保罗·郎格朗:《终身教育导论》,腾星等译,华夏出版社 1988 年版。

60. [德]乌尔里希·贝克、哈贝马斯等:《全球化与政治》,王学东等译,中央编译出版社 2000 年版。

61. [美]珍尼特·沃斯:《学习的革命——通向 21 世纪的个人护照》,顾瑞荣译,上海三联书店 1998 年版。

62. [美]杰瑞·W.吉利等:《超越学习型组织》,佟博等译,经济管理出版社 2003 年版。

63. [美]迈克尔·J.马奎特:《创建学习型组织 5 要素》,邱昭良译,机械工业出版社 2003 年版。

64. [美]沃特金斯、马席克:《21 世纪学习型组织》,沈德汉等译,世界图书出版公司 2000 年版。

二、论文

1. 中组部党建所课题组:《新时期党群关系调研报告》,《当代世界与社会主义》2005 年第 1 期。

2. 李忠杰:《中国共产党与中国的现代化建设》,《北京大学学报》2001 年第 4 期。

3. 李君如:《建设创新型国家和学习型政党》,《毛泽东邓小平理论研究》2006 年第 7 期。

4. 石仲泉:《党的历史发展与马克思主义学习型政党建设》,《毛泽东思想研究》2011 年第 1 期。

5. 何祥林、岳奎:《十六大以来学习型政党建设研究综述》,《社会主义研究》2009 年第 6 期。

6. 何祥林、岳奎:《建设马克思主义学习型政党的政治生态学思考》,《马克思主义与现实》2012 年第 2 期。

7. 何祥林、薛平军:《学习型政党:中国共产党的显著特征》,《华中师范大学学报(人文社会科学版)》2013 年第 3 期。

8. 何祥林:《建设马克思主义学习型政党的内在逻辑》,《华中师范大学学报(人文社会科学版)》2011 年第 3 期。

9. 刘川生:《论民主革命时期学习型政党建设的历史经验》,《北京师范大学学报(社会科学版)》2014 年第 3 期。

10. 周贤山、王金豹:《论以机制创新推进学习型政党建设》,《中共南京市委党校学报》2009 年第 3 期。

11. 钟德涛:《学习型政党视阈下的中共 90 年的光辉历程》,《甘肃理论学刊》2011 年第 4 期。

12. 李敬煊:《中国共产党关于经典著作学习的历史和经验述论》,《当代世界与社会主义》2009 年第 1 期。

13. 李敬煊、贺梦:《论学习型政党建设与马克思主义中国化之辩证关系》,《马克思主义与现实》2011 年第 5 期。

14. 付义朝、申富强:《试论陈云同志关于建设学习型政党的基本思想》,《求实》2010 年第 10 期。

15. 刘景泉、秦立海、纪亚光:《中国共产党的学习运动述论》,《中共党史研究》2004 年第 2 期。

16. 康洪:《毛泽东学习型政党思想的当代价值》,《湖南师范大学社会科学学报》2009 年第 4 期。

17. 于景森:《毛泽东对"学习型政党"建设的历史贡献》,《党的文献》2004 年第 1 期。

18. 韩康:《建立学习型政党和改革创新》,《国家行政学院学报》2007 年第 1 期。

19. 张启华:《如何看待社会主义革命和建设时期党所犯的错误》,《中共党史研究》2006 年第 6 期。

20. 丁俊萍、宋俭:《当代中国社会变迁与中国共产党执政基础的拓展》,《政治学研究》2004 年第 4 期。

21. 王新生:《试论抗战时期党的建设的历史经验》,《中共党史研究》2005 年第 6 期。

22. 杨绍华:《中国共产党执政方式的历史考察》,《中共党史研究》2005 年第 6 期。

23. 朱昔群:《中国共产党执政理论研究的几个基本问题》,《当代世界与社会主义》2006 年第 1 期。

24. 中央组织部党建研究所课题组:《国外一些政党处理社会矛盾的经验教训研究》,《当代世界与社会主义》2006 年第 3 期。

25. 中共中央党校党建教研部课题组:《古巴共产党密切党群关系的基本做法和经验》,《当代世界与社会主义》2006 年第 4 期。

26. 聂运麟:《西方国家共产党的变革与转型》,《当代世界与社会主义》2006 年第 3 期。

27. 董卫华:《冷战后欧洲一些国家共产党的新变化》,《当代世界与社会主义》2006 年第 2 期。

28. 黎有义:《越南革新事业中的基层民主建设问题》,《政治学研究》2004 年第 1 期。

29. 李庆华:《冷战后越南共产党对社会主义道路的新探索》,《当代世界与社会主义》2006 年第 2 期。

30. 杨根乔:《德国社会民主党执政经验刍议》,《当代世界与社会主义》2006 年第 1 期。

31. 刘从德、顾训宝:《列宁执政党学习思想的文本解读及发展过程探析》,《华中师范大学学报(人文社会科学版)》2011 年第 3 期。

32. 韩宏亮:《国外政党变革对中共建设学习型政党的启示》,《广西社会科学》2014 年第 6 期。

33. 张国:《抗战时期毛泽东关于加强理论学习思想研究》,《理论研究》2012 年第 2 期。

34. 朱志浩:《从推荐学习书目看毛泽东对建设学习型党组织的思考》,《毛泽东思想研究》2012 年第 2 期。

35. 崔克锐:《建党初期马克思主义学习型政党建设的历史考察》,《南京政治学院学报》2013 年第 4 期。

36. 高莉:《延安时期建设学习型政党的历史经验》,《理论导刊》2013 年第 1 期。

37. 王洪运:《学习型党组织创建的理念、问题与方法探析》,《理论与改革》2013 年第 1 期。

38. 张世洲:《学习型党组织建设的路径选择》,《理论探讨》2013 年第 2 期。

39. 崔克锐:《建党初期马克思主义学习型政党建设的历史考察》,《南京政治学院学报》2013 年第 4 期。

40. 吴小妮、王炳林:《中央政治局集体学习制度与学习型政党建设》,《安徽师范大学学报(人文社会科学版)》2013 年第 4 期。

41. 祝志男:《改革开放以来中国共产党学习观的新发展》,《中国特色社会主义研究》2013 年第 4 期。

42. 邹焕梅:《当代国外社会主义国家执政党关于政党学习的认识和探索》,《山东社会科学》2013 年第 7 期。

43. 刘宝东:《毛泽东与党的优良学习传统的形成》,《中共中央党校学报》2013 年第 6 期。

后　记

　　经过五年多的共同奋战,本课题最终成果《建设马克思主义学习型政党研究》终于和大家见面了,我们倍感欣慰。本书既是华中师范大学马克思主义理论、政治学学科的长期积淀,也是课题组成员集体智慧的结晶。2010年1月全国哲学社会科学规划办公室下达"建设马克思主义学习型政党研究"(重点项目批准号:09AZD009)立项任务书。接到课题立项通知书后,我们精心设计,明确任务,各负其责,兢兢业业,深入研究,在查阅大量文献资料的基础上,分专题进行研究。在研究期间,我们先后在《马克思主义与现实》、《华中师范大学学报(人文社会科学版)》、《毛泽东邓小平理论研究》、《思想理论教育导刊》、《社会主义研究》等重点核心期刊上发表了18篇系列论文,其中有4篇文章被《新华文摘》、《中国社会科学文摘》、《人民大学报刊复印资料》和《马克思主义学报》等刊物全文转载或观点摘要。另有1篇文章被全国党的建设研究会高校党建研究专业委员会评为"十七大以来全国高校党的建设研究成果奖"二等奖。同时,在新华社《高管信息》专题——《湖北领导参考》上发表了《关于中部地区基层干部学习状况的调查》。初稿形成后,课题组多次召开书稿研讨会,集思广益,相互切磋,精益求精,确保质量。

　　本书由课题主持人何祥林教授提出研究和写作思路及框架,钟德涛教授、刘从德教授、李敬煊教授、付义朝主任等自始至终一起谋划,组织协调,严格把关,为本书付出了大量心血和汗水。上篇由李敬煊统稿,作者为岳奎(第一章),张安(第二章);中篇由钟德涛统稿,作者为钟德涛、桂展鹏(第三章),彭卫、钟道邦(第四章),薛平军(第五章),杨成果(第六章);下篇由刘从德统稿,作者为刘从德、顾训宝(第七章),杨洋、付义朝(第八章),顾训宝、刘从德(第九章)。全书由何祥林负责修改、定稿。

　　本书付梓之际,我们要感谢全国哲学社会科学规划办公室、中共湖北省委宣传部、湖北省社会科学联合会等单位领导的指导和支持。感谢中央纪委驻中国科学院纪检组组长王庭大研究员,中共中央文献研究室原副主任、《求是》杂志社社长李捷研究员,中共中央党校博士生导师蔡长水教授,国家行政学院原副院长唐铁汉研究员,中国人民大学博士生导师秦宣教授等五位专家在课题立项答辩中给予的关怀和指导。感谢时任中共中央文献研究室副主任李捷,《求是》杂志社副总编黄中平,湖北省委常委、宣传部部长尹汉宁,《光明日报》理论部主任李向军,湖北省委宣传部副部长余立国,湖北省社会科学界联合会党组书记、常务副主席马建中,以及国内部分知名党史党建专家学者在百忙中参加本课题"纪念中国共产党成立 90 周年暨建设马克思主义学习型政党"高层论坛。

　　本课题的申报、立项、研究、结项过程始终得到了华中师范大学党政领导,社会科学处、党委宣传部、马克思主义学院等相关单位领导和专家学者的帮助与支持。他们是时任学校党委书记丁烈云教授,时任校长马敏教授,社科处石挺处长、刘中兴副处长、张扬主任,宣传部郭红霞部长、覃事太副部长,马克思主义学院李良明教授、张耀灿教授,政治学研究院聂运麟教授、徐勇教授、俞思念教授、王建国副教授,社会学院向德平教授、程玲副教授、李琳讲师。张静、岳奎、薛平军、曾艳等为课题资料收集、中期检查、结项材料做了大量工作,在此表示衷心的感谢!本书作为一项党建课题的研究成果,得到了湖北省人文社科重点研究基地"湖北党的建设研究中心"同仁的大力支持和帮助,谨致谢忱!同时,本书得以顺利出版,人民出版社吴继平同志倾注了极大的心血,提供了很多帮助,在此表示诚挚的谢意！

　　本书参阅、借鉴、引用了许多专家学者和单位的研究成果，在此表示由衷的感谢。由于我们的水平和掌握文献有限，书中疏漏之处在所难免，恳请广大读者和专家斧正。

何祥林

2015 年 10 月于武昌·桂子山